pkulaw.com

中国法律资源阅读检索系统

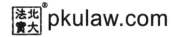

中国法律资源阅读检索系统

北大法宝
大数据分析报告
PKULAW Big Data Analysis Reports

（2022—2023）

北大法律信息网 ◎ 组织编写

图书在版编目(CIP)数据

北大法宝大数据分析报告. 2022—2023 / 北大法律信息网组织编写. —北京：北京大学出版社，2023.12

ISBN 978-7-301-34817-8

Ⅰ. ①北… Ⅱ. ①北… Ⅲ. ①法律—研究报告—中国—2022-2023 Ⅳ. ①D920.4

中国国家版本馆 CIP 数据核字(2024)第 016285 号

书　　名	北大法宝大数据分析报告（2022—2023） BEIDA FABAO DASHUJU FENXI BAOGAO(2022—2023)
著作责任者	北大法律信息网　组织编写
责任编辑	李欣欣　焦春玲
标准书号	ISBN 978-7-301-34817-8
出版发行	北京大学出版社
地　　址	北京市海淀区成府路 205 号　100871
网　　址	http://www.pup.cn　http://www.yandayuanzhao.com
电子邮箱	编辑部 yandayuanzhao@pup.cn　总编室 zpup@pup.cn
新浪微博	@北京大学出版社　@北大出版社燕大元照法律图书
电　　话	邮购部 010-62752015　发行部 010-62750672　编辑部 010-62117788
印 刷 者	河北滦县鑫华书刊印刷厂
经 销 者	新华书店
	730 毫米×980 毫米　16 开本　28.75 印张　543 千字 2023 年 12 月第 1 版　2023 年 12 月第 1 次印刷
定　　价	88.00 元

未经许可，不得以任何方式复制或抄袭本书之部分或全部内容。
版权所有，侵权必究
举报电话：010-62752024　电子邮箱：fd@pup.cn
图书如有印装质量问题，请与出版部联系，电话：010-62756370

北大法律信息网编辑委员会

委　员
（按拼音排序）

陈端洪　陈兴良　龚刃韧
巩献田　姜明安　强世功
梁根林　刘剑文　刘凯湘
莫纪宏　潘剑锋　钱明星
饶戈平　邵景春　孙长永
汪建成　汪　劲　王　磊
王锡锌　吴庆宝　湛中乐
张　平　张　骐　张守文
郑胜利　周旺生　朱苏力

北大法律信息网编辑部

主　　编：郭　叶
副 主 编：刘馨宇　孙　妹
编　　辑：张文硕　曹　伟　吴晓婧　郁雯倩
　　　　　金梦洋　张馨予　刘卓知　王　睿

编写说明

近年来,随着互联网技术以及移动通信技术的广泛应用,移动互联网正在塑造全新的社会生活形态。据中国互联网络信息中心(CNNIC)测算,截至 2022 年 12 月,我国网民规模达 10.67 亿,互联网普及率为 75.6%。随着互联网的全面普及,数据分析研究已经渗透并影响各行各业的发展,法律行业亦不例外。

《北大法宝大数据分析报告》(原刊名为《北大法宝文粹》《北大法律信息网文粹》)创办于 2013 年 10 月,定位为网络原创法学文章的集结地,将网络法学文章纸质化。自创办以来已出版《责任高于热爱》《专业源于热爱》《信念超越热爱》《互联网+法律实务的思考》《互联网+法律大数据应用》《人工智能+法律实务的思考》《大数据+法律实务的思考》《北大法宝文粹:法学研究与应用(8)》《北大法宝文粹:法学研究与应用(9)》9 本图书,系列图书出版后受到法律实务界及学术界的广泛关注。本书以"大数据分析""数字法治"为特色栏目,希望本书的 8 篇大数据分析报告可以为您带来更多的启示和思考。"数字法治"栏目 6 篇文章分别围绕人工智能时代背景下生成式人工智能/ChatGPT 在法律检索领域的应用、技术风险治理、金融领域的风险挑战与治理应对、要素式审判中的应用逻辑与限度以及无人驾驶汽车运行的法律规制等不同维度进行了分析。"焦点法谈"及"实务探讨"栏目分别对各种焦点法律问题以及相关法律实务问题进行了研究,欢迎品读。

随着互联网新媒体的迅速发展,为更加及时快速地传播法律信息和学术前沿动态,北大法宝(chinalawinfo)和北大法律信息网(pkulawinfo)于 2014 年开通了微信公众号,主要推送内容包括:重大立法与案例盘点、最新立法解读、热点案例评析、实务系列文章、学术前沿成果、期刊最新要目、学术会议资讯等,欢迎关注并提出宝贵建议。同时我们热忱欢迎广大实务界及学术界人士加入北大法律信息网的作者队伍中来,我们愿与您一同打造更多精品原创内容,通过网络平台、新媒体平台及纸刊平台多渠道推广,让更多业内人士听到您的声音。

《北大法宝大数据分析报告》将持续出版。希望广大优秀作者和忠实读者一如既往地支持,我们将努力把本书打造成业内一流的数据分析出版物。由于目前仍处于初始阶段,还存在诸多不足之处,请专业人士及广大法律爱好者随时为我们提供宝贵意见,以便我们及时改进和完善,在此深表感谢!

需要感谢的人很多,感谢多年来一直支持**北大法律信息网**的众多优秀作者,感谢北京大学出版社蒋浩学科副总编的大力推动,感谢李欣欣、焦春玲编辑的细致工作,也感谢所有为本书出版工作默默付出的工作人员,努力与执着终将硕果累累。

欢迎登录"**北大法律信息网**"及"**北大法宝**"数据库查看更多精彩内容!

北大法律信息网
2023年6月

目 录

■ 大数据分析

2022 年度法律法规公布及应用情况数据分析报告
　　[北大法宝法律法规研究组]　3

2023 年 1—4 月法律法规公布及应用情况数据分析报告
　　[北大法宝法律法规研究组]　14

《最高人民法院公报》民商事案例统计分析报告(1985—2022 年)
　　[北大法宝司法案例研究组]　23

《最高人民法院公报》知识产权案例数据分析报告
　　[北大法宝司法案例研究组]　38

离婚子女抚养权归属影响因素实证分析
　　——基于 2004 份裁判文书的研究　[杜文静　黄舒琪　李思超]　49

法学期刊学术影响力分析报告(2022 年版)
　　——基于法学期刊引证情况的分析　[北大法宝法学期刊研究组]　75

41 家法学核心期刊 2022 年度发文盘点
　　——以北大法宝—法学期刊库为例　[北大法宝法学期刊研究组]　126

41 家法学核心期刊 2022 年度博士研究生发文盘点
　　——以北大法宝—法学期刊库为例　[北大法宝法学期刊研究组]　211

■ 数字法治

ChatGPT 在法律检索领域的应用　[刘　明　范静怡]　223

数字人文视角下的德文法律文献整理与评述　［于丽英　王　娴］　236

生成式人工智能训练数据收集处理行为的合法性边界　［赵精武］　247

金融领域生成式人工智能的风险挑战与治理应对：以 ChatGPT 为例
　［尚博文　邱山山］　257

生成式人工智能在要素式审判中的应用逻辑及限度研究　［张美婷］　273

人工智能时代下无人驾驶汽车运行的法律规制　［王增頔］　286

■ 焦点法谈

股权回购型对赌协议的履行困境及破解方案　［薛　波　朱晓静］　301

《民法典》背景下"人脸识别"的侵权责任认定　［宋晓涵　邹艳晖］　314

以《反不正当竞争法》调整数据抓取行为的正当性反思　［熊文聪］　331

民法学教材"绪论"板块编写对比与优化研究　［王岩云］　341

反面推导：先行规范之资格要件与识别　［余文唐］　363

■ 实务探讨

关于规范管理境外来华公务机飞行商业模式的相关建议
　——以国家数据安全和境外来华公务机依法合规跨境运营
　为视角　［黄振达］　383

在应然与实然之间：法官与律师关系的思考　［陈建华］　392

不当得利"无法律根据"要件的实务审查　［陈慧玲］　400

重婚消失后同案异判的正本清源　［王礼仁］　412

劳动者"被迫"解除劳动合同应得经济补偿
　——以《劳动合同法》第40条第（三）项为视角　［俞肃平］　425

《北大法宝大数据分析报告》稿约　　435

北大法宝引证码说明　　439

Contents

- Big Data Analysis

    Data Analysis Report on Promulgation and Application of Laws and Regulations in 2022　[Laws & Regulations Research Team of PKULAW]　3

    Data Analysis Report on Promulgation and Application of Laws and Regulations from January to April 2023
    　[Laws & Regulations Research Team of PKULAW]　14

    Statistical Analysis Report on Civil and Commercial Cases Published in the Gazette of the Supreme People's Court (1985-2022)
    　[Judicial Case Research Team of PKULAW]　23

    Data Analysis Report on Intellectual Property Cases Published in the Gazette of the Supreme People's Court　[Judicial Case Research Team of PKULAW]　38

    Empirical Analysis on Influencing Factors for Granting Child Custody upon Divorce
    　—Based on 2004 Court Judgments [Du Wenjing, Huang Shuqi, Li Sichao]　49

    Academic Influence Analysis Report on Law Journals (2022)
    　—Based on Citations of Law Journals [Law Journal Research Team of PKULAW]　75

    Statistical Analysis of Academic Articles Published on 41 Core Law Journals in 2022
    　—Taking PKULAW Law Journal Database as an Example [Law Journal Research Team of PKULAW]　126

Statistical Analysis of Academic Articles Published by Doctoral Students on 41 Core
Law Journals in 2022
—Taking PKULAW Law Journal Database as an Example [Law Journal
Research Team of PKULAW] 211

- Digital Rule of Law

Application of ChatGPT in Legal Research Services
[Liu Ming, Fan Jingyi] 223

German Legal Literature from the Perspective of Digital Humanities: Collation and
Commentary [Yu Liying, Wang Xian] 236

Legal Boundaries in Collecting and Processing Generative AI Training Data
[Zhao Jingwu] 247

Generative AI in the Financial Industry: Risks, Challenges, Governance, and Responses
—Taking ChatGPT as an Example [Shang Bowen, Qiu Shanshan] 257

Logic and Limitations of Generative AI Application in Factor-oriented Trials
[Zhang Meiting] 273

Legal Rules on Self-Driving Car Operation in the Age of Artificial Intelligence
[Wang Zengjie] 286

- Legal Issues in Focus

Dilemma and Solutions in the Performance of Equity Repurchase VAM Agreements
[Xue Bo, Zhu Xiaojing] 301

Determination of Tort Liability Arising from "Facial Recognition" under the Civil
Code [Song Xiaohan, Zou Yanhui] 314

Reflection on Justification for Regulating Data Scrawling Behaviors under the Anti-
Unfair Competition Law [Xiong Wencong] 331

Comparison and Optimization of "Introduction" Sections of Civil Law Textbooks
[Wang Yanyun] 341

Reverse Deduction: Prerequisites and Identification of Prior Norms
[Yu Wentang] 363

- Issues in Practice

    Recommendations on Regulating the Flying Business Model of Inbound Business Jets
        —From the Perspectives of National Data Security and Compliance of Inbound Business Jets in Cross-border Operation [Huang Zhenda]   383
    Between "What Ought to Be" and "What is": Reflection on the Relationship of Judges and Lawyers [Chen Jianhua]   392
    Examination of the "Lack of Legal Basis" Requirement for Unjust Enrichment in Legal Practice [Chen Huiling]   400
    Clarification on Different Judgments for Identical Cases after Bigamy Circumstances Disappear [Wang Liren]   412
    Economic Compensation to Employees Who "Have to" Rescind Labor Contracts
        —Under Article 40 (3) of the Labor Contract Law [Yu Suping]   425

    Contribution to PKULAW Big Data Analysis Reports   435
    Explanation of CLI Codes   439

大数据分析

2022年度法律法规公布及应用情况数据分析报告

北大法宝法律法规研究组[*]

摘要：2022年，我国共公布法律法规3328件，包含中央法律法规358件，地方法规、规章2970件。与2021年相比，2022年修改数量上升，制定、废止数量下降。交通运输、行政处罚、生态环境保护、文明行为连续两年均为立法热点，2022年新增海关进出口、金融、经济建设等立法热点。

关键词：法律法规规章 2022年度 立法形式 立法热点 引用情况 统计分析

根据北大法宝—法律法规库统计[1]：2022年，我国立法数量达到3328件，其中法律17件，法律解释1件，有关法律问题和重大问题的决定7件，行政法规26件，司法解释26件，部门规章281件，地方性法规1851件，地方政府规章1119件。

收稿日期：2023-04-25

[*] 北大法宝法律法规研究组成员：朴文玉、潘晓岚、石志鸿、李知航。朴文玉，北大法宝信息运营总监；潘晓岚，北大法宝信息运营副总监；石志鸿，北大法宝法规中心副主任；李知航，北大法宝编辑。研究指导：郭叶，北大法律信息网（北大法宝）副总编。感谢北大法宝编辑王丽华、柴旭、贾玮、南梦、左蒙园、张微、伊超亚对本报告写作提供的大力支持。

[1] 统计源：截至2023年4月4日，北大法宝—法律法规库"中央法规""地方法规"栏目共收录法律法规及其他规范性文件371万余篇，其中2022年法律法规及其他规范性文件新增近20万篇。本报告仅对2022年公布的法律、法律解释、有关法律问题和重大问题的决定、行政法规、监察法规、司法解释、部门规章、地方性法规和地方政府规章进行分析。统计周期：2022年1月1日—2022年12月31日。

一、法律法规公布情况[1]

（一）中央法律法规公布情况

2022年公布中央法律法规共计358件，与2021年的400件相比，减少10.5%。其中修改法律法规164件，总占比约45.8%，包括10件法律、17件行政法规、5件司法解释和132件部门规章；新制定法律法规97件，总占比约27.1%，包括6件法律、7件有关法律问题和重大问题的决定、2件行政法规、17件司法解释和65件部门规章；废止法律法规96件，总占比约26.8%，包括1件法律、7件行政法规、4件司法解释和84件部门规章；作出法律解释1件。

1. 全国人大及其常委会2022年立改废释法律数量比2021年减少六成

2022年全国人大及其常委会立改废释法律18件，与2021年的45件相比，减少了60%。其中全国人大审议通过《全国人民代表大会关于修改〈中华人民共和国地方各级人民代表大会和地方各级人民政府组织法〉的决定》；全国人大常委会审议通过《中华人民共和国期货和衍生品法》《全国人民代表大会常务委员会关于中国人民解放军现役士兵衔级制度的决定》《中华人民共和国黑土地保护法》《中华人民共和国妇女权益保障法》《中华人民共和国反电信网络诈骗法》等15件法律及1件法律解释，即《全国人民代表大会常务委员会关于〈中华人民共和国香港特别行政区维护国家安全法〉第十四条和第四十七条的解释》；文中废止了《中华人民共和国预备役军官法》。涵盖6个法律部门，包括宪法相关法3件，民法商法1件，行政法6件，经济法6件，社会法1件，刑法1件。

2. 2022年修改数量比2021年多，制定和废止数量下降，作出法律解释1件

2022年新制定中央法律法规97件，与2021年的148件相比，减少约34.5%。

法律法规的修改可细分为修订、修正、修正案、打包修改[2]四类具体形式。[3] 2022年修改中央法律法规164件，其中打包修改79件，与2021年的52件相比，增加约51.9%；修订48件，与2021年的42件相近；修正37件，与2021年的49件相比，减少约24.5%；两年均无修正案。

---

[1] 本报告公布情况统计方法：修改、废止均根据实际修改、废止法律法规数量统计，不单独统计修改、废止决定数量。

[2] 打包修改是指就多部法律法规中涉及同类事项或者同一事由，需要集中予以修改的个别条款，一并提出进行合并修改的方式。参见罗小曼：《改革开放四十年立法形态演进》，载北大法宝—法学期刊库，https://www.pkulaw.com/journal，【法宝引证码】CLI.A.1250534，2023年4月4日访问。

[3] 参见黄海华：《新时代法律修改的特征、实践和立法技术》，载北大法宝·法学期刊库，https://www.pkulaw.com/journal，【法宝引证码】CLI.A.1334701，2023年4月4日访问。

法律法规的废止形式分为以决定形式废止和文中废止两种。如图1所示，2022年废止中央法律法规96件，其中以决定形式废止39件，与2021年的44件相近；文中废止57件，与2021年的65件相比差异不大。

2022年坚持立改废释并举，《全国人民代表大会常务委员会关于〈中华人民共和国香港特别行政区维护国家安全法〉第十四条和第四十七条的解释》是第十三届全国人大常委会作出的唯一法律解释。

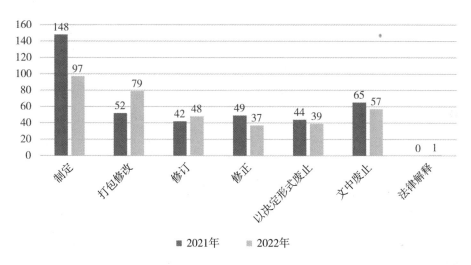

图1　2021年与2022年中央法律法规立改废释数量对比（件）

3.市场监管总局立法数量最多，农业农村部2022年新晋立法数量Top3

2022年公布的358件中央法律法规中，单独制定337件，总占比约94.1%；联合制定21件，总占比约5.9%。中央法律法规共覆盖39个制定机关，在中央立法数量Top10的制定机关中，立法数量50件以上[1]的制定机关有市场监管总局、交通运输部，其中市场监管总局立法数量最多，达51件，排名由2021年的第三上升至第一；交通运输部立法数量次之，达50件，排名由2021年的第一下降至第二。立法数量20—50件之间的有农业农村部、国务院、最高人民法院、中国证监会、全国人大常委会、中国银保监会6个制定机关。海关总署、国家发改委立法数量在20件以下（见图2）。2022年立法数量Top10的制定机关中有9个与2021年一致，农业农村部2022年新晋Top10，立法数量排名第三。生态环境部2022年未进入Top10。

---

〔1〕　本报告中的"以上""以下"均包含本数。

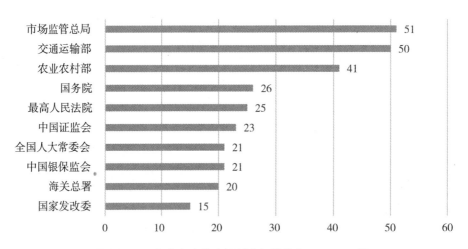

图 2　2022 年中央法律法规制定机关分布（Top10）（件）

4. 交通运输、行政处罚连续两年均为立法热点，2022 年新增海关进出口、金融立法热点

2022 年公布的 358 件中央法律法规中，立法热词前五位依次是海关（19 次）、航空（19 次）、运输（17 次）、证券（16 次）、行政处罚（14 次）。这反映出立法热点主要集中在海关进出口、交通运输、金融、行政处罚等领域（见图 3），其中交通运输、行政处罚连续两年均为立法热点。

图 3　2022 年中央法律法规立法热点分布

除了上述立法热点,2022年全国人大常委会加强重点领域、新兴领域、涉外领域立法,成果颇丰:制定《中华人民共和国黑土地保护法》《中华人民共和国黄河保护法》,修改《中华人民共和国野生动物保护法》,"1+N+4"生态环保法律体系逐步形成。修改《中华人民共和国职业教育法》《中华人民共和国体育法》《中华人民共和国妇女权益保障法》,加强民生领域立法。坚持统筹推进国内法治和涉外法治,制定或修改《中华人民共和国对外贸易法》《中华人民共和国反垄断法》《中华人民共和国期货和衍生品法》《中华人民共和国反电信网络诈骗法》等多件专门涉外法律或完善法律中的涉外条款,不断完善我国涉外法律规范体系。

(二)地方法规、规章公布情况

2022年公布地方法规、规章共计2970件,与2021年的3530件相比,减少约15.9%。其中新制定地方法规、规章1188件,总占比40%,包括省级地方性法规340件,设区的市地方性法规483件,经济特区法规31件,自治条例和单行条例20件,海南自由贸易港法规7件,浦东新区法规9件,省级地方政府规章85件,设区的市地方政府规章213件;修改地方法规、规章1143件,总占比约38.5%,包括省级地方性法规438件,设区的市地方性法规212件,经济特区法规9件,自治条例和单行条例36件,省级地方政府规章229件,设区的市地方政府规章219件;废止地方法规、规章639件,总占比约21.5%,包括省级地方性法规135件,设区的市地方性法规88件,经济特区法规9件,自治条例和单行条例34件,省级地方政府规章191件,设区的市地方政府规章182件。

1. 2022年省级地方性法规数量少于2021年,但总占比略有上升

2022年公布地方法规、规章共2970件,其中省级地方性法规数量最多,共913件,与2021年相比减少140件,总占比约30.7%,与2021年相比上升0.9%;设区的市地方性法规次之,共783件,总占比约26.4%;设区的市地方政府规章614件,总占比约20.7%;省级地方政府规章505件,总占比约17%;自治条例和单行条例、经济特区法规、浦东新区法规、海南自由贸易港法规分别有90件、49件、9件、7件。

2. 2022年立改废地方法规、规章数量均少于2021年

2022年新制定地方法规、规章1188件,与2021年的1351件相比,减少12.1%。修改地方法规、规章1143件,其中打包修改依然是修改的主要形式,有681件,与2021年的933件相比,减少约27%;修订296件,与2021年的242件相比,增加约22.3%;修正166件,与2021年的198件相比,减少约16.2%。废止地方法规、规章639件,其中以决定形式废止487件,与2021年的615件相比,减少约20.8%;文中废止152件,与2021年的191件相比,减少约20.4%。

3.江苏省公布地方法规、规章数量最多,立法数量Top10新增湖南省、安徽省、河南省、内蒙古自治区

2022年,31个省级行政区共计公布地方法规、规章2970件。在地方立法数量Top10的省级行政区中,江苏省第一,达221件;2021年第一的广东省2022年位列第二,为213件;立法数量在150—200件之间的有湖北省、山东省;其余6个省级行政区的立法数量均在150件以下(见图4)。2022年立法数量Top10的省级行政区中有6个与2021年一致,新增湖南省、安徽省、河南省、内蒙古自治区4个省级行政区。浙江省、河北省、吉林省、山西省2022年未进入Top10。

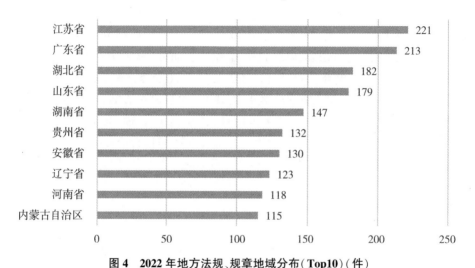

图4 2022年地方法规、规章地域分布(Top10)(件)

4.2022年制定7件海南自由贸易港法规,9件浦东新区法规

海南、上海两地人大及其常委会于2021年6月10日分别被授予海南自由贸易港法规、浦东新区法规的立法权。2022年,海南省人大常委会制定《海南自由贸易港游艇产业促进条例》《海南自由贸易港海口国家高新技术产业开发区条例》等7件海南自由贸易港法规。[1] 上海市人大常委会制定《上海市浦东新区市场主体登记确认制若干规定》《上海市浦东新区绿色金融发展若干规定》等9件浦东新区法规。[2]

---

[1] 根据国家法律法规数据库统计,https://flk.npc.gov.cn/,2023年4月4日访问。
[2] 参见《上海市人民代表大会常务委员会工作报告(2022)》《上海市人民代表大会常务委员会工作报告(2023)》,载北大法宝—法律法规库,https://www.pkulaw.com/law/,2023年4月4日访问。

5. 生态环境保护、文明行为连续两年均为地方立法热点,2022 年新增经济建设立法热点

2022 年,地方法规、规章立法热词前五位依次是环境(112 次)、经济(95 次)、防治(83 次)、污染(75 次)、文明行为(46 次)。这反映出立法热点主要集中在生态环保、经济发展、弘德立法等领域(见图 5),其中生态环保、弘德立法连续两年均为立法热点。此外,出现频次较高的立法热词还有物业管理(40 次)、养犬管理(36 次)、消防(36 次)、议事规则(28 次)、优化营商环境(22 次),集中在社会和民生治理、人大制度建设、经济建设等领域。

2022 年,在生态环保立法方面,31 个省级行政区公布 190 件生态环保相关地方法规、规章,其中涉及生态环境保护的有 116 件,涉及污染防治的有 74 件。在推动经济高质量发展立法方面,北京市等 16 个省级行政区制定或修改 22 件营商环境相关法规、规章。上海市等 9 个省级行政区制定或修改 9 件经济工作监督方面的地方性法规。在弘德立法方面,河北省等 18 个省级行政区制定或修改 46 件文明行为促进相关法规、规章。在惠民立法方面,上海市等 20 个省级行政区制定或修改 40 件物业管理相关地方法规、规章。重庆市等 16 个省级行政区制定或修改 36 件养犬管理相关地方法规、规章。在人大制度建设方面,25 个省级行政区制定或修改 72 件完善议事规则、人事任免等相关地方性法规。此外在协同立法方面,京津冀、长三角、川渝等地区 9 个省级行政区协同制定 11 件省级地方性法规,21 个设区的市协同制定 21 件设区的市地方性法规。

图 5 2022 年地方法规、规章立法热点分布

二、法律法规的引用情况

(一)2022年公布的法律法规总被引153万余次,是2021年的近3倍

根据"北大法宝"数据统计[1],2022年公布的3328件法律法规中,有1247件被引用,总被引1532869次。其中,中央法律法规212件,总被引1530107次,占比99.8%;地方法规、规章1035件,总被引2762次。2021年公布法律法规3930件,当年总被引53万余次,2022年总被引次数是2021年的近3倍。

(二)2022年在法律法规库中总被引次数较2021年下降五成

根据"北大法宝"数据统计,2022年公布的3328件法律法规中,有1226件被法律法规引用,总被引次数5081次。2021年总被引次数达11131次,是2022年的2倍多。在2022年被引次数Top10的法律法规中,《中华人民共和国地方各级人民代表大会和地方各级人民政府组织法(2022修正)》被引次数最多,达267次;被引次数在100—200次之间的有5件,包括1件法律、3件行政法规、1件部门规章;其余4件被引次数均在100次以下,包括3件法律、1件行政法规(见图6)。2021年被引次数Top10的法律法规包括8件法律、2件行政法规。

图6 2022年公布的法律法规总被引次数统计(Top10)(件)

---

[1] "北大法宝"法律法规的引用量统计范围包括法律法规库、司法案例库两个数据库,统计时间截至2023年4月4日。

三、法律法规的浏览情况

（一）2022年总浏览量近200万次，比2021年多近三成

2022年公布的3328件法律法规中，有2546件被浏览，总浏览量近200万次，与2021年近157万次总浏览量相比，增加了约27.4%。2022年浏览量10万次以上的有司法解释、部门规章、法律、省级地方性法规、设区的市地方性法规。司法解释浏览量最高，达66万余次，总占比约33.3%；浏览量1万—10万次的有行政法规、省级地方政府规章、设区的市地方政府规章、经济特区法规、自治条例和单行条例，分别占比约3.5%、2.9%、2.6%、0.6%、0.5%；有关法律问题和重大问题的决定、浦东新区法规、海南自由贸易港法规、法律解释浏览量均在1万次以下（见图7）。与2021年相比，2022年司法解释、部门规章、省级地方性法规、设区的市地方性法规、经济特区法规、自治条例和单行条例、省级地方政府规章、设区的市地方政府规章浏览量增加。法律、有关法律问题和重大问题的决定、行政法规浏览量减少。

图7　2022年公布的法律法规效力位阶浏览量分布（次）

(二)2022年司法解释浏览量最高,而2021年法律浏览量最高

2022年司法解释浏览量最高,达66万余次。浏览量Top10的法律法规包括5件司法解释、4件法律、1件部门规章(见图8),以司法解释为主。而2021年法律浏览量最高,达78万余次,浏览量Top10的法律法规包括8件法律、1件行政法规、1件司法解释,以法律为主。

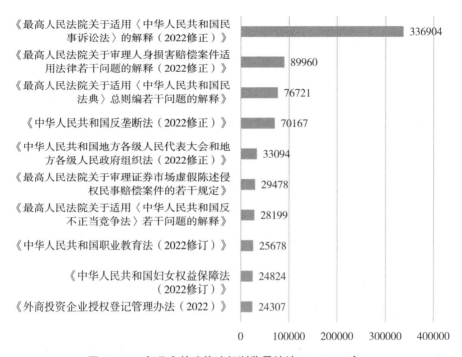

图8 2022年公布的法律法规浏览量统计(Top10)(次)

(三)广东省法规规章浏览量连续两年均最高,浏览量Top10新增湖南省、安徽省、河南省

2022年,地方法规、规章总浏览量53万余次,是2021年的近2倍。地方法规规章浏览量连续两年均覆盖31个省级行政区。其中广东省的法规规章浏览量连续两年均最高,江苏省的法规规章浏览量连续两年均排第二,排名未改变,但与2021年相比,两省法规规章浏览量均大幅提高(见图9)。2022年浏览量Top10的省级行政区中有7个与2021年一致,新增湖南省、安徽省、河南省3个省级行政区。北京市、四川省、陕西省2022年未进入Top10。

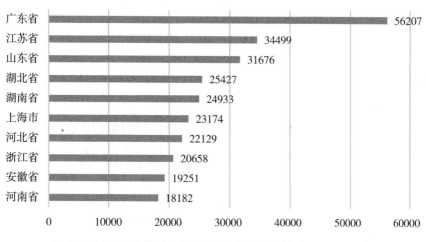

图9　2022年公布的地方法规规章浏览量地域分布(Top10)(次)

"北大法宝"结合全国人大常委会会议的召开频率,推出月法律法规公布情况数据分析报告,并在此基础上推出年度法律法规公布及应用情况数据分析报告,以期给法律工作者提供最新的年度立法盘点。感谢广大用户一直以来对"北大法宝"的信任与支持,我们将继续致力于产品的优化,为法学研究及实务工作者提供优质服务,欢迎大家持续关注!

【责任编辑:张文硕】

2023年1—4月法律法规公布及应用情况数据分析报告

北大法宝法律法规研究组*

摘要：2023年1—4月，我国共公布法律法规858件，包含中央法律法规132件，地方法规、规章726件。与2022年同期相比，2023年1—4月法律法规规章制定数量上升，修改、废止数量下降。立法热点集中在金融监管、海关检疫、生态环保、经济建设、人大制度建设等领域。

关键词：法律法规规章　2023年1—4月　立法形式　立法热点　引用情况统计分析

根据北大法宝—法律法规库统计[1]：2023年1—4月，我国立法数量达到858件，其中法律3件，有关法律问题和重大问题的决定6件，行政法规3件，司法解释1件，部门规章119件，地方性法规354件，地方政府规章372件。

收稿日期：2023-06-08

* 北大法宝法律法规研究组成员：朴文玉、潘晓岚、石志鸿、李知航。朴文玉，北大法宝信息运营总监；潘晓岚，北大法宝信息运营副总监；石志鸿，北大法宝法规中心副主任；李知航，北大法宝编辑。研究指导：郭叶，北大法律信息网（北大法宝）副总编。感谢北大法宝编辑王丽华、柴旭、贾玮、南琴、左蒙园、张徽、伊超亚对本报告写作提供的大力支持。

[1] 统计源：截至2023年5月19日，北大法宝—法律法规库共收录法律法规及其他规范性文件380万余篇，其中2023年1—4月法律法规及其他规范性文件新增2.5万余篇。本报告仅对2023年1—4月公布的法律、法律解释、有关法律问题和重大问题的决定、行政法规、监察法规、司法解释、部门规章、地方性法规和地方政府规章进行分析。统计周期：2023年1月1日—2023年4月30日。

一、法律法规公布情况[1]

(一)中央法律法规公布情况

2023年1—4月公布中央法律法规共132件,与2022年同期的167件相比,减少约21.0%。其中修改法律法规58件,总占比约43.9%,包括2件法律、1件有关法律问题和重大问题的决定、2件行政法规和53件部门规章;新制定法律法规42件,总占比约31.8%,包括1件法律、5件有关法律问题和重大问题的决定、1件司法解释和35件部门规章;废止法律法规32件,总占比约24.2%,包括1件行政法规和31件部门规章。

1. 全国人大及其常委会立改废法律数量同比下降四分之一

2023年1—4月全国人大及其常委会立改废法律3件,与2022年同期的4件相比,下降约25.0%。其中全国人大审议通过了《全国人民代表大会关于修改〈中华人民共和国立法法〉的决定》,全国人大常委会审议通过了《中华人民共和国反间谍法》《中华人民共和国青藏高原生态保护法》。涵盖3个法律部门,包括宪法相关法1件,刑法1件,行政法1件。

2. 新制定法律法规同比持平,修改、废止法律法规同比下降

2023年1—4月新制定中央法律法规42件,与2022年同期新制定数量一致。

法律法规的修改可细分为修订、修正、修正案、打包修改[2]四类具体形式。[3] 2023年1—4月修改中央法律法规58件,与2022年同期的78件相比,下降约25.6%。按具体修改形式来看,打包修改28件,与2022年同期的51件相比,下降约45.1%;修订28件,与2022年同期的16件相比,上涨75.0%;修正2件,与2022年同期的11件相比,下降约81.8%;2022、2023年1—4月均未通过修正案。

法律法规的废止形式分为以决定形式废止和文中废止两种。2023年1—4月废止中央法律法规32件,其中以决定形式废止15件,与2022年同期的11件相比,上涨约36.4%;文中废止17件,与2022年同期的36件相比,下降约52.8%。

3. 海关总署立法数量最多,立法数量Top10中新晋制定机关占四成

2023年1—4月公布的132件中央法律法规中,单独制定131件,总占比约

---

[1] 本报告公布情况统计方法:修改、废止均根据实际修改、废止法律法规数量统计,不单独统计修改、废止决定数量。

[2] 打包修改是指就多部法律法规中涉及同类事项或者同一事由,需要集中予以修改的个别条款,一并提出进行合并修改的方式。参见罗小曼:《改革开放四十年立法形态演进》,载北大法宝—法学期刊库,https://www.pkulaw.com/journal,【法宝引证码】CLI.A.1250534,2023年5月19日访问。

[3] 参见黄海华:《新时代法律修改的特征、实践和立法技术》,载北大法宝—法学期刊库,https://www.pkulaw.com/journal,【法宝引证码】CLI.A.1334701,2023年5月19日访问。

99.2%;联合制定1件,总占比约0.8%。中央法律法规共覆盖25个制定机关,在中央立法数量Top10的制定机关中,立法数量20件以上[1]的有海关总署、中国证监会,其中海关总署立法数量最多,达25件,排名由2022年同期的第七上升至第一;中国证监会立法数量第二,达24件,2022年同期排名第六。立法数量10—20件之间的有市场监管总局、中国人民银行。国家发改委、全国人大、水利部、全国人大常委会、交通运输部、国务院立法数量在10件以下(见图1)。2023年1—4月立法数量Top10的制定机关中有6个与2022年同期一致,中国人民银行、国家发改委、全国人大、水利部2023年1—4月新晋Top10。农业农村部、最高人民法院、最高人民检察院、中国银保监会2023年1—4月未进入Top10。

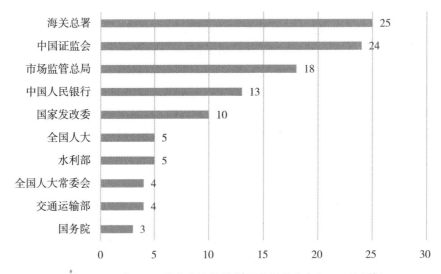

图1　2023年1—4月中央法律法规制定机关分布(Top10)(件)

4.立法热点集中在金融监管、海关检疫等领域

2023年1—4月公布的132件中央法律法规中,立法热词前五位依次是证券(15次)、海关(14次)、公司(13次)、上市(12次)、检疫(9次)。这反映出立法热点主要集中在金融、海关、检疫等领域(见图2)。

金融监管方面,2023年2月17日,中国证监会及交易所等公布165件[2]全面实行股票发行注册制相关制度规则,自公布之日起施行。这标志着注册制的制度安

---

〔1〕　本报告中的"以上""以下"均包含本数。
〔2〕　包含中国证监会规章13件、中国证监会其他规范性文件44件、证券交易所、全国股转公司、中国结算等发布的配套制度规则108件。

排基本定型,注册制推广到全市场和各类公开发行股票行为,在中国资本市场改革发展进程中具有里程碑意义。2023年3月16日印发的《党和国家机构改革方案》中明确提到组建中央金融委员会、中央金融工作委员会、国家金融监督管理总局,在党和国家机构层面三个机构同时发力,全新的中国特色金融监管体系正在形成,不断推进金融治理体系和治理能力现代化。海关检疫方面,2023年3月,海关总署结合工作实际废止3件规章,按照党中央、国务院关于优化营商环境的决策部署以及全面实行行政许可事项清单管理的有关要求,对22件规章中涉及许可事项取消或调整、证明材料取消、许可流程优化、许可有效期延长的条款进行修改,进一步优化工作流程,持续优化口岸营商环境。

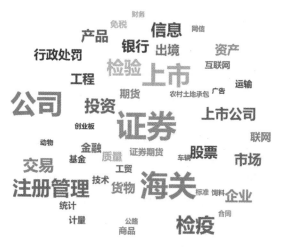

图2　2023年1—4月中央法律法规立法热点分布

(二)地方法规规章公布情况

2023年1—4月公布地方法规、规章共726件,与2022年同期的733件相近。其中新制定法规规章318件,总占比约43.8%,包括省级地方性法规26件、设区的市地方性法规152件、经济特区法规8件、自治条例和单行条例7件、海南自由贸易港法规2件、省级地方政府规章41件、设区的市地方政府规章82件;修改法规规章233件,总占比约32.1%,包括省级地方性法规45件、设区的市地方性法规49件、经济特区法规6件、自治条例和单行条例11件、省级地方政府规章50件、设区的市地方政府规章72件;废止法规规章175件,总占比约24.1%,包括省级地方性法规12件、设区的市地方性法规19件、经济特区法规6件、自治条例和单行条例11件、省级地方政府规章65件、设区的市地方政府规章62件。

1. 设区的市地方法规规章同比增长，省级地方法规规章同比下降

2023年1—4月公布地方法规规章共726件，其中设区的市地方性法规220件，设区的市地方政府规章216件，与2022年同期的157件、166件相比，分别增长约40.1%、30.1%；省级地方政府规章156件，省级地方性法规83件，与2022年同期的198件、188件相比，分别下降约21.2%、55.9%；自治条例和单行条例、经济特区法规、海南自由贸易港法规分别有29件、20件、2件。

2. 新制定地方法规规章同比增长近两成，修改、废止数量同比下降

2023年1—4月新制定地方法规规章318件，与2022年同期的271件相比，增长约17.3%。修改地方法规规章233件，与2022年同期的250件相比，下降6.8%。其中打包修改105件，与2022年同期的160件相比，下降约34.4%；修订93件，与2022年同期的66件相比，增长约40.9%；修正35件，与2022年同期的24件相比，增长约45.8%。废止地方法规规章175件，与2022年同期的212件相比，下降约17.5%。其中以决定形式废止138件，与2022年同期的172件相比，下降约19.8%；文中废止37件，与2022年同期的40件相近。

3. 广东省公布地方法规规章数量最多，吉林省新晋立法数量Top3

2023年1—4月公布地方法规规章726件，共覆盖30个省级行政区，天津未公布地方法规规章。在地方立法数量Top10的省级行政区中，广东省立法数量74件，由去年同期第二升至第一；新晋Top10的吉林省立法数量73件，排名第二；江苏省66件，由去年同期的第六升至第三。其余7个省级行政区的立法数量均在50件以下（见图3）。2023年1—4月立法数量Top10的省级行政区中有6个与2022年同期一致，新增吉林省、浙江省、陕西省、西藏自治区4个省级行政区。安徽省、山西省、宁夏回族自治区、湖北省2023年1—4月未进入立法数量Top10。

4. 新制定2件海南自由贸易港法规，未公布浦东新区法规

2023年3月修改的《中华人民共和国立法法》将上海市人大及其常委会制定浦东新区法规、海南省人大及其常委会制定海南自由贸易港法规纳入规范。2023年1—4月，海南省人大常委会制定《海南自由贸易港促进种业发展若干规定》《海南自由贸易港土地管理条例》2件海南自由贸易港法规。上海市人大常委会未公布浦东新区法规。

5. 立法热点集中在生态环保、经济建设、人大制度建设等领域

2023年1—4月地方法规规章立法热词前五位依次是环境（26次）、垃圾（26次）、经济（21次）、议事规则（18次）、企业（16次）。这反映出立法热点主要集中在生态环保、经济建设、人大制度建设等领域（见图4）。

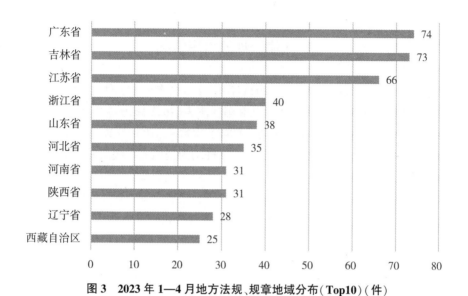

图3 2023年1—4月地方法规、规章地域分布(Top10)(件)

生态环保方面,21个省级行政区公布55件与生态环保有关的地方法规规章,其中涉及生态环境保护的有41件,涉及污染防治的有14件。经济建设方面,山东省等6个省级行政区制定8件营商环境相关法规,重庆市等15个省级行政区制定或修改28件与经济建设有关的地方法规规章。人大制度建设方面,14个省级行政区制定或修改26件与完善议事规则、人事任免等有关的地方性法规。

图4 2023年1—4月地方法规规章立法热点分布

二、法律法规的引用情况

根据"北大法宝"数据统计[1],2023年1—4月公布的858件法律法规,有151件被引用,总被引585次。《中华人民共和国立法法(2023修正)》总被引次数最多,达130次,其中110次为期刊文章引用。总被引次数Top10的法律法规中,除《中华人民共和国立法法(2023修正)》以外,其余9件均为全面实行股票发行注册制相关制度规则,且主要集中在被法律法规引用(见图5)。全面实行股票发行注册制相关制度规则在法律法规中被高频引用,这与前文立法热点中的"金融监管"一脉相承,反映出我国正在推进股票发行注册制改革,完善资本市场基础制度,加强金融稳定法治建设[2]。

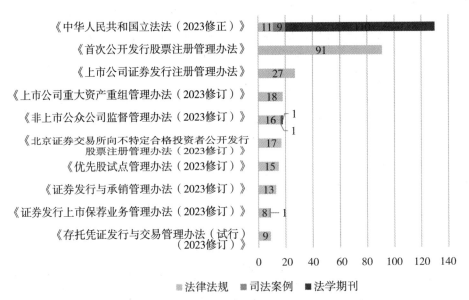

图5　2023年1—4月公布的法律法规总被引次数统计(Top10)(次)

---

[1]　"北大法宝"法律法规的引用量统计范围包括法律法规库、司法案例库、法学期刊三个数据库,统计时间截至2023年5月19日。

[2]　参见《中华人民共和国第十四届全国人民代表大会第一次会议政府工作报告》,载北大法宝—法律法规库,https://www.pkulaw.com/law/,[法宝引证码]CLI.WR.22701,2023年5月19日访问。

三、法律法规的浏览情况

（一）总浏览量[1]超16万次，部门规章浏览量占近五成

2023年1—4月公布的858件法律法规中，有620件被浏览，总浏览量超16万次。从效力位阶维度分析，部门规章总浏览量达7.8万余次，总占比约47.3%。总浏览量在1万—5万次之间的有法律、设区的市地方性法规，分别占比约24.4%、6.6%。省级地方性法规、省级地方政府规章、设区的市地方政府规章、行政法规、司法解释、有关法律问题和重大问题的决定、经济特区法规、自治条例和单行条例、海南自由贸易港法规总浏览量均在1万次以下（见图6）。

图6　2023年1—4月公布的法律法规效力位阶浏览量分布（次）

（二）《中华人民共和国立法法（2023修正）》总浏览量最高

2023年1—4月总浏览量Top10的法律法规包含1件法律、1件行政法规、1件司法解释、7件部门规章。其中《中华人民共和国立法法（2023修正）》总浏览量最高，达3.8万余次；《首次公开发行股票注册管理办法》《上市公司证券发行注册管理办法》总浏览量分别为9603次、6423次，分别位居第二、第三。其余7件总浏览量均

---

[1]　总浏览量是指北大法宝—法律法规库在线浏览量（含"北大法宝"V5版和V6版），统计时间截至2023年5月19日。

在2000—5000次之间(见图7)。

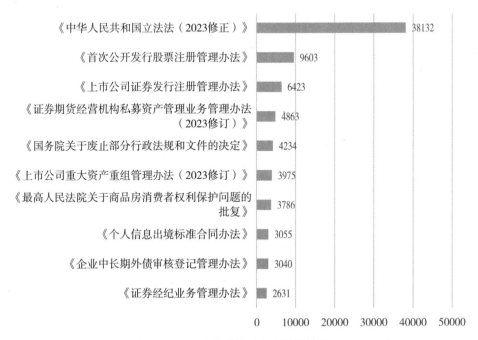

图7　2023年1—4月公布的法律法规浏览量统计(Top10)(次)

"北大法宝"结合全国人大常委会会议的召开频率,持续推出月法律法规公布及应用情况数据分析报告,以期给法律工作者提供最新的月度立法盘点。感谢广大用户一直以来对"北大法宝"的信任与支持,我们将继续致力于产品的优化,为法学研究及实务工作者提供优质服务,欢迎大家持续关注!

【责任编辑:张文硕】

《最高人民法院公报》民商事案例统计分析报告(1985—2022)

北大法宝司法案例研究组*

摘要：北大法宝司法案例研究组以1985—2022年《最高人民法院公报》发布的728例民商事案例及引用的法律法规作为研究对象,从案例发布特点、案件特征、法律法规引用情况等多个维度进行数据研究和归纳总结,以期为法学领域的理论和实务研究提供参考。

关键词：最高人民法院公报　民商事案例　发布状况　法律法规引用　统计分析

截至2022年12月31日,《最高人民法院公报》已发布728例民商事案例,共引用437部法律法规。本文以北大法宝—司法案例库及法律法规库数据为样本,选取登载在《最高人民法院公报》"案例"及"裁判文书选登"栏目中的728例民商事案例以及所引用的中央法律法规作为本次统计源,探究其规律。

收稿日期：2023-06-01

* 北大法宝司法案例研究组成员：朴文玉、彭重霞、刘策、陈春菊、丁丹凤。朴文玉,北大法宝信息运营总监；彭重霞,北大法宝信息运营副总监；刘策,北大法宝案例中心研究员；陈春菊,北大法宝案例中心研究员；丁丹凤,北大法宝案例中心编辑。研究指导：郭叶,北大法律信息网(北大法宝)副总编。感谢北大法宝编辑梁安嘉、白梦圆、梁雪钰对本报告写作提供的大力支持。

一、《最高人民法院公报》民商事案例发布状况

(一)民商事案例发布特点

1. 发布数量在 2016 年之后整体呈下降趋势

1985 年《最高人民法院公报》创刊以来,每年均发布民商事案例。如图 1 所示,1985 年至 1997 年均在 10 例以下。[1] 1998 年至 2006 年发布数量在 11 至 47 例之间,整体呈上升趋势,2006 年达到历史峰值。除 2009 年以外,2007 年至 2015 年均在 20 例以上。2016 年至 2022 年整体呈下降趋势,发布数量从 42 例下降至 21 例。

728 例民商事案例中,能明确审结日期的有 684 例,其中发布与审结年份间隔 1 年以内的有 503 例,总占比约为 73.5%;间隔 2 年至 5 年的有 180 例,总占比约为 26.3%;间隔时间最长的为 7 年,仅有 1 例。2022 年新增的 21 例中,发布与审结年份间隔 1 年以内的有 11 例;其余 10 例间隔时间为 2 年至 5 年不等。

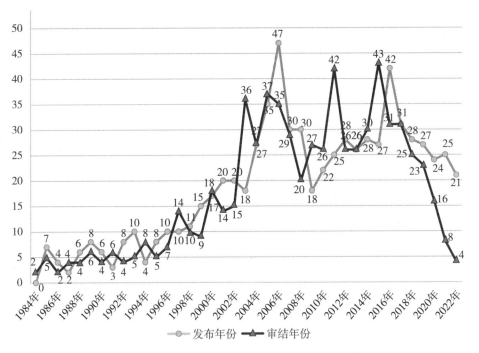

图 1 《最高人民法院公报》民商事案例年份分布

---

[1] 本报告中的"以上""以下"均包含本数。

2. 10 例以上的来源有 8 个省级行政区域,排名前三的为江苏省、上海市、广东省

728 例民商事案例中,可以明确来源的有 727 例,涉及最高人民法院及江苏省等 29 个省级行政区域。如图 2 所示,来源于最高人民法院的最多,有 309 例,总占比约为 42.5%;29 个省级行政区域中,10 例以上的有 8 个省级行政区域,排名前三位的为江苏省、上海市、广东省,分别为 126 例、95 例、31 例,总占比分别约为 17.3%、13.1%、4.3%;9 例以下的有山东省、重庆市等 21 个省级行政区域。2022 年新增的 21 例分别来源于最高人民法院(10 例)、上海市(5 例)、江苏省(4 例)及江西省(2 例)。

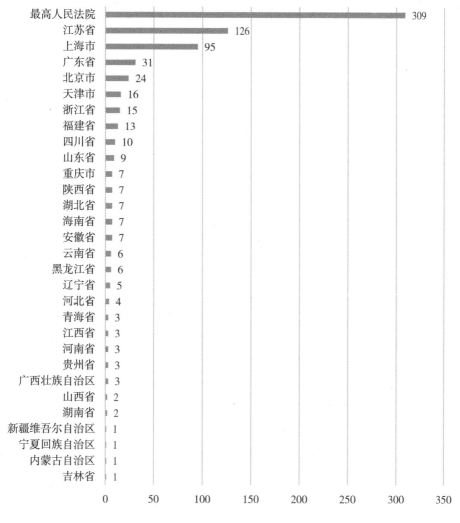

图 2 《最高人民法院公报》民商事案例来源分布(例)

3.法院级别覆盖四级以及专门法院,最高人民法院和中级人民法院总占比达七成

728例民商事案例中,如图3所示,最高人民法院和中级人民法院发布较多,分别为309例和225例,较2021年(299例和221例)分别增加了10例和4例,总占比约为73.4%;高级人民法院和基层人民法院均有87例,较2021年(84例和83例)分别增加了3例和4例,总占比约为23.9%;专门人民法院有20例,其中海事法院16例,铁路运输法院3例以及金融法院1例,2022年无新增。

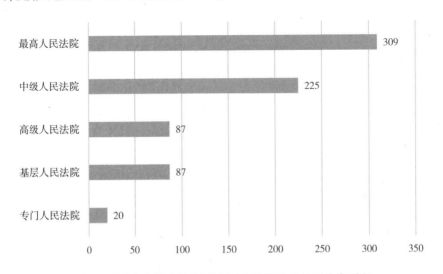

图3 《最高人民法院公报》民商事案例法院级别分布(例)

4.2022年新增案例为二审程序的最多

2022年新增的21例民商事案例,审理程序为二审的有11例,再审和一审的分别有6例、3例,特别程序的有1例。728例民商事案例中,审理程序为二审的最多,有464例,总占比约为63.7%;再审、一审分别有127例、124例,总占比分别约为17.4%、17.0%;特别程序、公示催告、破产及其他共13例。

5.2022年新增案例涉及判决书和裁定书两类文书类型

728例民商事案例中,能明确文书类型的有712例,共涉及五类文书类型。其中判决书有596例,总占比约为83.7%;裁定书有108例,总占比约为15.2%;调解书、通知书、决定书共计8例。2022年新增的21例案件涉及判决书和裁定书两类文书类型,其中判决书有16例,裁定书有5例。

(二)民商事案件特征

1.《中华人民共和国民法典》施行后审结的案件有12例,涉及两种新增案由

为切实贯彻实施《中华人民共和国民法典》(以下简称《民法典》),最高人民法院于2020年12月29日发布了《最高人民法院关于印发修改后的〈民事案件案由规定〉的通知(2020)》,已于2021年1月1日施行。728例民商事案例中,《民法典》施行后审结的案件有12例,其中涉及两种新增案由[1],共有2例,均为2022年发布,分别为公益诉讼1例,消费者权益保护民事公益诉讼1例。

728例民商事案例共涉及229种案由[2],较2021年(224种)增加5种,分别为公益诉讼、请求变更公司登记纠纷、破产债权确认纠纷、申请变更监护人及消费者权益保护民事公益诉讼。如图4所示,10例以上涉及20种案由,其中借款合同纠纷最多,有52例;其次是生命权、身体权、健康权纠纷,有29例;买卖合同纠纷、财产损害赔偿纠纷分别有24例、20例。

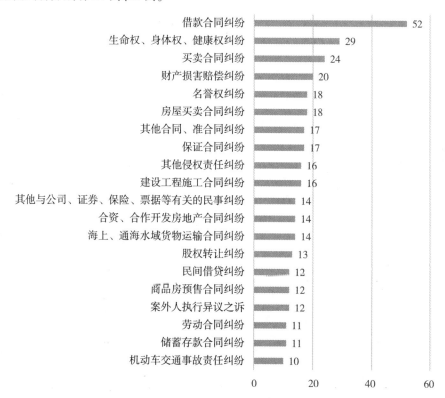

图4 《最高人民法院公报》民商事案例案由分布(10例以上)(例)

---

[1] 新增案由是指2021年施行的《民事案件案由规定》中明确表述为"增加"的案由。参见2021年1月1日施行的《最高人民法院关于印发修改后的〈民事案件案由规定〉的通知(2020)》,载北大法宝—法律法规库,https://www.pkulaw.com/law/,【法宝引证码】CLI.3.349598,2023年4月13日访问。

[2] 案由存在复选的,按每个案由分别统计。

2. 专题分类为涉外、涉港澳台的案例总量超百例

北大法宝—司法案例库目前已设置 28 个专题分类[1],728 例民商事案例中,能明确专题分类的有 300 例,共涉及 16 个专题。如图 5 所示,专题为涉外、涉港澳台的案例总量共计 101 例,总占比约为 33.7%。案例数量在 10 例至 40 例之间的有金融担保、建设工程等 8 个专题;案例数量 10 例以下的有公益诉讼、"一带一路"、涉民营企业等 6 个专题。2022 年新增的 21 例中,能明确专题分类的有 9 例,其中民间借贷、公益诉讼均有 2 例,涉外、建设工程、保险理赔、医疗卫生、消费维权各有 1 例。

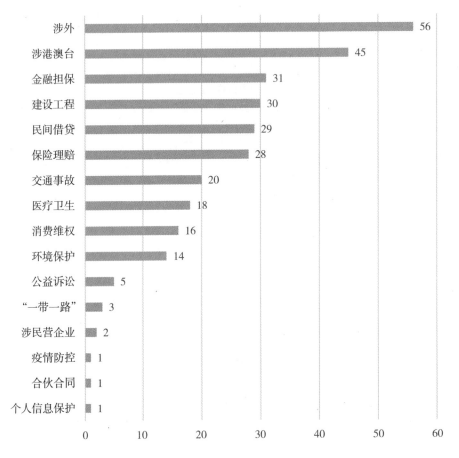

图 5 《最高人民法院公报》民商事案例专题分布(例)

---

[1] 专题存在复选的,按每个专题分别统计。

3. 当事人含法人的总占比近九成,聘请律师的案例数量过半

当事人类型[1]划分为自然人、法人及非法人组织三种。728例民商事案例中,如图6所示,当事人含法人的最多,有651例,较2021年(632例)增加19例,总占比约为89.4%,其中一方为法人的有332例,双方均为法人的有319例;当事人不含法人的有77例,较2021年(75例)增加2例,总占比约为10.6%,其中双方均为自然人的有73例,一方为自然人的有4例。从聘请律师情况来看,当事人聘请律师的有386例,总占比约为53.0%。

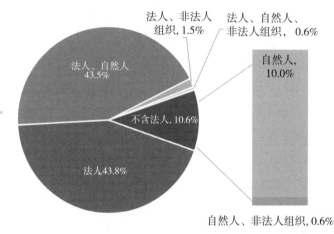

图6 《最高人民法院公报》民商事案例当事人类型分布

4. 终审结果为改判的总量占比最高,维持原判的增量居多

728例民商事案例中,二审和再审案例共有591例,终审结果涉及13类,其中2022年新增的21例涉及7类。如图7所示,终审结果为改判的最多,有271例,较2021年(265例)增加6例,总占比约为45.9%,包括二审全部改判的107例,二审部分改判的92例,再审全部改判的51例,再审部分改判的21例。其次是维持原判,有253例,较2021年(246例)增加7例,增量最多,总占比约为42.8%,包括二审维持原判的243例,再审维持原判的10例。驳回再审申请的有38例,总占比约为6.4%;二审达成调解协议、二审撤回上诉等6类共29例,总占比约为4.9%。

---

[1] 当事人类型是按照自然人、法人、非法人组织进行划分及统计。参见2021年1月1日施行的《民法典》第2条,载北大法宝—法律法规库,https://www.pkulaw.com/law/,【法宝引证码】CLI.1.342411,2023年4月13日访问。

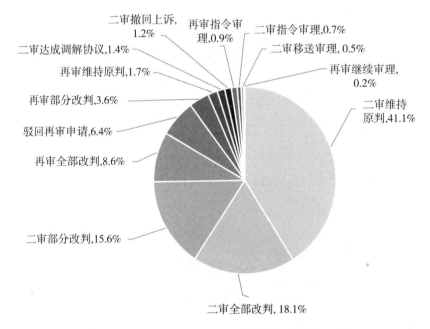

图 7 《最高人民法院公报》民商事案例终审结果分布

二、《最高人民法院公报》民商事案例法律法规引用情况

(一)民商事案例法律法规整体引用情况

1. 涉及 6 个效力位阶,司法解释及部门规章引用近六成

728 例民商事案例共引用法律法规 437 部,涉及 6 个效力位阶,其中引用司法解释最多,有 127 部,总占比约为 29.1%;部门规章 122 部,总占比约为 27.9%;法律 96 部,总占比约为 21.9%;行政法规 79 部,总占比约为 18.1%;行业规定和党内法规制度分别有 11 部、2 部,总占比约为 3.0%。

2. 被引用超 20 次的有 27 部,仅涉及法律、司法解释

437 部法律法规中,被引用 20 次以上的有 27 部,仅涉及法律、司法解释,不涉及行政法规、部门规章、行业规定和党内法规制度。如图 8 所示,具体包括法律 20 部,总占比约为 74.1%,其中《中华人民共和国民事诉讼法》(含历次修正)被引用次数最多,达 1522 次;司法解释 7 部,总占比约为 25.9%,其中《最高人民法院关于民事诉讼证据的若干规定》(含历次修正)被引用次数最多,达 137 次。10 次至 20 次之间的有 23 部,具体包括法律 13 部,司法解释 8 部,行政法规 2 部。其中行政法规中,

《工伤保险条例》(含历次修正)被引用次数最多,达18次。被引用次数在10次以下的有387部,具体包括:部门规章122部,司法解释112部,行政法规77部,法律63部,行业规定11部,党内法规制度2部。从法律法规被引用次数来看,行政法规、部门规章、行业规定和党内法规制度被引用次数均在20次以下,因此,下文仅对法律和司法解释被引用情况进行分析。

3. 被引用次数在10次以上的法律条文超九成,行政法规和部门规章条文被引用最多仅3次

728例民商事案例共引用2008条法律法规条文,包括法律条文1366条,司法解释条文413条,行政法规条文135条,部门规章条文94条。

其中被引用次数在10次以上的有72条,仅涉及法律和司法解释,不涉及行政法规和部门规章。具体包括法律条文68条,总占比约为94.4%,其中《中华人民共和国民事诉讼法》第153条被引用次数最多,达222次;司法解释4条,总占比约为5.6%,其中《最高人民法院关于民事诉讼证据的若干规定(2008调整)》第2条被引用次数最多,达33次。被引用次数在10次以下的有1936条,具体包括法律条文1298条,司法解释条文409条,行政法规条文135条,部门规章条文94条。其中行政法规条文中,《工伤保险条例(2010修订)》第37条被引用次数最多,达3次;部门规章条文中,《商品房销售管理办法》第16条被引用次数最多,达3次。

(二)民商事案例中法律引用情况

1. 引用实体法的超九成,《中华人民共和国合同法》《中华人民共和国民法通则》及《中华人民共和国担保法》排名前三

728例民商事案例中共引用了96部法律,其中实体法92部,总占比约为95.8%。从实体法被引用次数来看,500次以上的有2部,分别是《中华人民共和国合同法》(802次)、《中华人民共和国民法通则》(含历次修正)(549次)。100次至500次之间的有5部,包括《中华人民共和国担保法》(178次)、《中华人民共和国公司法》(含历次修正)(172次)以及《中华人民共和国物权法》(136次)等。50次至100次之间的有2部,分别为《中华人民共和国保险法》(含历次修正)(69次)、《中华人民共和国消费者权益保护法》(含历次修正)(55次)。50次以下的有83部。4部程序法的引用次数依次是《中华人民共和国民事诉讼法》(含历次修正)1522次、《中华人民共和国海事诉讼特别程序法》7次、《中华人民共和国刑事诉讼法》(含历次修正)3次以及《中华人民共和国行政诉讼法》1次。

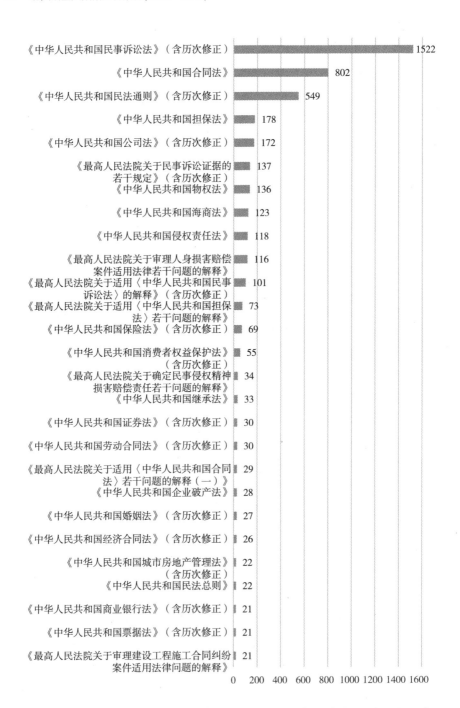

图8 《最高人民法院公报》民商事案例法律法规被引用次数统计（20次以上）（次）

2. 法律中实体法条文超千条,《中华人民共和国合同法》第 60 条被引用次数最多

92 部实体法共涉及具体条文 1102 条,如图 9 所示,被引用 50 次以上的有 4 条,包括《中华人民共和国合同法》第 60 条、第 107 条和第 52 条,分别被引用 66 次、58 次和 52 次;《中华人民共和国民法通则》第 106 条被引用 51 次。被引用 10 次至 50 次之间的有 33 条,《中华人民共和国合同法》第 8 条被引用次数最多,为 39 次。其余 1065 条法律条文被引用的次数均不足 10 次。

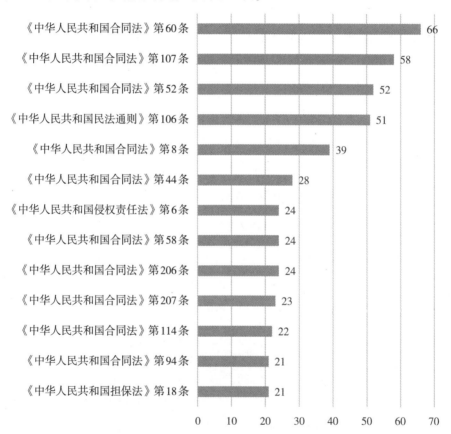

图 9 《最高人民法院公报》民商事案例实体法条文被引用次数统计(20 次以上)(次)

(三)民商事案例中司法解释被引用情况

1. 司法解释均为最高人民法院发布,被引用超 100 次的有 3 部

728 例民商事案例引用的 437 部法律法规中,被引用最多的是司法解释,有 127 部,均为最高人民法院发布。被引用 100 次以上的有 3 部,分别为《最高人民法院关

于民事诉讼证据的若干规定》(含历次修正)(137次)、《最高人民法院关于审理人身损害赔偿案件适用法律若干问题的解释》(116次)以及《最高人民法院关于适用〈中华人民共和国民事诉讼法〉的解释》(含历次修正)(101次)。10次至100次之间的有12部,其中被引用次数最多的是《最高人民法院关于适用〈中华人民共和国担保法〉若干问题的解释》(73次)。其余112部司法解释被引用次数均不足10次。

2.司法解释中,《最高人民法院关于民事诉讼证据的若干规定(2008调整)》第2条被引用次数最多

127部司法解释共涉及413条司法解释条文,如表1所示,《最高人民法院关于民事诉讼证据的若干规定(2008调整)》第2条被引用次数最多,为33次。被引用10次至30次的有3条,《最高人民法院关于审理人身损害赔偿案件适用法律若干问题的解释》第17条、《最高人民法院关于确定民事侵权精神损害赔偿责任若干问题的解释》第8条、《最高人民法院关于适用〈中华人民共和国民事诉讼法〉的解释》第395条分别被引用18次、12次、11次。被引用5次至10次的有26条,包括《最高人民法院关于确定民事侵权精神损害赔偿责任若干问题的解释》第10条(9次)等。其余383条司法解释条文被引用次数均不足5次。

表1 《最高人民法院公报》民商事案例司法解释法条被引用次数统计(5次以上)

法律条文	次数(次)
《最高人民法院关于民事诉讼证据的若干规定(2008调整)》第2条	33
《最高人民法院关于审理人身损害赔偿案件适用法律若干问题的解释》第17条	18
《最高人民法院关于确定民事侵权精神损害赔偿责任若干问题的解释》第8条	12
《最高人民法院关于适用〈中华人民共和国民事诉讼法〉的解释》第395条	11
《最高人民法院关于适用〈中华人民共和国民事诉讼法〉的解释》第407条	9
《最高人民法院关于适用〈中华人民共和国担保法〉若干问题的解释》第39条	9
《最高人民法院关于审理人身损害赔偿案件适用法律若干问题的解释》第23条	9
《最高人民法院关于审理人身损害赔偿案件适用法律若干问题的解释》第21条	9
《最高人民法院关于审理人身损害赔偿案件适用法律若干问题的解释》第19条	9
《最高人民法院关于确定民事侵权精神损害赔偿责任若干问题的解释》第10条	9
《最高人民法院关于适用〈中华人民共和国民事诉讼法〉的解释》第90条	8
《最高人民法院关于适用〈中华人民共和国民事诉讼法〉的解释》第208条	8

(续表)

法律条文	次数（次）
《最高人民法院关于审理人身损害赔偿案件适用法律若干问题的解释》第22条	8
《最高人民法院关于民事诉讼证据的若干规定》第2条	8
《最高人民法院关于适用〈中华人民共和国民事诉讼法〉的解释》第312条	7
《最高人民法院关于适用〈中华人民共和国担保法〉若干问题的解释》第7条	7
《最高人民法院关于审理人身损害赔偿案件适用法律若干问题的解释》第24条	7
《最高人民法院关于审理人身损害赔偿案件适用法律若干问题的解释》第20条	7
《最高人民法院关于审理人身损害赔偿案件适用法律若干问题的解释》第6条	6
《最高人民法院关于审理人身损害赔偿案件适用法律若干问题的解释》第18条	6
《最高人民法院关于确定民事侵权精神损害赔偿责任若干问题的解释》第1条	6
《最高人民法院关于适用〈中华人民共和国合同法〉若干问题的解释(一)》第4条	5
《最高人民法院关于适用〈中华人民共和国担保法〉若干问题的解释》第85条	5
《最高人民法院关于适用〈中华人民共和国担保法〉若干问题的解释》第6条	5
《最高人民法院关于审理人身损害赔偿案件适用法律若干问题的解释》第25条	5
《最高人民法院关于审理经济合同纠纷案件有关保证的若干问题的规定》第11条	5
《最高人民法院关于审理建设工程施工合同纠纷案件适用法律问题的解释》第18条	5
《最高人民法院关于审理建设工程施工合同纠纷案件适用法律问题的解释》第17条	5
《最高人民法院关于民事诉讼证据的若干规定》第34条	5
《最高人民法院关于民事诉讼证据的若干规定(2008调整)》第75条	5

3. 对司法解释的引用多于实体法，对实体法条文的引用多于司法解释条文

从法律与司法解释引用对比情况来看，127部司法解释中，被引用次数在10次以上的有15部，总占比约为11.8%。92部实体法中，被引用次数在10次以上的有32部，总占比约为34.8%。其中司法解释被引用次数最多的是《最高人民法院关于民事诉讼证据的若干规定》(含历次修正)，为137次，较实体法被引用次数最多的《中华人民共和国合同法》(802次)少665次。从具体条文被引用的情况来看，司法解释条文被引用次数在10次以上的有4条，实体法条文被引用次数在10次以上的有37条。其中司法解释条文被引用次数最多的是《最高人民法院关于民事诉讼证据的若干规定(2008调整)》第2条，为33次，较实体法条文被引用次数最多的《中

华人民共和国合同法》第 60 条（66 次）少 33 次。可见，728 例民商事案例对司法解释的引用多于对实体法的引用，但对具体条文的引用，实体法则多于司法解释。

（四）《民法典》在民商事案例中的引用情况

通过检索北大法宝—司法案例数据库，《民法典》生效后，2021 年至 2022 年审结的民商事案件共计 1260 万余例，其中有 414 万余例涉及对《民法典》的引用，总占比约为 32.9%。但 728 例民商事案例引用《民法典》的仅有 4 例，包括依据《民法典》作出裁判和未依据《民法典》作出裁判的各 2 例。其中最高人民法院审结 2 例、江苏省南京市中级人民法院和江西省金溪县人民法院各审结 1 例。涉及案由包括房屋租赁合同纠纷、请求变更公司登记纠纷、合伙企业财产份额转让纠纷以及公益诉讼各 1 例。

1. 依据《民法典》作出裁判的公报案例仅有 2 例

依据《民法典》作出裁判的 2 例案例中，一例为公益诉讼一审案件[1]，由江西省金溪县人民法院于 2021 年 12 月审结，该案引用了《民法典》侵权责任编第 1165 条、第 1168 条、第 1229 条及第 1235 条，其中第 1165 条、第 1168 条涉及侵权责任的一般规定，第 1229 条、第 1235 条涉及环境污染和生态环境破坏的规定。另一例为房屋租赁合同纠纷二审案件[2]，由江苏省南京市中级人民法院于 2022 年 2 月审结，引用了《民法典》总则编第 3 条，合同编第 563 条、第 565 条、第 566 条、第 708 条。其中第 563 条、第 565 条、第 566 条涉及合同的解除，第 708 条涉及出租人交付租赁物。

2. 诉争事实发生在《民法典》施行前的有 2 例

引用但未依据《民法典》作出裁判的有 2 例，均由最高人民法院审结，一例为请求变更公司登记纠纷再审案件[3]，由最高人民法院于 2022 年 5 月审结，该案通过引用《最高人民法院关于适用〈中华人民共和国民法典〉时间效力的若干规定》第 1 条，阐明诉争事实发生在《民法典》施行前，依法应适用当时的法律、司法解释，并由此确定案件所应适用的法律依据。另一例为合伙企业财产份额转让纠纷案件[4]，在《民法典》生效前由最高人民法院于 2020 年 12 月审结。该案中，法院在阐述合伙

---

[1] 参见江西省金溪县人民检察院诉徐华文、方雨平人文遗迹保护民事公益诉讼案，载北大法宝—司法案例库，https：//www.pkulaw.com/law/，【法宝引证码】CLI.C.431833419，2023 年 5 月 20 日访问。

[2] 参见江某某诉南京宏阳房产经纪有限公司房屋租赁合同纠纷案，载北大法宝—司法案例库，https：//www.pkulaw.com/law/，【法宝引证码】CLI.C.502606736，2023 年 5 月 20 日访问。

[3] 参见韦统兵与新疆宝塔房地产开发有限公司等请求变更公司登记纠纷案，载北大法宝—司法案例库，https：//www.pkulaw.com/law/，【法宝引证码】CLI.C.502606738，2023 年 5 月 20 日访问。

[4] 参见邢福荣与北京鼎典豪泰富投资管理有限公司、丁世国等合伙企业财产份额转让纠纷案，载北大法宝—司法案例库，https：//www.pkulaw.com/law/，【法宝引证码】CLI.C.311582830，2023 年 5 月 20 日访问。

人之间合伙财产份额转让特约的效力问题时,提及即将生效的《民法典》合伙合同章。法院认为,该案对合伙财产份额转让特约的效力的认定,需要结合合伙经营方式或合伙组织体的性质及立法精神加以判断。

结　　语

《最高人民法院公报》是最高人民法院的官方文献汇编,在指导审判实践、宣传法院工作、促进司法公开、扩大与国外司法界的交流等各个方面发挥了重要而积极的作用。北大法宝·司法案例库全面收录指导性案例、公报案例、典型案例等重要案例以及全国各级人民法院发布的裁判文书,已成为大数据分析研究的必备工具。未来我们仍将持续关注司法案例研究工作,充分发挥"法律大数据+人工智能"的优势,不断推出案例数据分析报告,助力广大法律同仁们的学术及实务研究工作。

【责任编辑:张文硕】

《最高人民法院公报》知识产权案例数据分析报告

北大法宝司法案例研究组*

摘要：在第23个"世界知识产权日"来临之际，北大法宝司法案例研究组以1985—2022年《最高人民法院公报》发布的184例知识产权案例及引用的法律法规作为研究对象，从案由、来源地域、2022年新增案例以及法律法规引用情况等多个维度进行统计分析，以期为相关法学领域的理论和实务研究提供参考。

关键词：最高人民法院公报 知识产权案例 发布状况 法律法规引用 统计分析

截至2022年12月31日，《最高人民法院公报》已发布184例知识产权案例，共引用108部法律法规。本文以北大法宝—司法案例库及法律法规库的数据为样本，选取登载在《最高人民法院公报》"案例"及"裁判文书选登"栏目中的184例知识产权案例以及所引用的中央法律法规作为本次统计源，探究其规律。

收稿日期：2023-04-26

* 北大法宝司法案例研究组成员：朴文玉、彭重霞、刘策、陈春菊、丁丹凤、许文君。朴文玉，北大法宝信息运营总监；彭重霞，北大法宝信息运营副总监；刘策，北大法宝案例中心研究员；陈春菊，北大法宝案例中心研究员；丁丹凤，北大法宝案例中心编辑；许文君，北大法宝案例中心编辑。研究指导：郭叶，北大法律信息网（北大法宝）副总编。感谢北大法宝编辑梁安嘉、白梦圆对本报告写作提供的大力支持。

一、《最高人民法院公报》知识产权案例发布状况

(一)知识产权案例发布数量不固定,2010年达历年最高

《最高人民法院公报》于1985年创刊,自1987年起连续36年发布知识产权案例。发布数量每年不固定,在1例至11例之间不等,其中2022年发布5例。如图1所示,10例以上[1]的涉及2个年份,2010年11例、1995年10例;6例至9例之间的涉及1999年、2004年等15个年份;5例以下的涉及2013年、2016年等19个年份。

184例知识产权案例中,能明确审结日期的有169例,发布与审结年份间隔1年以内的有130例,总占比约为76.9%;间隔2年至5年的有39例,总占比约23.1%,其中仅有1例间隔时间最长,为5年。

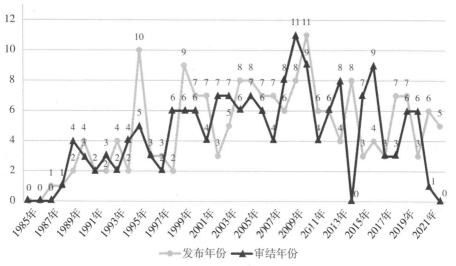

图1 《最高人民法院公报》知识产权案例年份分布(例)

(二)商标权、著作权、不正当竞争纠纷位列前三,不涉及《民法典》施行后新增案由

为切实贯彻实施《中华人民共和国民法典》(以下简称《民法典》),最高人民法院于2020年12月29日发布了《最高人民法院关于印发修改后的〈民事案件案由规定〉的通知(2020)》(以下简称《案由规定》),并自2021年1月1日起施行。2021年

---

[1] 本报告中的"以上""以下"均包含本数。

《案由规定》新增4种知识产权相关案由,分别为技术许可合同纠纷、标准必要专利使用费纠纷、擅自使用他人有一定影响的域名主体部分、网站名称、网页纠纷及网络不正当竞争纠纷。184例知识产权案例中,暂无涉及新增案由[1]的案件。《民法典》施行后审结的案例仅有1例,为专利权权属、侵权纠纷案例。

从具体案由来看,184例知识产权案例共涉及48种案由[2],较2021年(47种)增加1种,为因恶意提起知识产权诉讼损害责任纠纷。如图2所示,案例数量在10例以上的有5种案由,排名前三的是侵害商标权纠纷(39例)、著作权权属、侵权纠纷(22例)、不正当竞争纠纷(17例);侵害发明专利权纠纷、侵害实用新型专利权纠纷分别有14例、11例。案例数量在5例至10例之间的有专利权权属、侵权纠纷和侵害技术秘密纠纷等7种案由。

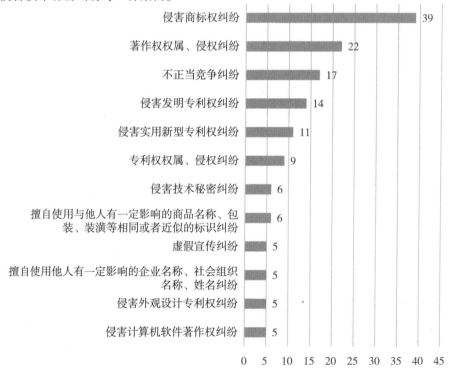

图2 《最高人民法院公报》知识产权案例案由分布(5例以上)(例)

---

[1] 新增案由是指2021年施行的《案由规定》中明确表述为"增加"的案由。参见2021年1月1日施行的《最高人民法院关于印发修改后的〈民事案件案由规定〉的通知(2020)》,载北大法宝—法律法规库,https://www.pkulaw.com/law/,【法宝引证码】CLI.3.349598,2023年4月13日访问。

[2] 案由存在复选的,按每个案由分别统计。

(三)高频词出现超千次的为专利、商标、注册商标

184例知识产权案例涉及54个高频词,超1000次的为专利、商标、注册商标3个(见图3)。专利出现频次最高,为近3000次;500次至1000次的有4个,分别是作品、内容、著作权、专用权;100次至500次之间的有外观设计、发明、专利权人、实用新型等15个;100次以下的有署名权、创造性、显著性等32个。

图3 《最高人民法院公报》知识产权案例高频词分布

(四)来源地域排名前三位的省级行政区为上海市、北京市、江苏省,以商标权纠纷和著作权纠纷为主

184例知识产权案例来源涉及最高人民法院及上海市等18个省级行政区域。如图4所示,来源于最高人民法院的有58例,总占比为31.5%。18个省级行政区域中,排名前三位的为上海市、北京市和江苏省,分别有34例、27例和24例,共计85例,总占比约为46.2%。其中上海市和江苏省以侵害商标权纠纷为主,北京市以著作权权属、侵权纠纷为主。广东省、山东省等15个省级行政区域案例数量均在10例以下。2022年新增的5例案例分别来源于最高人民法院(4例)和江苏省(1例)。

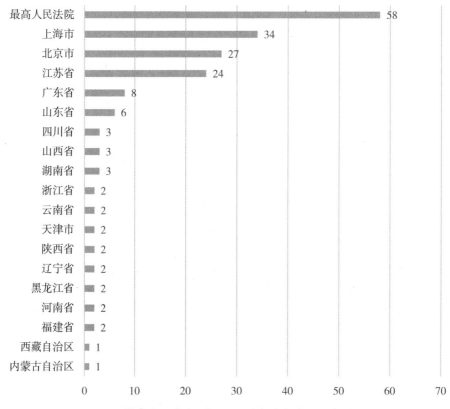

图4 《最高人民法院公报》知识产权案例来源分布(例)

(五)专门法院仅涉及上海知识产权法院,2020年至今未再发布

如图5所示,184例知识产权案例中,涉及高级人民法院的最多,有68例,较2021年(67例)增加1例,总占比约为37.0%;涉及最高人民法院的有58例,较2021年(54例)增加4例,总占比约为31.5%;涉及中级人民法院和基层人民法院的分别有40例和13例,总占比约为28.8%。目前我国已在北京、上海、广州及海南自由贸易港设立4个知识产权法院[1],184例案例中,由专门法院审理的仅涉及上海知识产权法院,有5例,其中2016年和2018年各发布1例,2019年发布3例。2020年至今未再发布专门法院审理的知识产权案例。

---

[1] 参见《全国人民代表大会常务委员会关于设立海南自由贸易港知识产权法院的决定》,载北大法宝—法律法规库,https://www.pkulaw.com/law/,【法宝引证码】CLI.1.349390,2023年4月18日访问;《全国人民代表大会常务委员会关于在北京、上海、广州设立知识产权法院的决定》,载北大法宝—法律法规库,https://www.pkulaw.com/law/,【法宝引证码】CLI.1.232867,2023年4月18日访问。

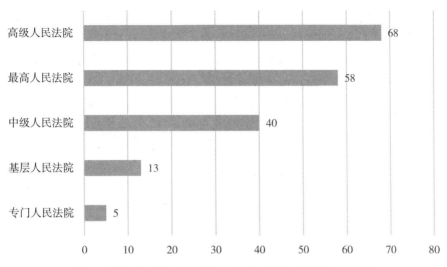

图5 《最高人民法院公报》知识产权案例法院级别分布(例)

(六)判决书总占比超八成,2022年裁定书发布数量达历年最高

184例知识产权案例中,能明确文书类型的有176例,共涉及4类文书类型。判决书有145例,总占比约为82.4%;裁定书有26例,总占比约为14.8%;调解书、决定书共计5例,总占比约为2.8%。2022年新增的5例案例中,裁定书有4例,发布数量达历年最高;判决书仅有1例。

(七)2022年新增案例均为二审,以专利权纠纷为主

184例知识产权案例中,审理程序为二审的最多,有102例,总占比约为55.4%,案由排名前三的为侵害商标权纠纷(20例)、著作权权属、侵权纠纷(13例)、不正当竞争纠纷(9例);审理程序为一审的有45例,总占比约为24.5%;审理程序为再审的有36例,总占比约为19.6%;审理程序为其他的有1例。2022年新增的5例案例的审理程序均为二审,其中,确认不侵害专利权纠纷的有2例,专利权权属、侵权纠纷,侵害实用新型专利权纠纷以及因恶意提起知识产权诉讼损害责任纠纷的各有1例。

(八)终审结果为改判与维持原判的均以侵害商标权纠纷为主

184例知识产权案例中,审理程序为二审和再审的有138例,如图6所示,终审结果为改判的最多,有61例,较2021年(59例)增加2例,总占比约为44.2%。包括二审全部改判24例、二审部分改判14例、再审全部改判14例、再审部分改判9例。改判类案由排名前三的为侵害商标权纠纷(13例)、侵害发明专利权纠纷(5例)、侵害实用新型专利权纠纷(5例)。维持原判的有55例,较2021年(53例)增加2例,

均为二审维持原判,总占比约为39.9%。维持原判类案由排名前三的为侵害商标权纠纷(11例),著作权权属、侵权纠纷(8例),不正当竞争纠纷(5例)。另外,驳回再审申请的有13例,二审达成调解协议的有5例,二审撤回上诉等3类共4例。

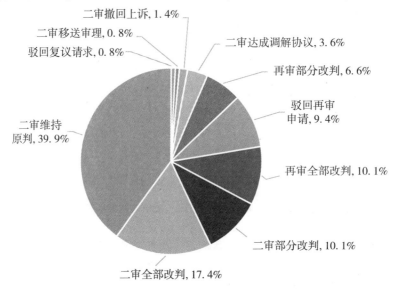

图6 《最高人民法院公报》知识产权案例终审结果分布

(九)当事人含法人的超九成,涉外、涉港澳台的占两成

当事人类型[1]可划分为自然人、法人及非法人组织三种。184例知识产权案例中,如图7所示,当事人含法人的最多,有179例,总占比约为97.3%,其中双方均为法人的有105例,一方为法人的有74例;当事人不含法人的有1类,为双方均为自然人,有5例。从当事人住所地来看,当事人为涉外、涉港澳台的共有38例,总占比约为20.7%。

(十)侵权赔偿金额最高近千万元,为侵害实用新型专利权纠纷案

184例知识产权案例中,法院判决侵权人向知识产权权利人赔偿经济损失的有117例,涉及44种案由,排名前三的侵害商标权纠纷,著作权权属、侵权纠纷,不正当竞争纠纷,共计57例,总占比约为48.7%。如图8所示,侵权赔偿数额在100万元以上的有12例,总占比约为10.3%,最高赔偿数额达944万元,为侵害实用新型专利权纠纷案;51万元至100万元之间的有8例,总占比约为6.8%;21万元至50万元之

---

[1] 《民法典》第2条规定:"民法调整平等主体的自然人、法人和非法人组织之间的人身关系和财产关系。"因此,当事人类型是对自然人、法人、非法人组织进行统计。

间的有 23 例,总占比约为 19.7%;20 万元以下的有 74 例,总占比约为 63.2%。

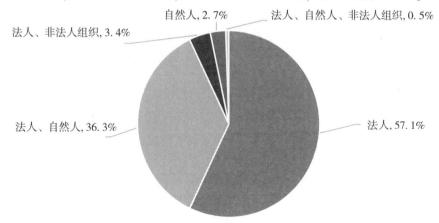

图 7 《最高人民法院公报》知识产权案例当事人类型分布

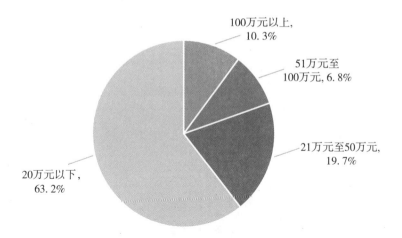

图 8 《最高人民法院公报》知识产权案例侵权赔偿数额分布

二、《最高人民法院公报》知识产权案例法律法规引用情况

（一）共引用法律法规 108 部,《中华人民共和国民事诉讼法》《中华人民共和国民法通则》《中华人民共和国商标法》排名前三

184 例知识产权案例共引用 108 部法律法规,涉及 4 个效力位阶,其中法律 27 部,行政法规 15 部,司法解释 33 部,部门规章 33 部。如图 9 所示,被引用次数在 100 次以上的有 5 部,均为法律,分别为《中华人民共和国民事诉讼法》（含历次修正）

(301次)、《中华人民共和国民法通则》(含历次修正)(129次)、《中华人民共和国商标法》(含历次修正)(118次)、《中华人民共和国著作权法》(含历次修正)(114次)以及《中华人民共和国专利法》(含历次修正)(110次)。被引用次数在15次至100次之间的有6部,其中法律、行政法规以及司法解释各2部,包括《中华人民共和国反不正当竞争法》(96次)、《最高人民法院关于审理商标民事纠纷案件适用法律若干问题的解释》(53次)等。被引用次数在15次以下的有97部,其中法律20部,行政法规13部,司法解释31部,部门规章33部,包括《最高人民法院关于适用〈中华人民共和国民事诉讼法〉的解释》(14次)、《最高人民法院关于审理侵犯专利权纠纷案件应用法律若干问题的解释》(14次)、《最高人民法院关于审理不正当竞争民事案件应用法律若干问题的解释》(11次)等。

图9　知识产权案例引用法律法规次数统计(15次以上)(次)

(二)共引用与商标权有关的法律法规13部,《中华人民共和国商标法(2001修正)》被引用次数最多

184例知识产权案例中,与商标权有关的法律法规有13部,涉及法律1部,行政法规2部,司法解释6部,部门规章4部。引用次数在50次以上的有2部,其中《中华人民共和国商标法》(含历次修正)被引用次数最多,达118次;《最高人民法院关

于审理商标民事纠纷案件适用法律若干问题的解释》被引用 53 次;《最高人民法院关于审理涉及驰名商标保护的民事纠纷案件应用法律若干问题的解释》等 11 部被引用次数均在 50 次以下。

1983 年 3 月 1 日起施行的《中华人民共和国商标法》分别于 1993 年、2001 年、2013 年和 2019 年进行了 4 次修正。修正后的商标法被引用次数共 110 次,其中 2001 年修正的被引用次数最多,达 70 次;1993 年及 2013 年修正的分别被引用 18 次和 22 次;2019 年修正的暂未被引用。从具体法条被引用次数来看,《中华人民共和国商标法(2001 修正)》第 52 条被引用次数最多,达 24 次,该法律条文主要涉及注册商标专用权的保护。

(三)与专利权有关的法律法规共引用 8 部,已覆盖《中华人民共和国专利法》的 4 次修正

184 例知识产权案例中,与专利权有关的法律法规有 8 部,其中法律、行政法规各 1 部,司法解释 6 部。被引用次数在 100 次以上的有 1 部,为《中华人民共和国专利法》(含历次修正),达 110 次;《中华人民共和国专利法实施细则》(含历次修正)被引用 16 次,《最高人民法院关于审理侵犯专利权纠纷案件应用法律若干问题的解释》被引用 14 次;《最高人民法院关于审理专利纠纷案件适用法律问题的若干规定》等 5 部法律法规被引用次数均在 10 次以下。

1985 年 4 月 1 日起施行的《中华人民共和国专利法》,分别于 1992 年、2000 年、2008 年和 2020 年进行了 4 次修正。修正后的专利法被引用次数共 102 次,其中 2008 年修正的被引用的次数最多,达 54 次;1992 年、2000 年及 2020 年修正的分别被引用 22 次、24 次、2 次。从具体法条被引用次数来看,《中华人民共和国专利法(2008 修正)》第 59 条被引用次数最多,达 11 次,该法律条文主要涉及发明或者实用新型专利权以及外观设计专利权的保护。

(四)与著作权有关的法律法规共引用 6 部,《中华人民共和国著作权法(2020 修正)》暂未被引用

184 例知识产权案例中,与著作权有关的法律法规有 6 部,其中法律 1 部,行政法规、司法解释各 2 部,部门规章 1 部。被引用次数在 100 次以上的有 1 部,为《中华人民共和国著作权法》(含历次修正),达 114 次;《中华人民共和国著作权法实施条例》(含历次修正)被引用 28 次;《最高人民法院关于审理著作权民事纠纷案件适用法律若干问题的解释》等 4 部法律法规被引用次数均在 10 次以下。

1991 年 6 月 1 日起施行的《中华人民共和国著作权法》,分别于 2001 年、2010 年和 2020 年进行了 3 次修正。修正后的著作权法被引用次数共 75 次,其中 2001 年修正的被引用最多,达 39 次;2010 年修正的被引用 36 次;2020 年修正的暂未被引

用。从具体法条被引用次数来看,《中华人民共和国著作权法(2010修正)》第11条被引用次数最多,达11次,该法律条文主要涉及著作权归属问题。

结　　语

北大法宝—司法案例库的发展离不开广大用户和法律同仁们的鼓励与支持,在此由衷表示感谢!我们将持续关注司法案例研究工作,充分利用"北大法宝"数据库平台优势,陆续推出案例数据分析报告,敬请关注!

【责任编辑:张文硕】

离婚子女抚养权归属影响因素实证分析

——基于2004份裁判文书的研究*

杜文静** 黄舒琪*** 李思超****

摘要：《民法典》第1084条正式确立了解决离婚后未成年子女抚养问题应遵循的最有利于未成年子女原则。当前研究主要聚焦于该原则的规范内涵阐释、《儿童权利公约》相关规定的本土化及其在国内立法和司法中的落实、儿童权益保护在司法裁判中的落实与不足等方面。本文通过统计法官审酌不同对象时的考量因素的频次，发现在说理部分以子女最佳利益原则及相关表达为中心的判决文书主要考量了哺乳期、子女意愿、生活现状、原被告生活状况、随祖辈生活等因素。为在抚养权纠纷中贯彻子女最佳利益原则，应当将该原则的考量因素标准化；法官应发挥主观能动性探知子女意愿；引入第三方机制保障子女真实意愿的顺畅表达；祖辈可在法官引导下良性参与纠纷解决。

关键词：抚养权 子女最佳利益原则 二孩政策 定量分析

收稿日期：2023-06-06

* 本文写作获得中国社会科学院法学研究所副研究员胡昌明老师的悉心指导，华东师范大学法学院石冠彬教授提出了宝贵建议，香港城市大学硕士研究生赖颖贤同学对数据统计做出了贡献，在此表示感谢。

** 杜文静，西北政法大学民商法学院硕士研究生。

*** 黄舒琪，湖南大学法学院本科生。

**** 李思超，海南大学法学院（纪检监察学院）本科生。

一、前言

《民法典》实施以来,离婚诉讼案件数量以及诉讼离婚人数在总离婚人数中的比例陡升。[1]"家事无大小",依法有效地解决人身和财产两方面的纠纷成为法官审理离婚诉讼的核心任务。婚姻家庭法"入典"要求我们以体系化视野准确理解和适用《民法典》婚姻家庭编的规则。[2]理论界和实务界侧重研究夫妻共同债务等涉财产法的议题,而对于子女抚养争议等涉人身法的问题缺乏应有的关注;后者如果未能得到妥善处理,则容易对未成年子女的身心健康成长、离婚及关联案件的息诉服判甚至社会稳定造成不良影响。此外,《民法典》第1084条正式确立了解决离婚后未成年子女抚养问题应遵循的最有利于未成年子女原则,与《未成年人保护法》第24条、第107条和《妇女权益保障法》第71条有效接轨,要求我们对未成年子女权益保护作系统思考。[3]基于《民法典》适用和司法实务提出的新问题,在家事审判立法及相关司法程序改革尚付阙如的情况下[4],笔者对离婚诉讼中有关确定子女直接抚养人的裁判规则进行梳理,并对所检索、筛选的判决书作定量分析,从中归纳司法经验并就其与法律规定之间的落差进行分析,进而在"二孩"(乃至"三孩")政策的效应逐渐显现的未来,尝试对该类案件如何依法准确适用最有利于未成年子女原则,切实保障离婚诉讼中未成年子女获得有利于身心健康的直接抚养提出建议。

既有的研究成果主要聚焦于最有利于未成年子女原则的规范内涵阐释,《儿童权利公约》(Convention on the Rights of the Child,CRC)相关规定的本土化及其在国内立法和司法中的落实,儿童权益保护在司法裁判中的落实与不足三个方面。就该原则的规范内涵阐释及适用问题,梁慧星教授等学者主张,法院运用最有利于未成年子女原则时应当综合考量关涉的诸多因素,包括但不限于子女的年龄、性别及健康状况;子女本人的意愿与人格发展的需要;父母的年龄、职业、品行、健康状况、经

---

[1] 参见《2022年全国法院司法统计公报》,载中华人民共和国最高人民法院公报网,http://gongbao.court.gov.cn/Details/20587eaef248beb61ed6596018865c.html,2023年5月2日访问;家理律师事务所:《2022年婚姻家事法律服务行业白皮书》,载云展网,https://www.yunzhan365.com/basic/87472577.html,2023年3月28日访问。

[2] 参见王利明:《体系化视野下〈民法典〉婚姻家庭编的适用——兼论婚姻家庭编与其他各编的适用关系》,载《当代法学》2023年第1期。

[3] 参见郭开元:《论〈民法典〉与最有利于未成年人原则》,载《中国青年社会科学》2021年第1期;王广聪:《论最有利于未成年人原则的司法适用》,载《政治与法律》2022年第3期。

[4] 参见陈苇、董思远:《家事审判改革视野下祖国大陆家事审判程序立法完善研究——兼以我国台湾"家事事件法"为学术视点》,载《西南政法大学学报》2018年第1期;张艳丽:《中国家事审判改革及家事审判立法——兼谈对台湾地区"家事事件法"的借鉴》,载《政法论丛》2019年第5期。

济能力等生活状况；父母保护教养子女的意愿和态度、父母子女间或者未成年子女与其他共同生活者之间的感情状况等。[1]实践中，抚养权归属的裁判说理亦体现了法官综合双方的有利因素和不利因素进行权衡。另有学者从规范源流变迁与本土化的视角作进一步论述。黄振威认为，子女最佳利益原则在适用过程中面临概念的高度概括性、原则性以及缺少规范性指引等问题，导致其在适用中出现了不确定、不平衡以及过激的特征，需要对其概念与内涵进行清晰界定，通过原则规范本土化的方式明确其适用方式并加以说理与解释；夏江皓从原《婚姻法》第36条到《民法典》第1084条立法用语的变迁中，阐释了本土经验与《儿童权利公约》中的子女最佳利益原则细化标准的结合；但淑华聚焦离婚案件中未成年子女的参与权，主张应在法律中正面规定该权利且不设定享有参与权的具体年龄标准，并明确父母、法院等主体的义务内容，同时应设立程序监理人以提供程序保障；王德志、王必行对照子女最佳利益原则的应有之义，对当前我国相关裁判规则的内容欠完善、适用上形式化和任意性强的问题提出了反思和建议；苑宁宁立足于现行法律规范提炼并总结出十个方面，对最有利于未成年子女原则的完整内涵及落实《儿童权利公约》的法律进路作系统性阐释。[2]就儿童权益保护在司法裁判中的落实与不足，朱晓峰运用利益衡量方法，对不同情形下法官评判子女最佳利益从而确定直接抚养人的考量因素作了类型化归纳；刘杰晖分析了8周岁以上未成年子女意愿的形成与采纳，梳理了确定直接抚养人以及优先考虑隔代抚育的考量因素等问题，并对引入临时解决程序的安排和丰富社会调查报告对司法效果的提升进行探讨；胡明玉、沈新策在调查研究中发现，离婚诉讼中存在儿童权益保障的司法干预缺失、子女最佳利益原则贯彻不彻底等问题，对此应树立司法干预意识并加强法官的社会性别意识培训，通过增加儿童诉讼代理人及离婚程序性限定，保障儿童合法权益。[3]具体到离婚诉讼中未成年子女直接抚养人的确定问题，陈苇、张庆林对儿童抚养人的确定提出确立儿童

---

〔1〕 参见梁慧星主编：《中国民法典草案建议附理由：亲属编》，法律出版社2013年版，转引自薛宁兰、谢鸿飞主编：《民法典评注.婚姻家庭编》，中国法制出版社2020年版，第408—409页。

〔2〕 参见黄振威：《论儿童利益最大化原则在司法裁判中的适用——基于199份裁判文书的实证分析》，载《法律适用》2019年第24期；夏江皓：《父母离婚后子女与父或母共同生活的确定——以民法典编纂为背景审视〈婚姻法〉第36条》，载《北京理工大学学报（社会科学版）》2020年第4期；但淑华：《离婚案件中未成年子女的参与权》，载《中华女子学院学报》2021年第1期；王德志、王必行：《"儿童最大利益"原则的司法实证研究——从国际公约原则到裁判规范构建》，载《人权》2021年第6期；苑宁宁：《最有利于未成年人原则内涵的规范性阐释》，载《环球法律评论》2023年第1期。

〔3〕 参见朱晓峰：《抚养纠纷中未成年人最大利益原则的评估准则》，载《法律科学（西北政法大学学报）》2020年第6期；刘杰晖：《抚养权争议中实现未成年人利益最大化之探讨》，载《法律适用》2021年第11期；胡明玉、沈新策：《离婚诉讼中儿童权益法律保障情况实证调查研究——以海南省三个基层法院审结离婚案件为调查对象》，载《海南大学学报（人文社会科学版）》2016年第3期。

最大利益原则、加强法官的公力监督和适当干预、增设"儿童诉讼代表人"制度、征求10周岁以上儿童的意愿等改进建议,这些建议已在后续的修法中得到了不同程度的回应;江钦辉认为尤其需要注意法官审理多子女案件时的"父母本位"之倾向可能损及子女利益,建议法官应在综合考量各相关因素的基础上着重审酌"主要照顾者""继续性""善意父母"等重要因素,在家事调查报告的基础上作出符合子女最大利益的决定;张鸿巍、侯棋主张应基于"子女本位"主义的"子女最佳利益"原则,融合父母性别平等视角,综合考量符合该原则标准的诸多重要现实因素。[1]

由于近年来我国基层法院民事案件数量激增,裁判文书"上网"的工作要求增加了法官的工作量,加上长期以来"在裁判说理的防卫原则、息讼目的和沟通前提这些普遍因素的综合影响下,裁判文书呈现为'简约化''个案化''程式化'的说理风格"[2],相当一部分判决书的说理部分较为模糊简略。在本研究的部分样本中,法官未详细说明对影响抚养权归属的复杂因素的考量过程;而通过统计筛选发现,对于不同情形下法官对不同因素的考量及由此形成的裁判结果,存在进行类型化归纳的空间,这一整理分析工作在更为细致的裁判指引规范出台之前,能够为抚养权归属裁判提供有效参考。

二、抚养权归属争议案件研究概况

(一)研究方法与变量设置

为了更加精准地研究抚养权归属争议案件现状,探讨子女最佳利益原则在实践中的适用与不足,本文采用实证分析方法中的定量分析,于2022年8月30日从北大法宝数据库中检索并选取了截至2022年5月12日我国已公开的所有就抚养权争议问题作出裁判的离婚纠纷民事判决书,并将地域范围限制为北京市朝阳区、北京市平谷区、北京市房山区、广东省广州市辖区、江苏省苏州市辖区、浙江省宁波市辖区、湖北省建始县、江西省景德镇市辖区、河南省濮阳市辖区、四川省成都市辖区、重庆市五中院辖区、黑龙江省大庆市辖区共67家法院[3],在检索条件中"裁判结果"输

---

[1] 参见陈苇、张庆林:《离婚诉讼中儿童抚养问题之司法实践及其改进建议——以某县法院2011—2013年审结离婚案件为调查对象》,载《河北法学》2015年第1期;江钦辉:《离婚案件未成年子女直接抚养人酌定之考量因素检视——以H州S市法院近5年(2015—2019年)离婚纠纷判例为分析样本》,载《新疆社会科学》2020年第4期;张鸿巍、侯棋:《离婚后未成年子女抚养权归属原则的反思与完善——兼议〈民法典〉第1084条第2款》,载《中国青年社会科学》2022年第2期。

[2] 凌斌:《法官如何说理:中国经验与普遍原理》,载《中国法学》2015年第5期。

[3] 选择以上法院的原因在于,一方面可以兼顾我国东西中部地区的情况,以便获得更加客观的数据;另一方面便于查询法官性别,为进一步研究法官性别对抚养权归属的影响打下基础。

入"由~4抚养"。经过上述步骤,共检索到2004篇判决书,其中抚养权有争议的有816篇。剔除的裁判文书除了涉及抚养权不存在争议的情况,还包括重复案例、当事人性别等关键信息有缺漏的情况。

(二)案例分布基本情况

1. 时间维度样本分布

本文样本案例的判决时间区间为2004年1月1日至2022年5月12日,案件数量于2014年、2015年、2016年三年期间达到高峰。这一变化趋势与2010年、2013年、2016年最高人民法院三次发布《关于人民法院在互联网公布裁判文书的规定》并提出裁判文书上网的要求密切相关。自2013年第二次发布规定以来,中国裁判文书网的文书数量整体飙升;而根据2016年第三次发布的规定,离婚诉讼或者涉及未成年子女抚养、监护的裁判文书,不在互联网公布[1],因此样本数量便呈现出断崖式下降(见图1)。

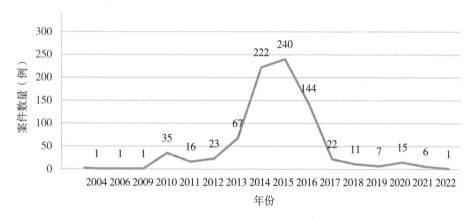

图1 抚养权争议案件数量分布的年份变化

2. 地域维度样本分布

为更准确地反映全国离婚纠纷中抚养权争议的情况,本文根据国家统计局《东西中部和东北地区划分方法》[2],分别从四个地区中选择具有一定代表性的地市辖区法院作为判决书样本来源,得到案件数量及地域分布情况(见图2)。

---

[1] 参见最高人民法院《关于人民法院在互联网公布裁判文书的规定(2016修订)》第4条。
[2] 参见《东西中部和东北地区划分方法》,载国家统计局官方网站,http://www.stats.gov.cn/zt_18555/zthd/sjtjr/dejtjkfr/tjkp/202302/t20230216_1909741.htm。

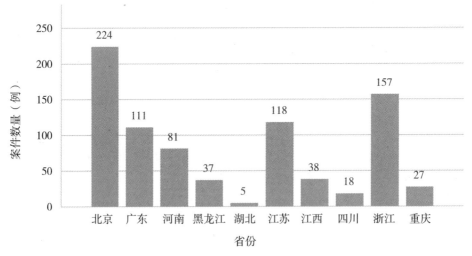

图2 抚养权争议案件数量及地域分布情况

3.案件程序

本文所选的816例抚养权存在争议的案例中,一审案件数量为799例,其中有374例采用简易程序审理,占比约为46.8%,说明该类案件事实相对清楚,争议不大;二审案件及再审裁定分别仅有16例和1例,共约占样本总量的2.1%(见图3和图4),这17例案例中仅有8例改变了原审法院关于抚养权的判决。上诉案件多由于夫妻共同财产价值较高且对一审判决的分割方案不满而提起,可见离婚纠纷中的抚养权争议大多数能够在一审审理中得到妥善的解决。

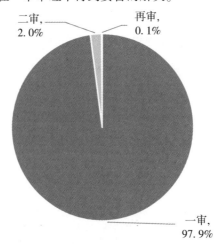

图3 抚养权争议案件审级统计

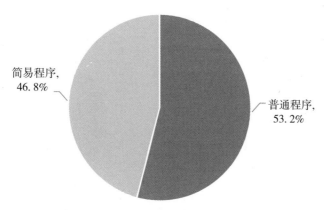

图 4　抚养权争议案件审理程序统计

4. 判决结果

本文将 816 例存在抚养权争议的案件分为一子女抚养权争议案件和多子女抚养权争议案件两类。经统计,共有 686 例一子女抚养权争议案件,占比约为 84.1%,其中有 77.3% 的案件将子女抚养权判归女方,仅有 22.6% 的案件将子女抚养权判归男方,另外还有 0.1% 的案件将子女抚养权判归祖辈(见图 5)。可见法官更倾向于将抚养权判归女方。

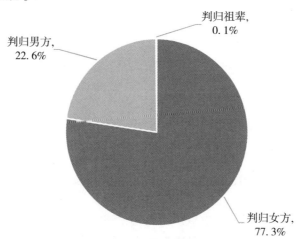

图 5　一子女抚养权争议案件的判决结果统计

此外,在一子女抚养权争议案件中,原告获得抚养权的比例为 57.7%,被告获得抚养权的比例少于原告,为 42.3%。通过考察原被告的胜诉率与性别,本文发现男方提起诉讼获得胜诉的比例为 25.4%,而女方提起诉讼获得胜诉的比例高达

85.4%,可见女方在抚养权争议案件中的优势更大(见图6和图7)。

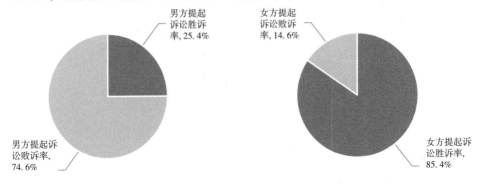

图6 男方提起诉讼胜、败诉率情况　　图7 女方提起诉讼胜、败诉率情况

在一子女抚养权争议案件中,本文还考虑到了法官性别这一因素,统计了独任审判员和合议庭审判长的性别,得出男性法官支持男方获得抚养权的比例为27.4%,支持女方的比例为72.6%;而女性法官支持男方获得抚养权的比例为15.4%,支持女方的比例为84.6%(见图8和图9)。可见,女性法官比男性法官更容易支持女方的诉求。

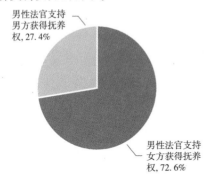 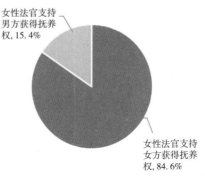

图8 男性法官支持抚养权归属情况　　图9 女性法官支持抚养权归属情况

在多子女抚养权争议案件中,判决结果与上述情况不同。多子女抚养权争议案件中,有66.9%的案件中男女双方都获得了一个及以上孩子的抚养权(见图10)。这说明法官在审酌多子女抚养权争议案件时,更多考虑到父母对子女的情感需求,如此裁量是否符合子女最佳利益原则,值得商榷。此外,多子女抚养权争议案件中抚养权都判归女方的比例(23.9%)仍大于都判归男方(9.2%),这体现了司法判决更倾向于女方获得抚养权。

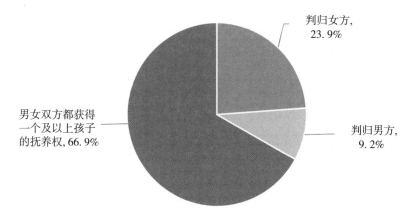

图 10 多子女抚养权争议案件的判决结果统计

三、抚养权归属规则裁判要点分析

(一)综合因素考量标准梳理

虽然《民法典》《妇女权益保障法》《未成年人保护法》以及最高人民法院《关于人民法院审理离婚案件处理子女抚养问题的若干具体意见》(以下简称《抚养意见》)等规范,以及法院审理离婚纠纷案件酌定未成年子女直接抚养人的相关规则,共同确定了子女最佳利益原则,但仍显笼统。法官在确定未成年子女直接抚养人时,因审酌对象的不同,考量因素也不尽相同。故本文就法官审酌不同对象时的考量因素进行统计(统计结果见表1),并绘制了法官审酌抚养权归属之考量因素柱状图(见图11),更形象地展示了法官对于各因素的重视程度。

表 1 法官审酌子女抚养权归属的考量因素情况表[1]

序号	审酌子女抚养权归属的考量因素	被考虑的频次(次)	占比
1	生活现状	482	34.6%
2	子女利益	451	32.4%
3	子女意愿	125	9.0%
4	原、被告生活状况	98	7.0%

[1] 考量因素为816份样本中被法官纳入考量并在判决书说理中指出的考量因素,而每个案件中法官往往不会单考虑一项因素,该表所列的考量因素之间亦非完全相互独立且平行的关系,因此对被考量的频次与比例不作累计,也不分析总和数据。

(续表)

序号	审酌子女抚养权归属的考量因素	被考虑的频次（次）	占比
5	收入水平	57	4.1%
6	哺乳期	53	3.9%
7	一方过错	41	2.9%
8	随祖辈生活	38	2.7%
9	无子女，另一方有子女	15	1.1%
10	对方无监护能力	12	0.9%
11	绝育	10	0.7%
12	对方患有传染性疾病或者严重疾病	7	0.5%
13	2岁以下，对方不尽抚养义务	3	0.2%

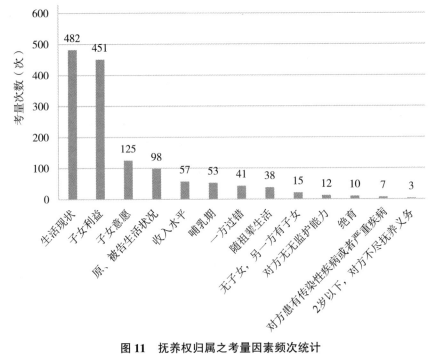

图11　抚养权归属之考量因素频次统计

由图11可知，在对抚养权归属进行审酌时，尽管不同法官对不同考量因素的重视程度有所不同，但其共性在于都较为重视"生活现状""子女利益""子女意愿""收入水平"等因素。

总体而言,抚养权归属原则在我国经历了"父权推定原则""幼年推定原则"和现在基于"子女本位"主义的"子女最佳利益原则"三个阶段。在涉未成年子女案件中,子女最佳利益原则应是首要原则。但《民法典》婚姻家庭编和最高人民法院《关于适用〈中华人民共和国民法典〉婚姻家庭编的解释(一)》(以下简称《婚姻家庭编司法解释》)中关于抚养权归属的规定相较于原《婚姻法》和《抚养意见》并无本质变化,因此,在司法实践中对子女最佳利益的保障仍面临"无法可依"的局面。法官在此类案件中自由裁量权过大,将不可避免地受到诸如社会观点和业绩考核等法外因素的影响。同时,缺乏统一的裁判标准也可能导致同案不同判的情形,危及法律适用的统一,不利于司法公信力的建立。因此,为准确适用《民法典》第1084条第3款的规定,有必要对法官在审酌子女最佳利益时的考量因素进行厘清和评估。

(二)法定因素适用的裁判现状

1. 以生活现状为依据裁判抚养权归属的案件占多数

在抚养权归属存在争议的816例案件中,法官说理部分考量到生活现状的共计482例,占比59.1%(见图12)。生活现状因素关涉子女生活环境和教育环境的继续性,法官在裁判抚养权归属时对此项内容考量较多。但是维持生活现状是否绝对有利于子女还未可知,尤其是当法官裁判呈现此种倾向时,实践中也不乏父母为争取抚养权而事先争抢孩子的情况。司法实践中对此种情况的态度应当进一步明确。

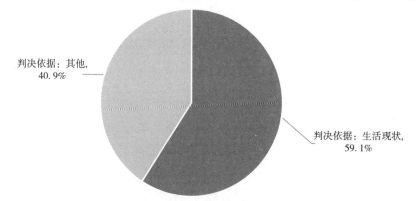

图12 以生活现状为判决依据的案件统计

值得一提的是,在贝某与李某甲离婚纠纷案中,法院认为,"离婚本身对子女就有一定影响,以不正确的方式主张抚养权的行为,对子女的影响更甚,不应得到法律的支持"[1]。该案法官没有简单根据生活现状将孩子判归抢孩子的一方,而是明

---

[1] 贝某与李某甲离婚纠纷案,江苏省苏州市中级人民法院(2014)苏中少民终字第00102号民事判决书。

确反对抢孩子行为,将孩子判归另一方,这是对于"善意父母"理念的实践,也为实现子女最佳利益原则更好地保驾护航。

2.最有利于子女原则是抚养权归属案件的重点裁判依据

最有利于子女原则是涉未成年子女案件裁判的通用原则,也是抚养权归属判决的法定考量因素。涉抚养权归属的816例离婚案件中,法官在说理部分考量最有利于子女原则的有451例,占比55.3%。根据图13,最有利于子女原则在抚养权归属案件的裁判中占据重要地位,法官会特意考量上述因素。但抚养权归属中的子女利益究竟包含哪几个层面的考量因素一直都是有争议的命题。子女利益如何细化,不同利益发生冲突时如何衡量,这是落实子女最佳利益原则亟待解决的问题。

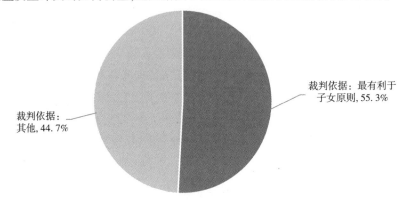

图13 最有利于子女原则为裁判依据的案件统计

3.(尊重)子女意愿

联合国《儿童权利公约》第12条明确,儿童享有表达权且其意见应当受到尊重是儿童最大利益原则的内容,且强调了要根据儿童的年龄和成熟程度酌情采纳其意见,而我国也贯彻了此项要求。《抚养意见》第5条明确了父母双方对10周岁以上的未成年子女随父或随母生活发生争执的,应考虑该子女的意见。随着社会的发展,2017年10月1日施行的《民法总则》适时地将限制行为能力人的年龄下限由10周岁下调为8周岁,根据立法精神,《抚养意见》第5条确认了应当听取8周岁以上子女的意见。《民法典》第1084条第3款明确了"子女已满八周岁的,应当尊重其真实意愿",对法院审理涉及8周岁以上子女抚养权争议提出了具体方式,也体现了立法对子女最佳利益原则的贯彻。[1]

---

[1] 参见江钦辉:《离婚案件未成年子女直接抚养人酌定之考量因素检视——以H州S市法院近5年(2015—2019年)离婚纠纷判例为分析样本》,载《新疆社会科学》2020年第4期。

由于《民法典》和原《婚姻法》在征求子女意见的年龄划分上标准不一致,因此需要结合审理时间对征求子女意见情况进行综合判断。在本文分析的 816 例案件中,适用《民法典》的案件仅有 5 例,适用原《婚姻法》的案件有 811 例。在适用《民法典》的案件中有 2 件案件涉及 8 周岁以上未成年子女抚养权争议,共 2 个 8 岁以上未成年子女,都考量并且按照子女的意愿裁判;在适用原《婚姻法》的抚养权争议案件中共涉及 869 个子女,剔除其中无法明确年龄的 161 个子女,再筛选出 10 周岁以上的未成年子女,共有 159 个。如图 14 和图 15 所示,被法官考虑意愿的有 95 个,占比 59.7%,其中按照子女意愿判决的有 92 个,占比 96.8%。总体来说,抚养权争议案件中达到法定年龄的未成年子女共有 161 个,其中有 97 个子女的意愿被考量,占比 60.2%。最终按照被考量子女意愿判决的有 94 个,占比 96.9%。

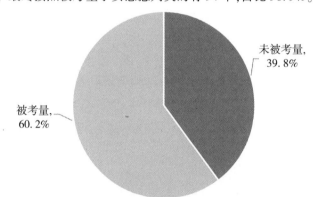

图 14　达到法定年龄子女意愿被考量的案件统计

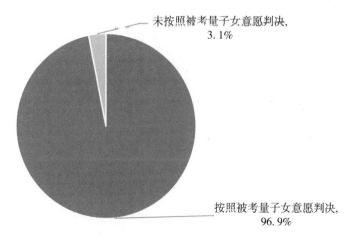

图 15　按照被考量子女意愿判决抚养权归属的案件统计

可见,法官在审酌达到法定年龄的子女的意见时,有39.8%的未成年子女意见应被获知但被忽视,这种现实情况与《儿童权利公约》所倡导的儿童最大利益原则和我国婚姻法强调的子女最佳利益原则背道而驰,应引起我们的重视与反思。虽然有96.9%的案件按照被考量的子女意见判决,充分体现了对于子女意见的尊重,但是这种做法在实践中存在问题,如青春期叛逆子女可能更倾向于对自己疏于管教的一方,如果按其意愿判决可能导致其走上歧途,显然不符合子女最佳利益原则。儿童对父母双方谁更爱自己的直觉最准确,但儿童可能不会理性地选择对他们最有利的,而是选择令他们感觉最自在的方案。[1]因此在审酌子女意愿时不能绝对遵循其意愿,而是应以子女最佳利益原则为基础,适当采纳子女意愿。

4. 一方存在过错

根据《民法典》第1091条关于离婚损害赔偿的规定,本文以判决书中法官在说理部分对有关证据的采信情况和对有关事实的认定情况为准,对样本中构成导致离婚的过错情形作梳理统计,以考察一方具有实施家庭暴力、违反忠实义务、因犯罪受刑事处罚或因涉赌或涉毒受行政处罚等过错对孩子抚养权归属的影响。据统计,共有41例在判定抚养权归属时将"一方存在过错"纳入考量的,约占样本总量的5.0%(见图16)。

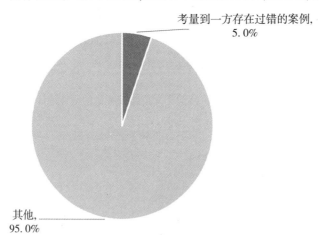

图16 以一方存在过错为裁判依据的案件统计

其中最终抚养权判归无过错一方的有34例,约占82.9%;判归有过错一方的有

---

[1] 参见雷文玫:《以"子女最佳利益"之名:离婚后父母对未成年子女权利义务行使与负担之研究》,载《台大法学论丛》1999年第3期,转引自江钦辉:《离婚案件未成年子女直接抚养人酌定之考量因素检视——以H州S市法院近5年(2015—2019年)离婚纠纷判例为分析样本》,载《新疆社会科学》2020年第4期。

5例,约占12.2%;两个孩子各归一方的有2例,约占4.9%(见图17)。

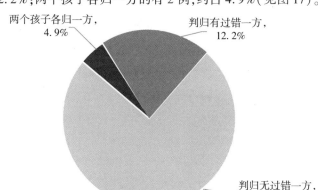

图17 以一方存在过错为裁判依据的案件的判决归属统计

虽然法律规定,一方存在过错是法院在作出离婚判决和损害赔偿时应考量的问题,但不难发现,一方若存在离婚损害赔偿的法定适用情形上的过错,则往往对孩子的健康成长具有较大的消极影响,并在事实上成为该方不适合抚养孩子的消极条件。

5. 随祖辈生活

《婚姻家庭编司法解释》第47条规定:"父母抚养子女的条件基本相同,双方均要求直接抚养子女,但子女单独随祖父母或者外祖父母共同生活多年,且祖父母或者外祖父母要求并且有能力帮助子女照顾孙子女或者外孙子女的,可以作为父或者母直接抚养子女的优先条件予以考虑。"经统计,共有38份判决书的裁判说理部分考量到"随祖辈生活"因素(见图18)。

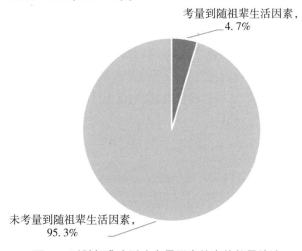

图18 以随祖辈生活为考量因素的案件数量统计

为进一步探求该因素对抚养权归属的影响,本研究在这 38 例案例的基础上,统计分析孩子随一方的祖辈生活时,抚养权最终是否归属该方,其中有 30 例为孩子抚养权归属该方,占比约 79.0%;有 4 例为孩子抚养权归属另一方;另有 4 例为两个孩子各随一方祖辈生活而最终各由相应的一方抚养(见图 19)。

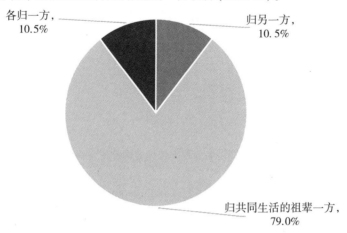

图 19　以随祖辈生活为裁判依据的案件抚养权归属统计

由此可见,祖辈在孩子的成长过程中具有重要的影响,尤其是在这 30 例抚养权归属于共同生活的祖辈一方的案件中,审理法院处在东部地区的有 22 例,占比约为 73.3%,这些案例中绝大多数具有父母赴东部地区务工而子女未能长期随迁的背景。祖辈帮晚辈照顾孩子,不仅具有传统文化伦理基础,也具有强烈的现实需求——代际联合教养(intergenerational parenting coalition)被越来越广泛地接受。[1]在人口大规模流动和抚养成本高昂的今天,祖辈具有帮助照顾孩子的意愿和条件显然是抚养权纠纷中争取到直接抚养权的有力支撑,甚至对新婚夫妻是否选择生育产生影响。随着中老年群体观念趋于开放——"并不是所有的老人都希望再做一次'爹妈'"[2],女性婚育年龄的推迟[3],老龄化背景下祖辈带孙子女的意愿和能力也将随着年龄增长而消减,这可能将增强"随祖辈生活"这一因素对未来离婚诉讼中抚养权归属的影响。

---

〔1〕　See Suowei Xiao, Intimate Power: the Intergenerational Cooperation and Conflicts in Childrearing Among Urban Families in Contemporary China, The Journal of Chinese Sociology, Vol. 3, 2016, p. 18.

〔2〕　侯学宾:《爷奶看孙是不是义务？法律该不该支持"带孙费"？》,载《方圆》2018 年第 21 期。

〔3〕　参见李月、张许颖:《婚姻推迟、婚内生育率对中国生育水平的影响——基于对总和生育率分解的研究》,载《人口学刊》2021 年第 4 期。

6."无子女,另一方有子女"

经统计,在 816 例抚养权争议案件中,"无子女,另一方有子女"因素被考量了 15 次,其中有 12 例案件抚养权最终判归无子女一方,占比高达 80.0%(见图 20)。法官在审酌无其他子女一方的利益时,实际上深受我国"养儿防老"观念的影响,更多地从父母对于孩子的情感需求出发,体现了法官对于父母利益的保护。笔者认为,在抚养权纠纷案件中始终应当把子女最佳利益放在第一位,适度兼顾父母利益,然而现实中,很多时候父母利益成了抚养权归属的决定性因素,这显然不利于子女最佳利益原则的贯彻。

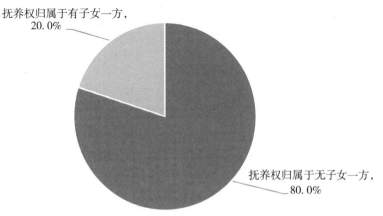

图 20 以"无子女,另一方有子女"为裁判依据的案件的判决统计

(三)涉酌定因素案件的裁判规则梳理

1."二孩"家庭抚养权归属的裁判分析

对于涉及多子女抚养权的归属问题,法律并未作出明确规定。司法实践中,法官在综合考虑以上因素的情况下,若无诸如一方患有重大疾病或者双方抚养能力严重失衡的情况,一般会判处父母双方各抚养一个子女,即会出现多子女抚养权归属简单拆分的情况。这种表面上的"公平"仍体现出"父母本位"的思想对于法官认定抚养权归属的影响,即法官或考虑到分担父母双方的经济负担,或为平息双方争夺子女抚养权的纠纷,平衡双方利益等因素,判决父母双方各抚养一个或者多个子女。此种判定,未将子女作为独立的个体在法律上给予特殊保护,未将子女最佳利益原则作为认定抚养权归属的首要因素予以考量。[1]在"二孩"政策对现行抚养裁判规则造成冲击的背景下,有法官以未成年子女利益最大化为目标,基于手足之情对孩

---

[1] 参见国家法官学院、最高人民法院司法案例研究院编:《中国法院 2022 年度案例.婚姻家庭与继承纠纷》,中国法制出版社 2022 年版,第 119 页。

子成长不可替代的积极作用,提出了"以不分开抚养为原则、以分开抚养为例外"的裁判理念,以求真正落实子女最佳利益原则。[1]

随着"二孩"政策效应的逐渐显现,离婚案件抚养权归属纠纷呈现不同情形,与传统的独生子女家庭不同,"二孩"案件的抚养权归属更加复杂。除了要考虑传统的子女利益和家长利益,"二孩"案件还需要考量两个孩子之间的情感纽带、两个孩子各自的利益以及两个孩子分别对父母的依赖程度等因素。

据图21可知,在816例抚养权存在争议的案件中,"二孩"案件有121例,占比约为14.8%,并不在少数。同时,随着"三孩"政策的放开,多子女离婚案件的抚养权归属问题可能呈现增长态势,明确多子女抚养权归属问题的考量因素具有前瞻性。

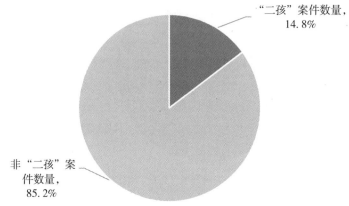

图21 "二孩"案件数量统计

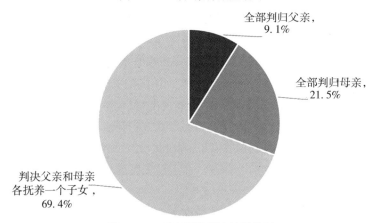

图22 "二孩"案件判决结果统计

---

[1] 参见褚衍文:《离婚案件中未成年人利益最大化的司法救济——以二孩政策对抚养裁判规则的冲击为视角》,载《法律适用(司法案例)》2017年第20期。

"二孩"案件与传统"一孩"案件在判决结果上不同的是,"二孩"案件除了传统的判归父亲或母亲抚养,还存在判决父亲和母亲各抚养一个子女的情形。据图22可知,"二孩"案件121例,判决父亲和母亲各抚养一个子女的案件有84例,占比69.4%,远超过全部判归父亲或母亲的总和。值得思考的是,该项判决结果是基于子女利益还是仅仅为了维持父母双方之间的平衡?在张某某与崔某某离婚纠纷案[1]中,法院认为,关于孩子的抚养问题,原、被告未能达成一致意见,考虑到双方抚养孩子的能力及孩子健康成长的环境因素,依据公平原则,婚生女孩由原告抚养,婚生男孩由被告抚养较为适宜,原、被告相互承担孩子抚养费。将公平原则简单适用于"二孩"案件的抚养权判决,这与子女最佳利益原则是否相悖,值得思考。

"双胞胎"案件是"二孩"案件的特殊样态,其在判决中的特殊性在于法官可能会更多地考量两个孩子之间的情感纽带从而将抚养权全部判归一方父母。在范某与张某离婚纠纷中[2],法官认为,鉴于两个孩子系双胞胎,且未满1周岁,从有利于子女成长的角度考虑,由原告负责抚养为宜。鉴于双胞胎情况而对两个孩子之间的情感纽带进行更多考量,这样是否有利于子女,还需要借助自然科学界的相关依据予以判断。

2. 个案评析——"判由祖辈抚养"

在上述法官说理部分提及"随祖辈生活"因素的38份判决书中,葛某与刘某离婚纠纷案[3]的法官以"因婚生男孩刘某某一直随爷爷奶奶生活,改变其生活环境将不利于其成长"为由,判决"婚生男孩刘某某暂由爷爷奶奶抚养"。对于法官在一个存在抚养权纠纷,父亲因犯罪在服刑,母亲有抚养意愿且无明显不适合抚养情形的案件中的这一表达,笔者倍加关注,经检索并无在该方面高度相似的案例。笔者认为,该案并不足以说明,在抚养权归属问题上祖辈能够成为"独立"的一极,这不仅于法无据,也不符合家庭的整体性,但在一定程度上能够引起我们对长期照顾孙辈的祖辈在抚养权纠纷中"举足轻重"的影响的关注。换个视角考察该案,法官作出这一判决不乏合理性,在一方由于客观条件无法抚养,另一方抚养意愿较弱或确实缺乏合适抚养条件的情况下,将孩子判由祖辈暂时抚养未尝不是一种在保障孩子利益的基础上兼顾离婚自由的"过渡性方案"。然而这仅是权宜之计,在"二孩"政策效应随时间推移逐渐显现的同时,部分难以持续负担抚养的时间成本和经济成本的家

---

[1] 参见张某某与崔某某离婚纠纷案,河南省濮阳县人民法院(2015)濮民初字第2419号民事判决书。
[2] 参见范某与张某离婚纠纷案,北京市朝阳区人民法院(2015)朝民初字第21710号民事判决书。
[3] 参见葛某与刘某离婚纠纷案,黑龙江省肇源县人民法院(2016)黑0622民初836号民事判决书。

庭逐渐出现"丧偶式育儿"的情形,在此情形下孩子的受教育权、受监护权、受抚养权、人格权、个人隐私权、健康成长权等权利保障都难免存在瑕疵,"丧偶式家庭"的抚养模式甚至已有损"二孩"的基本人权,但是目前的监护制度和法律规定都难以救济,即便是在我国具有较深基础的隔代监护,即由祖辈照护,长远观之亦不利于孩子的全面、健康发展。[1]鉴于隔代抚育(Skip-Generation Raising)在我国一贯的优势,为保持其在"三孩"政策推行与老龄化加快背景下的生命力与可持续性,需要保障祖辈这一隔代抚育服务的直接供给主体的权益,一方面需要国家对隔代抚育予以法律制度层面的支持和帮助,另一方面司法上则应规范隔代抚育纠纷裁判规则。[2]

四、子女最佳利益原则在抚养权归属案件中的司法适用

离婚案件抚养权归属关涉子女的生活环境、受教育程度和心理健康等重大利益,子女最佳利益原则是基于联合国《儿童权利公约》的重要原则,在我国抚养权归属纠纷案件的判决文书中主要表现为"最有利于子女利益""子女利益最大化""以子女利益为中心""照顾子女利益原则""维护未成年子女利益角度出发"等内容。实现儿童权利保护要求将子女最佳利益原则贯穿认定抚养权归属的全过程。一方面,在以最有利于子女利益原则进行裁判时,考量的因素一定要体现子女利益属性;另一方面,在以最有利于子女利益原则进行裁判时,也存在将子女抚养权判归具有明显过错一方的情形,此种情形下的司法裁判理由是我们关注的重点。

(一)子女最佳利益原则的考量因素频次排序

在全样本案件中,法官作出抚养权归属判决时援引子女最佳利益原则的案件共计451例,主要考量了哺乳期、子女意愿、生活现状、原被告生活状况、随祖辈生活、一方过错、一方无子女而另一方有子女等因素。哺乳期因素的考量即法官考虑到子女还处于哺乳期故将抚养权判归母亲;子女意愿因素的考量即法官基于此将抚养权判归子女倾向的一方;生活现状因素的考量即将子女抚养权判归现在与子女共同生活的一方;考量原被告生活状况即考量其经济条件、抚养能力、收入水平和工作稳定程度;随祖辈生活因素的考量即由于子女长时间与祖辈生活在一起而将抚养权判归该方;一方过错即婚姻关系中一方具有构成刑事犯罪、受行政处罚等不利于抚养子女的因素;一方无子女而另一方有子女因素的考量即考量到一方无子女而另一方有

---

[1] 参见曹培忠、周艳波:《论"二孩政策"背景下"丧偶式家庭"抚养模式及其法律规制》,载《社科纵横》2019年第6期。
[2] 参见黎林:《全面三孩政策下隔代辅育文化习俗法律支持体系构建》,载《民间法》2022年第1期。

子女所以将子女抚养权判归无子女的一方。从图23可见,生活现状因素占57.4%,原被告生活状况和子女意愿次之,分别占比16.2%和10.2%。考量最少的是"一方无子女而另一方有子女",仅有9次,占比2.0%。

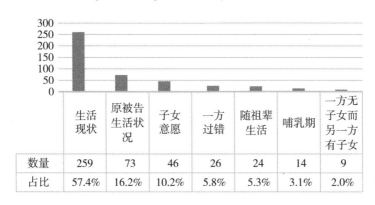

图23 援引子女最佳利益原则的案件裁判理由分析

(二)子女最佳利益原则下将子女抚养权判归过错方的微观原因探析

子女最佳利益原则即以子女利益为中心。传统意义上,离婚案件中的过错方不适合抚养子女,从表面上看,将子女抚养权判归过错方不利于保障子女利益,但是司法实践中也不乏此种情况。在从子女利益出发的451例案件中,将子女判具有明显过错一方的共有2例,占比仅0.4%,数量虽不占多数,但背后的原因值得关注。

实践中,法官将子女判归具有明显过错的一方时,主要是基于对以下因素的考量:

1. 随祖辈生活

法官考虑到未成年子女长期随一方祖辈生活,故将子女判归该方。在王某甲与任某离婚纠纷案中[1],法院认为,婚生女儿王某乙一直随被告母亲生活,现被告假释出狱后,王某乙更愿意随被告生活,从有利于子女健康成长的角度考虑,由被告抚养为宜。在该案中,法官并没有因母亲曾因犯盗窃罪受刑事处罚而剥夺其抚养子女的权利,而是综合考量该案情况,认为女儿长期与外婆生活,情感联系紧密,且在母亲出狱后与母亲共同生活,为了维持其生活状态的稳定性,将女儿抚养权判归母亲一方。

2. 抚养条件

子女最佳利益原则要求法官裁判时要以子女利益为中心,良好的经济条件和稳

---

〔1〕 参见王某甲与任某离婚纠纷案,浙江省宁波市宁海县人民法院(2014)甬宁民初字第1782号民事判决书。

定住所是子女健康成长的客观前提。在汪某与夏某离婚纠纷案中[1],法院认为,子女抚养应本着有利于子女成长的原则进行。被告夏某较原告汪某有更好的经济条件,有稳定的居所,且孩子也一直跟随被告夏某生活,从有利于子女成长的角度考虑,法院确认婚生子夏某某由被告夏某抚养。尽管被告夏某曾因生活琐事刺伤原告而受到行政处罚,但其更好的生活状况能为儿子的成长提供更好的条件,因此法院将抚养权判归其一方。

3. 生活现状

法官考量到子女的生活现状,基于维持子女生活环境稳定性的需要,将子女判归有过错的一方。在前述王某甲与任某离婚纠纷案和汪某与夏某离婚纠纷案中,法官无一不提及子女现在随哪一方生活这一情况,这不是巧合。生活现状因素关涉子女生活环境的稳定性,在司法实践中作为否定将子女判归过错方抚养的更有力的理由,这在子女最佳利益的考量上具有一定程度的合理性。但是该项因素的运用需要综合考量子女意愿、子女的学业发展情况和心理健康程度,不能凭生活现状因素实现"一票肯定"效力。

五、实现抚养权争议中子女最佳利益的路径

(一)子女最佳利益原则的抽象性及其标准化

《民法典》第1084条第3款初次将体现子女本位的子女最佳利益原则中国化,以"最有利于未成年子女"的表述明确下来。但对于何为最有利于未成年子女,在不同情形下应有不同考量,根据现行法律的文义可以确定的是:未满2周岁的子女原则上随母亲生活,已满8周岁的子女的真实意愿应当受到尊重。对于已满2周岁未满8周岁的子女、"二孩"和"多孩"家庭以及双胞胎家庭,仅以"最有利于未成年子女"原则显然不足以指导法官处理抚养权归属问题。

首先,维持生活现状是否最有利于未成年子女。根据本研究的结果可知,不论是独生子女家庭,还是"二孩""多孩"家庭;不论是父母之间的抚养权争议,还是直接将抚养权判归祖辈,生活现状因素都被法官们赋予极大的考量比重。在法律尚未规定如何考量子女生活现状因素时,司法实践呈现如此倾向,难以排除法官不存在对判决执行难易程度和裁判风险的顾虑。另外,生活现状因素受到极大重视很可能进一步加剧实践中"抢孩子"的现象,对此,可以通过指导案例或者法院年度案例等

---

[1] 参见汪某与夏某离婚纠纷案,浙江省宁波市鄞州区人民法院(2013)甬鄞江民初字第768号民事判决书。

形式,将个别案例典型化,以类案裁判引导司法实践。

其次,将子女判归跟随祖辈生活是否最有利于未成年子女。根据本研究的结果,随祖辈生活因素在司法实践中也占有一席之地,更有甚者直接将子女抚养权判归祖辈。《婚姻家庭编司法解释》第47条仅明确了在父母双方抚养条件基本相同,双方均要求直接抚养子女的情况下,子女单独随祖辈生活或者父母一方有祖辈可以帮助照顾子女的,可以作为直接抚养子女的优先考量条件。实践中不分层次、未在父母双方条件相同的情况下将随祖辈生活作为单独要素进行考量的行为,于法无据,将子女直接判归祖辈抚养,更是与基本亲权理念不相符合。

最后,"二孩"案件和"多孩"案件中何为最有利于未成年子女应当明确。抚养权归属相关的法律规定均未对"二孩"和"多孩"情况予以明确,司法实践中只能依照独生子女案件的考量方式进行判决,这忽视了"二孩"和"多孩"案件的特殊性,不利于"三孩"政策开放后更复杂的抚养权问题的解决。同时,"二孩"案件在没有从子女最佳利益出发的明确规定时,法官更可能受到平等原则等因素的影响作出判归父母双方一人一个子女的看似合理的决定。应当关注该类问题,以司法解释的方式明确裁判方式,将子女最佳利益原则贯彻到各类抚养权争议的解决中。

综上,子女最佳利益原则具有抽象性,已满两周岁未满八周岁的子女抚养权归属问题面临考量因素空白和考量层次单一的现状,亟须通过典型案例等方式进行引导。同时,"二孩"和"多孩"家庭与独生子女家庭具有本质区别,直接援引一般规定难以解决"二孩"和"多孩"家庭的抚养权归属问题,需要以司法解释的方式将其纳入法律调整的范畴,使子女最佳利益原则标准化。

(二)法官发挥主观能动性探知子女意愿

现如今,专门的家事法庭和家事审判程序法律尚未诞生,在基层法院民事审判庭繁重的办案任务下,法官如何高效准确地运用职权探知主义[1]获知8周岁以上子女的意愿乃至各方诉求背后的利益考量成了一大挑战。何为未成年子女的真实意愿?应如何获知?孩子能否清楚知晓自身最佳利益所在?有学者主张最有利于未成年子女原则似乎将权益从父母的手中交给子女,但未成年子女仍在物质生活上极大地依赖父母的利益。[2]亦有学者认为,适用《民法典》第1084条时,如果在子女的直接抚养权上8周岁以上的子女的真实意愿与子女最佳利益原则相矛盾,法院应当依照后者判决——其预设是作为国家权力代表的法官比孩子本人更了解其最

---

[1] 参见张艳丽:《中国家事审判改革及家事审判立法——兼谈对台湾地区"家事事件法"的借鉴》,载《政法论丛》2019年第5期。

[2] 参见贺欣:《社科法学与法教义学的初步比较——从"儿童最佳利益"谈起》,载《中国法律评论》2021年第5期。

佳利益所在。[1]在国际公约规定的儿童权利与我国的裁判实践尚存在差异的情况下,对于适龄子女的意愿,笔者认为法官应注重在个案中发挥主观能动性,在"软父爱主义"与"硬父爱主义"之间寻求平衡。[2]当子女的自主意志选择与其客观上最佳利益所在存在较大偏离时,法官应当基于客观上子女的最佳利益判定抚养权的归属;当子女的自主意志选择受到当事人双方或其他外部因素压制而扭曲时,法官应当主动探求子女的真实意志及其最佳利益所在,保障其意志表达的自由完整和利益诉求的实现。对于优化子女最佳利益原则的考量和运用,一方面,需要吸收心理学、教育学等学科的研究成果,如上述"多孩"尤其是双胞胎抚养权案件,应在对抚养权归属方的抚养能力进行充分考量的基础上把握多个孩子之间特殊的手足之情,谨慎地对多个孩子的抚养权进行判决;另一方面,需要把握当前我国的人口现状和政策效应的中长期显现,综合考量祖辈隔代抚育的多方面优势与个案中两个家庭三代人之间的关系。

(三)引入第三方机制保障未成年子女真实意愿的顺畅表达

在考量并按照子女意愿判决抚养权归属的文书样本中,对子女真实意愿的收集往往表现为法院人员在庭外与孩子直接对话,制成笔录后用于庭审。该形式较大的不足之处在于其瞬时性,即仅在一两次的询问意见中便完成对孩子意愿的收集,但在心理压力、物质诱惑、亲人干预等因素影响下,孩子的内心抉择容易改变,无法有效地将法官考量子女意愿贯穿离婚诉讼的全过程,开庭审理仅仅是漫长离婚诉讼中的一个环节。加上法官办案任务繁重,难以有力顾及每一个案件中的当事人之外的主体的诉求,未成年子女的利益容易被边缘化。抚养权争议中由谁来代表或代理未成年子女表达诉求和争取利益,成了亟待回答的问题。

对此,在我国尚未有独立的家事审判程序立法,而基层法院逐渐推广专设家事审判业务庭的背景下,笔者建议从引入第三方力量的角度,参考我国台湾地区由地方政府委托社工与法官遴选程序监理人机制[3],"探索引入家事调查员、社工陪护及儿童心理专家等多种方式"[4]。具体言之,可由法院向有关社会机构和组织采购

---

[1] 参见龙翼飞主编:《中国民法典评注——婚姻家庭编》,人民法院出版社2021年版,第187—188页。

[2] 参见孙笑侠、郭春镇:《法律父爱主义在中国的适用》,载《中国社会科学》2006年第1期。

[3] 参见杨旭:《照亮隐秘的角落:家事案件的社会工作服务与未成年人权利保障》,载《河北法学》2021年第8期;黄诗淳、邵轩磊:《酌定子女亲权之重要因素:以决策树方法分析相关裁判》,载《台大法学论丛》2018年第1期;黄翠纹、温翎佑:《亲权酌定事件中未成年人最佳利益维护之实务困境——从社工员的观点》,载《亚洲家庭暴力与性侵害期刊》2017年第1期。

[4] 最高人民法院《关于开展家事审判方式和工作机制改革试点工作的意见》(法〔2016〕128号),2016年4月21日发布。

审判辅助工作服务,通过"一人一案"对接,让抚养权存在争议的离婚纠纷中的未成年子女能够自法院介入纠纷之日起便获得与在少年和家庭纠纷领域有专业知识和经验的服务者深入沟通的机会。通过长时间、全程性的对接来加深与孩子的互动,从而帮助法官更加准确地探知孩子对抚养权归属的真实意愿。但这需要建立在法院系统向社会采购服务的制度政策调整和经费有所倾斜的基础之上。[1]另外,当前已落地具有代表性的创新措施,即家事调查员询问制度。根据最高人民法院、全国妇联《关于进一步加强合作建立健全妇女儿童权益保护工作机制的通知》,让具有法律、心理、婚姻家庭等领域交叉知识的家事调查员通过观察、互动等方式对未成年人进行心理疏导和心理评估,更能获取其真实意见。

(四)法官引导下的祖辈良性参与

隔代抚育具有情感、伦理与现实的深厚基础,但在此过程中难免产生抚养权和费用负担等方面的争议,因此在抚养权争议中要正确评估祖辈所能发挥的作用。在城乡差异的视野下,祖辈在抚养权争议中的角色具有一定的相同之处——无论是城市还是农村,祖辈抚育"二孩""三孩"的意愿受其身体状况与思想观念的制约,祖辈抚育孙辈享受天伦之乐的"代价"是其生活质量可能降低,个人幸福追求受到限制;但对于青壮年父母异地务工而子女无法随迁的家庭,祖辈隔代抚育的更深层动机是伦理因素包装下多代直系家庭的经济发展和家庭城镇化目标。[2]因此,法官在对多项影响因素进行考量时,需要考量祖辈在家庭中的角色和作用,一方面考察随祖辈生活的孩子继续接受隔代抚育对其成长的长远影响,另一方面考察有抚育孙辈意愿的祖辈的抚养条件与心理动力是否稳定而良好。在上述关于引入第三方机制保障孩子表达权的论述的基础上,笔者认为第三方机制在家事审判辅助工作中还具有做好与祖辈沟通工作的潜力。当下祖辈的探望权问题备受社会关注,对此问题,法官在处理抚养权纠纷时便应有所预见并考虑应对方法,从家庭整体性对孩子成长的影响的角度出发,尽可能化解诉讼双方的冲突和对立情绪,并在庭外第三方机制的帮助下,促使双方达成关于祖辈探望的共识,以防祖辈的不理性行为对抚养权纠纷的司法解决形成干扰和阻力。

---

[1] 参见余冬冬:《法院人员分类背景下的社会服务购买模式分析》,载中国法院网,http://www.chinacourt.org/article/detail/2016112/id/2493381.shtml,2016年12月23日访问。

[2] 参见李芬、风笑天:《照料"第二个"孙子女?——城市老人的照顾意愿及其影响因素研究》,载《人口与发展》2016年第4期;王也:《伦理为表,经济为里:农村祖父母的隔代抚养驱动力》,载《广东社会科学》2022年第2期。

六、结语

当下"二孩"政策效应逐渐扩展到家事审判领域,而"三孩"政策效应也将在未来几年渐显,这无疑将对抚养权纠纷的审理规则与实践带来挑战。综上分析,审判中对子女最佳利益原则的考量与适用并不能局限于教义学上的多元解释路径,而应当将其置于老龄化与低生育率叠加下抚育成本高昂、家事立法从"父母本位"转向"亲子本位"[1]、"中国式隔代抚育"在城乡之间及各自的内部差异[2],以及传统家庭伦理文化与现代家庭代际关系之间的矛盾与张力等背景下进行思考。

虽然法律为当事人后续寻求抚养权变更提供了途径,但法官应着眼于所办案件中子女与家庭之间的密切联系。子女的全面健康发展对于父母双方家庭未来的幸福具有重要影响,法官应善于从案件中子女与其他家庭成员以及各家庭成员之间的丰富互动中发现孩子的最佳利益所在。对子女最佳利益的考量,应将生活现状、子女意愿以及原被告生活状况这三项影响作用较强的因素纳入其中,尽司法力量所能为离异家庭中的子女减少家庭方面对其未来人生发展轨迹的消极影响,保障广大未成年人幸福成长。

【责任编辑:王睿】

---

[1] 参见雷春红:《论离婚后未成年子女抚养探望规定的缺失与修正——以儿童最大利益原则为切入点》,载《时代法学》2020年第5期。

[2] 参见徐友龙等:《"中国式隔代抚育"现象论析》,载《浙江社会科学》2019年第10期。

法学期刊学术影响力分析报告(2022年版)
——基于法学期刊引证情况的分析

北大法宝法学期刊研究组*

摘要：本文以北大法宝—法学期刊库作为统计源，综合CLSCI/CSSCI(2021—2022)(含扩展版)/北大中文核心(2020版)/AMI综合(2018版)4种期刊的评价标准，结合期刊实际出刊情况同时排除历史过刊，选取了208家期刊作为研究对象，通过对法学专刊、高校学报及社科类综合刊(法学文章)、法学集刊、法学英文刊2019年、2020年发表的法学文章在2021年的引证统计，分析法学期刊整体被引情况、高被引期刊、高被引文章、高被引作者及所属机构等，总结归纳高影响力期刊的共同特征，以期为法学期刊的发展提供相应的实证依据。

关键词：法学期刊　学术影响力　期刊评价　引文分析　引证研究

收稿日期：2022-11-20

* 北大法宝法学期刊研究组成员：刘馨宇、孙妹、曹伟、范阿辉、高亚男、李婉秋。刘馨宇，北大法律信息网(北大法宝)编辑部主任；孙妹，北大法律信息网(北大法宝)编辑部副主任；曹伟，北大法宝学术中心副主任；范阿辉，北大法宝编辑；高亚男，北大法宝编辑；李婉秋，北大法宝编辑。研究指导：郭叶，北大法律信息网(北大法宝)副总编。

一、2019—2020年期刊整体被引情况

208家统计源期刊中包含法学专刊84家、高校学报及社科类综合刊62家、法学集刊59家、法学英文刊3家。[1]

2019—2020年总发文量为21929篇,其中被引期刊共177家,包含法学专刊81家、高校学报及社科类综合刊(法学文章)[2]60家、法学集刊34家、法学英文刊2家,被引文章共计7354篇,累计被引20457次。从年度情况来看,2019年被引文章3634篇(总占比49.42%),被引频次10009次(总占比48.93%);2020年被引文章3720篇(总占比50.58%),被引频次10448次(总占比51.07%)。通过数据分析,208家期刊2020年相较2019年被引文章多86篇,被引频次上升439次。

(一)核心期刊被引文章超八成,被引频次总占比超九成

通过对2019—2020年7354篇被引文章进行统计,被引文章以法学核心专刊为主,非核心期刊尤其是法学集刊和法学英文刊相对较少。如表1所示,177家被引期刊中,核心期刊有123家(法学专刊55家、高校学报及社科类综合刊53家、法学集刊14家、法学英文刊1家),被引文章6353篇(总占比86.39%),被引频次19050次(总占比93.12%);非核心期刊有54家(法学专刊26家、高校学报及社科类综合刊7家、法学集刊20家、法学英文刊1家),被引文章1001篇(总占比13.61%),被引频次1407次(总占比6.88%)。

表1 2019—2020年各类型期刊被引情况

期刊类型		统计源(家)	被引期刊(家)	被引文章(篇)	被引文章占比	被引频次(次)	被引频次占比
核心期刊	法学专刊	55	55	5300	72.07%	16857	82.41%

---

[1] 截至2022年9月30日,北大法宝—法学期刊库已收录268家期刊,综合CLSCI/CSSCI(2021—2022)(含扩展版)/北大中文核心(2020版)/AMI综合(2018版)4种期刊评价标准,结合实际出刊情况同时排除历史过刊,选取了208家期刊作为统计源,其中《法律适用》含《法律适用(司法案例)》,有四家期刊名称变更,分别是《福建行政学院学报》更名为《闽台关系研究》、《甘肃政法学院学报》更名为《甘肃政法大学学报》、《贵州警官职业学院学报》更名为《贵州警察学院学报》、《南京大学法律评论》更名为《南大法学》。

[2] 本分析报告统计源期刊中的高校学报及社科类综合仅统计法学文章,以下简称为高校学报及社科类综合刊。

（续表）

期刊类型		统计源（家）	被引期刊（家）	被引文章（篇）	被引文章占比	被引频次（次）	被引频次占比
核心期刊	高校学报及社科类综合刊	53	53	965	13.12%	2091	10.22%
	法学集刊	15	14	87	1.19%	101	0.49%
	法学英文刊	1	1	1	0.01%	1	0.005%
非核心期刊	法学专刊	29	26	895	12.17%	1270	6.21%
	高校学报及社科类综合刊	9	7	25	0.34%	33	0.16%
	法学集刊	44	20	80	1.09%	103	0.50%
	法学英文刊	2	1	1	0.01%	1	0.005%
合计		208	177	7354	100%	20457	100%

（二）法学期刊、高校学报及社科类综合刊被引文章量和被引频次均有所上升

2020年法学期刊、高校学报及社科类综合刊在被引文章量和被引频次上均比2019年略有上升。如表2所示，从被引文章量上看，117家被引法学期刊（含法学专刊、法学集刊、法学英文刊）2019—2020年被引文章6364篇，其中2020年被引文章3183篇，占比50.02%，相较2019年被引文章（3181篇）上升2篇；60家被引高校学报及社科类综合刊2019—2020年被引文章990篇，其中2020年被引文章537篇，占比54.24%，相较2019年被引文章（453篇）上升84篇。

从被引频次上看，117家被引法学期刊（含法学专刊、法学集刊、法学英文刊）2019—2020年被引频次18333次，其中2020年被引频次9299次，相较2019年（9034次）上升265次；60家被引高校学报及社科类综合刊2019—2020年被引频次2124次，其中2020年被引频次1149次，相较2019年（975次）上升174次。

表2 2019—2020年法学期刊、高校学报及社科类综合刊被引情况

期刊类型	统计源（家）	被引期刊（家）	2019年被引文章（篇）	2020年被引文章（篇）	2019年被引频次（次）	2020年被引频次（次）
法学期刊（法学专刊、集刊、法学英文刊）	146	117	3181	3183	9034	9299

（续表）

期刊类型	统计源（家）	被引期刊（家）	2019年被引文章（篇）	2020年被引文章（篇）	2019年被引频次（次）	2020年被引频次（次）
高校学报及社科类综合刊	62	60	453	537	975	1149
合计	208	177	3634	3720	10009	10448

（三）被引文章学科分布情况

如图1所示，2019—2020年被引文章涉及15个学科，主要集中在民法学、诉讼法学、刑法学、理论法学、行政法学、经济法学6个学科，累计被引频次15766次，占比77.07%。

司法制度、商法学、知识产权法学、国际法学、宪法学5个学科2019—2020年被引频次4091次，占比20.00%。环境法学、劳动与社会保障法学、法律史学、安全法学4个学科2019—2020年被引频次600次，占比2.93%。

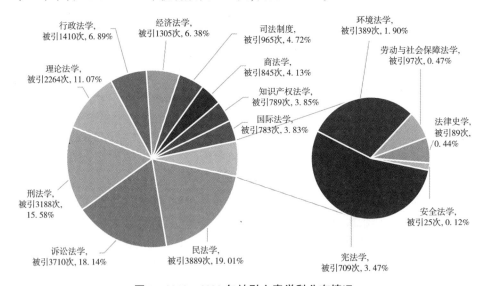

图1 2019—2020年被引文章学科分布情况

2020年累计被引频次10448次，相较2019年（10009次）上升439次。如图2所示，民法学、诉讼法学、刑法学、行政法学、经济法学、司法制度、商法学、环境法学、劳动与社会保障法学、安全法学10个学科2020年较2019年均略有上升。理论法学、知识产权法学、国际法学、宪法学、法律史学5个学科2020年较2019年有所下降。

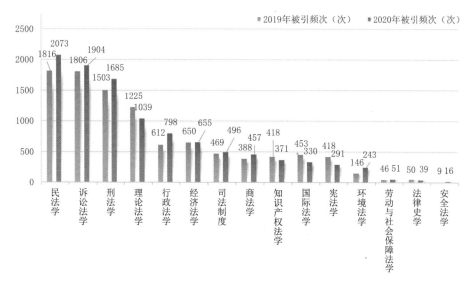

图 2　2019—2020 年各法学学科被引频次变化情况（次）

二、高被引期刊分析

围绕高被引期刊的分析主要从被引频次、被引文章量和篇均引三个维度进行分析。[1]根据北大法宝的引证统计分析结果，从被引频次看，高被引期刊主要集中在《中国法学》等 28 家核心期刊，被引频次均在 200 次以上，约占总体被引量的七成，其中前六位分别为《中国法学》《比较法研究》《法学研究》《中外法学》《法学》《政治与法律》。从被引文章量来看，被引 100 篇以上的有《中国法学》《法学研究》等 28 家法学专刊，占总体被引文章量的五成以上。从篇均引来看，篇均引 2 次以上的期刊共 22 家，《中国社会科学》（法学文章）以及《中国法学》《法学研究》《比较法研究》《中外法学》篇均引都在 5 次以上。

（一）高被引期刊被引频次分析

1．高被引期刊集中在《中国法学》等 28 家法学专刊，合计被引频次总占比 68.90%

根据引证统计结果，208 家统计源期刊中被引期刊共 177 家，其中 117 家法学期刊（含法学专刊、法学集刊、法学英文刊）合计被引 18333 次；60 家高校学报及社科

---

〔1〕　本部分统计说明：因版权原因，《环球法律评论》《政法论丛》《国际经济法学刊》暂未列入高被引期刊分析。

类综合刊合计被引2124次。从期刊类型上看,117家被引法学期刊中包括核心期刊70家(占比59.83%)和非核心期刊47家(占比40.17%)。

如表3所示,从被引频次上看,被引频次在200次以上的法学期刊共计28家,合计被引14095次,总占比68.90%。其中被引频次在600次以上的期刊共6家,分别是《中国法学》《比较法研究》《法学研究》《中外法学》《法学》《政治与法律》,累计被引4850次,其中《中国法学》被引频次最高,为1065次。被引频次在400—599次的期刊共13家,分别是《东方法学》《法商研究》《法律适用》《现代法学》《法学杂志》《法学家》《法学评论》《法律科学》《中国刑事法杂志》《法制与社会发展》《当代法学》《清华法学》《法学论坛》,累计被引6341次。被引频次在200—399次之间的期刊共9家,分别是《国家检察官学院学报》《华东政法大学学报》《政法论坛》《中国法律评论》《行政法学研究》《河北法学》《法治研究》《知识产权》《人民司法》,累计被引2904次。

表3 2019—2020年法学期刊高被引情况(200次以上)

(按照被引频次降序排序,表中所列期刊按照被引频次降序排序)

期刊名称[被引频次(次)]	被引频次(次)	期刊数量(家)
《中国法学》(1065)/《比较法研究》(867)/《法学研究》(778)/《中外法学》(766)/《法学》(724)/《政治与法律》(650)	600+	6
《东方法学》(586)/《法商研究》(568)/《法律适用》(540)/《现代法学》(514)/《法学杂志》(509)/《法学家》(499)/《法学评论》(474)/《法律科学》(459)/《中国刑事法杂志》(453)/《法制与社会发展》(452)/《当代法学》(442)/《清华法学》(432)/《法学论坛》(413)	400—599	13
《国家检察官学院学报》(397)/《华东政法大学学报》(367)/《政法论坛》(363)/《中国法律评论》(362)/《行政法学研究》(350)/《河北法学》(313)/《法治研究》(271)/《知识产权》(256)/《人民司法》(225)	200—399	9
合计	—	28

2. 高校学报及社科类综合刊中《中国社会科学》(法学文章)被引频次达286次

从期刊类型上看,60家被引的高校学报及社科类综合刊中核心期刊53家(占88.33%),非核心期刊7家(占11.67%)。根据表4,被引频次在30次以上的期刊共有23家,合计被引1692次,总占比8.27%,《中国社会科学》(法学文章)被引频次最高,为286次。《浙江工商大学学报》被引频次为151次。被引频次在60—99次的期刊有《浙江社会科学》等9家,合计被引726次,总占比3.55%;被引频次在30—59次的期刊有《浙江学刊》等12家,合计被引529次,总占比2.59%。

表4　2019—2020年高校学报及社科类综合刊高被引情况（被引频次30次以上）

（按照被引频次降序排序，表中所列期刊按照被引频次降序排序）

期刊名称[法学文章被引频次（次）]	被引频次（次）	期刊数量（家）
《中国社会科学》（法学文章）(286)/《浙江工商大学学报》(151)	100+	2
《浙江社会科学》(95)/《中州学刊》(93)/《暨南学报（哲学社会科学版）》(88)/《河南社会科学》(84)/《江西社会科学》(81)/《武汉大学学报（哲学社会科学版）》(79)/《苏州大学学报（哲学社会科学版）》(78)/《甘肃社会科学》(66)/《求是学刊》(62)	60—99	9
《浙江学刊》(53)/《大连理工大学学报（社会科学版）》(52)/《重庆大学学报（社会科学版）》(51)/《云南社会科学》(48)/《中南大学学报（社会科学版）》(48)/《广东社会科学》(45)/《学习与实践》(43)/《山东大学学报（哲学社会科学版）》(42)/《北京航空航天大学学报（社会科学版）》(41)/《学术交流》(39)/《理论探索》(34)/《厦门大学学报（哲学社会科学版）》(33)	30—59	12
合计	—	23

（二）高被引期刊被引文章量分析

1. 法学期刊中被引文章量占本刊发文量80%以上的有《法学研究》《中国法学》等6家法学期刊

117家被引法学期刊的被引文章共6364篇。如表5所示，被引文章在100篇以上的期刊共28家，合计被引文章4016篇，总占比54.61%。其中，被引文章在140篇以上的期刊有10家（被引文章1831篇），分别是《法律适用》《法学》《政治与法律》《法学杂志》《河北法学》《人民司法》《中国法学》《人民检察》《当代法学》《法律科学》。被引文章在100—139篇的期刊有《东方法学》《法商研究》等18家（被引文章2185篇）。被引文章在50—99篇的期刊有《清华法学》《中国刑事法杂志》等16家（被引文章1054篇）。

引证统计结果显示，被引文章量占其发文量80%以上的期刊有6家，分别是《法学研究》《中国法学》《中外法学》《比较法研究》《当代法学》《东方法学》，其中《法学研究》被引文章121篇，占其发文量的90.98%；《中国法学》被引文章158篇，占其发文量的87.78%，占比较高。

表5 2019—2020年法学期刊被引文章情况（被引文章量100篇以上）

（按照被引文章占比降序排序，被引文章占比相同按照期刊名称拼音排序）

序号	期刊名称	发文量（篇）	被引文章量（篇）	被引文章占比
1	《法学研究》	133	121	90.98%
2	《中国法学》	180	158	87.78%
3	《中外法学》	153	128	83.66%
4	《比较法研究》	159	131	82.39%
5	《当代法学》	174	140	80.46%
6	《东方法学》	171	137	80.12%
7	《法学家》	157	125	79.62%
8	《现代法学》	171	135	78.95%
9	《法制与社会发展》	144	113	78.47%
10	《国家检察官学院学报》	133	103	77.44%
11	《法商研究》	179	135	75.42%
12	《政治与法律》	299	216	72.24%
13	《法学》	308	218	70.78%
14	《华东政法大学学报》	171	120	70.18%
15	《行政法学研究》	143	100	69.93%
16	《法学评论》	195	135	69.23%
17	《法律科学》	207	140	67.63%
18	《法治研究》	164	109	66.46%
19	《法学论坛》	190	126	66.32%
20	《政法论坛》	188	115	61.17%
21	《法学杂志》	332	187	56.33%
22	《中国法律评论》	214	120	56.07%
23	《知识产权》	201	112	55.72%
24	《河北法学》	347	175	50.43%
25	《法律适用》	666	281	42.19%
26	《人民检察》	835	153	18.32%

（续表）

序号	期刊名称	发文量（篇）	被引文章量（篇）	被引文章占比
27	《人民司法》	1182	163	13.79%
28	《中国检察官》	877	120	13.68%

2. 高校学报及社科类综合刊中，被引文章量占本刊法学文章发文量50%以上的有《中国社会科学》（法学文章）等6家

60家被引高校学报及社科类综合刊的被引文章共990篇。如表6所示，被引文章在20篇以上的期刊有24家，合计被引724篇，总占比9.84%。其中被引文章在40篇以上的期刊有5家（被引文章224篇），分别是《江西社会科学》《浙江工商大学学报》《浙江社会科学》《河南社会科学》《暨南学报（哲学社会科学版）》。被引文章在25—39篇的期刊有《苏州大学学报（哲学社会科学版）》《中国社会科学》《中州学刊》等11家，被引文章合计为326篇。被引文章在20—24篇的期刊有《求是学刊》等8家，被引文章合计为174篇。

引证统计结果显示，被引文章量占本刊法学文章发文量50%以上的高校学报及社科综合刊有6家，分别是《中国社会科学》《武汉大学学报（哲学社会科学版）》《云南社会科学》《浙江工商大学学报》《中南大学学报（社会科学版）》《浙江社会科学》。其中《中国社会科学》被引文章量占比最高，被引文章36篇，占其法学文章发文量的97.30%。

表6　2019—2020年高校学报及社科类综合刊被引文章情况（20篇以上）

（按照被引文章占比降序排序，被引文章占比相同按照期刊名称拼音排序）

序号	期刊名称	文章量（篇）	被引文章量（篇）	被引文章占比
1	《中国社会科学》（法学文章）	37	36	97.30%
2	《武汉大学学报（哲学社会科学版）》	40	28	70%
3	《云南社会科学》	30	21	70%
4	《浙江工商大学学报》	68	47	69.12%
5	《中南大学学报（社会科学版）》	49	27	55.10%
6	《浙江社会科学》	85	44	51.76%

（续表）

序号	期刊名称	文章量（篇）	被引文章量（篇）	被引文章占比
7	《暨南学报（哲学社会科学版）》	88	43	48.86%
8	《上海对外经贸大学学报》	43	21	48.84%
9	《苏州大学学报（哲学社会科学版）》	75	36	48%
10	《河南社会科学》	91	43	47.25%
11	《浙江学刊》	49	23	46.94%
12	《甘肃社会科学》	62	29	46.77%
13	《山东大学学报（哲学社会科学版）》	54	25	46.30%
14	《求是学刊》	53	24	45.28%
15	《学习与实践》	63	28	44.44%
16	《重庆大学学报（社会科学版）》	59	26	44.07%
17	《理论探索》	47	20	42.55%
18	《大连理工大学学报（社会科学版）》	69	29	42.03%
19	《广东社会科学》	50	21	42%
20	《中州学刊》	86	36	41.86%
21	《江西社会科学》	127	47	37.01%
22	《学术交流》	80	26	32.5%
23	《重庆理工大学学报（社会科学）》	76	23	30.26%
24	《行政与法》	153	21	13.73%

（三）高被引期刊篇均引分析

从2019—2020年篇均引来看，篇均引2次以上的期刊共22家，其中《中国社会科学》（法学文章）7.73次、《中国法学》5.92次、《法学研究》5.85次。

如表7所示，法学期刊中，篇均引5次以上的期刊共有4家，分别是《中国法学》《法学研究》《比较法研究》《中外法学》。篇均引3—4次的期刊共有7家，分别是

《中国刑事法杂志》《东方法学》《清华法学》《法学家》《法商研究》《法制与社会发展》《现代法学》。篇均引 2—3 次的期刊共有 9 家,分别是《国家检察官学院学报》《当代法学》《行政法学研究》等。篇均引 1—2 次的期刊共有 8 家,分别是《政法论坛》《中国法律评论》《法治研究》等。

表 7　2019—2020 年法学期刊篇均引 1 次以上情况

（按照期刊篇均引降序排序,篇均引相同的按照期刊名称拼音排序）

序号	期刊名称	文章量(篇)	被引频次(次)	篇均引(次)
1	《中国法学》	180	1065	5.92
2	《法学研究》	133	778	5.85
3	《比较法研究》	159	867	5.45
4	《中外法学》	153	766	5.01
5	《中国刑事法杂志》	116	453	3.91
6	《东方法学》	171	586	3.43
7	《清华法学》	135	432	3.2
8	《法学家》	157	499	3.18
9	《法商研究》	179	568	3.17
10	《法制与社会发展》	144	452	3.14
11	《现代法学》	171	514	3.01
12	《国家检察官学院学报》	133	397	2.98
13	《当代法学》	174	442	2.54
14	《行政法学研究》	143	350	2.45
15	《法学评论》	195	474	2.43
16	《法学》	308	724	2.35
17	《法律科学》	207	459	2.22
18	《法学论坛》	190	413	2.17
19	《政治与法律》	299	650	2.17
20	《华东政法大学学报》	171	367	2.15
21	《政法论坛》	188	363	1.93
22	《中国法律评论》	214	362	1.69

(续表)

序号	期刊名称	文章量(篇)	被引频次(次)	篇均引(次)
23	《法治研究》	164	271	1.65
24	《法学杂志》	332	509	1.53
25	《交大法学》	96	145	1.51
26	《财经法学》	132	197	1.49
27	《知识产权》	201	256	1.27
28	《中国应用法学》	145	156	1.08

如表8所示,从高校学报及社科类综合刊来看,《中国社会科学》(法学文章)篇均引7.73次,《浙江工商大学学报》篇均引2.22次。篇均引1—2次的期刊有11家,分别是《武汉大学学报(哲学社会科学版)》《云南社会科学》《求是学刊》《浙江社会科学》《浙江学刊》《中州学刊》《上海大学学报(社会科学版)》《甘肃社会科学》《苏州大学学报(哲学社会科学版)》《厦门大学学报(哲学社会科学版)》《暨南学报(哲学社会科学版)》。

表8 2019—2020年高校学报及社科类综合刊篇均引1次以上情况

(按照期刊篇均引降序排序,篇均引相同的按照期刊名称拼音排序)

序号	期刊名称	文章量(篇)	被引频次(次)	篇均引(次)
1	《中国社会科学》(法学文章)	37	286	7.73
2	《浙江工商大学学报》	68	151	2.22
3	《武汉大学学报(哲学社会科学版)》	40	79	1.98
4	《云南社会科学》	30	48	1.6
5	《求是学刊》	53	62	1.17
6	《浙江社会科学》	85	95	1.12
7	《浙江学刊》	49	53	1.08
8	《中州学刊》	86	93	1.08
9	《上海大学学报(社会科学版)》	27	29	1.07
10	《甘肃社会科学》	62	66	1.06

（续表）

序号	期刊名称	文章量（篇）	被引频次（次）	篇均引（次）
11	《苏州大学学报（哲学社会科学版）》	75	78	1.04
12	《厦门大学学报（哲学社会科学版）》	32	33	1.03
13	《暨南学报（哲学社会科学版）》	88	88	1

三、高被引文章及学术热点分析

通过对学术研究热点进行分析，可以看出高被引文章及高被引期刊特色栏目二者相辅相成，呈现出高度一致性。学术热点高频词中出现次数较多的是民法典、数据、认罪认罚、个人信息、算法、人工智能等，法学期刊中都有策划相应的特色专题栏目。

（一）被引10次以上的文章298篇，单篇最高被引46次

2019—2020年法学期刊被引文章为7354篇，总被引频次为20457次。其中被引频次10次（含10次）以上的文章共298篇，总占比仅4.05%，合计被引频次达4600次，总占比22.49%。如表9所示，被引频次40次以上的文章有2篇，被引最多的是周汉华教授在《法商研究》2020年第3期发表的《个人信息保护的法律定位》，被引46次。排在第二位的是张明楷教授在《现代法学》2020年第5期发表的《增设新罪的观念——对积极刑法观的支持》，被引43次。被引频次30—39次的文章共14篇，合计被引478次。另外，被引频次20—29次的文章共41篇，合计被引957次。被引频次10—19次的文章共241篇，合计被引3076次。

表9 2019—2020年被引频次30次以上文章情况

（按照文章被引频次降序排序，被引频次相同的按照刊物名称拼音排序）

序号	刊物名称	文章标题	作者	被引频次（次）
1	《法商研究》	个人信息保护的法律定位	周汉华	46
2	《现代法学》	增设新罪的观念——对积极刑法观的支持	张明楷	43
3	《中国法学》	智慧社会背景下的"第四代人权"及其保障	马长山	39

(续表)

序号	刊物名称	文章标题	作者	被引频次（次）
4	《中外法学》	在分享和控制之间——数据保护的私法局限和公共秩序构建	梅夏英	39
5	《法学研究》	比例原则的适用范围与限度	梅扬	37
6	《比较法研究》	比较法视野下的认罪认罚从宽制度——兼论刑事诉讼"第四范式"	熊秋红	36
7	《中外法学》	个人信息权利的反思与重塑——论个人信息保护的适用前提与法益基础	丁晓东	36
8	《中国法学》	民法典编纂视野下的个人信息保护	程啸	35
9	《中国法学》	社会信用体系建设的法治之道	沈岿	34
10	《比较法研究》	论通过增设轻罪实现妥当的处罚——积极刑法立法观的再阐释	周光权	33
11	《政法论丛》	增设新罪的原则——对《刑法修正案十一（草案）》的修改意见	张明楷	33
12	《法学评论》	高空抛物案的刑法学分析	张明楷	32
13	《中国社会科学》	人性民法与物性刑法的融合发展	刘艳红	32
14	《比较法研究》	个人信息收集：告知同意原则适用的限制	张新宝	31
15	《法学论坛》	刑事诉讼的公力合作模式——量刑协商制度在中国的兴起	陈瑞华	31
16	《法学研究》	行政复议法的修改与完善——以"实质性解决行政争议"为视角	王万华	30

（二）高被引文章主要来自《中国法学》《比较法研究》《法学研究》等42家期刊，高被引文章在20篇以上的有4家

如表10所示，被引频次在10次（含10次）以上的文章共298篇，涉及期刊42家（法学专刊36家，高校学报及社科类综合期刊6家）。其中高被引文章（10次以上）在20篇以上的期刊共4家，分别是：《中国法学》32篇，被引539次；《比较法研究》29篇，被引496次；《法学研究》22篇，被引349次；《中外法学》20篇，被引347次。被引文章在10—19篇的期刊共6家，分别是：《法商研究》14篇，被引217次；《中国刑事法杂志》12篇，被引176次；《东方法学》11篇，被引163次；《法学家》11篇，被引162次；《环球法律评论》11篇，被引182次；《中国社会科学》（法学文章）11篇，被引188次。

表10　2019—2020年被引频次10次以上文章期刊分布情况

序号	期刊名称［高被引文章量（篇）］	期刊数量（家）	高被引文章量（篇）
1	《中国法学》(32)/《比较法研究》(29)/《法学研究》(22)/《中外法学》(20)	4	20+
2	《法商研究》(14)/《中国刑事法杂志》(12)/《东方法学》(11)/《法学家》(11)/《环球法律评论》(11)/《中国社会科学》(法学文章)(11)	6	10—19
3	《法律科学》(9)/《法学》(9)/《国家检察官学院学报》(9)/《清华法学》(9)/《法学评论》(8)/《法制与社会发展》(8)/《现代法学》(8)/《政治与法律》(7)/《法学论坛》(6)/《政法论坛》(6)/《中国法律评论》(6)/《法学杂志》(5)/《华东政法大学学报》(5)	13	5—9
4	《行政法学研究》(4)/《当代法学》(3)/《财经法学》(2)/《法治研究》(2)/《交大法学》(2)/《浙江工商大学学报》(2)/《知识产权》(2)/《中州学刊》(2)/《法律适用》(1)/《法治现代化研究》(1)/《甘肃社会科学》(1)/《国际法研究》(1)/《暨南学报(哲学社会科学版)》(1)/《经贸法律评论》(1)/《南大法学》(1)/《人权》(1)/《武汉大学学报(哲学社会科学版)》(1)/《中国政法大学学报》(1)/《政法论丛》(1)	19	1—4
合计	298	42	—

（三）被引频次10次以上文章集中在民法学、诉讼法学、刑法学、理论法学，合计被引频次占比75.24%

2019年至2020年被引频次在10次（含10次）以上的文章共298篇（被引频次为4600次），涉及民法学、诉讼法学、刑法学、理论法学、行政法学、经济法学、商法学、司法制度、国际法学、宪法学、知识产权法、环境法学共12个学科。

如图3所示，高被引文章（被引10次以上）相对集中在民法学、诉讼法学、刑法学、理论法学4个学科，合计被引文章215篇，合计被引频次为3461次（占比75.24%）。其中，民法学被引文章72篇，被引1155次（占比25.11%）；诉讼法学被引文章60篇，被引949次（占比20.63%）；刑法学被引文章48篇，被引794次（占比17.26%）；理论法学被引文章35篇，被引563次（占比12.24%）。

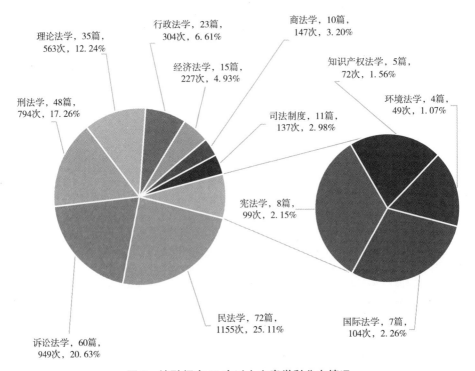

图3　被引频次10次以上文章学科分布情况

（四）学术热点依然集中在"民法典""数据""认罪认罚""个人信息"等方面，新学术热点已经出现

通过对7354篇被引文章中的17263个关键词进行统计，如表11所示，被引频次在100次以上的高频词共计34个，学术热点依然集中在"民法典""数据"（含大数据、数据安全、数据治理、数据权利等）及"认罪认罚""个人信息""算法""人工智能"等内容。其中"民法典"被引频次为3044次（"民法典"热点相关研究明显上升，相较2020年被引频次上升2014次），被引文章444篇；"数据"合计被引频次为2556次，合计被引文章350篇；"认罪认罚"被引频次为1583次，被引文章189篇；"个人信息"被引频次为1365次，被引文章176篇；"算法"被引频次为1065次，被引文章112篇；"人工智能"被引频次为932次，被引文章260篇。

与上一年期刊引证研究相比，新增"企业合规""反垄断""不正当竞争""公司治理""数字经济"5个学术热点。其中"企业合规"被引频次为547次，被引文章54篇；"反垄断"与"不正当竞争"合计被引频次为459次，合计被引文章131篇。

表 11 被引文章热点关键词情况（100 次以上）

（按照关键词被引频次降序排序，被引频次相同按照被引文章量降序排序）

序号	关键词	被引频次（次）	被引文章量（篇）
1	民法典	3044	444
2	数据	2556	350
3	认罪认罚	1583	189
4	个人信息	1365	176
5	算法	1065	112
6	人工智能	932	260
7	企业合规	547	54
8	知识产权	316	112
9	比例原则	308	69
10	反垄断	267	76
11	隐私权	246	38
12	区块链	214	66
13	不正当竞争	192	55
14	司法审查	175	50
15	惩罚性赔偿	174	46
16	刑事责任	167	47
17	三权分置	158	41
18	合宪性审查	156	47
19	法律规制	146	38
20	法教义学	141	39
21	法益	138	23
22	指导性案例	136	55
23	法治	127	50
24	公共利益	127	44
25	正当程序	127	28
26	检察机关	124	54

(续表)

序号	关键词	被引频次（次）	被引文章量（篇）
27	法律监督	121	36
28	行政协议	120	24
29	值班律师	116	22
30	监察法	110	42
31	公司治理	110	16
32	数字经济	107	16
33	党内法规	103	44
34	司法改革	102	40
	合计	15420	2803

（五）学术研究热点专题/栏目设置情况

学术热点在法学期刊的栏目设置与专题策划上有非常直观的体现。从法学期刊来看，设置特色专题和期刊栏目依然集中在"民法典""数据""算法""认罪认罚""个人信息""人工智能"这些学术热点，但新的热点已然出现。

如表12所示，有45家期刊开设"民法典"相关特色专题，被引文章331篇，被引频次为1376次。其中《法律适用》2020年第23期、《东方法学》2020年第4期、《甘肃政法大学学报》2020年第5期，均特别策划了"民法典"专刊。有47家期刊开设"数据与算法"（含数据、算法、大数据）相关特色专题，被引文章253篇，合计被引频次为1319次。有40家期刊开设"认罪认罚"相关特色专题，被引文章152篇，合计被引频次为943次。有32家期刊开设"个人信息"相关特色专题被引文章100篇，合计被引频次为829次。有40家期刊开设"人工智能"相关特色专题，被引文章190篇，合计被引频次为715次。

新的学术热点策划上，有22家期刊开设"企业合规"相关特色专题，被引文章43篇，合计被引频次为393次。有37家期刊开设"反垄断与不正当竞争"相关特色专题，被引文章112篇，合计被引频次为348次。

表 12 法学期刊学术研究热点专题/栏目设置情况

（按照累计被引频次降序排序，表中所列期刊按照期刊名称拼音排序）

序号	热点关键词	期刊名称	热点专题/栏目	被引文章量（篇）	累计被引文章量（篇）	累计被引频次（次）
1	民法典	《北方法学》	民法典制度研究与理论探索/博士生论坛	7	331	1376
		《比较法研究》	民法典编纂/专题研讨	16		
		《财经法学》	财经法治热点:《民法典》实施研究/财经法治热点:民法典人格权编	12		
		《当代法学》	民法典编纂专题/民法典专题	22		
		《地方立法研究》	民法典	4		
		《东方法学》	本期关注/本期关注_论担保物权的立法构造/法典总览/物权纵横/合同经纬/人格权论/家事内外/继承解析/侵权研究/民法典适用/民法典精析/专题笔谈:夫妻共同债务相关法律问题研究/特稿	23		
		《法律科学》	民法典专题	2		
		《法律适用》	聚焦民法典/聚焦民法典——绿色条款理解与适用专刊 绿色条款的规则体系及司法适用研究;生态环境侵权与损害赔偿制度研究;环境侵权惩罚性赔偿制度研究	25		
		《法商研究》	法治热点问题_聚焦民法典/法治热点问题:聚焦民法典合同编编纂/法治热点问题_聚焦民法典(继承编)/法治热点问题_聚焦民法典编纂/法治热点问题	14		
		《法学》	专题研究 后民法典时代的解释论	8		

(续表)

序号	热点关键词	期刊名称	热点专题/栏目	被引文章量（篇）	累计被引文章量（篇）	累计被引频次（次）
		《法学家》	视点:民法典编纂研究/主题研讨一:民法典制度建构的学理研究/主题研讨:《民法典》制度规定的适用及其完善/主题研讨:民法典的体系性理解及应用/专论_民法典编纂研究	24		
		《法学论坛》	名家主持_专题一:民法典若干规则解读	3		
		《法学评论》	本期特稿	2		
		《法学研究》	马克思主义法学专论	3		
		《法学杂志》	民法典物权编专题/生态文明时代的"绿色民法典"/民法典分编修改建议专题/民法典物权编的阐释/民法典编纂与商事立法专题/民法典编纂专题/担保法专题	15		
		《法制与社会发展》	民法典研究	9		
		《法治现代化研究》	特稿/主题研讨:家事审判改革/主题研讨:民法典的理解与适用/专题研究	4		
		《法治研究》	理论前沿/专题研究	18		
		《国家检察官学院学报》	主题研讨——民法典分则编纂疑难问题/主题研讨——民法典的司法适用	7		
		《海峡法学》	《民法典》研究	2		
		《河北法学》	青年法学家/专题研究 民法典专题研究/博士生园地/热点问题透视	6		
		《华东政法大学学报》	法学论坛/专题研讨:民法典编纂中的体系与制度构建/信息社会与未来法治	8		

(续表)

序号	热点关键词	期刊名称	热点专题/栏目	被引文章量（篇）	累计被引文章量（篇）	累计被引频次（次）
		《环球法律评论》	民法典编纂专栏	1		
		《交大法学》	特集:数据、信息与民法典编纂/特集:人工智能与民法典编纂/特集:罗马法与中国民法典/特集:信托制度与民法典编纂	10		
		《清华法学》	专题_民法典专题	10		
		《人民检察》	民法典·专家解读	3		
		《人民司法》	贯彻落实民法典研究/贯彻实施民法典研究	6		
		《人权》	专题研讨 新时代的妇女权利保障	1		
		《人权研究》	专论I妇女与人权	1		
		《上海政法学院学报》	民法典专论/特稿	6		
		《时代法学》	《民法典》视域下的未成年人保护相关制度研究专题	1		
		《苏州大学学报（法学版）》	本期聚焦:民法典评注专题	1		
		《天津法学》	民法典研究	1		
		《现代法学》	部门法研究/民法典专题	7		
		《预防青少年犯罪研究》	专题研究:青少年民法典教育	1		
		《政法论丛》	民法典与现代信息社会治理	3		
		《政法论坛》	"全面依法治国"专栏	1		
		《政治与法律》	主题研讨 我国民法典草案的完善研究/主题研讨——我国《民法典》新规则释义和适用要旨研究	5		
		《知识产权》	专题评述_《民法典》知识产权惩罚性赔偿条款研究	3		

(续表)

序号	热点关键词	期刊名称	热点专题/栏目	被引文章量（篇）	累计被引文章量（篇）	累计被引频次（次）
		《中国不动产法研究》	《民法典》编纂/《农村土地承包法》修改与民法典编纂	2		
		《中国法律评论》	思想/思想_民法典分则各编重大问题研究	7		
		《中国法学》	本期聚焦:民法典的创新和发展/本期聚焦:民法典的解读与适用/特稿	10		
		《中国海商法研究》	民法典专题	4		
		《中国刑事法杂志》	民法典绿色原则与环境犯罪专题研究	3		
		《中外法学》	专题:国家治理与民法典	10		
2	数据与算法（包含数据、算法、大数据）	《北方法学》	部门法专论	2	253	1319
		《比较法研究》	专题研讨	1		
		《财经法学》	财经法治热点:数据治理与法治/财经法治热点:政府数据开放/财经法治热点（一）:区块链与大数据/特稿/争鸣	9		
		《当代法学》	社会治理过度刑法化的反思专题/互联网法治专题	3		
		《地方立法研究》	创新与法治/立法前沿	2		
		《电子知识产权》	学术研究/业界实务/专题研讨/专题研究	16		
		《东方法学》	智慧法治/司法改革/理论前沿/特稿	13		
		《法律科学》	科技新时代法学专论	12		
		《法律适用》	专题研究:司法科技在审判领域里的应用问题探讨/案例论坛/个案探讨/问题探讨/专题研究:聚焦新型车险法律问题	6		

（续表）

序号	热点关键词	期刊名称	热点专题/栏目	被引文章量（篇）	累计被引文章量（篇）	累计被引频次（次）
		《法商研究》	网络与信息法/法学论坛/法治热点问题/国际法与比较法	9		
		《法学家》	视点_建设中国特色法治体系研究	1		
		《法学论坛》	特别策划 专题一：中国网络犯罪研究/特别策划_专题一：数据法学专题研究/名家主持·生态文明与环境治理机制变革/学术视点/法治前沿	13		
		《法学评论》	热点透视/专论与争鸣	6		
		《法学研究》	2019年《法学研究》论坛专题	1		
		《法学杂志》	各科专论/大数据法治专题/国家金融安全审查制度专题/跨境追诉专题/青年法苑/司法实践与改革/新技术治理与法治	14		
		《法制与社会发展》	法律与科技研究/全面依法治国研究	6		
		《法治社会》	热点评析/视野纵横	2		
		《法治现代化研究》	主题研讨	1		
		《法治研究》	热点观察	1		
		《贵州警察学院学报》	大数据警务与网络安全	1		
		《国际经济法学刊》	前沿论坛：网络空间国际法专题	1		
		《国家检察官学院学报》	法学专论	5		
		《河北法学》	青年法学家	5		
		《湖北警官学院学报》	社会治安治理研究/专题：数据安全研究/法学论坛/刑事侦查研究	6		

(续表)

序号	热点关键词	期刊名称	热点专题/栏目	被引文章量（篇）	累计被引文章量（篇）	累计被引频次（次）
		《华东政法大学学报》	信息社会与未来法治/专题研讨—算法社会的治理逻辑	10		
		《环球法律评论》	环球评论/主题研讨:电子证据的类型分野与证明运用/主题研讨:算法治理与人工智能/理论前沿/国际法研究	11		
		《江苏警官学院学报》	公安创新论坛/侦查学研究/法学研究/公安教育研究	6		
		《江西警察学院学报》	经济犯罪侦查	2		
		《交大法学》	特集:数据、信息与民法典编纂/特集:网络空间中法律的作用方式	6		
		《经贸法律评论》	专题聚焦:数字经济与网络治理/学科前沿/专题聚焦:《美墨加协定》	3		
		《时代法学》	本期特稿	1		
		《武大国际法评论》	网络空间的法律治理	1		
		《西部法学评论》	理论前沿	1		
		《西南政法大学学报》	资政专栏:人工智能与法律实务/资政专栏与法律实务/新闻传播与法治	4		
		《现代法学》	计算法学专题/大数据及人工智能法律问题研究专栏/理论思考/市场经济法治/部门法研究/市场经济法制	10		
		《行政法学研究》	青年论坛/学术专论	3		
		《政法论丛》	欧盟个人数据保护法专题研究/法学理论	4		
		《政法论坛》	评论	1		

(续表)

序号	热点关键词	期刊名称	热点专题/栏目	被引文章量（篇）	累计被引文章量（篇）	累计被引频次（次）
		《政治与法律》	主题研讨——个人信息向数据互联发展中的法律问题研究/经济刑法/域外视野	9		
		《知识产权》	专题评述_数据相关法律规制问题探讨/百家争鸣/国际前沿/学术研究/实践探讨	10		
		《中国法律评论》	思想	3		
		《中国法学》	本期聚焦:社会主义市场经济法治/学术专论/争鸣	3		
		《中国检察官》	专题:网络犯罪司法实务研究/检察管理与保障	2		
		《中国刑警学院学报》	犯罪学与犯罪侦查	3		
		《中国刑事法杂志》	电子数据专题研究/侵犯公民个人信息罪专题研究/诉讼理论	11		
		《中国应用法学》	专题策划二:互联网司法/法学专论/实证研究	6		
		《中外法学》	专题:数据治理/专题:网络平台与数据治理	7		
3	认罪认罚	《北方法学》	部门法专论	4	152	943
		《比较法研究》	论文	2		
		《当代法学》	认罪认罚从宽制度专题	3		
		《法律科学》	法律制度探微	1		
		《法律适用》	特别策划:认罪认罚从宽制度贯彻落实问题研究/案例论坛/法官说法/个案探讨/类案研究	7		
		《法商研究》	法治热点问题/法学论坛/法学争鸣	4		
		《法学》	法律实务/论文	2		

（续表）

序号	热点关键词	期刊名称	热点专题/栏目	被引文章量（篇）	累计被引文章量（篇）	累计被引频次（次）
		《法学家》	视点/视点_建设中国特色法治体系研究	4		
		《法学论坛》	名家主持·认罪认罚从宽及辩护制度改革研究/热点聚焦/法治前沿	6		
		《法学评论》	法律实务/本期特稿	2		
		《法学杂志》	司法实践与改革/认罪认罚从宽制度专题	8		
		《法制与社会发展》	司法文明研究	3		
		《法治现代化研究》	主题研讨:新时代检察改革的理论与实践/专题研究	2		
		《法治研究》	法治论坛/专题研究/热点观察	3		
		《犯罪研究》	检察官论坛	1		
		《甘肃政法大学学报》	法律与实践/青年法苑	2		
		《国家检察官学院学报》	主题研讨——刑事诉讼模式转型的制度与实践/法学专论/主题研讨（一）——2018年《刑事诉讼法》修改与实施/主题研讨——宪法与刑事诉讼视域中的权利保障	13		
		《海峡法学》	程序法研究	1		
		《河北法学》	青年法学家/博士生园地	3		
		《河南财经政法大学学报》	部门法学	1		
		《河南警察学院学报》	刑事法学	1		
		《湖北警官学院学报》	法学论坛	4		

(续表)

序号	热点关键词	期刊名称	热点专题/栏目	被引文章量（篇）	累计被引文章量（篇）	累计被引频次（次）
		《环球法律评论》	理论前沿/主题研讨:认罪认罚从宽制度的理论与实践问题探讨	8		
		《北方法学》	部门法专论	4		
		《江西警察学院学报》	刑事诉讼法学	1		
		《人民检察》	推进与实施认罪认罚从宽制度/认罪认罚从宽制度理论与实务研究征文/台湾法治	6		
		《山东法官培训学院学报》	调查研究与案例评析	1		
		《上海政法学院学报》	法学前沿	1		
		《四川大学法律评论》	诉讼法学专题	1		
		《天津法学》	立法建议/司法理论与实践	2		
		《现代法学》	部门法研究/专论	2		
		《证据科学》	证据法学	1		
		《政法论坛》	"全面依法治国"专栏/论文/评论	6		
		《政法学刊》	诉讼法/诉讼法学	3		
		《政治与法律》	主题研讨——顺应以审判为中心的检察制度改革研究/域外视野	3		
		《中国法学》	立法与司法研究/学术专论	3		
		《中国检察官》	刑事检察/案说检察/检察长论坛/聚焦:依法防控中的法律难题	8		
		《中国刑警学院学报》	刑事政策与刑事法律	2		

（续表）

序号	热点关键词	期刊名称	热点专题/栏目	被引文章量（篇）	累计被引文章量（篇）	累计被引频次（次）
		《中国刑事法杂志》	诉讼理论/量刑建议专题研究/认罪认罚从宽制度专题研究/专论/检察机关刑事诉讼主导责任专题研究/不起诉专题研究/企业附条件不起诉专题/刑法理论	19		
		《中国政法大学学报》	学术论衡	2		
		《中外法学》	专题:国家治理与司法体制改革	6		
4	个人信息	《北方法学》	部门法专论	1	100	829
		《比较法研究》	论文	6		
		《财经法学》	专论	2		
		《当代法学》	互联网法治专题	1		
		《电子知识产权》	学术研究	4		
		《东方法学》	智慧法治/理论前沿	5		
		《法律科学》	科技新时代法学专论	2		
		《法律适用》	类案研究	3		
		《法商研究》	网络与信息法/法学争鸣/法学论坛/法治热点问题	5		
		《法学家》	主题研讨:构建中国特色法学知识体系、话语体系和法治体系(三)/专论	2		
		《法学论坛》	特别策划_专题一:数据法学专题研究/热点聚焦	2		
		《法学评论》	热点透视/立法研究	4		
		《法制与社会发展》	新兴·交叉学科研究/部门法哲学研究/法律与科技研究	4		
		《国际经济法学刊》	前沿论坛:网络空间国际法专题	1		

(续表)

序号	热点关键词	期刊名称	热点专题/栏目	被引文章量（篇）	累计被引文章量（篇）	累计被引频次（次）
		《河北法学》	名家论坛/热点问题透视/青年法学家	6		
		《湖北警官学院学报》	专题:数据安全研究/专题:重大突发公共卫生事件应对研究	3		
		《华东政法大学学报》	信息社会与未来法治	5		
		《环球法律评论》	理论前沿/环球评论	3		
		《交大法学》	特集:网络空间中法律的作用方式/特集:数据、信息与民法典编纂/研讨与观点	4		
		《经贸法律评论》	专题聚焦:数字经济与网络治理/学科前沿	2		
		《上海政法学院学报》	法学前沿	2		
		《现代法学》	大数据及人工智能法律问题研究专栏/部门法研究/理论思考/专论	4		
		《预防青少年犯罪研究》	专题研究:《未成年人保护法（修订草案）》研究	1		
		《政法论丛》	民法典与现代信息社会治理/法学理论	2		
		《政法论坛》	论文/评论	2		
		《政法学刊》	民商法、经济法	1		
		《政治与法律》	主题研讨——开放视角下的刑法学/主题研讨——个人信息向数据互联发展中的法律问题研究/经济刑法/域外视野	4		
		《中国法学》	本期聚焦:个人信息的法律保护/本期聚焦:行政法治建设	4		

(续表)

序号	热点关键词	期刊名称	热点专题/栏目	被引文章量（篇）	累计被引文章量（篇）	累计被引频次（次）
		《中国检察官》	公益案鉴/专题:网络犯罪司法实务研究	5		
		《中国刑事法杂志》	侵犯公民个人信息罪专题研究	3		
		《中国政法大学学报》	新冠疫情防控法治专题/学术论衡	3		
		《中外法学》	专题:数据治理/专题:网络平台与数据治理/专论	4		
5	人工智能	《北方法学》	理论法前沿/部门法专论	3	190	715
		《比较法研究》	专题研讨/论文	6		
		《当代法学》	人工智能时代的刑法专题/社会治理过度刑法化的反思专题/刑事证据理论专题	16		
		《地方立法研究》	人工智能与法/网络法专刊	5		
		《电子知识产权》	学术研究/专题研讨/业界实务	10		
		《东方法学》	智慧法治/本期关注/2019年世界人工智能大会法治论坛特稿/特稿	16		
		《法律方法》	国家社科重大课题专题	1		
		《法律科学》	科技新时代法学专论	11		
		《法律适用》	专题研究:司法科技在审判领域里的应用问题探讨/法学论坛	4		
		《法商研究》	法治热点问题/法学争鸣/网络与信息法/创新型国家与知识产权法	4		
		《法学》	国家社科基金项目成果专栏/专题研究/特稿/专论	7		
		《法学家》	主题研讨:科技发展与智能合同	1		

(续表)

序号	热点关键词	期刊名称	热点专题/栏目	被引文章量（篇）	累计被引文章量（篇）	累计被引频次（次）
		《法学教育研究》	理论探讨	2		
		《法学论坛》	特别策划_专题一：数据法学专题研究/特别策划_专题一：法治中国与国家治理现代化/热点聚焦/学术视点	5		
		《法学评论》	热点透视/专论与争鸣	4		
		《法学杂志》	人工智能之民事诉讼实践专题/人工智能法治专题/青年法苑/新技术治理与法治/各科专论	9		
		《法制与社会发展》	法律与科技研究	2		
		《国家检察官学院学报》	主题研讨——互联网金融的法律治理/法学专论	2		
		《河北法学》	热点问题透视/博士生园地/青年法学家	4		
		《华东政法大学学报》	信息社会与未来法治	4		
		《环球法律评论》	主题研讨：算法治理与人工智能/理论前沿	6		
		《交大法学》	特集：人工智能与民法典编纂	3		
		《经贸法律评论》	学科前沿/专题聚焦：数字经济与网络治理	2		
		《上海政法学院学报》	人工智能法律问题/人工智能法律问题研究/法学前沿	8		
		《时代法学》	本期特稿	1		
		《西部法学评论》	理论前沿	2		
		《西南政法大学学报》	资政专栏：人工智能与法律实务	3		
		《现代法学》	部门法研究/理论思考/大数据及人工智能法律问题研究专栏/计算法学专题	10		

（续表）

序号	热点关键词	期刊名称	热点专题/栏目	被引文章量（篇）	累计被引文章量（篇）	累计被引频次（次）
		《刑事技术》	"十三五"专栏/论坛	2		
		《行政法学研究》	人工智能/学术专论	5		
		《政法论丛》	人工智能法律治理专论	4		
		《政法论坛》	"全面依法治国"专栏/评论	3		
		《政治与法律》	主题研讨——人工智能的法律调整研究/主题研讨_人工智能的著作权和医疗侵权责任研究/实务研究/争鸣园地	8		
		《知识产权》	实践探讨/学术研究/百家争鸣	4		
		《中国法学》	学术专论/争鸣	2		
		《中国检察官》	检察管理与保障	1		
		《中国刑警学院学报》	犯罪学与犯罪侦查	2		
		《中国应用法学》	法学专论/专题策划一：无人机的法律规制	3		
		《中国政法大学学报》	学术论衡	3		
		《中外法学》	论文/前沿	2		
6	企业合规	《北方法学》	部门法专论	1	43	393
		《比较法研究》	论文/专题研讨	4		
		《东方法学》	本期关注/司法改革	3		
		《法律科学》	部门法理	1		
		《法商研究》	法治热点问题/法学论坛	2		
		《法学家》	专论	1		
		《法学论坛》	法治前沿	3		
		《法学杂志》	企业刑事合规专题/各科专论/司法实践与改革	6		
		《犯罪研究》	理论研究	1		

（续表）

序号	热点关键词	期刊名称	热点专题/栏目	被引文章量（篇）	累计被引文章量（篇）	累计被引频次（次）
		《国家检察官学院学报》	法学专论	1		
		《河北法学》	名家论坛	1		
		《湖北警官学院学报》	社会治安治理研究/网络安全与犯罪防控	2		
		《环球法律评论》	理论前沿	1		
		《经济法研究》	市场规制法	1		
		《经济刑法》	外国贪污贿赂犯罪研究	1		
		《人民检察》	立法建言	1		
		《行政法学研究》	学术专论	1		
		《政法论丛》	非公领域腐败治理与刑法保护研究	1		
		《政法论坛》	"全面依法治国"专栏	1		
		《中国法学》	立法与司法研究/本期聚焦：社会主义市场经济法治	2		
		《中国刑警学院学报》	刑事政策与刑事法律	1		
		《中国刑事法杂志》	企业附条件不起诉专题/刑事合规专题研究/刑法理论	7		
7	反垄断与不正当竞争	《当代法学》	社会治理过度刑法化的反思专题/网络空间国际规则的新发展	3	112	348
		《电子知识产权》	学术研究/专题研讨/法苑/业界实务	7		
		《法律科学》	法律制度探微	4		
		《法律适用》	类案研究/法学论坛	3		
		《法商研究》	网络与信息法/法学论坛/法治热点问题/法律适用	4		
		《法学》	专论	3		

(续表)

序号	热点关键词	期刊名称	热点专题/栏目	被引文章量（篇）	累计被引文章量（篇）	累计被引频次（次）
		《法学家》	视点_建设中国特色法治体系研究/视点	2		
		《法学论坛》	特别策划 专题二：竞争法研究/学术视点	3		
		《法学评论》	本期特稿/实务评析/专论与争鸣/立法研究/热点透视	6		
		《法制与社会发展》	部门法哲学研究	1		
		《法治社会》	视野纵横	1		
		《甘肃政法大学学报》	法学论坛	2		
		《国际法研究》	专稿：纪念"日内瓦四公约"通过70周年	1		
		《国际经济法学刊》	国际经济法专题	4		
		《国家检察官学院学报》	法学专论	1		
		《华东政法大学学报》	信息社会与未来法治/专题研讨_我国反垄断法的修改与完善/法学论坛	7		
		《交大法学》	特集：数据、信息与民法典编纂/研讨与观点	2		
		《经济法论丛》	市场规制法	2		
		《经济法研究》	市场规制法	1		
		《经贸法律评论》	学科前沿/经典案例分析	2		
		《竞争法律与政策评论》	本卷聚焦：《反垄断法》修订_热点问题笔谈/本卷聚焦：《反垄断法》修订_研究咨询报告	3		
		《南大法学》	案例评论	1		
		《清华法学》	比较法专题	1		
		《人大法律评论》	法学前沿	1		

（续表）

序号	热点关键词	期刊名称	热点专题/栏目	被引文章量（篇）	累计被引文章量（篇）	累计被引频次（次）
		《人民司法》	特别策划——网络不正当竞争纠纷问题研究	2		
		《上海政法学院学报》	上合组织法治	1		
		《时代法学》	法学争鸣	2		
		《天津法学》	法律实施论坛	1		
		《现代法学》	市场经济法治/部门法研究/立法研究	3		
		《行政法学研究》	优化营商环境	1		
		《政法论坛》	"全面依法治国"专栏/论文/评论	3		
		《政治与法律》	域外视野/争鸣园地/实务研究	4		
		《知识产权》	学术研究_《关于强化知识产权保护的意见》专题之六/专题评述_数据相关法律规制问题探讨/司法探讨/学术研究/专题评述/百家争鸣/国际知识产权/实践探讨	11		
		《中国法学》	本期聚焦:社会主义市场经济法治/学术专论	3		
		《中国应用法学》	法学专论/专题策划一:网络社交平台不正当竞争法律问题研究/专题策划:电子商务领域不正当竞争纠纷研究	11		
		《中国政法大学学报》	学术论衡	1		
		《中外法学》	专论/论文/视野	4		
合计					1181	5923

从高校学报及社科类综合刊来看,多家刊物也依然集中在"民法典""数据""算法""认罪认罚""个人信息""人工智能"等学术热点。如表13所示,《浙江工商大学

学报》《河南社会科学》《中州学刊》等14家期刊开设了"民法典"相关特色专题,被引文章52篇,被引频次为154次。《大连理工大学学报(社会科学版)》《山东大学学报(哲学社会科学版)》《上海大学学报(社会科学版)》等28家期刊开设了"人工智能"相关特色专题,被引文章68篇,被引频次为150次。《重庆大学学报(社会科学版)》《苏州大学学报(哲学社会科学版)》《浙江社会科学》等20家期刊开设了"数据与算法"(含数据、算法、大数据)相关特色专题,被引文章51篇,被引频次为146次。《大连理工大学学报(社会科学版)》《武汉大学学报(哲学社会科学版)》《河南社会科学》等18家期刊开设了"个人信息"相关特色专题,被引文章36篇,被引频次为117次。《浙江工商大学学报》《苏州大学学报(哲学社会科学版)》《暨南学报(哲学社会科学版)》等19家期刊开设了"认罪认罚"相关特色专题,被引文章26篇,被引频次为62次。

但也有新出现的学术热点,《江西社会科学》《河南大学学报(社会科学版)》《河南师范大学学报(哲学社会科学版)》等8家期刊开设了"反垄断与不正当竞争"相关特色专题,被引文章9篇,被引频次为15次。

表13 高校学报及社科类综合刊学术研究热点专题/栏目设置情况

(按照累计被引频次降序排序,表中所列期刊按照期刊名称拼音排序)

序号	热点关键词	期刊名称	热点专题/栏目	被引文章量(篇)	累计被引文章量(篇)	累计被引频次(次)
1	民法典	《北京航空航天大学学报(社会科学版)》	新法学论坛_《民法典》专题	2	52	154
		《广东社会科学》	民法典编纂	2		
		《河南社会科学》	民法典人格权编专题研究/民法典专栏/"《民法典》出台背景下个人信息的保护和利用"专题研究	6		
		《暨南学报(哲学社会科学版)》	《民法典》实施研究/民法典编纂	4		
		《江西社会科学》	法学研究:《民法典》研究专题	3		
		《求是学刊》	社会发展与法律多元	2		
		《山东大学学报(哲学社会科学版)》	民法典与法学理论创新	4		

（续表）

序号	热点关键词	期刊名称	热点专题/栏目	被引文章量（篇）	累计被引文章量（篇）	累计被引频次（次）
		《社会科学辑刊》	民法典研究	2		
		《苏州大学学报（哲学社会科学版）》	民法典专题研究	4		
		《学习与实践》	法律:聚焦《民法典》	2		
		《云南社会科学》	民法典专题·"立法论"与"解释论"的中间时刻/法学·为迎接民法解释学的时代而努力/法学·民法典编纂研究	4		
		《浙江工商大学学报》	学术前沿_《民法典》合同编解释论"研究专题/学术前沿_"民法典编纂与法学理论新发展"研究专题/学术前沿	7		
		《浙江社会科学》	主题研讨:民法典与私权保障/主题研讨:人格权:宪法与民法的对话	4		
		《中州学刊》	《民法典》中非典型担保规则的解释与适用专题研究/法学研究_民法典分则编纂中的物权立法笔谈	6		
2	人工智能	《北京航空航天大学学报（社会科学版）》	新法学论坛_个人信息保护立法专题/高教研究_互联网+高等教育专题/新法学论坛_数据与人工智能法律专题	4	68	150
		《重庆大学学报（社会科学版）》	法学研究_人工智能的刑法学研究/法学研究	2		
		《重庆理工大学学报(社会科学)》	人工智能·大数据法治	3		
		《大连理工大学学报（社会科学版）》	政治与法律	7		
		《甘肃社会科学》	人工智能与未来法治	2		

(续表)

序号	热点关键词	期刊名称	热点专题/栏目	被引文章量（篇）	累计被引文章量（篇）	累计被引频次（次）
		《高等教育评论》	法学一流学科教育	2		
		《哈尔滨工业大学学报（社会科学版）》	政治文明与法律发展	1		
		《河南大学学报（社会科学版）》	法学研究_"新兴权利法律问题研究"专题	1		
		《华南理工大学学报(社会科学版)》	人工智能专题研究	1		
		《暨南学报（哲学社会科学版）》	法学前沿问题/民商法学/新型权利论坛	3		
		《江西社会科学》	学子语类_人工智能法律规制研究/法学研究	3		
		《理论探索》	互联网+人工智能法学	3		
		《南宁师范大学学报（哲学社会科学版）》	法学	2		
		《求是学刊》	理论法学新动向	2		
		《山东大学学报（哲学社会科学版）》	智能社会的挑战与应对/学术纵览	6		
		《上海大学学报（社会科学版）》	法学研究/中国问题/人工智能与大数据专题/中国问题·人工智能与大数据专题	5		
		《上海对外经贸大学学报》	人工智能与管理	1		
		《上海师范大学学报（哲学社会科学版）》	法学研究_区块链	1		
		《深圳大学学报（人文社会科学版）》	政治空间与法治社会	1		

(续表)

序号	热点关键词	期刊名称	热点专题/栏目	被引文章量（篇）	累计被引文章量（篇）	累计被引频次（次）
		《苏州大学学报（哲学社会科学版）》	新兴权利法律问题研究	1		
		《武汉大学学报（哲学社会科学版）》	方法学研究/法学研究_聚焦人工智能时代的数据与个人信息	3		
		《学术交流》	法学研究_人工智能专题/法学研究	5		
		《学习与实践》	法律	1		
		《云南社会科学》	法学	2		
		《浙江工商大学学报》	法学/青年论坛	3		
		《浙江社会科学》	主题研讨：数字时代的法律变革	1		
		《中南大学学报（社会科学版）》	法学研究	1		
		《中州学刊》	法学研究	1		
3	数据与算法（含数据、算法、大数据）	《北京航空航天大学学报（社会科学版）》	新法学论坛_个人信息保护立法专题/新法学论坛_数据与人工智能法律专题/博士生论坛	3	51	146
		《重庆大学学报（社会科学版）》	法学研究_大数据及信息安全法律专题研究/法学研究_大数据与信息安全法律治理专题研究/法学研究_大数据与信息安全专题研究/法学研究	6		
		《重庆理工大学学报（社会科学）》	人工智能·大数据法治	3		
		《大连理工大学学报（社会科学版）》	政治与法律	3		
		《东北师大学报（哲学社会科学版）》	新兴权利与法治中国	1		

(续表)

序号	热点关键词	期刊名称	热点专题/栏目	被引文章量（篇）	累计被引文章量（篇）	累计被引频次（次）
		《广东社会科学》	经济学	1		
		《国际商务研究》	国际经济法	1		
		《河南大学学报（社会科学版）》	法学研究/法学研究_"新兴权利法律问题研究"专题	2		
		《河南社会科学》	"数据权利的本原探究与权利保护"专题研究	3		
		《暨南学报（哲学社会科学版）》	司法信息化研究/法学前沿问题	2		
		《江西社会科学》	法学研究	3		
		《理论探索》	法治建设	2		
		《辽宁大学学报（哲学社会科学版）》	管理理论与创新	1		
		《求是学刊》	理论法学新动向/新兴权利法律问题研究	2		
		《上海大学学报（社会科学版）》	中国问题·人工智能与大数据专题/人工智能与大数据专题	3		
		《苏州大学学报（哲学社会科学版）》	新兴权利法律问题研究	4		
		《武汉大学学报（哲学社会科学版）》	法学研究	2		
		《浙江工商大学学报》	"信息时代对刑事司法的挑战与应对"研究专题	1		
		《浙江社会科学》	主题研讨:数字时代的法律变革/浙学研究	4		
		《浙江学刊》	大数据研究/主题研讨	4		

(续表)

序号	热点关键词	期刊名称	热点专题/栏目	被引文章量（篇）	累计被引文章量（篇）	累计被引频次（次）
4	个人信息	《北京航空航天大学学报（社会科学版）》	新法学论坛_个人信息保护立法专题/新法学论坛_数据与人工智能法律专题	3	36	117
		《北京行政学院学报》	法律·社会	1		
		《重庆大学学报（社会科学版）》	法学研究_大数据及信息安全法律专题研究/法学研究	2		
		《重庆理工大学学报（社会科学）》	人工智能·大数据法治	1		
		《大连理工大学学报（社会科学版）》	政治与法律	6		
		《东北师大学报（哲学社会科学版）》	新兴权利与法治中国	1		
		《河南社会科学》	"数据权利的本原探究与权利保护"专题研究/法学研究/"《民法典》出台背景下个人信息的保护和利用"专题研究	4		
		《河南师范大学学报(哲学社会科学版)》	法学研究	1		
		《暨南学报（哲学社会科学版）》	个人信息保护专栏	1		
		《江西社会科学》	法学研究	2		
		《社会科学辑刊》	疫情下的社会与人文	1		
		《苏州大学学报（哲学社会科学版）》	新兴权利法律问题研究	3		
		《武汉大学学报（哲学社会科学版）》	法学研究_聚焦人工智能时代的数据与个人信息/法学研究	5		
		《学习与实践》	政治与法律	1		
		《浙江工商大学学报》	"信息时代对刑事司法的挑战与应对"研究专题	1		

(续表)

序号	热点关键词	期刊名称	热点专题/栏目	被引文章量（篇）	累计被引文章量（篇）	累计被引频次（次）
		《浙江社会科学》	主题研讨:数字时代的法律变革	1		
		《中国矿业大学学报(社会科学版)》	"新冠肺炎疫情治理"专题	1		
		《中南大学学报(社会科学版)》	法学研究	1		
5	认罪认罚	《北京工业大学学报(社会科学版)》	当代社会研究	1	26	62
		《重庆大学学报(社会科学版)》	法学研究_刑法治理专题研究	1		
		《大连理工大学学报(社会科学版)》	政治与法律	1		
		《甘肃社会科学》	法学	1		
		《河南社会科学》	法学研究	1		
		《河南师范大学学报(哲学社会科学版)》	法学研究	1		
		《华南理工大学学报(社会科学版)》	法学	1		
		《华南师范大学学报(社会科学版)》	政法论丛	1		
		《暨南学报(哲学社会科学版)》	认罪认罚从宽制度实施问题研究	2		
		《江西社会科学》	法学研究	1		
		《南宁师范大学学报(哲学社会科学版)》	法学	2		
		《山东大学学报(哲学社会科学版)》	法律与政策实证研究	1		
		《苏州大学学报(哲学社会科学版)》	认罪认罚从宽制度专题研究	3		
		《行政与法》	司法实践	1		
		《学术交流》	法治研究 认罪认罚从宽制度专题	1		

(续表)

序号	热点关键词	期刊名称	热点专题/栏目	被引文章量（篇）	累计被引文章量（篇）	累计被引频次（次）
		《学习与实践》	政治与法律	1		
		《浙江工商大学学报》	法学/青年论坛	4		
		《中南大学学报（社会科学版）》	法学研究	1		
		《中州学刊》	法学研究	1		
6	反垄断与不正当竞争	《重庆理工大学学报（社会科学）》	法学	1	9	15
		《河南大学学报（社会科学版）》	法学研究_"新兴权利法律问题研究"专题	1		
		《河南师范大学学报（哲学社会科学版）》	法学研究	1		
		《华南理工大学学报（社会科学版）》	人工智能专题研究	1		
		《华南师范大学学报（社会科学版）》	政法论坛	1		
		《江西社会科学》	法学研究	2		
		《社会科学辑刊》	司法改革热点研究	1		
		《学习与实践》	法律	1		
		合计			242	644

四、高被引作者及所属研究机构分析

高被引作者分析主要从高被引作者的被引频次、被引文章量、所属机构、职称分布以及期刊分布等进行了多维度的深入分析。

（一）被引频次在30次以上的高被引作者有92位

2019—2020年被引文章共计7354篇，涉及作者4322位。被引频次在30次以上的高被引作者有92位，被引文章776篇，合计被引频次为5386次，占2019—2020年总被引频次的26.33%。

如表 14 所示，从被引频次上看，被引频次在 100 次以上[1]的作者有 7 位，被引文章 134 篇；被引频次在 70—99 次的作者有 9 位，被引文章 96 篇；被引频次在 60—69 次的作者有 5 位，被引文章 52 篇；被引频次在 50—59 次的作者有 20 位，被引文章 167 篇；被引频次在 40—49 次的作者有 16 位，被引文章 124 篇；被引频次在 30—39 次的作者有 35 位，被引文章 203 篇。被引频次在 29 次以下的作者有 4230 位，被引文章 6578 篇。

表 14 被引频次在 30 次以上的作者分布情况
（按照被引频次降序排序，被引频次相同的按作者名称拼音排序）

被引频次（次）	作者数量（位）	作者情况[被引频次(次)/被引文章(篇)]
100+	7	王利明(288/41)、刘艳红(248/20)、陈瑞华(215/15)、张明楷(185/18)、丁晓东(168/10)、程啸(126/12)、高圣平(100/18)
70—99	9	周光权(99/8)、陈兴良(96/17)、马长山(84/8)、张新宝(83/6)、杨立新(82/24)、张文显(81/8)、高富平(77/8)、雷磊(76/13)、沈岿(70/4)
60—69	5	梅夏英(67/5)、吕忠梅(63/8)、左卫民(63/14)、房绍坤(61/13)、陈卫东(60/12)
50—59	20	崔建远(58/13)、劳东燕(58/11)、熊秋红(58/4)、姜涛(57/15)、孙国祥(57/7)、谢鸿飞(57/9)、黎宏(55/7)、李奋飞(55/13)、孙长永(55/4)、孙海波(55/10)、闫召华(55/7)、赵恒(55/8)、秦前红(54/13)、章志远(54/12)、陈国庆(53/3)、刘权(53/3)、周汉华(53/4)、周佑勇(52/9)、赵宏(51/6)、陈兵(50/9)
40—49	16	卞建林(49/13)、郭烁(48/6)、朱虎(48/11)、龙宗智(47/8)、王锴(47/10)、张凌寒(46/6)、蒋舸(45/5)、张卫平(45/9)、杨东(44/7)、梅扬(43/2)、石佳友(43/5)、魏晓娜(43/4)、刘宪权(42/15)、申卫星(41/3)、李建伟(40/9)、周新(40/11)
30—39	35	李本灿(39/8)、刘艺(39/7)、汪海燕(39/6)、熊樟林(39/7)、陈景辉(38/7)、时延安(38/5)、王万华(38/3)、王禄生(37/5)、高秦伟(36/5)、张翔(36/4)、董坤(35/7)、欧阳本祺(35/6)、田宏杰(35/7)、张欣(35/2)、黄文艺(34/6)、李永军(34/10)、彭诚信(34/7)、曹鎏(33/6)、高铭暄(33/7)、韩旭至(33/3)、刘俊海(33/5)、龙俊(33/4)、赵旭东(33/3)、付立庆(32/3)、江必新(32/11)、苏宇(32/5)、邢会强(31/5)、张守文(31/10)、张占江(31/3)、陈伟(30/8)、崔国斌(30/4)、李勇(30/4)、廖诗评(30/3)、王春业(30/11)、余凌云(30/6)
合计	92	—

---

[1] 本报告中的"以上""以下"均包含本数。

(二)高被引作者来自37家研究机构,以教授为主,副教授占比大幅提升

如表15所示,从所属机构来看,92位作者涉及的研究机构共37家,存在同一作者涉及多个研究机构的情况。中国人民大学法学院有19位,清华大学法学院有12位,中国政法大学有11位,东南大学法学院有6位,华东政法大学有5位,北京大学法学院有4位,中国社会科学院法学研究所、西南政法大学、吉林大学法学院各有3位,四川大学法学院、对外经济贸易大学法学院、武汉大学法学院、山东大学法学院、最高人民检察院、中央财经大学法学院、北京航空航天大学法学院、天津大学法学院各有2位,南京师范大学法学院、南京大学法学院、南开大学法学院等20家研究机构各有1位。

从高被引作者的类别分布来看,92位作者中有69位教授、15位副教授、4位研究员、2位副检察长、1位副研究员、1位助理研究员。与上一年期刊引证研究相比,副教授学术影响力提升较大(相较去年4位副教授,增加11位),占高被引作者数量的16.3%。

表15 被引频次在30次以上作者的研究机构分布情况[1]

(按照被引频次降序排序,被引频次相同的按研究机构名称拼音排序,
表中所列作者按照被引频次降序排序)

序号	研究机构	被引频次（次）	作者数量（位）	被引文章量（篇）	作者
1	中国人民大学法学院	1259	19	185	王利明教授、丁晓东副教授、高圣平教授、张新宝教授、杨立新教授、陈卫东教授、李奋飞教授、朱虎副教授、杨东教授、石佳友教授、魏晓娜教授、陈景辉教授、时延安教授、张翔教授、田宏杰教授、黄文艺教授、高铭暄教授、刘俊海教授、付立庆教授
2	清华大学法学院	810	12	97	张明楷教授、程啸教授、周光权教授、吕忠梅教授、崔建远教授、劳东燕教授、黎宏教授、蒋舸副教授、申卫星教授、龙俊副教授、崔国斌副教授、余凌云教授
3	中国政法大学	480	11	84	雷磊教授、孙海波副教授、赵宏教授、卞建林教授、李建伟教授、刘艺教授、汪海燕教授、王万华教授、李永军教授、曹鎏副教授、赵旭东教授

[1] 本部分统计说明:同一作者在不同研究机构发表文章,按照研究机构分开统计。

(续表)

序号	研究机构	被引频次（次）	作者数量（位）	被引文章量（篇）	作者
4	北京大学法学院	412	4	46	陈瑞华教授、陈兴良教授、沈岿教授、张守文教授
5	东南大学法学院	406	6	46	刘艳红教授、周佑勇教授、熊樟林副教授、王禄生研究员、欧阳本祺教授、李勇副检察长（博士研究生）
6	华东政法大学	290	5	46	马长山教授、高富平教授、章志远教授、刘宪权教授、韩旭至副研究员
7	中国社会科学院法学研究所	168	3	17	熊秋红教授、谢鸿飞研究员、周汉华研究员
8	西南政法大学	140	3	19	孙长永教授、闫召华教授、陈伟教授
9	四川大学法学院	110	2	22	左卫民教授、龙宗智教授
10	对外经济贸易大学法学院	102	2	7	梅夏英教授、张欣副教授
11	吉林大学法学院	102	3	18	张文显教授、房绍坤教授、孙海波副教授
12	武汉大学法学院	97	2	15	秦前红教授、梅扬教授
13	山东大学法学院	94	2	16	赵恒助理研究员、李本灿副教授
14	最高人民检察院	88	2	10	陈国庆副检察长、董坤研究员
15	中央财经大学法学院	84	2	8	刘权教授、邢会强教授
16	北京航空航天大学法学院	72	2	11	王锴教授、张凌寒副教授
17	天津大学法学院	70	2	15	杨立新教授、张卫平教授
18	南京大学法学院	57	1	7	孙国祥教授
19	南京师范大学法学院	57	1	15	姜涛教授
20	南开大学法学院	50	1	9	陈兵教授

(续表)

序号	研究机构	被引频次（次）	作者数量（位）	被引文章量（篇）	作者
21	北京交通大学法学院	48	1	6	郭烁教授
22	中国法学会学术委员会	47	1	5	张文显教授
23	广东外语外贸大学法学院	40	1	11	周新副教授
24	中山大学法学院	36	1	5	高秦伟教授
25	中共中央党校（国家行政学院）	35	1	5	周佑勇教授
26	上海交通大学凯原法学院	34	1	7	彭诚信教授
27	中国人民公安大学法学院	32	1	5	苏宇副教授
28	上海财经大学法学院	31	1	3	张占江副教授
29	北京师范大学法学院	30	1	3	廖诗评副教授
30	河海大学法学院	30	1	11	王春业教授
31	最高人民法院	15	1	5	江必新教授
32	北京科技大学文法学院	14	1	4	张凌寒副教授
33	全国政协社会和法制委员会	13	1	2	吕忠梅教授
34	北京师范大学刑事法律科学研究院	9	1	4	高铭暄教授
35	全国人大宪法和法律委员会	9	1	3	江必新教授
36	中南大学法学院	8	1	3	江必新教授
37	东北师范大学政法学院	7	1	1	张凌寒副教授

(续表)

序号	研究机构	被引频次（次）	作者数量（位）	被引文章量（篇）	作者
	合计	5386	92	776	——

(三)高被引作者的被引文章来自78家期刊

被引频次在30次以上的92位作者的文章共涉及78家期刊,其中核心期刊72家(法学专刊47家,高校学报及社科类综合期刊25家),被引文章756篇,被引频次为5330次;非核心期刊6家(均为法学专刊),被引文章20篇,被引频次为56次。

如表16所示,法学期刊中被引文章在20篇以上的有17家期刊,分别是《比较法研究》《中国法学》《中外法学》《东方法学》《政治与法律》《法学研究》《法学》《国家检察官学院学报》《法商研究》《法学论坛》《法学评论》《当代法学》《现代法学》《中国法律评论》《中国刑事法杂志》《法学杂志》《清华法学》,被引文章量483篇。被引文章在10—19篇的有9家期刊,分别是《法制与社会发展》《环球法律评论》《法学家》《法律适用》《华东政法大学学报》《法律科学》《政法论坛》《人民检察》《行政法学研究》,被引文章量134篇。被引文章在5—9篇的有8家期刊,被引文章量51篇。被引文章在5篇以下的有19家期刊,被引文章量32篇。

表16 法学期刊中高被引作者被引文章5篇以上情况

(按照被引文章量降序排序)

被引文章量（篇）	期刊名称[作者人数(位)/文章数量(篇)]	期刊数量（家）	被引文章总量（篇）
20+	《比较法研究》(36/47)、《中国法学》(39/41)、《中外法学》(34/41)、《东方法学》(25/31)、《政治与法律》(24/30)、《法学研究》(27/28)、《法学》(24/27)、《国家检察官学院学报》(22/27)、《法商研究》(26/26)、《法学论坛》(20/25)、《法学评论》(22/25)、《当代法学》(23/24)、《现代法学》(21/24)、《中国法律评论》(18/23)、《中国刑事法杂志》(18/22)、《法学杂志》(19/21)、《清华法学》(20/21)	17	483
10—19	《法制与社会发展》(13/19)、《环球法律评论》(19/19)、《法学家》(15/16)、《法律适用》(11/15)、《华东政法大学学报》(14/15)、《法律科学》(13/13)、《政法论坛》(13/13)、《人民检察》(12/12)、《行政法学研究》(12/12)	9	134

被引文章量(篇)	期刊名称[作者人数(位)/文章数量(篇)]	期刊数量(家)	被引文章总量(篇)
5—9	《财经法学》(6/7)、《法治现代化研究》(6/7)、《法治研究》(5/7)、《上海政法学院学报》(7/7)、《河北法学》(6/6)、《人民司法》(6/6)、《政法论丛》(6/6)、《交大法学》(5/5)	8	51

如表17所示,高校学报及社科类综合刊中被引文章在10篇以上的有1家期刊,为《浙江工商大学学报》,被引文章量10篇。被引文章在5—9篇的有5家期刊,分别是《中国社会科学》《暨南学报(哲学社会科学版)》《武汉大学学报(哲学社会科学版)》《河南社会科学》《苏州大学学报(哲学社会科学版)》,被引文章量30篇。被引文章在2—4篇的有10家期刊,被引文章量27篇。被引文章1篇以下的有9家期刊,被引文章量9篇。

表17 高校学报及社科类综合刊中高被引作者被引文章2篇以上情况

(按照被引文章量降序排序)

被引文章量(篇)	期刊名称[作者人数(位)/文章数量(篇)]	期刊数量(家)	被引文章总量(篇)
10+	《浙江工商大学学报》(10/10)	1	10
5—9	《中国社会科学》(8/8)、《暨南学报(哲学社会科学版)》(6/6)、《武汉大学学报(哲学社会科学版)》(6/6)、《河南社会科学》(4/5)、《苏州大学学报(哲学社会科学版)》(5/5)	5	30
2—4	《求是学刊》(3/4)、《甘肃社会科学》(3/3)、《广东社会科学》(3/3)、《上海大学学报(社会科学版)》(2/2)、《浙江社会科学》(3/3)、《中州学刊》(3/3)、《北京航空航天大学学报(社会科学版)》(2/2)、《重庆大学学报(社会科学版)》(2/2)、《华南师范大学学报(社会科学版)》(2/2)、《社会科学辑刊》(2/2)	10	27

五、高影响力期刊的共同特征及新变化

根据对2019—2020年法学期刊在2021年的引证情况的分析发现,高影响力期刊存在一些共同特征,例如,年度总体发文量比较稳定,栏目策划与学科前沿热点问题有着高度的紧密性,结合立法热点推出特色专栏或专刊,高度关注新学科、新问

题,在知识的融合和前沿动态的引领方面发挥了重要作用。同时,高影响力期刊在新发展、新征程的时代背景下也呈现出一些新特征和新变化。

(一)学术研究呈现繁荣趋势,刊物特色突出,引领专业领域研究的纵深发展

通过对法学期刊引证情况的研究,发现高影响力期刊在被引文章、篇均引、被引作者及研究机构学术成果等方面呈上升趋势,《中国法学》《法学研究》等28家法学核心期刊,被引频次总占比达七成,被引文章总占比达五成以上。高校学报及社科类综合刊发展快速,重视法学学科建设,加强法学学术热点研究。法检实务类期刊在被引频次方面整体突出。

随着法学研究和法学期刊的繁荣发展,各种特色期刊也不断涌现。自2015年以来《财经法学》《地方立法研究》《中国应用法学》《经贸法律评论》等法学期刊陆续创刊并快速发展。坚持各自的办刊特色,可以更好地带动和引领专业特色领域的研究方向,同时激发并引导更多专业作者研究和创作,积累高品质的学术成果。

(二)选题策划紧扣法治中国建设重大问题,关注新兴学科和学术热点

高影响力期刊在选题立意方面重点关注法治中国建设的重大问题,《中国法学》《法学研究》《法商研究》等法学核心期刊围绕新时代法治政府建设、新时代中国特色社会主义法学体系建设、社会主义市场经济法治建设、行政法治建设、司法体制改革、新时代网络法治问题研究等选题进行策划,在引领法学前沿、推动法学理论创新和法学研究繁荣方面,发挥着不可替代的重要作用。

随着科学技术快速发展,法学研究面临新的研究课题和挑战。在学术热点研究上,法学专刊、法学集刊、高校学报及社科类综合刊均加强了期刊选题策划与栏目设置能力,这些期刊紧扣法治热点,在关注新学科、新领域和研究新问题方面发挥了积极作用,通过设置特色专题、专栏和专刊等方式,围绕"企业合规""反垄断""不正当竞争""公司治理""数字经济"等新学术热点和"民法典""数据"(含大数据、数据安全、数据治理、数据权利等)、"算法""个人信息""认罪认罚"等学术热点,引领法学研究方向。

(三)高被引作者数量整体上升,青年学者学术成果增幅显著,院校科研力量增强

由于学术期刊重视对作者的挖掘和培育,高被引作者数量上升明显,其中青年学者数量大幅增加。高被引作者所属研究机构大多为高等院校,同步增强了高等院校的科研力量。

青年学者、学子代表法学学术研究的未来,是学术期刊持续发展的生力军,是学术共同体发展的中坚力量,也是法学期刊尤其高被引期刊重点关注和扶持的作者群体。法学期刊通过刊载青年学者、学子的文章或者开设相关特色专栏等形式为青年

学者、学子的成长以及学术成果的传播提供了优质平台,例如,《东方法学》《行政法学研究》《浙江工商大学学报》开设"青年论坛",《法学杂志》《甘肃政法大学学报》《西部法学评论》《东南法学》开设"青年法苑",《河北法学》开设"青年法学家",《北方法学》《北京航空航天大学学报(哲学社会科学版)》《行政与法》开设"博士生论坛",《河北法学》开设"博士生园地"等特色栏目。

(四)综合利用新媒体优势,重视自有新媒体和第三方平台宣传

新媒体传播速度快、传播范围广、即时互动性强等特点和优势为法学期刊的发展带来了新的契机,法学期刊通过搭建高质量、高水平的新媒体传播平台,综合利用新媒体的优势特点,通过短视频、音频、图文、投票、话题、留言互动等多种方式进行特别策划,丰富并加强了编辑、作者及读者之间的互动联系,同时加强了学术前沿观点的深度传播,为法学期刊提升综合影响力起到积极的促进作用。

新媒体的灵活性和快捷性为法学期刊的媒体宣传提供了更加便利的方式,法学核心期刊都非常重视通过自有新媒体和第三方平台进行期刊的宣传和学术传播,例如这些高被引期刊通过自有微信公众号提前策划并积极预热,宣传新刊目录及优质文章,相当于"优先出版",为广大读者提供法学学术前沿动态的同时,也为期刊赢得了极佳的宣传时机和宣传效果。同时,这些高被引期刊也特别注重利用"北大法律信息网""北大法宝""法学学术前沿"等第三方平台进行多渠道传播,增加曝光度,最终实现良好的新媒体传播效果。

结　　语

对北大法宝—法学期刊库引证情况的研究分析,再次印证了法学核心期刊是法学学术研究的重要阵地,在引领和服务中国特色社会主义法治理论研究方面发挥了重要作用,高校学报及社科类综合刊在法学内容的发文量和期刊栏目选题策划上逐步加强,法学集刊开始关注学术研究热点,相信随着学术期刊质量、编辑策划以及传播能力的不断提升,法学专刊、法学集刊、高校学报及社科类综合刊中的法学栏目将会为新时代中国特色社会主义法治体系的完善,为实现基本建成法治国家、法治政府、法治社会的总体目标铸就理论、制度和实践基石发挥更大的作用。[1]

【责任编辑:曹伟】

---

〔1〕 参见张文显:《中国法治新征程新坐标》,载《民主与法制》2022年第39期。

41家法学核心期刊2022年度发文盘点
——以北大法宝—法学期刊库为例*

北大法宝法学期刊研究组**

摘要：法学学术期刊作为法学学术研究的主要阵地，分析法学核心期刊学术研究成果具有极其重要的意义。本文以北大法宝—法学期刊库作为数据统计源，统计分析2022年度41家法学核心期刊整体发文情况，归纳和总结学术研究热点、作者及研究机构发文情况。

关键词：法学核心期刊 2022年度 统计分析

导　语

中共中央办公厅、国务院办公厅2023年印发的《关于加强新时代法学教育和法

收稿日期：2023-03-29

* 统计源：41家法学期刊分别为《北方法学》《比较法研究》《财经法学》《当代法学》《地方立法研究》《东方法学》《法律科学》《法律适用》《法商研究》《法学》《法学家》《法学论坛》《法学评论》《法学研究》《法学杂志》《法制与社会发展》《法治研究》《甘肃政法大学学报》《国际法研究》《国家检察官学院学报》《河北法学》《河南财经政法大学学报》《华东政法大学学报》《交大法学》《科技与法律》《南大法学》《清华法学》《苏州大学学报(法学版)》《现代法学》《行政法学研究》《政法论坛》《政治与法律》《知识产权》《中国法律评论》《中国法学》《中国海商法研究》《中国刑事法杂志》《中国应用法学》《中国政法大学学报》《中外法学》《中国社会科学》(法学文章)。《政法论丛》因合作原因不计入本次统计源。

** 北大法宝法学期刊研究组成员：刘馨宇、孙妹、曹伟、李婉秋、高亚男、宋思婕。刘馨宇，北大法律信息网(北大法宝)编辑部主任；孙妹，北大法律信息网(北大法宝)编辑部副主任；曹伟，北大法宝学术中心副主任；李婉秋，北大法宝研究员；高亚男，北大法宝编辑；宋思婕，北大法宝编辑。研究指导：郭叶，北大法律信息网(北大法宝)副总编。

学理论研究的意见》指出,"加强法学学术期刊管理,牢牢把握办刊正确方向和舆论导向,推动法学学术期刊多样化、差异化、高质量发展,支持外文法学学术期刊发展,构建法学学术期刊发展长效机制。完善法学期刊评价指标体系,科学合理设置实务类期刊评价指标,不唯引用率等学术化标准,综合考虑对法治实践的贡献进行评价"。北大法宝—法学期刊库致力于打造智慧学术平台,为学者、学术期刊和学术机构开展学术研究提供智慧化体验。本文以北大法宝—法学期刊库作为数据统计源,梳理并总结2022年法学领域的学术热点,为法学界提供最新的法学学术前沿研究动态。

一、41家法学核心期刊2022年度发文盘点

(一)41家法学核心期刊年度总发文量为3421篇,期均发文量为12.3篇

本次数据统计源中,41家法学核心期刊2022年度总发文量为3421篇。[1]如表1所示,与2021年41家法学核心期刊发文量相比,2022年度总发文量和期均发文量均略有减少。41家法学核心期刊中,《法学论坛》《法学杂志》《河北法学》等23家期刊发文量较2021年有所下降;《财经法学》《交大法学》《中国应用法学》等16家期刊发文量较2021年有所上升;《法学》《法学家》2022年发文量同2021年保持一致。

表1 41家法学核心期刊2021—2022年度总发文量及期均发文量情况

序号	期刊名称	2022年总发文量(篇)	2022年期均发文量(篇)	2021年总发文量(篇)	2021年期均发文量(篇)
1	《北方法学》	75	12.5	79	13.2
2	《比较法研究》	83	13.8	77	12.8
3	《财经法学》	75	12.5	61	10.2
4	《当代法学》	76	12.7	81	13.5
5	《地方立法研究》	50	8.3	46	7.7
6	《东方法学》	89	14.8	85	14.2
7	《法律科学》	92	15.3	95	15.8
8	《法律适用》	214	17.8	210	17.5

---

[1] 统计说明:《政法论坛》2022年第4期和《法学评论》2022年第3期各有1篇笔谈文章拆分计算法学文章量。

(续表)

序号	期刊名称	2022年总发文量(篇)	2022年期均发文量(篇)	2021年总发文量(篇)	2021年期均发文量(篇)
9	《法商研究》	84	14	85	14.2
10	《法学》	149	12.4	149	12.4
11	《法学家》	78	13	78	13
12	《法学论坛》	84	14	91	15.2
13	《法学评论》	104	17.3	98	16.3
14	《法学研究》	75	12.5	70	11.7
15	《法学杂志》	67	11.2	111	12.3
16	《法制与社会发展》	70	11.7	69	11.5
17	《法治研究》	78	13	80	13.3
18	《甘肃政法大学学报》	66	11	72	12
19	《国际法研究》	44	7.3	41	6.8
20	《国家检察官学院学报》	61	10.2	63	10.5
21	《河北法学》	124	10.3	145	12.1
22	《河南财经政法大学学报》	93	15.5	96	16
23	《华东政法大学学报》	81	13.5	86	14.3
24	《交大法学》	66	11	52	13
25	《科技与法律》	89	14.8	95	15.8
26	《南大法学》	62	10.3	57	9.5
27	《清华法学》	70	11.7	72	12
28	《苏州大学学报(法学版)》	48	12	51	12.8
29	《现代法学》	78	13	82	13.7
30	《行政法学研究》	82	13.7	84	14
31	《政法论坛》	89	14.8	90	15
32	《政治与法律》	137	11.4	143	11.9
33	《知识产权》	76	6.3	81	6.8
34	《中国法律评论》	99	16.5	100	16.7

（续表）

序号	期刊名称	2022年总发文量（篇）	2022年期均发文量（篇）	2021年总发文量（篇）	2021年期均发文量（篇）
35	《中国法学》	89	14.8	91	15.2
36	《中国海商法研究》	40	10	47	11.8
37	《中国社会科学》（法学文章）	18	1.5	18	1.5
38	《中国刑事法杂志》	61	10.2	60	10
39	《中国应用法学》	98	16.3	80	13.3
40	《中国政法大学学报》	123	20.5	115	19.2
41	《中外法学》	84	14	83	13.8
	合计	3421	12.3	3469	12.4

如表2所示，从出版周期来看，41家法学核心期刊中，双月刊有33家，月刊有6家，季刊有2家。

33家双月刊中，发文量在100篇以上的期刊有2家，分别为《法学评论》《中国政法大学学报》；发文量在90—99篇的期刊有4家，分别是《法律科学》《河南财经政法大学学报》《中国法律评论》《中国应用法学》；发文量在70—89篇的期刊有19家，分别为《北方法学》《比较法研究》《财经法学》《当代法学》《东方法学》《法商研究》《法学家》《法学论坛》《法学研究》《法制与社会发展》《法治研究》《华东政法大学学报》《科技与法律》《清华法学》《现代法学》《行政法学研究》《政法论坛》《中国法学》《中外法学》；发文量在69篇以下的期刊有8家，分别为《地方立法研究》《法学杂志》《甘肃政法大学学报》《国际法研究》《国家检察官学院学报》《交大法学》《南大法学》《中国刑事法杂志》。

6家月刊中，《中国社会科学》仅统计法学文章，共计18篇。发文量在200篇以上的期刊是《法律适用》。发文量在100—150篇的期刊有3家，分别是《法学》《河北法学》《政治与法律》。

2家季刊中，《苏州大学学报（法学版）》发文量为48篇，《中国海商法研究》发文量为40篇。

表2　41家法学核心期刊发文情况（2022.01.01—2022.12.31）

（排名不分先后，按照期刊名称拼音排序）

序号	期刊名称	核心标准	出版周期	期数（期）	发文量（篇）	期均发文量（篇）
1	《北方法学》	CSSCI扩展版/北大中文核心	双月刊	6	75	12.5
2	《比较法研究》	CLSCI/CSSCI/北大中文核心	双月刊	6	83	13.8
3	《财经法学》	CSSCI扩展版	双月刊	6	75	12.5
4	《当代法学》	CLSCI/CSSCI/北大中文核心	双月刊	6	76	12.7
5	《地方立法研究》	CSSCI扩展版	双月刊	6	50	8.3
6	《东方法学》	CLSCI/CSSCI/北大中文核心	双月刊	6	89	14.8
7	《法律科学》	CLSCI/CSSCI/北大中文核心	双月刊	6	92	15.3
8	《法律适用》	CSSCI扩展版/北大中文核心	月刊	12	214	17.8
9	《法商研究》	CLSCI/CSSCI/北大中文核心	双月刊	6	84	14
10	《法学》	CLSCI/CSSCI/北大中文核心	月刊	12	149	12.4
11	《法学家》	CLSCI/CSSCI/北大中文核心	双月刊	6	78	13
12	《法学论坛》	CLSCI/CSSCI/北大中文核心	双月刊	6	84	14
13	《法学评论》	CLSCI/CSSCI/北大中文核心	双月刊	6	104	17.3
14	《法学研究》	CLSCI/CSSCI/北大中文核心	双月刊	6	75	12.5
15	《法学杂志》	CLSCI/CSSCI扩展版/北大中文核心	双月刊	6	67	11.2
16	《法制与社会发展》	CLSCI/CSSCI/北大中文核心	双月刊	6	70	11.7
17	《法治研究》	CSSCI扩展版	双月刊	6	78	13
18	《甘肃政法大学学报》	CSSCI扩展版	双月刊	6	66	11
19	《国际法研究》	CSSCI扩展版	双月刊	6	44	7.3
20	《国家检察官学院学报》	CSSCI/北大中文核心	双月刊	6	61	10.2
21	《河北法学》	CSSCI扩展版/北大中文核心	月刊	12	124	10.3
22	《河南财经政法大学学报》	CSSCI扩展版	双月刊	6	93	15.5

(续表)

序号	期刊名称	核心标准	出版周期	期数（期）	发文量（篇）	期均发文量（篇）
23	《华东政法大学学报》	CLSCI/CSSCI/北大中文核心	双月刊	6	81	13.5
24	《交大法学》	CSSCI 扩展版	双月刊	6	66	11
25	《科技与法律》	CSSCI 扩展版	双月刊	6	89	14.8
26	《南大法学》	CSSCI 扩展版	双月刊	6	62	10.3
27	《清华法学》	CLSCI/CSSCI/北大中文核心	双月刊	6	70	11.7
28	《苏州大学学报（法学版）》	CSSCI 扩展版	季刊	4	48	12
29	《现代法学》	CLSCI/CSSCI/北大中文核心	双月刊	6	78	13
30	《行政法学研究》	CSSCI/北大中文核心	双月刊	6	82	13.7
31	《政法论坛》	CLSCI/CSSCI/北大中文核心	双月刊	6	89	14.8
32	《政治与法律》	CLSCI/CSSCI/北大中文核心	月刊	12	137	11.4
33	《知识产权》	CSSCI 扩展版/北大中文核心	月刊	12	76	6.3
34	《中国法律评论》	CSSCI	双月刊	6	99	16.5
35	《中国法学》	CLSCI/CSSCI/北大中文核心	双月刊	6	89	14.8
36	《中国海商法研究》	CSSCI 扩展版	季刊	4	40	10
37	《中国社会科学（法学文章）》	CLSCI/CSSCI/北大中文核心	月刊	12	18	1.5
38	《中国刑事法杂志》	CLSCI/CSSCI/北大中文核心	双月刊	6	61	10.2
39	《中国应用法学》	CSSCI 扩展版	双月刊	6	98	16.3
40	《中国政法大学学报》	CSSCI 扩展版	双月刊	6	123	20.5
41	《中外法学》	CLSCI/CSSCI/北大中文核心	双月刊	6	84	14
总计				278	3421	12.3

（二）文章以民法学、诉讼法学、刑法学、理论法学、经济法学 5 个学科为主，占比 60%

41 家法学核心期刊 2022 年度总发文量为 3421 篇，涉及民法学、诉讼法学、刑法学、理论法学、经济法学、行政法学、商法学、知识产权法学、国际法学、司法制度和宪法学等 15 个学科。如图 1 所示,文章以民法学、诉讼法学、刑法学、理论法学和经济法学 5 个学科为主,合计发文量为 2054 篇,总占比 60.0%。行政法学、商法学、知识产权法学、国际法学、司法制度、宪法学 6 个学科总发文量为 1133 篇,总占比 33.1%。环境法学、法律史学、劳动与社会保障法学和安全法学 4 个学科发文量为 234 篇,总占比 6.8%,学术研究相对更薄弱。

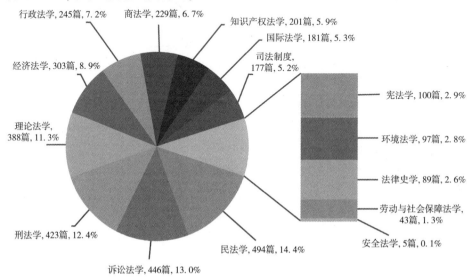

图 1 2022 年度 41 家法学核心期刊学科整体分布情况

2022 年 41 家法学核心期刊年度总发文量为 3421 篇,相较 2021 年减少 48 篇。如图 2 所示,2022 年理论法学、经济法学、国际法学、司法制度、环境法学、法律史学、安全法学 7 个学科的文章量比 2021 年均有所增多。2022 年民法学和商法学、诉讼法学、刑法学、行政法学、知识产权法学、宪法学、劳动与社会保障法学 7 个学科的文章量比 2021 年有所减少。

(三)民法学、诉讼法学文章居多,均有 20 家以上期刊发文量达 10 篇以上

从学科分布来看,41 家法学核心期刊以民法学、诉讼法学文章居多,刑法学、理论法学文章次之,其他学科侧重点各有不同。[1] 如表 3 所示,民法学文章数量在 10 篇以上的期刊有《北方法学》《比较法研究》《财经法学》《当代法学》《东方法学》《法律科学》《法律适用》《法商研究》《法学》《法学家》等 27 家。其中有 8 家期刊民法学文章数量均在 20 篇以上,分别为《财经法学》《东方法学》《法律适用》《法学》《法学

---

[1] 统计说明:本部分统计均含本数。

家》《法治研究》《河北法学》《中国政法大学学报》,其中《法律适用》民法学文章数量最多,为32篇。

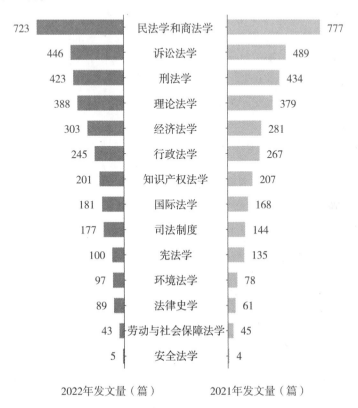

图2 2021年、2022年41家法学期刊文章学科分布变化情况[1]

诉讼法学文章数量在10篇以上的期刊有《北方法学》《比较法研究》《当代法学》《地方立法研究》《法律科学》《法律适用》《法商研究》《法学》《法学家》《法学评论》等26家。其中《法律适用》《河北法学》《中国刑事法杂志》诉讼法学文章数量居多,分别为49篇、22篇和21篇。

刑法学文章数量在10篇以上的期刊有《比较法研究》《法律科学》《法律适用》《法商研究》《法学》《法学家》《法学论坛》《法学评论》《甘肃政法大学学报》《国家检

---

[1] 情况说明:2021年对法学期刊各学科文章数量进行统计时,笔者将民法学和商法学合并进行统计。2022年按照法学学者的意见和建议,对统计进行了细化拆分,将民法学和商法学作为两个学科分开统计。因该图涉及年度对比,为便于统计,故将2022年民法学和商法学的发文量合并计算。

察官学院学报》等18家。其中《政治与法律》《中国刑事法杂志》刑法学文章数量居多,分别为37篇和33篇。

理论法学文章数量在10篇以上的期刊有《比较法研究》《东方法学》《法律科学》《法学》《法学论坛》《法制与社会发展》《法治研究》《河北法学》《华东政法大学学报》《交大法学》等18家。

经济法学文章数量在10篇以上的期刊有12家,分别是《财经法学》《东方法学》《法律科学》《法律适用》《法商研究》《法学》《法学评论》《法学研究》《科技与法律》《现代法学》《政治与法律》《中国政法大学学报》。

行政法学文章数量在7篇以上的期刊有12家,分别是《北方法学》《东方法学》《法律适用》《法学》《法学论坛》《河北法学》《华东政法大学学报》《现代法学》《行政法学研究》《政法论坛》《政治与法律》《中国法学》。其中《行政法学研究》因刊物特性,行政法学文章数量最多,为43篇。

商法学文章数量在7篇以上的期刊有12家,分别是《财经法学》《法律适用》《法学评论》《法学杂志》《法治研究》《国家检察官学院学报》《河北法学》《河南财经政法大学学报》《清华法学》《政法论坛》《中国法律评论》《中国政法大学学报》。其中《法律适用》商法学文章数量最多,为32篇。

知识产权法学文章数量在5篇以上的期刊有6家,分别是《法律科学》《法律适用》《法学研究》《科技与法律》《苏州大学学报(法学版)》《知识产权》,其中《科技与法律》《知识产权》因刊物特性,知识产权文章数量居多,分别为45篇和60篇。

(四)期刊基金项目文章2238篇,占比65.4%;国家社会科学基金项目文章1364篇,占比39.9%;有16家期刊的基金项目文章占比达70%以上

如表4所示,41家法学核心期刊2022年度总发文量为3421篇,其中基金项目文章共计2238篇,占比65.4%。与2021年相比,法学核心期刊基金项目文章占比基本保持平稳,占比大多达六成以上。基金类型主要涉及中央国家级基金、地方省市级基金、高等院校基金、科研院所基金4种,其中中央国家级基金项目文章居多。基金项目文章占比达70%以上的期刊有16家,分别为《北方法学》《比较法研究》《当代法学》《东方法学》《法律科学》《法商研究》《法学》《法学论坛》《法学评论》《河北法学》《河南财经政法大学学报》《华东政法大学学报》《科技与法律》《现代法学》《行政法学研究》《中国海商法研究》。其中《中国海商法研究》期刊基金项目文章占比在90%以上,《法商研究》《现代法学》2家期刊基金项目文章占比均在80%以上。

表3 2022年度41家法学核心期刊文章各学科分布情况（篇）
（排名不分先后，按照期刊名称拼音排序）

期刊名称	民法学	诉讼法学	刑法学	理论法学	经济法学	行政法学	商法学	知识产权法学	国际法学	司法制度	宪法学	环境法学	法律史学	劳动与社会保障法学	安全法学	总计
《北方法学》	16	10	7	3	6	14	6	1	3	2	0	1	0	6	0	75
《比较法研究》	13	12	16	13	7	6	2	3	3	3	4	1	0	0	0	83
《财经法学》	20	3	3	6	14	5	17	3	4	0	0	0	0	0	0	75
《当代法学》	14	12	7	3	9	6	6	3	5	3	3	2	2	1	0	76
《地方立法研究》	5	10	2	9	6	3	0	0	5	4	4	0	2	0	0	50
《东方法学》	20	6	7	10	22	9	1	1	3	1	0	4	5	0	0	89
《法律科学》	14	13	12	12	13	6	4	6	1	1	0	7	3	0	0	92
《法律适用》	32	49	25	2	17	7	32	16	5	17	1	8	0	3	0	214
《法商研究》	13	10	11	5	14	6	5	1	9	6	2	1	1	0	0	84
《法学》	20	15	29	22	15	16	6	3	6	4	1	4	5	3	0	149
《法学家》	23	10	13	8	9	5	0	1	1	2	2	0	3	1	0	78
《法学论坛》	15	5	11	13	7	7	1	3	3	1	5	8	5	0	0	84
《法学评论》	8	13	12	7	13	6	9	3	2	7	7	12	2	3	0	104
《法学研究》	11	9	7	5	11	6	3	9	1	2	3	0	7	1	0	75
《法学杂志》	14	11	8	8	4	3	7	4	2	1	3	1	1	0	0	67

(续表)

期刊名称	民法学	诉讼法学	刑法学	理论法学	经济法学	行政法学	商法学	知识产权法学	国际法学	司法制度	宪法学	环境法学	法律史学	劳动与社会保障法学	安全法学	总计
《法制与社会发展》	16	15	6	11	1	2	2	0	0	6	5	3	2	1	0	70
《法治研究》	25	14	5	13	3	1	10	1	2	4	0	0	0	0	0	78
《甘肃政法大学学报》	11	12	13	7	4	5	5	0	2	2	1	2	1	1	0	66
《国际法研究》	0	2	0	0	0	0	0	0	38	2	1	0	0	0	1	44
《国家检察官学院学报》	2	12	18	6	3	1	7	1	0	10	0	0	0	0	1	61
《河北法学》	27	22	12	21	7	8	7	3	3	3	4	1	3	3	0	124
《河南财经政法大学学报》	14	14	13	9	8	3	7	2	4	9	2	1	5	2	0	93
《华东政法大学学报》	11	10	14	11	5	11	3	1	0	6	3	0	6	0	0	81
《交大法学》	10	6	7	11	2	5	4	4	1	5	4	1	2	4	0	66
《科技与法律》	6	4	3	9	13	2	1	45	4	2	0	0	0	0	0	89
《南大法学》	9	2	9	8	5	4	5	1	8	3	3	0	4	1	0	62
《清华法学》	11	6	7	11	5	3	7	1	5	2	2	1	8	1	0	70
《苏州大学学报（法学版）》	6	3	7	7	1	0	1	5	6	3	7	0	1	0	1	48
《现代法学》	16	8	3	9	11	7	6	4	3	3	3	4	1	0	0	78
《行政法学研究》	2	17	1	9	2	43	0	0	2	0	0	2	0	2	2	82
《政法论坛》	9	12	11	18	7	8	8	1	3	3	1	4	4	0	0	89

（续表）

期刊名称	民法学	诉讼法学	刑法学	理论法学	经济法学	行政法学	商法学	知识产权法学	国际法学	司法制度	宪法学	环境法学	法律史学	劳动与社会保障法学	安全法学	总计
《政治与法律》	12	14	37	15	12	12	3	4	5	8	2	4	3	5	1	137
《知识产权》	1	1	2	2	6	0	0	60	4	0	0	0	0	0	0	76
《中国法律评论》	12	12	6	20	7	3	7	0	6	8	9	7	2	0	0	99
《中国法学》	10	12	12	22	4	7	3	3	1	3	6	2	3	1	0	89
《中国海商法研究》	2	1	3	1	0	4	6	0	21	0	0	1	0	1	0	40
《中国社会科学》（法学文章）	3	1	2	6	0	1	3	1	0	0	0	0	0	0	0	18
《中国刑事法杂志》	0	21	33	0	1	0	0	0	0	6	0	0	0	0	0	61
《中国应用法学》	11	16	15	12	4	3	4	3	4	24	1	1	0	0	0	98
《中国政法大学学报》	23	7	8	13	16	4	27	1	4	2	8	9	1	0	0	123
《中外法学》	7	14	6	11	9	3	4	3	2	9	3	4	7	2	0	84
总计	494	446	423	388	303	245	229	201	181	177	100	97	89	43	5	3421

表4 2022年度41家法学核心期刊基金项目文章分布情况
（排名不分先后，按照期刊名称拼音排序）

序号	期刊名称	发文量（篇）	基金文献量（篇）	基金项目文章占比
1	《北方法学》	75	58	77.3%
2	《比较法研究》	83	62	74.7%
3	《财经法学》	75	46	61.3%
4	《当代法学》	76	58	76.3%
5	《地方立法研究》	50	33	66.0%
6	《东方法学》	89	64	71.9%
7	《法律科学》	92	71	77.2%
8	《法律适用》	214	63	29.4%
9	《法商研究》	84	69	82.1%
10	《法学》	149	108	72.5%
11	《法学家》	78	51	65.4%
12	《法学论坛》	84	65	77.4%
13	《法学评论》	104	75	72.1%
14	《法学研究》	75	46	61.3%
15	《法学杂志》	67	38	56.7%
16	《法制与社会发展》	70	48	68.6%
17	《法治研究》	78	48	61.5%
18	《甘肃政法大学学报》	66	46	69.7%
19	《国际法研究》	44	29	65.9%
20	《国家检察官学院学报》	61	41	67.2%
21	《河北法学》	124	97	78.2%
22	《河南财经政法大学学报》	93	67	72.0%
23	《华东政法大学学报》	81	59	72.8%
24	《交大法学》	66	36	54.5%
25	《科技与法律》	89	66	74.2%

(续表)

序号	期刊名称	发文量(篇)	基金文献量(篇)	基金项目文章占比
26	《南大法学》	62	34	54.8%
27	《清华法学》	70	44	62.9%
28	《苏州大学学报(法学版)》	48	32	66.7%
29	《现代法学》	78	67	85.9%
30	《行政法学研究》	82	65	79.3%
31	《政法论坛》	89	60	67.4%
32	《政治与法律》	137	93	67.9%
33	《知识产权》	76	44	57.9%
34	《中国法律评论》	99	47	47.5%
35	《中国法学》	89	57	64.0%
36	《中国海商法研究》	40	39	97.5%
37	《中国社会科学》(法学文章)	18	3	16.7%
38	《中国刑事法杂志》	61	38	62.3%
39	《中国应用法学》	98	31	31.6%
40	《中国政法大学学报》	123	85	69.1%
41	《中外法学》	84	55	65.5%
	总计	3421	2238	65.4%

基金项目文章中存在一篇文章获得多种基金支持的情况,如表5所示,获得中央国家级基金支持的文章有1802篇,获得地方省市级基金支持的文章有445篇,获得高等院校基金支持的文章有405篇,获得科研院所基金支持的文章有40篇,获得上述4种基金类型之外的其他基金支持的文章有22篇。[1]

刊载中央国家级基金项目支持的文章50篇以上[2]的期刊有15家,分别是《比较法研究》《当代法学》《东方法学》《法律科学》《法商研究》《法学》《法学论坛》《法学评论》《河北法学》《现代法学》《行政法学研究》《政法论坛》《政治与法律》《中国

---

[1] 统计方法:中央国家级基金分为国家类和部委类、最高人民法院、最高人民检察院和中国法学会等基金,若一篇文章获得多个中央国家级基金项目支持,只记一次;若获得多个地方省市级、高等院校级、科研院所和其他基金支持,则按实际出现的次数计算。

[2] 统计说明:本部分统计均含本数。

法学》《中国政法大学学报》,其中《法学》刊载获得中央国家级基金支持的文章86篇,《政治与法律》刊载获得中央国家级基金支持的文章83篇;刊载30—49篇的期刊有18家,分别是《北方法学》《财经法学》《法律适用》《法学家》《法学研究》《法制与社会发展》《法治研究》《甘肃政法大学学报》《国家检察官学院学报》《河南财经政法大学学报》《华东政法大学学报》《科技与法律》《清华法学》《知识产权》《中国法律评论》《中国海商法研究》《中国刑事法杂志》《中外法学》。

刊载地方省市级基金项目支持的文章20篇以上的期刊有4家,分别是《法学》《河北法学》《河南财经政法大学学报》《科技与法律》;刊载10—19篇的期刊有13家,分别是《北方法学》《财经法学》《地方立法研究》《法律适用》《法商研究》《法治研究》《甘肃政法大学学报》《华东政法大学学报》《交大法学》《行政法学研究》《政治与法律》《中国政法大学学报》《中外法学》。

刊载高等院校基金项目支持的文章15篇以上的期刊有4家,分别是《法学》《法制与社会发展》《河北法学》《中国政法大学学报》;刊载10—14篇的期刊有16家,分别是《比较法研究》《当代法学》《法律科学》《法律适用》《法商研究》《法学家》《法学评论》《甘肃政法大学学报》《国家检察官学院学报》《华东政法大学学报》《科技与法律》《南大法学》《行政法学研究》《政法论坛》《政治与法律》《中国法律评论》。

表5 2022年度41家法学核心期刊各类基金项目文章分布情况(篇)

(排名不分先后,按照期刊名称拼音排序)

期刊名称	中央国家级基金项目	高等院校基金项目	地方省市级基金项目	科研院所基金项目	其他基金项目
《北方法学》	43	8	14	4	0
《比较法研究》	52	12	9	4	0
《财经法学》	37	8	11	0	0
《当代法学》	50	10	9	1	1
《地方立法研究》	22	9	13	0	0
《东方法学》	55	9	9	1	1
《法律科学》	62	12	8	1	0
《法律适用》	43	14	19	1	2
《法商研究》	59	12	10	0	0
《法学》	86	16	30	1	0

(续表)

期刊名称	中央国家级基金项目	高等院校基金项目	地方省市级基金项目	科研院所基金项目	其他基金项目
《法学家》	42	13	9	0	0
《法学论坛》	58	6	9	0	1
《法学评论》	64	13	9	0	1
《法学研究》	40	8	5	0	0
《法学杂志》	29	1	8	3	0
《法制与社会发展》	35	18	8	0	0
《法治研究》	40	4	16	0	1
《甘肃政法大学学报》	34	14	19	2	0
《国际法研究》	26	5	3	0	0
《国家检察官学院学报》	33	14	3	0	1
《河北法学》	69	16	29	3	0
《河南财经政法大学学报》	45	9	29	1	0
《华东政法大学学报》	49	10	10	1	2
《交大法学》	26	7	10	0	0
《科技与法律》	47	14	27	2	0
《南大法学》	25	12	6	0	0
《清华法学》	34	6	7	1	10
《苏州大学学报(法学版)》	25	5	3	1	0
《现代法学》	59	6	6	0	0
《行政法学研究》	50	13	18	0	0
《政法论坛》	53	10	7	2	0
《政治与法律》	83	14	18	2	0
《知识产权》	34	6	7	1	0
《中国法律评论》	39	13	5	1	0
《中国法学》	53	1	4	2	0
《中国海商法研究》	30	6	8	2	1

(续表)

期刊名称	中央国家级基金项目	高等院校基金项目	地方省市级基金项目	科研院所基金项目	其他基金项目
《中国社会科学》（法学文章）	3	0	0	0	0
《中国刑事法杂志》	33	9	5	0	0
《中国应用法学》	28	6	4	0	0
《中国政法大学学报》	67	28	11	0	0
《中外法学》	40	8	10	3	1
合计	1802	405	445	40	22

41家法学核心期刊2022年度刊载各类国家社会科学基金项目支持的文章共1364篇,占2022年度总发文量的39.9%。基金类型主要涉及国家社会科学重大/重点项目、国家社会科学基金一般项目、国家社会科学基金青年项目、国家社会科学基金西部项目、国家社会科学基金后期资助项目5种,其中国家社会科学基金重大/重点项目文章最多,共749篇,占比54.9%;国家社会科学基金一般项目、国家社会科学基金青年项目支持的文章相对集中,共547篇,占比40.1%。

如表6所示,刊载国家社会科学基金重大/重点项目支持的文章在20篇以上的期刊有15家,分别是《比较法研究》《当代法学》《东方法学》《法律科学》《法学》《法学论坛》《法学评论》《法学研究》《河北法学》《华东政法大学学报》《现代法学》《政法论坛》《政治与法律》《中国法学》《中国政法大学学报》。

刊载国家社会科学基金一般项目支持的文章在10篇以上的期刊有19家,分别是《北方法学》《当代法学》《东方法学》《法律科学》《法律适用》《法商研究》《法学》《法学论坛》《法学评论》《法学研究》《法治研究》《河北法学》《河南财经政法大学学报》《现代法学》《政治与法律》《知识产权》《中国法学》《中国政法大学学报》《中外法学》。

刊载国家社会科学基金青年项目支持的文章在5篇以上的期刊有15家,分别是《比较法研究》《财经法学》《法商研究》《法学》《法学家》《法学评论》《河北法学》《华东政法大学学报》《科技与法律》《现代法学》《行政法学研究》《政法论坛》《政治与法律》《中国政法大学学报》《中外法学》。

表6 2022年度41家法学核心期刊刊载各类国家社会科学基金项目文章情况(篇)[1]

(排名不分先后,按照期刊名称拼音排序)

期刊名称	国家社会科学基金重大/重点项目	国家社会科学基金一般项目	国家社会科学基金青年项目	国家社会科学基金西部项目	国家社会科学基金后期资助项目
《北方法学》	14	13	3	1	2
《比较法研究》	27	5	8	1	1
《财经法学》	17	9	6	0	1
《当代法学》	25	13	3	0	2
《地方立法研究》	9	4	2	0	1
《东方法学》	32	12	1	1	2
《法律科学》	31	11	2	1	3
《法律适用》	16	10	2	1	0
《法商研究》	19	17	10	1	4
《法学》	32	19	13	0	4
《法学家》	14	8	7	0	2
《法学论坛》	32	11	2	1	0
《法学评论》	23	18	5	1	6
《法学研究》	20	14	2	0	0
《法学杂志》	11	5	4	0	0
《法制与社会发展》	18	4	1	0	2
《法治研究》	14	10	4	1	0
《甘肃政法大学学报》	11	8	3	0	1
《国际法研究》	15	5	1	0	1
《国家检察官学院学报》	16	5	3	1	0
《河北法学》	24	13	9	1	2
《河南财经政法大学学报》	17	17	3	1	1

[1] 核心期刊刊载的文章存在一篇文章获得多个国家社会科学基金项目支持的情况,在表中按实际出现的次数计算。

（续表）

期刊名称	国家社会科学基金重大/重点项目	国家社会科学基金一般项目	国家社会科学基金青年项目	国家社会科学基金西部项目	国家社会科学基金后期资助项目
《华东政法大学学报》	24	7	5	0	2
《交大法学》	10	3	3	0	1
《科技与法律》	17	9	6	1	1
《南大法学》	11	4	1	0	1
《清华法学》	12	3	2	1	2
《苏州大学学报（法学版）》	16	3	2	0	0
《现代法学》	26	11	7	1	0
《行政法学研究》	18	7	7	0	1
《政法论坛》	25	9	7	0	1
《政治与法律》	23	23	9	0	5
《知识产权》	11	13	0	0	1
《中国法律评论》	16	3	2	0	1
《中国法学》	22	12	4	0	4
《中国海商法研究》	13	9	2	1	0
《中国社会科学》（法学文章）	3	0	0	0	0
《中国刑事法杂志》	12	6	3	1	4
《中国应用法学》	17	2	1	0	1
《中国政法大学学报》	21	14	5	3	4
《中外法学》	15	12	6	0	2
合计	749	381	166	20	66

二、41家法学核心期刊2022年度学术热点分析

（一）学术热点依然集中在"数据""个人信息保护""企业合规""民法典""算法"等方面，"数字法治与元宇宙"作为新增热点，学术研究趋势显著

通过对 41 家法学核心期刊 2022 年度总发文量 3421 篇文章中的 10092 个关键词进行统计,如图 3 所示,41 家法学核心期刊 2022 年度学术热点集中在"数据""个人信息保护""数字法治与元宇宙""企业合规""民法典""算法""知识产权""习近平法治思想""专利权"等方面,"反垄断""担保制度""人格权""商标权""人工智能"等内容关注程度相对较高。

词频在 10 次以上的关键词共 114 个,其中词频在 200 次以上的关键词为"数据""个人信息保护"和"数字法治与元宇宙";词频在 100—199 次的关键词为"企业合规""民法典""算法";词频在 51—99 次的关键词为"知识产权""习近平法治思想""专利权""反垄断""检察制度""担保制度""人格权""商标权";词频在 31—50 次的关键词为"人工智能""监察制度""著作权""认罪认罚从宽""公益诉讼""比例原则""行政处罚""环境法典""区块链""量刑制度""因果关系";词频在 15—30 次的关键词为"法治""公共利益""行政法典""网络犯罪""惩罚性赔偿""公司法""不正当竞争"等,共计 35 个;词频在 10—14 次的关键词为"司法裁判""在线诉讼""正当程序""涉外法治""基本权利""行政许可""刑法修正案(十一)""党的领导""商业秘密""司法审查""宪法""信义义务"等,共计 54 个。

图 3　2022 年度 41 家法学核心期刊热点关键词情况[1]

---

〔1〕 本部分统计说明:热点关键词按照文章中关键词出现的次数进行归类统计,例如:"数据"关键词涵盖数据安全、数据治理、数据权益、数据竞争等关键词,"个人信息保护"关键词涵盖个人信息、隐私、个人信息保护等关键词,"民法典"关键词涵盖民法典编纂、中国民法典、民法典各分编等关键词。

(二)八成以上法学核心期刊均关注"数据""民法典""个人信息保护"学术热点,"数字法治与元宇宙"作为新增热点备受各期刊关注

通过对 41 家法学核心期刊(词频在 40 次以上)的 21 个热点关键词所在的 1434 篇文章进行统计,如表 7 所示,学术热点在各期刊有着不同程度的分布,其中"数据"的被关注度最高,文章数量为 195 篇(涉及 38 家期刊),"个人信息保护"文章数量为 156 篇(涉及 36 家期刊),"数字法治与元宇宙"文章数量为 142 篇(涉及 32 家期刊),"民法典"文章数量为 117 篇(涉及 37 家期刊)。

关注"企业合规""算法""习近平法治思想""反垄断""知识产权""检察制度""人工智能""专利权""人格权""认罪认罚从宽""公益诉讼""行政处罚""比例原则"的文章数量均在 40 篇以上。其中关注"企业合规"文章数量为 82 篇(涉及 26 家期刊),关注"算法"文章数量为 71 篇(涉及 31 家期刊),关注"习近平法治思想"文章数量为 64 篇(涉及 29 家期刊),关注"反垄断"文章数量为 60 篇(涉及 24 家期刊),关注"知识产权"文章数量为 60 篇(涉及 19 家期刊),关注"检察制度"文章数量为 47 篇(涉及 24 家期刊),关注"人工智能"文章数量为 47 篇(涉及 21 家期刊),关注"专利权"文章数量为 47 篇(涉及 17 家期刊),关注"人格权"文章数量为 43 篇(涉及 21 家期刊),关注"认罪认罚从宽"文章数量为 43 篇(涉及 25 家期刊),关注"公益诉讼"文章数量为 41 篇(涉及 20 家期刊),关注"行政处罚"文章数量为 41 篇(涉及 19 家期刊),关注"比例原则"文章数量为 40 篇(涉及 22 家期刊)。

表 7　2022 年度 41 家法学核心期刊学术热点分布情况

(按照关键词文章数量排序,文章数量相同的按照关键词拼音排序,表中所列期刊按期刊名称拼音排序)

序号	关键词	文章数量(篇)	期刊名称/文章数量(篇)
1	数据	195	《北方法学》/7、《比较法研究》/11、《财经法学》/7、《当代法学》/4、《地方立法研究》/4、《东方法学》/14、《法律科学》/5、《法律适用》/11、《法商研究》/7、《法学》/6、《法学家》/3、《法学论坛》/6、《法学评论》/2、《法学研究》/3、《法学杂志》/5、《法制与社会发展》/1、《法治研究》/4、《甘肃政法大学学报》/3、《国际法研究》/1、《国家检察官学院学报》/8、《河北法学》/2、《河南财经政法大学学报》/8、《华东政法大学学报》/7、《交大法学》/1、《科技与法律》/16、《南大法学》/2、《清华法学》/1、《苏州大学学报(法学版)》/1、《现代法学》/6、《行政法学研究》/6、《政法论坛》/5、《政治与法律》/7、《知识产权》/8、《中国法学》/3、《中国社会科学》(法学文章)/1、《中国刑事法杂志》/5、《中国应用法学》/3、《中国政法大学学报》/1

(续表)

序号	关键词	文章数量（篇）	期刊名称/文章数量（篇）
2	个人信息保护	156	《北方法学》/4、《比较法研究》/6、《财经法学》/12、《当代法学》/7、《地方立法研究》/3、《东方法学》/11、《法律科学》/2、《法律适用》/8、《法商研究》/3、《法学》/4、《法学家》/1、《法学论坛》/4、《法学评论》/2、《法学研究》/6、《法学杂志》/1、《法制与社会发展》/5、《法治研究》/5、《甘肃政法大学学报》/1、《国家检察官学院学报》/1、《河北法学》/4、《河南财经政法大学学报》/2、《华东政法大学学报》/9、《交大法学》/1、《科技与法律》/7、《南大法学》/2、《清华法学》/1、《现代法学》/3、《行政法学研究》/6、《政法论坛》/2、《政治与法律》/5、《中国法律评论》/6、《中国法学》/6、《中国刑事法杂志》/4、《中国应用法学》/5、《中国政法大学学报》/3、《中外法学》/4
3	数字法治与元宇宙	142	《比较法研究》/6、《财经法学》/7、《当代法学》/2、《地方立法研究》/4、《东方法学》/20、《法律科学》/7、《法律适用》/7、《法商研究》/4、《法学》/3、《法学论坛》/2、《法学评论》/6、《法学研究》/3、《法学杂志》/2、《法制与社会发展》/2、《法治研究》/7、《甘肃政法大学学报》/1、《国家检察官学院学报》/1、《河北法学》/2、《华东政法大学学报》/5、《科技与法律》/9、《苏州大学学报(法学版)》/2、《现代法学》/2、《行政法学研究》/3、《政法论坛》/5、《政治与法律》/5、《知识产权》/6、《中国法律评论》/1、《中国法学》/4、《中国刑事法杂志》/2、《中国应用法学》/5、《中国政法大学学报》/3、《中外法学》/4
4	民法典	117	《北方法学》/2、《比较法研究》/2、《财经法学》/1、《当代法学》/4、《东方法学》/4、《法律科学》/7、《法律适用》/6、《法商研究》/3、《法学》/4、《法学家》/3、《法学论坛》/4、《法学评论》/3、《法学研究》/1、《法学杂志》/3、《法制与社会发展》/4、《法治研究》/2、《甘肃政法大学学报》/4、《国家检察官学院学报》/3、《河北法学》/8、《河南财经政法大学学报》/2、《华东政法大学学报》/1、《交大法学》/2、《科技与法律》/2、《南大法学》/3、《清华法学》/1、《苏州大学学报(法学版)》/1、《现代法学》/4、《行政法学研究》/5、《政法论坛》/3、《政治与法律》/2、《知识产权》/1、《中国法学》/6、《中国社会科学》(法学文章)/2、《中国刑事法杂志》/1、《中国应用法学》/3、《中国政法大学学报》/9、《中外法学》/1

(续表)

序号	关键词	文章数量（篇）	期刊名称/文章数量（篇）
5	企业合规	82	《北方法学》/3、《比较法研究》/5、《财经法学》/1、《东方法学》/8、《法律科学》/2、《法商研究》/1、《法学》/3、《法学家》/1、《法学论坛》/3、《法学评论》/2、《法学研究》/3、《法学杂志》/3、《法制与社会发展》/4、《法治研究》/1、《甘肃政法大学学报》/3、《国家检察官学院学报》/5、《河南财经政法大学学报》/1、《华东政法大学学报》/4、《科技与法律》/1、《现代法学》/3、《政法论坛》/10、《政治与法律》/2、《中国法学》/1、《中国刑事法杂志》/8、《中国应用法学》/2、《中外法学》/2
6	算法	71	《北方法学》/1、《比较法研究》/4、《财经法学》/3、《当代法学》/2、《地方立法研究》/2、《东方法学》/3、《法律科学》/3、《法律适用》/3、《法商研究》/1、《法学家》/1、《法学论坛》/2、《法学评论》/2、《法学研究》/1、《法制与社会发展》/4、《法治研究》/4、《甘肃政法大学学报》/1、《国家检察官学院学报》/1、《河南财经政法大学学报》/1、《华东政法大学学报》/2、《交大法学》/2、《科技与法律》/5、《清华法学》/1、《现代法学》/3、《行政法学研究》/2、《政法论坛》/1、《政治与法律》/4、《知识产权》/2、《中国法学》/6、《中国海商法研究》/1、《中国刑事法杂志》/1、《中外法学》/2
7	习近平法治思想	64	《比较法研究》/4、《当代法学》/1、《东方法学》/3、《法律科学》/3、《法律适用》/1、《法商研究》/1、《法学》/2、《法学家》/4、《法学论坛》/3、《法学评论》/4、《法学研究》/2、《法学杂志》/1、《法制与社会发展》/4、《甘肃政法大学学报》/1、《国际法研究》/1、《河北法学》/1、《河南财经政法大学学报》/1、《交大法学》/1、《现代法学》/2、《行政法学研究》/1、《政法论坛》/6、《政治与法律》/2、《知识产权》/1、《中国法律评论》/2、《中国法学》/5、《中国社会科学》(法学文章)/3、《中国刑事法杂志》/1、《中国应用法学》/1、《中国政法大学学报》/2
8	反垄断	60	《比较法研究》/4、《当代法学》/2、《东方法学》/2、《法律科学》/1、《法律适用》/2、《法商研究》/3、《法学》/3、《法学家》/1、《法学评论》/2、《法学杂志》/1、《甘肃政法大学学报》/1、《国家检察官学院学报》/1、《河南财经政法大学学报》/1、《科技与法律》/5、《南大法学》/2、《清华法学》/3、《现代法学》/3、《行政法学研究》/1、《政法论坛》/1、《知识产权》/6、《中国海商法研究》/1、《中国应用法学》/3、《中国政法大学学报》/5、《中外法学》/6

(续表)

序号	关键词	文章数量（篇）	期刊名称/文章数量（篇）
9	知识产权	60	《比较法研究》/1、《当代法学》/2、《法律科学》/3、《法律适用》/2、《法学》/1、《法学家》/1、《法学论坛》/1、《法学研究》/3、《法学杂志》/3、《河南财经政法大学学报》/1、《科技与法律》/9、《苏州大学学报（法学版）》/1、《现代法学》/3、《政治与法律》/2、《知识产权》/18、《中国法学》/4、《中国社会科学》（法学文章）/1、《中国刑事法杂志》/2、《中国应用法学》/2
10	检察制度	47	《财经法学》/1、《东方法学》/1、《法律科学》/1、《法商研究》/1、《法学》/1、《法学家》/1、《法学评论》/2、《甘肃政法大学学报》/1、《国家检察官学院学报》/6、《河北法学》/4、《河南财经政法大学学报》/3、《华东政法大学学报》/2、《南大法学》/1、《清华法学》/1、《苏州大学学报（法学版）》/2、《现代法学》/1、《行政法学研究》/3、《政法论坛》/1、《政治与法律》/1、《中国法学》/2、《中国刑事法杂志》/8、《中国应用法学》/1、《中国政法大学学报》/1、《中外法学》/1
11	人工智能	47	《北方法学》/1、《比较法研究》/5、《当代法学》/1、《地方立法研究》/1、《东方法学》/2、《法律适用》/2、《法商研究》/1、《法学论坛》/1、《法学评论》/1、《法制与社会发展》/2、《河北法学》/2、《河南财经政法大学学报》/4、《交大法学》/3、《科技与法律》/10、《苏州大学学报（法学版）》/2、《现代法学》/1、《行政法学研究》/1、《政法论坛》/3、《政治与法律》/1、《中国应用法学》/1、《中国政法大学学报》/2
12	专利权	47	《北方法学》/1、《比较法研究》/1、《当代法学》/1、《法律适用》/3、《法商研究》/1、《法学》/1、《法学论坛》/1、《法学研究》/2、《法治研究》/1、《河南财经政法大学学报》/2、《华东政法大学学报》/1、《科技与法律》/12、《清华法学》/1、《政治与法律》/1、《知识产权》/15、《中国应用法学》/2、《中外法学》/1
13	人格权	43	《比较法研究》/2、《财经法学》/3、《当代法学》/3、《东方法学》/1、《法律适用》/2、《法学》/2、《法学论坛》/1、《法制与社会发展》/4、《国家检察官学院学报》/3、《河南财经政法大学学报》/2、《华东政法大学学报》/2、《科技与法律》/1、《清华法学》/1、《苏州大学学报（法学版）》/2、《现代法学》/2、《行政法学研究》/1、《政法论坛》/2、《中国法律评论》/2、《中国法学》/2、《中国刑事法杂志》/1、《中国政法大学学报》/4

(续表)

序号	关键词	文章数量（篇）	期刊名称/文章数量（篇）
14	认罪认罚从宽	43	《北方法学》/3、《比较法研究》/1、《当代法学》/1、《东方法学》/1、《法律科学》/1、《法律适用》/3、《法商研究》/2、《法学》/2、《法学家》/2、《法学论坛》/2、《法学评论》/2、《法学研究》/1、《法学杂志》/2、《法制与社会发展》/1、《法治研究》/1、《甘肃政法大学学报》/1、《国家检察官学院学报》/3、《河南财经政法大学学报》/1、《华东政法大学学报》/2、《清华法学》/1、《政法论坛》/2、《政治与法律》/2、《中国刑事法杂志》/3、《中国应用法学》/2、《中外法学》/1
15	公益诉讼	41	《北方法学》/1、《地方立法研究》/1、《东方法学》/2、《法律科学》/1、《法律适用》/7、《法商研究》/2、《法学论坛》/1、《法学评论》/1、《法制与社会发展》/1、《甘肃政法大学学报》/1、《国家检察官学院学报》/1、《河北法学》/5、《河南财经政法大学学报》/5、《华东政法大学学报》/1、《南大法学》/1、《行政法学研究》/3、《政治与法律》/2、《中国法学》/2、《中国政法大学学报》/1、《中外法学》/2
16	行政处罚	41	《财经法学》/4、《当代法学》/1、《地方立法研究》/1、《法律科学》/1、《法学》/3、《法学家》/1、《法学研究》/2、《法学杂志》/1、《法治研究》/1、《河北法学》/2、《华东政法大学学报》/1、《交大法学》/1、《南大法学》/1、《现代法学》/1、《行政法学研究》/11、《政法论坛》/3、《政治与法律》/2、《中国法学》/3、《中外法学》/1
17	比例原则	40	《北方法学》/1、《比较法研究》/3、《地方立法研究》/2、《东方法学》/1、《法学》/2、《法学家》/1、《法学论坛》/2、《法学评论》/1、《法学研究》/3、《法制与社会发展》/3、《甘肃政法大学学报》/3、《河北法学》/2、《华东政法大学学报》/1、《科技与法律》/2、《南大法学》/1、《清华法学》/2、《现代法学》/2、《行政法学研究》/2、《政治与法律》/2、《中国法律评论》/1、《中国法学》/1、《中外法学》/2
18	担保制度	39	《北方法学》/1、《当代法学》/1、《东方法学》/1、《法律适用》/1、《法商研究》/3、《法学》/4、《法学家》/3、《法学论坛》/1、《法学评论》/1、《法学研究》/2、《法学杂志》/2、《法制与社会发展》/1、《法治研究》/2、《甘肃政法大学学报》/1、《国家检察官学院学报》/1、《河北法学》/1、《河南财经政法大学学报》/3、《华东政法大学学报》/2、《苏州大学学报（法学版）》/2、《现代法学》/1、《政法论坛》/1、《中国政法大学学报》/4

(续表)

序号	关键词	文章数量（篇）	期刊名称/文章数量（篇）
19	著作权	39	《财经法学》/1、《当代法学》/1、《法律科学》/1、《法律适用》/5、《法学研究》/3、《法学杂志》/1、《法治研究》/1、《国家检察官学院学报》/1、《河北法学》/2、《科技与法律》/9、《苏州大学学报(法学版)》/1、《现代法学》/1、《知识产权》/10、《中外法学》/2
20	商标权	31	《法律科学》/1、《法律适用》/5、《法商研究》/1、《法学家》/1、《法学评论》/2、《法学杂志》/1、《河南财经政法大学学报》/1、《交大法学》/1、《科技与法律》/5、《苏州大学学报(法学版)》/1、《现代法学》/2、《政法论坛》/1、《知识产权》/8、《中国法学》/1
21	监察制度	29	《北方法学》/1、《比较法研究》/2、《当代法学》/2、《地方立法研究》/1、《东方法学》/1、《法律科学》/1、《法商研究》/1、《法学》/2、《法学家》/1、《法学论坛》/1、《法学研究》/2、《河北法学》/1、《河南财经政法大学学报》/2、《行政法学研究》/7、《政法论坛》/2、《中外法学》/2
	总计	1434	

（三）学术热点呈现跨学科趋势

通过对41家法学核心期刊(词频在40次以上)的21个热点关键词在各法学学科的热点分布样态进行统计,热点关键词在各学科领域均有体现。如图4所示,民法学与热点关键词的关联程度较高,主要集中于对个人信息保护、民法典、担保制度、人格权等方面的研究。经济法学与热点关键词的关联程度次之,主要集中于对数据、数字法治与元宇宙、算法、反垄断等方面的研究。理论法学、诉讼法学、刑法学、行政法学及司法制度学科对各热点关键词均有所侧重。

通过统计分析,21个热点关键词散见于理论法学、诉讼法学、刑法学、行政法学、司法制度及国际法学等学科领域的研究,跨学科研究倾向较为明显,与民法学、经济法学、知识产权法学等学科研究态势形成较为鲜明的对比。安全法学研究热点较为集中,聚焦于数据。

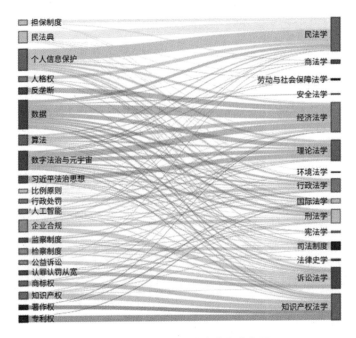

图 4　热点关键词学科关联度分布图

三、学术热点在 41 家法学核心期刊的栏目设置上的体现

学术热点在 41 家法学核心期刊的栏目设置与专题策划上有非常直观的体现，"数据""个人信息保护""数字法治与元宇宙"学术热点备受各期刊青睐；"民法典""习近平法治思想""企业合规""算法""知识产权""反垄断""人工智能"等学术热点各期刊各有侧重。具体如表 8 所示。

有 30 家期刊开设"数据"相关特色专题或以专题形式刊发相关文章共 104 篇。有 26 家期刊开设"个人信息保护"相关特色专题或以专题形式刊发相关文章共 95 篇。有 27 家期刊开设"数字法治与元宇宙"相关特色专题或以专题形式刊发相关文章共 88 篇。其中《东方法学》2022 年第 2 期特别策划"元宇宙"专刊。

有 23 家期刊开设"民法典"相关特色专题或以专题形式刊发相关文章共 57 篇。有 25 家期刊开设"习近平法治思想"相关特色专题或通过专题形式刊发相关文章共 57 篇。有 18 家期刊开设"法典化"相关特色专题或通过专题形式刊发相关文章共 55 篇。有 15 家期刊开设"企业合规"相关特色专题或通过专题形式刊发相关文章共 44 篇。有 18 家期刊开设"算法"相关特色专题或通过专题形式刊发相关文章共

39 篇。有 10 家期刊开设"知识产权"相关特色专题或通过专题形式刊发相关文章共 27 篇。有 10 家期刊开设"反垄断"相关特色专题或通过专题形式刊发相关文章共 20 篇。有 14 家期刊开设"人工智能"相关特色专题或通过专题形式刊发相关文章共 19 篇。

表 8 2022 年度 41 家法学核心期刊学术热点专题栏目设置情况
（按照学术热点文章数量降序排序，表中所列期刊按期刊名称拼音排序）

序号	关键词	期刊名称	期刊栏目	文章数量（篇）	合计（篇）
1	数据	《北方法学》	人脸识别法治专题研究	2	104
			新兴(型)权利专题研究		
		《比较法研究》	习近平法治思想研究	4	
			专题研讨一：数字时代民法前沿问题		
		《财经法学》	财经法治热点：数字经济法治	7	
			财经法治热点：元宇宙法律问题		
			数字经济法治		
			争鸣		
		《当代法学》	个人信息保护法专题	1	
		《地方立法研究》	数字法治	4	
			数字法治专辑		
		《东方法学》	东方法学新锐	13	
			数字财产权		
			数字合规		
			元宇宙		
			智慧法治		
		《法律科学》	科技新时代法学	5	
			科技新时代法学——数据跨境流动		
		《法商研究》	法治热点问题	7	
			网络与信息法		
		《法学论坛》	热点聚焦	5	

(续表)

序号	关键词	期刊名称	期刊栏目	文章数量（篇）	合计（篇）
		《法学评论》	热点透视	1	
		《法学研究》	个人信息保护法专题	2	
			马克思主义法学专论		
		《法学杂志》	数据产权专题	2	
		《法治研究》	"元宇宙治理"专题	4	
			数据法学		
			数字法学		
		《国际法研究》	专稿	1	
		《国家检察官学院学报》	主题研讨——金融刑法的宏观与微观展开	3	
			主题研讨——数据跨境流动的法律规制		
		《河北法学》	热点问题透视	1	
		《河南财经政法大学学报》	智慧法治	1	
		《华东政法大学学报》	数字法治	7	
			专题研讨_数字行政法的形成与构造		
			专题研讨_《个人信息保护法》的实施及隐私计算治理		
		《交大法学》	青年学者专题：数字社会的挑战与法律应对	1	
		《科技与法律》	热点问题	3	
		《苏州大学学报（法学版）》	数据法治	1	
		《行政法学研究》	数据跨境流动	5	
			智能行政执法		
		《政法论坛》	主题研讨·数据法学	5	
			主题研讨二·数字法学		
		《政治与法律》	主题研讨——数字法治前沿问题	1	

(续表)

序号	关键词	期刊名称	期刊栏目	文章数量(篇)	合计(篇)
		《知识产权》	《知识产权强国建设纲要(2021—2035年)》专项研究:专题评述	8	
			大数据知识产权保护研究专题_百家争鸣		
			大数据知识产权保护研究专题_学术研究		
			深入学习宣传贯彻党的二十大精神_专题评述		
			学术研究_《知识产权强国建设纲要(2021—2035年)》专项研究		
		《中国法学》	数字法治研究	2	
		《中国社会科学》(法学文章)	学术基本理论、基本问题、基本概念再反思	1	
		《中国刑事法杂志》	数字刑事法治专题	4	
			刑事证明专题		
		《中国应用法学》	高端论坛	2	
			特稿		
		《中国政法大学学报》	热点聚焦_反垄断法专题	1	
2	个人信息保护	《北方法学》	劳动法典专题研究	2	95
			人脸识别法治专题研究		
		《比较法研究》	专题研讨	2	
			专题研讨一:数字时代民法前沿问题		
		《财经法学》	财经法治热点:个人信息保护法研究	12	
			财经法治热点:数字经济法治		
			财经法治热点:疫情防控法律问题		
			个人信息保护		
		《当代法学》	个人信息保护法专题	5	
			民法典专题		

(续表)

序号	关键词	期刊名称	期刊栏目	文章数量(篇)	合计(篇)
		《地方立法研究》	数字法治	3	
			数字法治专辑		
		《东方法学》	数字财产权	10	
			数字合规		
			智慧法治		
		《法律科学》	科技新时代法学	2	
		《法律适用》	专题研究:聚焦个人信息保护	2	
		《法商研究》	网络与信息法	3	
		《法学家》	主题研讨:构建中国特色法学知识体系、话语体系和法治体系(七)	1	
		《法学论坛》	热点聚焦	4	
			特别策划·个人信息保护与合规处理		
		《法学评论》	热点透视	2	
			本期特稿		
		《法学研究》	个人信息保护法专题	4	
			马克思主义法学专论		
		《法制与社会发展》	法律与科技研究	2	
		《法治研究》	个人信息保护法专题	2	
		《河北法学》	热点问题透视	1	
		《华东政法大学学报》	数字法治	9	
			专题研讨_数字行政法的形成与构造		
			专题研讨_《个人信息保护法》的实施及隐私计算治理		
		《现代法学》	社会主义市场经济法治	2	
			市场经济法治		

(续表)

序号	关键词	期刊名称	期刊栏目	文章数量(篇)	合计(篇)
		《行政法学研究》	个人信息保护	4	
			数据跨境流动		
			行政处罚法实施		
		《政法论坛》	主题研讨·数据法学	2	
			主题研讨二·数字法学		
		《中国法律评论》	思想:个人信息保护专题	5	
		《中国法学》	民法典解读与适用	5	
			数字法治研究		
			未来法治研究		
		《中国刑事法杂志》	网络时代人格权的刑事保护	2	
			刑事证明专题		
		《中国应用法学》	高端论坛	5	
			专题策划:个人信息保护研究		
		《中国政法大学学报》	热点聚焦_个人信息保护专题	3	
		《中外法学》	代表作	1	
3	数字法治与元宇宙	《比较法研究》	专题研讨	2	88
			专题研讨一:数字时代民法前沿问题		
		《财经法学》	财经法治热点:数字经济法治	7	
			财经法治热点:疫情防控法律问题		
			财经法治热点:元宇宙法律问题		
		《当代法学》	部门法前沿专题	2	
		《地方立法研究》	数字法治	4	
			数字法治专辑		

（续表）

序号	关键词	期刊名称	期刊栏目	文章数量（篇）	合计（篇）
		《东方法学》	NFT	20	
			数字财产权		
			数字合规		
			数字人民币		
			元宇宙		
			智慧法治		
		《法律科学》	科技新时代法学	6	
			科技新时代法学——算法治理的中国方案		
		《法商研究》	网络与信息法	2	
		《法学论坛》	热点聚焦	2	
		《法学评论》	热点透视	3	
		《法学杂志》	数据产权专题	2	
		《法制与社会发展》	法学新概念	1	
		《法治研究》	"元宇宙治理"专题	6	
			数据法学		
		《国家检察官学院学报》	主题研讨——金融刑法的宏观与微观展开	1	
		《华东政法大学学报》	数字法治	4	
			专题研讨:传统法律文化的现代价值		
			专题研讨_数字行政法的形成与构造		
		《科技与法律》	热点问题	2	
		《苏州大学学报（法学版）》	数据法治	1	
		《现代法学》	市场经济法治	1	
		《行政法学研究》	数据跨境流动	2	
		《政法论坛》	马克思主义法学本土化研究	3	
			主题研讨二·数字法学		

(续表)

序号	关键词	期刊名称	期刊栏目	文章数量（篇）	合计（篇）
		《政治与法律》	主题研讨——数字法治前沿问题	2	
		《知识产权》	大数据知识产权保护研究专题_国际前沿	4	
			大数据知识产权保护研究专题_学术研究		
			深入学习宣传贯彻党的二十大精神_专题评述		
		《中国法律评论》	思想：个人信息保护专题	1	
		《中国法学》	数字法学研究	2	
			数字法治研究		
		《中国刑事法杂志》	数字刑事法治专题	2	
		《中国应用法学》	本期特稿	1	
		《中国政法大学学报》	热点聚焦|个人信息保护专题	2	
			热点聚焦|公司法修改专题		
		《中外法学》	代表作	3	
			特稿		
			专题：平台反垄断		
4	民法典	《北方法学》	劳动法典专题研究	1	57
		《当代法学》	个人信息保护法专题	4	
			民法典专题		
		《东方法学》	民法典	3	
			民法典适用		
			数字合规		
		《法律科学》	《民法典》专题	6	
			科技新时代法学		
			知识产权法律		
		《法学家》	主题研讨：离婚冷静期制度的法社会学研究	1	

（续表）

序号	关键词	期刊名称	期刊栏目	文章数量(篇)	合计(篇)
		《法学论坛》	热点聚焦	1	
		《法学杂志》	民法典合同编专题	2	
			民法典适用专题		
		《法制与社会发展》	民法典研究	3	
		《法治研究》	婚姻家庭法专题	1	
		《河北法学》	专题研究_民事诉讼法典化	2	
			专题研究_农村集体产权制度改革的法治保障研究		
		《河南财经政法大学学报》	民生法学	1	
		《交大法学》	专题:《民法典》"合同编"重要制度评释与新解	2	
			法学交叉与跨学科:刑民交叉		
		《南大法学》	法典评注专栏	2	
			专题:民法典的新范式		
		《苏州大学学报（法学版）》	本期聚焦:社会主义核心价值观融入法治建设的意义和方法	1	
		《现代法学》	《民法典》时代的经济法	3	
			民法典专题研究		
		《行政法学研究》	个人信息保护	4	
			公益诉讼		
			民法典专题		
		《政法论坛》	主题研讨·民法典施行一周年	2	
		《知识产权》	专题评述	1	
		《中国法学》	交叉学科研究	5	
			民法典解读与适用		
		《中国社会科学》（法学文章）	学术基本理论、基本问题、基本概念再反思	2	
		《中国刑事法杂志》	网络时代人格权的刑事保护	1	

（续表）

序号	关键词	期刊名称	期刊栏目	文章数量(篇)	合计(篇)
		《中国应用法学》	专题策划二:裁判方法与裁判思维研究	1	
		《中国政法大学学报》	热点聚焦I《民法典》颁布两周年专题	8	
			热点聚焦I《民法典》颁布两周年专题之二		
			热点聚焦I公司法修改专题		
			私法前沿		
5	习近平法治思想	《比较法研究》	习近平法治思想研究	4	57
		《当代法学》	习近平法治思想研究	1	
		《东方法学》	习近平法治思想研究	2	
		《法律科学》	法律文化与法律价值	3	
			习近平法治思想		
			习近平法治思想专稿		
		《法律适用》	特稿	1	
		《法商研究》	马克思主义法学与新时代中国特色社会主义法治	1	
		《法学家》	主题研讨:建构中国自主的法学知识体系	4	
			主题研讨:习近平法治思想的学理阐释		
		《法学论坛》	特别策划·习近平法治思想研究	3	
		《法学评论》	习近平法治思想研究	4	
		《法学研究》	习近平法治思想专论	2	
		《法学杂志》	特稿	1	
		《法制与社会发展》	法学新概念	4	
			习近平法治思想研究		
		《国际法研究》	专稿	1	
		《河南财经政法大学学报》	法治中国	1	
		《交大法学》	专题:习近平法治思想及践行研究	1	

(续表)

序号	关键词	期刊名称	期刊栏目	文章数量（篇）	合计（篇）
		《现代法学》	学习领会习近平法治思想专题	2	
		《行政法学研究》	习近平法治思想	1	
		《政法论坛》	学习习近平法治思想	6	
			专论·十九届六中全会精神研究		
		《政治与法律》	特稿	1	
		《知识产权》	专题评述 《知识产权强国建设纲要（2021—2035年）》主题文章	1	
		《中国法律评论》	特稿	2	
			习近平法治思想研究		
		《中国法学》	特稿	5	
			习近平法治思想研究		
		《中国社会科学》（法学文章）	中国式现代化与中国知识体系——法治文明的中国表达	3	
		《中国刑事法杂志》	刑事政策专题	1	
		《中国政法大学学报》	热点聚焦	2	
			习近平法治思想		
6	法典化	《北方法学》	劳动法典专题研究	9	55
			行政法法典化专题研究		
		《当代法学》	部门法前沿专题	4	
			生态环境损害赔偿专题		
		《东方法学》	理论前沿	3	
		《法律科学》	环境法法典编纂	4	
			环境法专论		
		《法商研究》	法治热点问题_聚焦环境法典编纂	2	
		《法学论坛》	名家主持·环境法典与美丽中国	3	
		《法学评论》	本期特稿	2	
			生态文明与环境法治		

(续表)

序号	关键词	期刊名称	期刊栏目	文章数量(篇)	合计(篇)
		《甘肃政法大学学报》	法律与实践	1	
		《河北法学》	青年法学家	1	
		《现代法学》	环境法专题	7	
			行政法法典专题		
		《行政法学研究》	2021年行政法学研究会年会	5	
			部门法法典化		
			民法典专题		
		《政法论坛》	主题研讨·环境法法典化	7	
			主题研讨一·行政法法典化		
		《政治与法律》	实务研究	1	
		《中国法律评论》	特稿	1	
		《中国法学》	生态法治研究	1	
		《中国社会科学》（法学文章）	国家治理与全球治理	1	
		《中国政法大学学报》	法治文化	1	
		《中外法学》	特稿	2	
7	企业合规	《比较法研究》	专题研讨	4	44
		《东方法学》	数字合规	3	
			司法改革		
		《法律科学》	刑法与社会治理	1	
		《法学论坛》	特别策划·个人信息保护与合规处理	3	
		《法学评论》	热点透视	1	
		《法学杂志》	刑事管辖专题	1	
		《法制与社会发展》	全面依法治国研究	4	
		《甘肃政法大学学报》	企业合规制度建设与实践探索	2	
		《国家检察官学院学报》	主题研讨——企业合规的体系化建设	3	

(续表)

序号	关键词	期刊名称	期刊栏目	文章数量(篇)	合计(篇)
		《河南财经政法大学学报》	司法制度研究	1	
		《华东政法大学学报》	专题研讨 企业合规改革与刑事诉讼法修改	4	
		《现代法学》	社会主义市场经济法治	2	
			市场经济法治		
		《政法论坛》	"全面依法治国"专栏	9	
			马克思主义法学本土化研究		
			主题研讨二·企业合规刑事改革		
		《中国刑事法杂志》	数字刑事法治专题	5	
			诉讼理论		
			刑法理论		
			行刑衔接专题		
		《中国应用法学》	本期特稿	1	
8	算法	《北方法学》	人脸识别法治专题研究	1	39
		《财经法学》	财经法治热点:数字经济法治	2	
			数字经济法治		
		《当代法学》	部门法前沿专题	1	
		《地方立法研究》	数字法治	2	
			数字法治专辑		
		《东方法学》	智慧法治	3	
		《法律科学》	科技新时代法学——算法治理的中国方案	3	
		《法商研究》	网络与信息法	1	
		《法学论坛》	热点聚焦	2	
		《法制与社会发展》	法律与科技研究	4	
			司法文明研究		

(续表)

序号	关键词	期刊名称	期刊栏目	文章数量(篇)	合计(篇)
		《法治研究》	"元宇宙治理"专题	4	
			个人信息保护法专题		
			数字法学		
		《河南财经政法大学学报》	智慧法治	1	
		《华东政法大学学报》	数字法治	2	
		《交大法学》	青年学者专题:数字社会的挑战与法律应对	1	
		《政法论坛》	主题研讨·数据法学	1	
		《政治与法律》	主题研讨——平台用工的法理辨析及规则构建	3	
			主题研讨——数字法治前沿问题		
		《知识产权》	《知识产权强国建设纲要(2021—2035年)》专项研究:专题评述	2	
			深入学习宣传贯彻党的二十大精神_专题评述		
		《中国法学》	数字法学研究	5	
			数字法治研究		
			未来法治研究		
		《中国刑事法杂志》	数字刑事法治专题	1	
9	知识产权	《当代法学》	部门法前沿专题	2	27
			个人信息保护法专题		
		《法律科学》	《民法典》专题	3	
			知识产权法律		
		《法学研究》	2021年《法学研究》论坛专题	3	
		《法学杂志》	信用立法专题	2	
		《苏州大学学报(法学版)》	产权保护专题	1	
		《政治与法律》	主题研讨——疫情常态化防控的法治保障	1	

（续表）

序号	关键词	期刊名称	期刊栏目	文章数量(篇)	合计(篇)
		《知识产权》	大数据知识产权保护研究专题_百家争鸣	9	
			深入学习宣传贯彻党的二十大精神_高层论坛		
			深入学习宣传贯彻党的二十大精神_主题文章		
			深入学习宣传贯彻党的二十大精神_专题评述		
			学术研究_《知识产权强国建设纲要（2021—2035年）》专项研究		
			专题评述 《知识产权强国建设纲要（2021—2035年）》主题文章		
			专题评述_地理标志保护制度研究		
		《中国法学》	民法典解读与适用	4	
			知识产权研究		
		《中国刑事法杂志》	知识产权犯罪专题研究	1	
		《中国应用法学》	专题策划一：专门人民法院及其设置研究	1	
10	反垄断	《法律科学》	法律制度与部门法理	1	20
		《法学评论》	热点透视	1	
		《法学杂志》	特稿	1	
		《国家检察官学院学报》	法学专论	1	
		《科技与法律》	热点问题	3	
		《南大法学》	专题：消费者福利与垄断认定标准	2	
		《政法论坛》	主题研讨二·数字法学	1	
		《知识产权》	大数据知识产权保护研究专题_国际前沿	2	
			大数据知识产权保护研究专题_学术研究		
		《中国应用法学》	专题策划一：新《反垄断法》实施研究	3	
		《中外法学》	专题：平台反垄断	5	

（续表）

序号	关键词	期刊名称	期刊栏目	文章数量（篇）	合计（篇）
11	人工智能	《比较法研究》	习近平法治思想研究	1	19
		《东方法学》	智慧法治	2	
		《法律适用》	问题探讨	1	
		《法商研究》	网络与信息法	1	
		《法学论坛》	名家主持·法治思维方式的塑造	1	
		《法制与社会发展》	法律与科技研究	1	
		《河北法学》	名家论坛	1	
		《河南财经政法大学学报》	智慧法治	3	
		《交大法学》	青年学者专题：数字社会的挑战与法律应对	1	
		《科技与法律》	热点问题	1	
		《苏州大学学报（法学版）》	数据法治专栏：人工智能与自动驾驶	1	
		《行政法学研究》	智能行政执法	1	
		《政法论坛》	主题研讨·数据法学	3	
			主题研讨一·司法大数据研究		
		《政治与法律》	主题研讨——数字法治前沿问题	1	
12	检察制度	《东方法学》	司法改革	1	16
		《法学家》	主题研讨：中国共产党领导下法治建设的回顾与展望	1	
		《河北法学》	司法实践	1	
		《河南财经政法大学学报》	司法制度研究	2	
		《华东政法大学学报》	专题研讨 企业合规改革与刑事诉讼法修改	1	
		《苏州大学学报（法学版）》	检察一体的原理与实践	2	
		《行政法学研究》	公益诉讼	1	

(续表)

序号	关键词	期刊名称	期刊栏目	文章数量(篇)	合计(篇)
		《中国刑事法杂志》	数字刑事法治专题	6	
			网络时代人格权的刑事保护		
			刑事政策专题		
			刑事执行专题研究		
		《中国政法大学学报》	热点聚焦_个人信息保护专题	1	
13	人格权	《财经法学》	财经法治热点:数字经济法治	1	15
		《东方法学》	民法典适用	1	
		《法律适用》	专题研究:聚焦人身安全保护令制度	1	
		《法学论坛》	特别策划民法典若干规则解读	1	
		《法制与社会发展》	法理中国研究	3	
			法学范畴研究		
			民法典研究		
		《国家检察官学院学报》	主题研讨——收买被拐卖妇女、儿童罪的规范内涵与立法抉择	1	
		《河南财经政法大学学报》	司法制度研究	1	
		《现代法学》	立法与司法研究	1	
		《政法论坛》	主题研讨·民法典施行一周年	1	
		《中国法学》	民法典解读与适用	1	
		《中国刑事法杂志》	网络时代人格权的刑事保护	1	
		《中国政法大学学报》	热点聚焦I《民法典》颁布两周年专题	2	
			热点聚焦I《民法典》颁布两周年专题之二		

(续表)

序号	关键词	期刊名称	期刊栏目	文章数量(篇)	合计(篇)
14	公益诉讼	《地方立法研究》	程序法实证研究	1	13
		《东方法学》	智慧法治	2	
			司法改革		
		《法律科学》	《民法典》专题	1	
		《法律适用》	专题研究:平台经济背景下的消费者权益保护	2	
		《法制与社会发展》	部门法哲学研究	1	
		《河南财经政法大学学报》	法治中国	2	
		《政治与法律》	争鸣园地	2	
			主题研讨—"双碳"背景下的法治新议题		
		《中国法学》	行政法治研究	1	
		《中国政法大学学报》	习近平法治思想	1	
15	行政处罚	《行政法学研究》	2021年行政法学研究会年会	8	13
			行政处罚法实施		
		《政法论坛》	主题研讨一·行政处罚法修订	3	
		《政治与法律》	主题研讨——交警非现场执法的理论与实践争议	1	
		《中国法学》	生态法治研究	1	
16	担保制度	《东方法学》	数字人民币	1	10
		《法学论坛》	特别策划·民法典若干规则解读	1	
		《法学杂志》	债权与动产担保的交融专题	2	
		《法制与社会发展》	民法典研究	1	
		《国家检察官学院学报》	主题研讨——优化营商环境与公司法改革	1	
		《苏州大学学报(法学版)》	本期聚焦:共同保证与连带债务领域的涉他效力研究专题	1	
		《中国政法大学学报》	热点聚焦I《民法典》颁布两周年专题 热点聚焦I《民法典》颁布两周年专题之二	3	

（续表）

序号	关键词	期刊名称	期刊栏目	文章数量（篇）	合计（篇）
17	认罪认罚从宽	《东方法学》	司法改革	1	9
		《法律科学》	法律制度与部门法理	1	
		《法制与社会发展》	部门法哲学研究	1	
		《甘肃政法大学学报》	企业合规制度建设与实践探索	1	
		《国家检察官学院学报》	主题研讨——企业合规的体系化建设	1	
		《河南财经政法大学学报》	司法制度研究	1	
		《华东政法大学学报》	专题研讨 企业合规改革与刑事诉讼法修改	1	
		《中国刑事法杂志》	诉讼理论	2	
18	监察制度	《比较法研究》	习近平法治思想研究	1	4
		《当代法学》	《监察法》与《刑事诉讼法》衔接适用专题	1	
		《法律科学》	刑法与社会治理	1	
		《法学家》	主题研讨:中国共产党领导下法治建设的回顾与展望	1	
	总计				685

四、41家法学核心期刊2022年度作者盘点分析

（一）41家法学核心期刊高产作者51位，发文量为346篇

41家法学核心期刊2022年度总发文量3421篇,涉及作者共2401位。发文量为5篇（含本数）以上的高产作者有51位,发文量为346篇。[1]相较于2021年（发文量为5篇以上的高产作者有49位,发文量为310篇）,高产作者数量增加2位,发文量增加36篇。

如表9所示,51位高产作者中,发文量为13篇的有1位,为王利明教授;发文量

---

[1] 统计说明:51位高产作者中,吕忠梅教授、姜涛教授、黎宏教授、彭文华教授均在《环球法律评论》发文1篇;张卫平教授、秦天宝教授、雷磊教授、杨凯教授均在《政法论丛》发文1篇。

为11篇的有3位,分别是陈兴良教授、刘宪权教授、杨立新教授;发文量为10篇的有4位,分别是江必新教授、刘俊海教授、刘艳红教授、张卫平教授;发文量为9篇的有4位,分别是丁晓东教授、吕忠梅教授、张明楷教授、周光权教授;发文量为8篇的有4位,分别是崔建远教授、黄文艺教授、李建伟教授、秦天宝教授;发文量为7篇的有4位,分别是龙宗智教授、邢会强教授、张守文教授、左卫民教授;发文量为6篇的有9位;发文量为5篇的有22位。

表9 2022年度41家法学核心期刊高产作者发文情况
(按发文量降序排序,发文量相同的按作者姓名拼音排序)

序号	作者	所属单位	发文量（篇）	期刊名称	刊期	文章标题
1	王利明	中国人民大学法学院	13	《比较法研究》	2022.04	迈进数字时代的民法
				《当代法学》	2022.01	敏感个人信息保护的基本问题——以《民法典》和《个人信息保护法》的解释为背景
				《东方法学》	2022.01	论个人信息删除权
				《法律科学》	2022.02	论比较过失
				《法学》	2022.07	构建《民法典》时代的民法学体系——从"照着讲"到"接着讲"
				《法治研究》	2022.03	试论法学的科学性
				《清华法学》	2022.03	论债权形式主义下的区分原则——以《民法典》第215条为中心
				《政法论坛》	2022.01	民法典中参照适用条款的适用
				《政治与法律》	2022.07	论数据权益:以"权利束"为视角
				《中国法律评论》	2022.03	论禁止滥用权利——兼评《总则编解释》第3条
				《中国法学》	2022.01	论民事权益位阶:以《民法典》为中心
				《中国社会科学》(法学文章)	2022.03	论《民法典》实施中的思维转化——从单行法思维到法典化思维
				《中国政法大学学报》	2022.03	民法典时代的教学与研究初探

（续表）

序号	作者	所属单位	发文量（篇）	期刊名称	刊期	文章标题
2	陈兴良	北京大学法学院	11	《比较法研究》	2022.02	共犯行为的正犯化：以帮助信息网络犯罪活动罪为视角
				《当代法学》	2022.01	妨害药品管理罪：从依附到独立
				《东方法学》	2022.04	论中立的帮助行为
				《法学》	2022.06	不作为的共犯：规则与教义
				《国家检察官学院学报》	2022.04	关涉他罪之对合犯的刑罚比较：以买卖妇女、儿童犯罪为例
				《交大法学》	2022.05	正当防卫：以刑民比较为视角的规范诠释
				《清华法学》	2022.06	刑法教义学中的价值判断
				《政法论坛》	2022.03	家庭暴力的正当防卫
				《政治与法律》	2022.06	准强奸罪的定性研究
				《中国法律评论》	2022.04	刑法教义学中的类型思维
				《中国刑事法杂志》	2022.03	共犯关系的脱离及其与共犯中止的区分
3	刘宪权	华东政法大学	11	《比较法研究》	2022.03	元宇宙空间犯罪刑法规制的新思路
				《东方法学》	2022.01	涉智能网联汽车犯罪的刑法理论与适用
				《法商研究》	2022.02	刑法个罪修正条文具体适用的溯及力问题研究
				《法学》	2022.01	网络黑产链犯罪中帮助行为的刑法评价
				《法学论坛》	2022.05	刑法条文与司法解释交叉适用的溯及力问题研究
				《法学评论》	2022.03	敏感个人信息的刑法特殊保护研究
				《法治研究》	2022.02	元宇宙中的刑事风险及刑法应对
				《国家检察官学院学报》	2022.06	操纵证券、期货市场罪"兜底条款"法教义学的再展开

（续表）

序号	作者	所属单位	发文量（篇）	期刊名称	刊期	文章标题
				《华东政法大学学报》	2022.05	"互联网3.0"时代计算机系统犯罪刑法规制的重构
				《中国刑事法杂志》	2022.05	数据犯罪刑法规制完善研究
				《中国应用法学》	2022.05	擅自处理公开的个人信息行为的刑法认定
4	杨立新	广东财经大学法学院	11	《法律适用》	2022.06	网约车聚合平台经营者的注意义务与侵权责任
				《法治研究》	2022.06	错误执行侵害债权的损害赔偿
				《国家检察官学院学报》	2022.04	民法典对我国民事权利保护方法的成功改造
				《清华法学》	2022.03	民事权利客体：民法典规定的时隐时现与理论完善
				《中国法律评论》	2022.04	论法理作为民事审判之补充法源——以如何创造伟大判决为视角
				《中国政法大学学报》	2022.03	"其他具有担保功能的合同"概念的实用功能
		中国人民大学法学院		《当代法学》	2022.01	被侵权人对侵权连带责任人的选择权
				《法学论坛》	2022.05	婚姻缔结之际的损害赔偿责任
				《法学杂志》	2022.01	从原则到例外：《民法典》时间效力规则的体系化展开
				《河南财经政法大学学报》	2022.01	《个人信息保护法》规定的本土被遗忘权及其保护
				《河南财经政法大学学报》	2022.06	违约精神损害赔偿的裁判实践与理论应对——以《民法典》第九百九十六条的司法适用为中心

（续表）

序号	作者	所属单位	发文量（篇）	期刊名称	刊期	文章标题
5	江必新	湖南大学法学院	10	《法律适用》	2022.05	司法审判的根本遵循——习近平司法理论述要
				《现代法学》	2022.05	习近平法治思想理论体系研究
				《行政法学研究》	2022.05	论紧急行政权的限度
				《中国法律评论》	2022.04	习近平法治思想是全面依法治国的根本遵循和行动指南
				《中国法学》	2022.03	法律规范体系化背景下的行政诉讼制度的完善
		中南大学法学院		《法学论坛》	2022.03	习近平法治思想的主题与主线
				《法学评论》	2022.02	习近平法治思想研究之研究
				《政法论坛》	2022.01	习近平法治思想对法治基本价值理念的传承与发展
				《中国应用法学》	2022.01	以习近平法治思想引领司法审判工作论要
		全国人大宪法和法律委员会		《法律适用》	2022.01	行政法律规范现代化若干问题研究
6	刘俊海	中国人民大学法学院	10	《比较法研究》	2022.05	论上市公司双层股权架构的兴利除弊
				《当代法学》	2022.05	上市公司股份回购方案的法律性质与规制策略——民法、公司法与证券法的三重维度
				《法律适用》	2022.03	论消费者友好型《公司法》的价值定位和制度设计
				《法学论坛》	2022.02	论控制股东和实控人滥用公司控制权时对弱势股东的赔偿责任
				《法学杂志》	2022.03	上市公司独立董事制度的反思和重构——康美药业案中独董巨额连带赔偿责任的法律思考

(续表)

序号	作者	所属单位	发文量（篇）	期刊名称	刊期	文章标题
				《国家检察官学院学报》	2022.03	债权人友好型《公司法》理念和制度重塑
				《河北法学》	2022.04	目标公司对赌条款无效的法理证成
				《清华法学》	2022.02	论公司生存权和发展权原则——兼议《公司法》修改
				《现代法学》	2022.03	论资本公积转增股本前后的出质股权守恒定律
				《中国政法大学学报》	2022.06	公司法中四重制度失灵的破解之道——以董事辞职僵局为中心
7	刘艳红	中国政法大学	10	《比较法研究》	2022.01	人工智能技术在智慧法院建设中实践运用与前景展望
				《东方法学》	2022.04	涉案企业合规建设的有效性标准研究——以刑事涉案企业合规的犯罪预防为视角
				《法商研究》	2022.01	袭警罪中"暴力"的法教义学分析
				《法学论坛》	2022.06	智慧法院场景下个人信息合规处理的规则研究
				《法制与社会发展》	2022.01	人工智能的可解释性与AI的法律责任问题研究
				《华东政法大学学报》	2022.01	人工智能时代网络游戏外挂的刑法规制
				《清华法学》	2022.02	网络时代社会治理的消极刑法观之提倡
				《中国法学》	2022.06	民刑共治：中国式现代犯罪治理新模式
				《中国刑事法杂志》	2022.01	企业合规不起诉改革的刑法教义学根基
				《中国应用法学》	2022.06	涉案企业合规第三方监督评估机制关键问题研究

（续表）

序号	作者	所属单位	发文量（篇）	期刊名称	刊期	文章标题
8	张卫平	烟台大学法学院	10	《比较法研究》	2022.02	论民事纠纷相对性解决原则
				《当代法学》	2022.03	在线诉讼：制度建构及法理——以民事诉讼程序为中心的思考
				《东方法学》	2022.05	民事诉讼法法典化的意义
				《法律科学》	2022.05	再审诉权与再审监督权：性质、目的与行使逻辑
				《法学评论》	2022.02	在线民事诉讼的法律规制——基本框架与思路
				《法治研究》	2022.03	"案多人少"困境的程序应对之策
				《河北法学》	2022.08	民事诉讼法法典化：基本要求与构建
				《中国法律评论》	2022.02	我国禁诉令的建构与实施
		山东师范大学法学院		《政法论坛》	2022.01	民法典的实施与民事审判方式的再调整
		天津大学法学院		《清华法学》	2022.01	审判资源程序配置的综合判断——以民事诉讼程序为中心的分析
9	丁晓东	中国人民大学法学院	9	《比较法研究》	2022.05	论个人信息概念的不确定性及其法律应对
				《东方法学》	2022.02	数据交易如何破局——数据要素市场中的阿罗信息悖论与法律应对
				《法律科学》	2022.06	论"数字人权"的新型权利特征
				《法商研究》	2022.02	从公开到服务：政府数据开放的法理反思与制度完善
				《法治研究》	2022.05	个人信息公私法融合保护的多维解读
				《国家检察官学院学报》	2022.05	从个体救济到公共治理：论侵害个人信息的司法应对

(续表)

序号	作者	所属单位	发文量（篇）	期刊名称	刊期	文章标题
				《华东政法大学学报》	2022.02	《个人信息保护法》的比较法重思：中国道路与解释原理
				《中国法学》	2022.01	基于信任的自动化决策：算法解释权的原理反思与制度重构
				《中外法学》	2022.02	法律如何调整不平等关系？——论倾斜保护型法的法理基础与制度框架
10	吕忠梅	中国法学会	9	《法律科学》	2022.01	发现环境法典的逻辑主线：可持续发展
				《法律适用》	2022.03	公益诉讼守护长江生物多样性——王小朋等59人非法捕捞、贩卖、收购鳗鱼苗案
				《法学论坛》	2022.02	做好中国环境法典编纂的时代答卷
				《法学评论》	2022.04	论环境法典的"行政领域立法"属性
				《现代法学》	2022.04	类型化思维下的环境法典规范体系建构
				《行政法学研究》	2022.02	民法典绿色条款的类型化构造及与环境法典的衔接
				《政法论坛》	2022.02	环境法典编纂方法论：可持续发展价值目标及其实现
				《中国法律评论》	2022.02	论具有中国特色环境法典的编纂
				《中外法学》	2022.03	环境法典编纂视阈中的人与自然
11	张明楷	清华大学法学院	9	《比较法研究》	2022.05	自洗钱入罪后的争议问题
				《当代法学》	2022.04	《刑法修正案（十一）》对口袋罪的限缩及其意义
				《东方法学》	2022.04	犯罪的成立范围与处罚范围的分离
				《法律科学》	2022.02	论"依照处罚较重的规定定罪处罚"

(续表)

序号	作者	所属单位	发文量（篇）	期刊名称	刊期	文章标题
				《法商研究》	2022.02	论故意的体系地位
				《法学》	2022.05	洗钱罪的保护法益
				《法学评论》	2022.02	受虐妇女反杀案的出罪事由
				《政法论坛》	2022.02	催收非法债务罪的另类解释
				《政治与法律》	2022.06	身体法益的刑法保护
12	周光权	清华大学法学院	9	《比较法研究》	2022.04	我国应当坚持统一刑法典立法模式
				《法学》	2022.10	对赌协议场景下合同诈骗罪的界限
				《国家检察官学院学报》	2022.04	法定刑配置的优化：理念与进路
				《华东政法大学学报》	2022.02	法秩序统一性的含义与刑法体系解释——以侵害英雄烈士名誉、荣誉罪为例
				《政治与法律》	2022.01	论刑事一体化视角的危险驾驶罪
				《中国法律评论》	2022.04	刑法教义学的实践导向
				《中国社会科学》（法学文章）	2022.08	刑事司法领域的宪法判断与刑法制度文明
				《中国刑事法杂志》	2022.02	被害人受欺骗的承诺与法益处分目的错误——结合检例第140号等案例的研究
				《中外法学》	2022.04	非法采矿罪的关键问题
13	崔建远	清华大学法学院	8	《当代法学》	2022.02	《民法典》所设连带债务规则的解释论
				《东方法学》	2022.04	合理预见规则的解释论
				《法商研究》	2022.06	论建设工程价款优先受偿权
				《法学杂志》	2022.06	论损益相抵规则
				《法治研究》	2022.06	违约责任探微

(续表)

序号	作者	所属单位	发文量（篇）	期刊名称	刊期	文章标题
				《交大法学》	2022.01	合同成立探微
				《清华法学》	2022.02	论合同相对性原则
				《政法论坛》	2022.01	民事合同与商事合同之辨
14	黄文艺	中国人民大学法学院	8	《比较法研究》	2022.04	论党规的"法"属性——基于新法律多元主义的考察
				《法制与社会发展》	2022.04	"平安中国"的政法哲学阐释
				《交大法学》	2022.04	习近平法治思想原创性贡献论纲
				《政法论坛》	2022.01	论党法关系的规范性原理
				《中国法律评论》	2022.06	论深化司法体制综合配套改革——以21世纪全球司法改革为背景
				《中国法学》	2022.06	推进中国式法治现代化构建人类法治文明新形态——对党的二十大报告的法治要义阐释
				《中国社会科学》（法学文章）	2022.02	政法范畴的本体论诠释
				《中外法学》	2022.01	论中国古典政法传统
15	李建伟	中国政法大学	8	《财经法学》	2022.06	《公司法》修改背景下股东表决权不统一行使规则
				《法学论坛》	2022.03	习近平法治思想中的营商环境法治观
				《法学杂志》	2022.04	公司决议无效的类型化研究
				《交大法学》	2022.06	决议可撤销之诉裁量驳回的利益衡量
				《政法论坛》	2022.02	决议的法律行为属性论争与证成——民法典第134条第2款的法教义学分析
				《中国法律评论》	2022.03	股东派生诉讼前置程序的公司参与
				《中国法学》	2022.05	论商事习惯的法源位阶
				《中国政法大学学报》	2022.02	董事对债权人的信义义务——公司资本制度视角的考察

(续表)

序号	作者	所属单位	发文量（篇）	期刊名称	刊期	文章标题
16	秦天宝	武汉大学法学院	8	《法律科学》	2022.02	整体系统观下实现碳达峰碳中和目标的法治保障
				《法律适用》	2022.03	从损害预防到风险应对：预防性环境公益诉讼的适用基准和发展方向
				《法学论坛》	2022.01	论生物多样性保护的系统性法律规制
				《法学评论》	2022.03	环境法法典化的行政法课题与调适
				《法制与社会发展》	2022.03	论新时代的中国环境权概念
				《清华法学》	2022.05	司法能动主义下环境司法之发展方向
				《政法论坛》	2022.05	习近平法治思想关于生态文明建设法治保障的重要论述：整体系统观的视角
				《中国应用法学》	2022.04	"双碳"目标下我国涉外气候变化诉讼的发展动因与应对之策
17	龙宗智	四川大学法学院	7	《当代法学》	2022.01	事实碎片都闪耀着同一事实之母的光芒——论"印证"的机理
				《法学家》	2022.02	"印证"的治理
				《国家检察官学院学报》	2022.04	检察机关人员分类管理的问题、矛盾与应对
				《政法论坛》	2022.04	刑事诉讼中防止突袭性裁判问题研究
				《中国法律评论》	2022.02	审级职能定位改革的主要矛盾及试点建议
				《中国应用法学》	2022.04	认罪认罚案件如何实现"以审判为中心"
				《中外法学》	2022.02	论"检察一体"与检察官统一调用制度之完善

(续表)

序号	作者	所属单位	发文量（篇）	期刊名称	刊期	文章标题
18	邢会强	中央财经大学法学院	7	《当代法学》	2022.03	个人金融信息保护法的定位与定向
				《法律适用》	2022.08	上市公司非公开发行股票中券商的勤勉尽责标准与民事责任
				《法学评论》	2022.05	金融法的未来：金融法内部结构之变动趋势展望
				《现代法学》	2022.02	市场型金融创新法律监管路径的反思与超越
				《政法论坛》	2022.06	资本市场看门人理论在我国的适用困境及其克服
				《中国法学》	2022.01	上市公司虚假陈述行政处罚内部责任人认定逻辑之改进
				《中国社会科学》（法学文章）	2022.05	证券中介机构法律责任配置
19	张守文	北京大学法学院	7	《当代法学》	2022.05	要素市场化配置的经济法调整
				《东方法学》	2022.04	信息权保护的信息法路径
				《法商研究》	2022.03	经济法新型责任形态的理论拓掘
				《法学杂志》	2022.04	《价格法》修订：发展需要与改进方向
				《法治研究》	2022.05	共同富裕：经济路径与法治保障
				《政治与法律》	2022.05	税收立法要素探析——以印花税立法为例
				《中国政法大学学报》	2022.02	经济发展、网络安全及其经济法规制
20	左卫民	四川大学法学院	7	《东方法学》	2022.05	如何展开中国司法的实证研究：方法争鸣与理论贡献
				《华东政法大学学报》	2022.03	刑事错案与鉴定意见：复杂关系的实证考察
				《清华法学》	2022.03	中国计算法学的未来：审思与前瞻

(续表)

序号	作者	所属单位	发文量（篇）	期刊名称	刊期	文章标题
				《现代法学》	2022.05	效率 VS 权利？民事程序繁简分流改革争论的实证审视
				《政法论坛》	2022.06	大数据时代法学研究的谱系面向：自科法学？
				《中国法律评论》	2022.02	民事简易程序改革实证研究
				《中外法学》	2022.06	中国"执行难"应对模式的实证研究——基于区域经验的分析
21	程啸	清华大学法学院	6	《当代法学》	2022.04	论个人信息权益与隐私权的关系
				《法律科学》	2022.03	论《民法典》与《个人信息保护法》的关系
				《法制与社会发展》	2022.05	论个人信息侵权责任中的违法性与过错
				《中国法学》	2022.03	论公开的个人信息处理的法律规制
				《中国应用法学》	2022.06	论个人信息权益的行使与救济机制
				《中外法学》	2022.06	侵权法的希尔伯特问题
22	冯晓青	中国政法大学	6	《比较法研究》	2022.05	知识产权视野下商业数据保护研究
				《当代法学》	2022.06	大数据时代企业数据的财产权保护与制度构建
				《法律适用》	2022.04	数字版权下合理引用制度的价值取向和制度完善——以用户生成内容为研究对象
				《苏州大学学报（法学版）》	2022.01	我国著作权客体制度之重塑：作品内涵、分类及立法创新
				《现代法学》	2022.04	知识产权制度的效率之维
				《知识产权》	2022.10	知识产权行使的正当性考量：知识产权滥用及其规制研究

(续表)

序号	作者	所属单位	发文量（篇）	期刊名称	刊期	文章标题
23	巩固	北京大学法学院	6	《比较法研究》	2022.02	生态损害赔偿制度的模式比较与中国选择——《民法典》生态损害赔偿条款的解释基础与方向探究
				《东方法学》	2022.01	山水林田湖草沙统筹治理的法制需求与法典表达
				《法律科学》	2022.01	环境法典自然生态保护编构想
				《法学论坛》	2022.01	生态环境损害赔偿诉讼与环境民事公益诉讼关系探究——兼析《民法典》生态赔偿条款
				《行政法学研究》	2022.06	公法视野下的《民法典》生态损害赔偿条款解析
				《中外法学》	2022.06	环境法典基石概念探究——从资源、环境、生态概念的变迁切入
24	胡学军	华东政法大学	6	《法律适用》	2022.12	中国"金融案例测试机制"的创设逻辑
				《法学家》	2022.02	证明责任中国适用的限缩——对"程序法上证明责任"在本土适用性的质疑
				《法制与社会发展》	2022.02	现代证明责任"风险"性质重述
				《法治研究》	2022.03	系统论视角下"案多人少"的应对之道
				《河北法学》	2022.04	四十不惑：我国证明责任理论与规范的协同演进史综述
				《中国法学》	2022.05	中国传统司法如何处置"真伪不明"

(续表)

序号	作者	所属单位	发文量（篇）	期刊名称	刊期	文章标题
25	姜涛	华东政法大学	6	《东方法学》	2022.03	企业刑事合规不起诉的实体法根据
				《法律科学》	2022.05	受贿未遂标准的法教义学反思与再造
				《行政法学研究》	2022.01	法定犯中行政前置性要件的法理基础与制度构造
		南京师范大学法学院		《法学》	2022.01	重构主义的刑法实践模式
				《苏州大学学报（法学版）》	2022.04	收买被拐卖妇女罪的刑法教义学拓展
				《中国政法大学学报》	2022.05	《反有组织犯罪法》的预防性取向及其实践路径
26	秦前红	武汉大学法学院	6	《北方法学》	2022.06	党和国家监督体系下的新时代舆论监督——兼论舆论监督与纪检监察信访举报工作之耦合
				《比较法研究》	2022.05	习近平法治思想中的监察法治监督理论
				《东方法学》	2022.04	论人大监督重大行政决策的强化
				《法治研究》	2022.03	"行政处罚权交由"的规范阐释——基于《行政处罚法》第24条第1款之展开
				《行政法学研究》	2022.01	论行政执法外部监督中正式监督机关的确立
				《政治与法律》	2022.04	宪治审视下"全民违法"现象的产生及破解之策
27	任重	清华大学法学院	6	《法学评论》	2022.02	"案多人少"的成因与出路——对本轮民事诉讼法修正之省思
				《法治研究》	2022.03	中国式民事程序简化：逻辑与省思
				《国家检察官学院学报》	2022.05	民事判决既判力与执行力的关系——反思穿透式审判思维

(续表)

序号	作者	所属单位	发文量（篇）	期刊名称	刊期	文章标题
				《河北法学》	2022.08	我国民事诉讼法典化:缘起、滞后与进步
				《中国法律评论》	2022.05	比较民事诉讼研究的中国问题意识
				《中国应用法学》	2022.05	我国民事执行基本原则:功能重塑与系统整合
28	张新宝	中国人民大学法学院	6	《比较法研究》	2022.02	司法信息公开的隐私权和个人信息保护研究
				《东方法学》	2022.04	大型互联网平台企业个人信息保护独立监督机构研究
				《华东政法大学学报》	2022.03	已公开裁判文书中个人信息的保护与合理利用
				《中国法律评论》	2022.04	我国《民法典》中的"任何组织或者个人"文义分析
				《中国法学》	2022.03	单位的反性骚扰义务与相关侵权责任研究
				《中国政法大学学报》	2022.03	民法典实施一周年观察
29	朱广新	中国社会科学院法学研究所	6	《比较法研究》	2022.03	美国惩罚性赔偿制度探究
				《法学》	2022.09	代理制度中自我交易规则的适用范围
				《法学杂志》	2022.02	情势变更制度的体系性思考
				《法治研究》	2022.02	论不履行报批义务的法律后果
				《华东政法大学学报》	2022.05	论法人分支机构之行为的法律后果归属
				《中国应用法学》	2022.03	论监护人的确定机制
30	陈柏峰	中南财经政法大学	5	《法律科学》	2022.01	促进乡村振兴的基层法治框架和维度
				《法学家》	2022.05	习近平法治思想中的加强权利司法保护理论
				《法学研究》	2022.06	习近平法治思想领航中国之治的实践机制
				《现代法学》	2022.02	我国政法教育的变迁与展望
				《中国法学》	2022.03	社会诚信机制基层运用的实践逻辑

(续表)

序号	作者	所属单位	发文量（篇）	期刊名称	刊期	文章标题
31	陈瑞华	北京大学法学院	5	《比较法研究》	2022.03	合规监管人的角色定位——以有效刑事合规整改为视角的分析
				《法制与社会发展》	2022.01	有效合规管理的两种模式
				《国家检察官学院学报》	2022.01	论企业合规在行政和解中的适用问题
				《华东政法大学学报》	2022.06	单位犯罪的有效治理——重大单位犯罪案件分案处理的理论分析
				《政法论坛》	2022.01	企业有效合规整改的基本思路
32	房绍坤	吉林大学法学院	5	《当代法学》	2022.03	《民法典》中受遗赠人探析
				《东方法学》	2022.04	遗赠效力再探
				《法学评论》	2022.05	论上市公司对外担保公告的体系定位——以《民法典担保制度解释》第9条为中心
				《法治研究》	2022.02	营利法人决议外部效力规则的体系化阐释——以《民法典》第85条为中心
				《河北法学》	2022.04	农村集体资产股权纠纷的司法实证研究——基于129份裁判文书的整理分析
33	关保英	上海政法学院	5	《法律科学》	2022.06	数字化之下的给付行政研究
				《法学》	2022.12	地方立法推动行政法发展的法治评价
				《法学杂志》	2022.05	行政法代际问题研究
				《政法论坛》	2022.05	大数据智能时代随身码的行政法地位研究
				《政治与法律》	2022.01	论行政程序在大数据下的内涵变迁

(续表)

序号	作者	所属单位	发文量（篇）	期刊名称	刊期	文章标题
34	何志鹏	吉林大学法学院	5	《当代法学》	2022.06	论中国的人权："实践—理论—话语"协同进化
				《法律科学》	2022.02	论国际法职业共同体的构建
				《国际法研究》	2022.05	否决权、回避义务与利益平衡——安理会执行国际法院判决的分析
				《清华法学》	2022.03	国际法中国学派的生成
				《行政法学研究》	2022.05	国内法治与涉外法治的统筹与互动
35	侯欣一	天津财经大学法学院	5	《法学》	2022.04	雷经天与人民司法制度关系研究——以陕甘宁边区高等法院为中心
				《法学评论》	2022.06	司法统一：困境与出路——以民国时期的司法实践为例
				《法学研究》	2022.04	晚清时期国人对法院组织的认知
				《华东政法大学学报》	2022.04	根据地政权法律制度的知识生成史
				《政治与法律》	2022.08	在游击和正规法制之间寻找生存空间：根据地政权法制实践的新思考
36	胡玉鸿	华东政法大学	5	《东方法学》	2022.04	尊重·体面·平等：习近平法治思想中有关尊严的论述
				《法律科学》	2022.04	全过程人民民主的法理释读
				《法学家》	2022.05	新时代民生保障法治中的"弱有所扶"原则
				《法学研究》	2022.03	全过程人民民主的法治向度阐析
				《政治与法律》	2022.09	法理与人生原理关系之研究

(续表)

序号	作者	所属单位	发文量（篇）	期刊名称	刊期	文章标题
37	黄忠顺	华南理工大学法学院	5	《北方法学》	2022.01	物之交付执行中的案外人救济程序研究
				《当代法学》	2022.06	生态环境损害惩罚性赔偿请求权二元配置论
				《法治研究》	2022.02	破产财产网络拍卖的深度透析
				《河北法学》	2022.12	涉案外人权益的民事强制执行制度研究——以《民事强制执行法(草案)》涉案外人权益条款为中心
				《政治与法律》	2022.01	仲裁实施权配置论视阈下的撤回仲裁请求制度研究
38	孔祥俊	上海交通大学凯原法学院	5	《比较法研究》	2022.01	商业数据权：数字时代的新型工业产权——工业产权的归入与权属界定三原则
				《东方法学》	2022.05	论反不正当竞争法"商业数据专条"的建构——落实中央关于数据产权制度顶层设计的一种方案
				《法学评论》	2022.01	论反垄断法的谦抑性适用——基于总体执法观和具体方法论的分析
				《政法论坛》	2022.03	涉外贴牌加工商标贴附行为之定性
				《中国法律评论》	2022.03	反垄断司法的逻辑与经验
39	雷磊	中国政法大学	5	《比较法研究》	2022.01	人工智能时代法律推理的基本模式——基于可废止逻辑的刻画
				《国家检察官学院学报》	2022.03	论德国判例的运用方式
				《现代法学》	2022.06	司法裁判中的事实及其客观性
				《中国法律评论》	2022.05	法教义学的方法
				《中国应用法学》	2022.03	司法裁判中的推理与说理

(续表)

序号	作者	所属单位	发文量（篇）	期刊名称	刊期	文章标题
40	黎宏	清华大学法学院	5	《法学研究》	2022.01	因果关系错误问题及其应对——以行为危险现实化说的再阐释为中心
				《交大法学》	2022.05	论财产犯中的财产性利益
				《清华法学》	2022.03	刑法因果关系论考察
				《中国法学》	2022.03	企业合规不起诉改革的实体法障碍及其消除
				《中国应用法学》	2022.04	日本刑事法官是如何判案的
41	彭文华	上海政法学院	5	《法学》	2022.08	论阻却罪责的特殊心理状态
				《法学论坛》	2022.02	我国刑法中的犯罪定量及其合理化规制与运用
				《法学评论》	2022.05	受虐妇女综合症与杀夫案中正当防卫的认定
				《法学研究》	2022.06	我国犯罪附随后果制度规范化研究
				《中国法学》	2022.02	我国刑法制裁体系的反思与完善
42	沈建峰	中央财经大学法学院	5	《北方法学》	2022.06	劳动的法典：雇佣合同进入《劳动法典》的论据与体系
				《法学评论》	2022.05	捆绑、分离抑或第三条道路：论劳动关系与社会保险的关系
				《法制与社会发展》	2022.02	数字时代劳动法的危机与用工关系法律调整的方法革新
				《苏州大学学报（法学版）》	2022.01	论社会主义核心价值观融入劳动争议裁判的路径与方法——以核心价值观入宪为背景
				《政治与法律》	2022.08	去组织体化用工及其当事人确定与责任承担

(续表)

序号	作者	所属单位	发文量（篇）	期刊名称	刊期	文章标题
43	王贵松	中国人民大学法学院	5	《财经法学》	2022.05	民间技术标准的行政利用
				《当代法学》	2022.01	作为风险行政审查基准的技术标准
				《东方法学》	2022.05	安全事故的行政调查——以调查目的的类型化为视角
				《法商研究》	2022.04	风险行政与基本权利的动态保护
				《清华法学》	2022.06	行政强制措施的谱系
44	王建学	天津大学法学院	5	《法学论坛》	2022.06	论中华民族共同体建设的语言基础——对现行《宪法》语言条款的再阐释
				《法学研究》	2022.02	改革型地方立法变通机制的反思与重构
				《法学杂志》	2022.03	论中央在区域协调发展中的地位与职责
				《河北法学》	2022.10	论海南自贸港法规的备案审查
				《中国法律评论》	2022.03	宪法审查时代如何理解宪法渊源？——中国问题与法国教训
45	温世扬	武汉大学法学院	5	《法学论坛》	2022.05	人格标识合理使用规则的教义展开——《民法典》第999条评析
				《法制与社会发展》	2022.03	民法典视域下的"人身自由"
				《现代法学》	2022.04	《民法典》视域下身份权的教义重述
				《政治与法律》	2022.10	农村集体经济组织法人特殊构造论
				《中国法学》	2022.04	《民法典》视域下的一般人格权

(续表)

序号	作者	所属单位	发文量（篇）	期刊名称	刊期	文章标题
46	吴汉东	中南财经政法大学	5	《当代法学》	2022.03	计算机软件专利保护问题研究
				《法律科学》	2022.01	《民法典》知识产权制度的学理阐释与规范适用
				《法律适用》	2022.04	《著作权法》第三次修改的立法安排与实施展望
				《知识产权》	2022.06	中国知识产权法律体系论纲——以《知识产权强国建设纲要（2021—2035年）》为研究文本
				《中国法学》	2022.05	中国知识产权制度现代化的实践与发展
47	谢登科	吉林大学法学院	5	《当代法学》	2022.06	论留置措施的证明标准
				《地方立法研究》	2022.04	在线诉讼电子化证据的法律效力与规则适用
				《法学研究》	2022.02	电子数据的技术性鉴真
				《中国应用法学》	2022.04	在线诉讼的中国模式与未来发展
				《中国政法大学学报》	2022.01	论在线诉讼中的个人信息保护
48	杨凯	华东政法大学	5	《东方法学》	2022.06	习近平法治思想中的公共法律服务理论
				《法律适用》	2022.06	涉税行政诉讼案件名不副实合同性质的认定——以民行交叉案件司法审查标准的规范化建构为视角
				《法学》	2022.02	论现代公共法律服务多元化规范体系建构
				《华东政法大学学报》	2022.05	在线诉讼入法正当性的公共法律服务理论支撑
				《中国应用法学》	2022.06	人民法庭高质量发展的公共法律服务体系建构——以基层社会治理的中国式法治现代化建设路径为视角

(续表)

序号	作者	所属单位	发文量(篇)	期刊名称	刊期	文章标题
49	叶必丰	上海交通大学凯原法学院	5	《法学》	2022.06	集体讨论制度从组织法到行为法的发展
				《行政法学研究》	2022.01	跨行政区联合应急制度的实施状况分析
				《政法论坛》	2022.05	公共服务连续性理论及我国的实践
				《中国法学》	2022.03	行政机关间的事务委托和职权委托
				《中外法学》	2022.03	论我国的法定机构
50	占善刚	武汉大学法学院	5	《当代法学》	2022.02	证据保全"保全化"之反思
				《法学评论》	2022.02	科学配置民事诉讼第一审程序的逻辑起点
				《法治研究》	2022.04	德国的小额裁量程序及其启示
				《华东政法大学学报》	2022.04	审判程序违法处理中的因果关系考量
				《中外法学》	2022.01	法庭警察权研究
51	赵精武	北京航空航天大学法学院	5	《北方法学》	2022.01	刷脸问题治理逻辑的一般规则转向——以技术透明度为基本立场
				《法律科学》	2022..02	数据跨境传输中标准化合同的构建基础与监管转型
				《华东政法大学学报》	2022.03	破除隐私计算的迷思:治理科技的安全风险与规制逻辑
				《交大法学》	2022.02	从保密到安全:数据销毁义务的理论逻辑与制度建构
				《现代法学》	2022.06	用户标签的法律性质与治理逻辑

从51位高产作者的职称来看,教授47位,副教授3位,研究员1位。从51位高产作者所属单位的地域分布来看,高产作者依旧主要集中在北京地区,有26位,占比51.0%,相较2021年(北京地区高产作者34位,占比69.4%)明显下降;上海和武汉地区高产作者合计15位,占比29.4%,相较2021年(上海和武汉地区高产作者合

计5位,占比10.2%)显著上升。

如图5所示,从51位高产作者的发文量上看,相较2021年(49位高产作者)有21位作者在2022年稳居高产作者之列。[1] 与2021年的发文量相比,12位作者的发文量有所上升,其中刘俊海教授、丁晓东教授、周光权教授的发文量各增加4篇;王利明教授、杨立新教授、崔建远教授、黄文艺教授的发文量各增加3篇;刘宪权教授、吕忠梅教授、左卫民教授的发文量各增加2篇;江必新教授、刘艳红教授的发文量各增加1篇;陈兴良教授、李建伟教授、张新宝教授、陈瑞华教授、何志鹏教授的发文量与2021年一致。

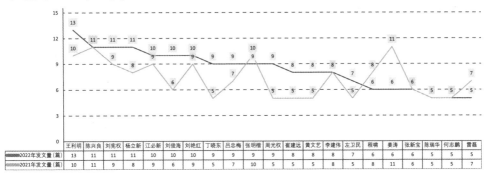

图5 2021年、2022年21位高产作者年度发文量的变化情况
(按照2022年作者发文量降序排序,发文量相同的,按照姓名拼音排序)

通过对51位高产作者的346篇文章的来源期刊进行统计,如表10所示,刊载文章量在15篇以上的期刊有7家,分别是《当代法学》《东方法学》《比较法研究》《政法论坛》《中国法律评论》《中国法学》《法律科学》;刊载文章量在10—14篇的期刊有12家,分别是《法学评论》《法治研究》《法学》《法学论坛》《华东政法大学学报》《清华法学》《政治与法律》《中国应用法学》《法律适用》《国家检察官学院学报》《现代法学》《中外法学》;刊载文章量在5—9篇的期刊有8家,刊载文章量在5篇以下期刊有10家。

---

[1] 21位高产作者分别为:王利明、陈兴良、刘宪权、杨立新、江必新、刘俊海、刘艳红、丁晓东、吕忠梅、张明楷、周光权、崔建远、黄文艺、李建伟、左卫民、程啸、姜涛、张新宝、陈瑞华、何志鹏、雷磊。

表10　2022年度41家法学核心期刊刊载51位高产作者文章的情况
（按照文章量降序排序，文章量相同的按照期刊名称拼音排序）

序号	文章量（篇）	期刊数量（家）	期刊名称／文章量（篇）
1	15+	7	《当代法学》/19、《东方法学》/19、《比较法研究》/18、《政法论坛》/17、《中国法律评论》/16、《中国法学》/16、《法律科学》/15
2	10—14	12	《法学评论》/14、《法治研究》/14、《法学》/12、《法学论坛》/12、《华东政法大学学报》/12、《清华法学》/12、《政治与法律》/12、《中国应用法学》/12、《法律适用》/11、《国家检察官学院学报》/10、《现代法学》/10、《中外法学》/10
3	5—9	8	《法学杂志》/8、《法制与社会发展》/8、《中国政法大学学报》/8、《法商研究》/7、《法学研究》/7、《河北法学》/7、《行政法学研究》/7、《交大法学》/6
4	1—4	10	《北方法学》/4、《法学家》/4、《中国社会科学（法学文章）》/4、《中国刑事法杂志》/4、《苏州大学学报（法学版）》/3、《财经法学》/2、《河南财经政法大学学报》/2、《知识产权》/2、《地方立法研究》/1、《国际法研究》/1
	总计	37	346

（二）九成以上的法学核心期刊不同程度地刊发了副教授、博士研究生及讲师的文章

通过对41家法学核心期刊2022年度总发文量3421篇文章中2401位作者的类别进行统计，如图6所示，类别为副教授、博士研究生、讲师、研究员、博士后研究人员、助理研究员、助理教授、副研究员和法官的作者共1366位，文章量共计1683篇。其中副教授456位，文章量604篇；博士研究生369位，文章量399篇；讲师225位，文章量271篇；研究员65位，文章量94篇；博士后研究人员58位，文章量75篇；助理研究员53位，文章量65篇；助理教授47位，文章量65篇；副研究员49位，文章量57篇；法官44位，文章量53篇。

通过对41家法学核心期刊2022年与2021年作者类别进行比较分析，副教授456位，相比2021年减少3位；文章量604篇，相比2021年减少31篇。博士研究生369位，相比2021年增加18位；文章量399篇，相比2021年增加24篇。讲师225位，相比2021年减少27位；文章量271篇，相比2021年减少37篇。研究员65位，相比2021年减少6位；文章量94篇，相比2021年减少7篇。博士后研究人员58位，相比2021年增加24位；文章量75篇，相比2021年增加23篇。助理研究员53位，相比2021年增加11位；文章量65篇，相比2021年增加14篇。助理教授47位，相比2021年增加6位；文章量65篇，相比2021年增加1篇。副研究员49位，相比

2021年减少6位;文章量相比2021年减少13篇。法官人数相比2021年减少47位;文章量相比2021年减少54篇。

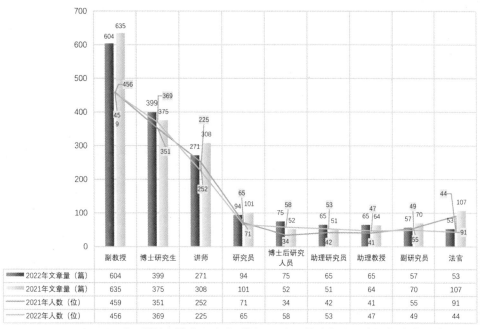

图6 2021年、2022年副教授、博士研究生、讲师、研究员等人数和文章量年度变化情况

从刊载文章量来看,如表11所示,有40家期刊刊载了作者为副教授的文章,其中,刊载文章量在20篇以上的期刊有《法学》《政治与法律》《中国政法大学学报》《法学家》《法学评论》等7家,其中《法学》最多,为37篇,《政治与法律》《中国政法大学学报》分别为34篇和33篇。有37家期刊刊载了作者为博士研究生的文章,刊载文章量在15篇以上的期刊有《甘肃政法大学学报》《河南财经政法大学学报》《财经法学》《法律适用》《科技与法律》等10家,其中《甘肃政法大学学报》《河南财经政法大学学报》最多,均为33篇,《财经法学》次之,为31篇。有40家期刊刊载了作者为讲师的文章,刊载文章量在10篇以上的期刊有《法学》《河北法学》《甘肃政法大学学报》《北方法学》《法学家》等10家,其中《法学》最多,为18篇。有31家期刊刊载了作者为研究员的文章,刊载文章量在4篇以上的期刊有《法律适用》《法学杂志》《政治与法律》《北方法学》《比较法研究》等7家,其中《法律适用》《法学杂志》《政治与法律》最多,均为9篇。有31家期刊刊载了作者为博士后研究人员的文章,刊载文章量在4篇以上的期刊有《法学家》《法制与社会发展》《法学研究》《法学论坛》《河北法学》等7家,其中《法学家》《法制与社会发展》最多,均为7篇。有30家期刊刊载了作者为助理研究员的文

章,刊载文章量 4 篇以上的期刊有 3 家,分别是《政治与法律》《北方法学》《比较法研究》,其中《政治与法律》最多,为 7 篇。有 33 家期刊刊载了作者为助理教授的文章,刊载文章量在 4 篇以上的期刊有 4 家,分别是《法学》《比较法研究》《法学评论》《政治与法律》,其中《法学》最多,为 5 篇。有 22 家期刊刊载了作者为副研究员的文章,刊载文章量在 4 篇以上的期刊有 5 家,分别是《政治与法律》《法学研究》《地方立法研究》《法学》《华东政法大学学报》,其中《政治与法律》最多,为 7 篇。有 12 家期刊刊载了作者为法官的文章,其中《法律适用》因刊物特性刊载文章量最多,为 32 篇。

表 11 2022 年度 41 家法学核心期刊 9 类作者发文情况

(按文章量降序排序,文章量相同的按照期刊名称拼音排序)

序号	作者类别	人数(位)	文章量(篇)	期刊名称/文章量(篇)
1	副教授	456	604	《法学》/37、《政治与法律》/34、《中国政法大学学报》/33、《法学家》/24、《法学评论》/23、《法商研究》/22、《中外法学》/22、《河南财经政法大学学报》/18、《华东政法大学学报》/18、《清华法学》/18、《比较法研究》/17、《河北法学》/17、《中国法学》/17、《法律科学》/16、《现代法学》/16、《法学研究》/15、《交大法学》/15、《政法论坛》/15、《中国刑事法杂志》/15、《北方法学》/14、《东方法学》/14、《当代法学》/13、《法治研究》/13、《中国法律评论》/13、《法律适用》/12、《法学论坛》/12、《法制与社会发展》/12、《科技与法律》/12、《知识产权》/12、《财经法学》/11、《行政法学研究》/11、《地方立法研究》/10、《南大法学》/10、《中国应用法学》/9、《国家检察官学院学报》/8、《国际法研究》/7、《苏州大学学报(法学版)》/7、《法学杂志》/6、《甘肃政法大学学报》/5、《中国海商法研究》/1
2	博士研究生	369	399	《甘肃政法大学学报》/33、《河南财经政法大学学报》/33、《财经法学》/31、《法律适用》/30、《科技与法律》/26、《南大法学》/24、《中国政法大学学报》/20、《行政法学研究》/18、《河北法学》/17、《交大法学》/17、《法学》/13、《华东政法大学学报》/12、《知识产权》/12、《中国法律评论》/10、《北方法学》/8、《法学评论》/8、《法制与社会发展》/8、《国际法研究》/8、《东方法学》/7、《中国海商法研究》/7、《国家检察官学院学报》/6、《苏州大学学报(法学版)》/6、《中国应用法学》/6、《法治研究》/5、《法学家》/4、《法学论坛》/4、《法学杂志》/4、《法律科学》/3、《法商研究》/3、《清华法学》/3、《现代法学》/3、《比较法研究》/2、《当代法学》/2、《地方立法研究》/2、《法学研究》/2、《中国刑事法杂志》/1、《中外法学》/1

(续表)

序号	作者类别	人数(位)	文章量(篇)	期刊名称/文章量(篇)
3	讲师	225	271	《法学》/18、《河北法学》/16、《甘肃政法大学学报》/13、《北方法学》/12、《法学家》/10、《华东政法大学学报》/10、《交大法学》/10、《中国刑事法杂志》/10、《中国政法大学学报》/10、《财经法学》/9、《法律适用》/9、《法制与社会发展》/9、《河南财经政法大学学报》/9、《政治与法律》/9、《中国海商法研究》/9、《法治研究》/8、《行政法学研究》/8、《现代法学》/8、《中外法学》/8、《科技与法律》/7、《法商研究》/6、《地方立法研究》/5、《东方法学》/5、《南大法学》/5、《清华法学》/5、《苏州大学学报(法学版)》/5、《知识产权》/5、《中国法律评论》/5、《比较法研究》/4、《法学论坛》/4、《当代法学》/3、《法律科学》/3、《法学研究》/3、《法学评论》/2、《国际法研究》/2、《国家检察官学院学报》/2、《中国应用法学》/2、《法学杂志》/1、《政法论坛》/1、《中国法学》/1
4	研究员	65	94	《法律适用》/9、《法学杂志》/9、《政治与法律》/9、《北方法学》/4、《比较法研究》/4、《现代法学》/4、《中国法律评论》/4、《东方法学》/3、《法学》/3、《法治研究》/3、《河北法学》/3、《华东政法大学学报》/3、《行政法学研究》/3、《政法论坛》/3、《中国刑事法杂志》/3、《中外法学》/3、《财经法学》/2、《法商研究》/2、《法学评论》/2、《法学研究》/2、《法制与社会发展》/2、《国际法研究》/2、《知识产权》/2、《中国法学》/2、《中国政法大学学报》/2、《法律科学》/1、《法学家》/1、《法学论坛》/1、《河南财经政法大学学报》/1、《中国社会科学》(法学文章)/1、《中国应用法学》/1
5	博士后研究人员	58	75	《法学家》/1、《法制与社会发展》/7、《法学研究》/5、《法学论坛》/4、《河北法学》/4、《交大法学》/4、《政治与法律》/4、《东方法学》/3、《法学》/3、《华东政法大学学报》/3、《中外法学》/3、《法律科学》/2、《国际法研究》/2、《清华法学》/2、《知识产权》/2、《中国法律评论》/2、《中国海商法研究》/2、《中国刑事法杂志》/2、《中国应用法学》/2、《北方法学》/1、《财经法学》/1、《当代法学》/1、《地方立法研究》/1、《法律适用》/1、《法商研究》/1、《甘肃政法大学学报》/1、《河南财经政法大学学报》/1、《科技与法律》/1、《现代法学》/1、《行政法学研究》/1、《中国政法大学学报》/1

(续表)

序号	作者类别	人数（位）	文章量（篇）	期刊名称/文章量（篇）
6	助理研究员	53	65	《政治与法律》/7、《北方法学》/6、《比较法研究》/5、《河北法学》/3、《行政法学研究》/3、《知识产权》/3、《财经法学》/2、《东方法学》/2、《法律适用》/2、《法商研究》/2、《法学》/2、《法学家》/2、《法学杂志》/2、《法制与社会发展》/2、《清华法学》/2、《政法论坛》/2、《中国法学》/2、《中国海商法研究》/2、《中国政法大学学报》/2、《中外法学》/2、《法律科学》/1、《法治研究》/1、《国家检察官学院学报》/1、《华东政法大学学报》/1、《交大法学》/1、《科技与法律》/1、《南大法学》/1、《苏州大学学报（法学版）》/1、《现代法学》/1、《中国应用法学》/1
7	助理教授	47	65	《法学》/5、《比较法研究》/4、《法学评论》/4、《政治与法律》/4、《法商研究》/3、《法学研究》/3、《清华法学》/3、《行政法学研究》/3、《知识产权》/3、《中国政法大学学报》/3、《中外法学》/3、《法律适用》/2、《法学家》/2、《法制与社会发展》/2、《交大法学》/2、《中国法律评论》/2、《北方法学》/1、《当代法学》/1、《地方立法研究》/1、《东方法学》/1、《法律科学》/1、《国际法研究》/1、《河北法学》/1、《河南财经政法大学学报》/1、《华东政法大学学报》/1、《科技与法律》/1、《南大法学》/1、《苏州大学学报（法学版）》/1、《现代法学》/1、《政法论坛》/1、《中国法学》/1、《中国海商法研究》/1、《中国刑事法杂志》/1
8	副研究员	49	57	《政治与法律》/7、《法学研究》/5、《地方立法研究》/4、《法学》/4、《华东政法大学学报》/4、《国际法研究》/3、《河北法学》/3、《中外法学》/3、《北方法学》/2、《东方法学》/2、《法商研究》/2、《法学论坛》/2、《法学评论》/2、《苏州大学学报（法学版）》/2、《行政法学研究》/2、《政法论坛》/2、《中国法律评论》/2、《中国政法大学学报》/2、《比较法研究》/1、《法学家》/1、《交大法学》/1、《中国海商法研究》/1
9	法官	44	53	《法律适用》/32、《中国应用法学》/10、《知识产权》/2、《财经法学》/1、《地方立法研究》/1、《法学》/1、《法治研究》/1、《政治与法律》/1、《中国法律评论》/1、《中国海商法研究》/1、《中国政法大学学报》/1、《中外法学》/1
	总计	1366	1683	——

五、41 家法学核心期刊 2022 年度研究机构分析

（一）研究机构共计 420 家，发文量在 30 篇以上的研究机构有 21 家

2022 年度，41 家法学核心期刊共发文 3421 篇，研究机构共计 420 家。如表 12 所示，发文量在 30 篇以上的研究机构共 21 家，发文量 1949 篇，总占比约 57.0%。发文量在 200 篇以上的研究机构有 2 家，分别是中国政法大学、中国人民大学法学院。发文量在 100—199 篇之间的研究机构有 5 家，分别是华东政法大学、北京大学法学院、清华大学法学院、武汉大学法学院和西南政法大学。发文量在 50—99 篇之间的研究机构有 6 家，分别是中国社会科学院、吉林大学法学院、中南财经政法大学、最高人民法院、南京大学法学院和上海交通大学凯原法学院。发文量在 30—49 篇之间的研究机构有 8 家。

表 12　2022 年度 41 家法学核心期刊发文量 30 篇以上的研究机构情况

（按发文量降序排序，发文量相同的按研究机构名称拼音排序，作者列排名不分先后）

序号	研究机构	发文量（篇）	作者
1	中国政法大学	285	曹鎏、曹明德、陈广辉、陈嘉帝、陈锦波、陈景善、陈素素、陈文聪、陈夏红、成协中、迟颖、翟远见、丁如、丁亚琪、杜牧真、范明志、费安玲、冯威、冯晓青、高家伟、高健军、耿佳宁、郭歌、郭江兰、郭烁、韩波、何龙、何马根、胡斌、黄进、霍政欣、江平、焦海涛、焦孟頔、解志勇、金晶、金眉、来小鹏、雷磊、雷雨薇、黎敏、李爱君、李策、李驰、李德顺、李鼎、李东方、李怀胜、李建伟、李琳、李蕊、李尚翼、李曙光、李亭慧、李鑫、李扬、李永军、李月、李章仙、李作、林灿铃、林鸿潮、林华、林乾、刘斌、刘承韪、刘东辉、刘飞、刘金松、刘静坤、刘君博、刘牧晗、刘双阳、刘琬乔、刘文浩、刘妍、刘艳红、刘译矾、刘瑛、刘宇、刘智慧、罗冠男、罗海敏、罗翔、罗瑶、罗智敏、吕冰心、马更新、马怀德、孟祥瑞、莫杨燊、欧元捷、阮齐林、邵方、施鹏鹏、时建中、史晓丽、舒国滢、孙道萃、孙海波、孙巍、孙瑜晨、孙跃元、陶乾、汪海燕、王杰、王谨、王雷、王磊、王理万、王萍、王青斌、王蔚、王涌、王煜婷、王毓莹、王媛媛、王志远、卫跃宁、吴宏耀、武亚飞、夏江皓、夏伟、谢晶、谢立斌、谢澍、辛海平、熊秋红、徐久生、徐文鸣、许身健、薛克鹏、杨伟东、杨秀清、杨绪峰、杨宇冠、易军、尹泠然、应松年、于冲、于飞、于文轩、喻中、袁钢、曾立城、曾文科、张航、张红哲、张焕然、张晋藩、张兰兰、张凌寒、张钦昱、张卿、张婷、张学府、张雪城、张中秋、张子学、赵炳昊、赵峰、赵宏、赵鹏、赵奇、赵珊珊、赵天红、赵旭东、赵一单、赵英男、郑佳宁、郑璇玉、郑永流、郑玉双、钟林燕、周鹏、周烁、周晓冬、朱光星、朱明哲、朱震、邹学庚

(续表)

序号	研究机构	发文量（篇）	作者
2	中国人民大学法学院	203	敖海静、鲍律帆、曹炜、曹阳、陈景辉、陈峻阳、陈科林、陈丽、陈松涛、陈卫东、陈璇、程雷、邓矜婷、丁晓东、杜焕芳、段沁、段一鸣、冯玉军、付立庆、高圣平、高童非、高一寒、郭禾、郭锐、韩大元、韩尚宜、何家弘、侯猛、黄文艺、黄尹旭、黄忠军、姜栋、金美蓉、金印、李琛、李奋飞、李康、李立众、李芊、李思佳、李文博、李潇洋、李学军、李忠夏、梁意、刘俊海、刘孔中、刘明祥、刘品新、刘婉婷、龙翼飞、鲁竑序阳、陆家豪、马若飞、孟雁北、彭小龙、钱坤、任九岱、阮神裕、施婧葳、石佳友、石静霞、时延安、宋史超、孙嘉珣、汤维建、田宏杰、万勇、王贵松、王利明、王欣新、王旭、王轶、王莹、王子予、魏晓娜、吴昂、吴维锭、吴至诚、肖建国、徐舒浩、徐阳光、杨东、杨建顺、杨立新、杨丽、杨同宇、杨显滨、杨耀天、姚宇、叶林、殷少平、尤陈俊、余劲松、张吉豫、张萌、张明哲、张世明、张伟、张新宝、张龑、张泽键、张梓萱、赵常成、赵申豪、赵一洲、赵志超、郑朝旭、智嘉译、钟维、周剑威、周慕涵、朱大旗、朱虎、朱腾、竺效
3	华东政法大学	177	蔡增慧、常江、陈国军、陈金钊、陈婉玲、陈伟、陈肖盈、陈越峰、程凡卿、程威、程衍、丛立先、戴芳芳、戴国立、董春华、董思远、杜涛、房慧颖、封安波、高富平、高维俭、关博豪、管建强、韩新远、韩旭至、何敏、何勤华、洪冬英、侯艳芳、胡海龙、胡学军、胡玉鸿、黄武双、季奎明、姜涛、焦艳鹏、兰磊、冷静、李帛霖、李桂林、李群涛、李翔、李迎寒、李运杨、李振林、梁爽、刘风景、刘凤元、刘骏、刘宪权、卢莹、陆一敏、马乐、马迅、马长山、满洪杰、乔芳娥、邱遥堃、戎静、阮开欣、沈福俊、宋伟哲、孙万怀、孙维飞、孙煜华、田思路、王锋、王刚、王海军、王静、王立民、王迁、王小光、王勇、王真真、危红波、吴冬兴、吴培琦、吴思远、肖崇俊、熊波、徐同远、徐文进、许凯、闫映全、杨代雄、杨继文、杨凯、杨铜铜、杨知文、姚明斌、姚瑶、叶青、于明、俞四海、虞李辉、袁锋、翟姝影、张璐、张鹏、张启飞、张文龙、张宜培、张勇、张悦、章志远、赵拥军、郑彧、周海源、周欢、朱应平、祝天剑
4	北京大学法学院	151	白建军、包康赟、曹志勋、常鹏翱、车浩、陈瑞华、陈伟、陈兴良、陈一峰、陈永生、陈子奇、初萌、初依依、储槐植、邓峰、冯令泽南、傅郁林、高薇、高旭、巩固、郭栋、郭雳、韩阳、何其生、贺剑、洪艳蓉、胡凌、纪海龙、江溯、姜程潇、蒋大兴、金自宁、李鸣、李瑞杰、李兆轩、梁根林、凌斌、刘杰勇、刘凯湘、刘宁、刘凝、刘银良、刘颖、刘哲玮、楼建波、马平川、毛逸潇、莫志、潘剑锋、潘宁、彭冰、彭錞、邱水平、任孝民、沈岿、汪蓓、汪劲、王华伟、王锡锌、王新、王彦光、吴桂德、吴洪淇、吴凯杰、吴林昊、吴桐、吴训祥、徐子森、阎天、杨明、叶静漪、叶姗、叶研、易继明、余希、俞祺、张弘毅、张康乐、张牧君、张骐、张守文、张翔、张晓媛、张梓弦、郑淑凤、朱禹臣、左亦鲁

(续表)

序号	研究机构	发文量（篇）	作者
5	清华大学法学院	128	陈杭平、陈曦笛、程啸、崔国斌、崔建远、邓海峰、方芳、冯术杰、傅廷中、傅雪婷、高鸿钧、高其才、高丝敏、耿林、韩世远、何思萌、康子豪、劳东燕、黎宏、李淼、李平、李旺、李昱、梁上上、林来梵、刘灿、刘晗、刘鹿鸣、刘之杨、卢震豪、鲁楠、罗雨荔、孟红艳、聂鑫、潘峙宇、任重、申卫星、沈朝晖、沈健州、汤欣、屠凯、王钢、王伟、王苑、王昭、王正鑫、魏宁、谢德良、杨旭、杨勇、于润芝、余亮亮、余凌云、袁崇霖、张建伟、张璐、张明楷、张普、张涛、张天择、张新军、张月姣、赵春蕾、赵晓力、赵亚宁、郑晓军、周光权
6	武汉大学法学院	125	安寿志、蔡颖、陈海嵩、陈镜先、陈俊宇、陈思桐、丁春宇、杜嘉雯、范晓宇、冯果、何凯立、何荣功、黄明涛、江国华、敬力嘉、李承亮、李璐玮、李明见、李新天、梁君瑜、廖奕、林莉红、刘静、刘学在、刘志阳、罗昆、马亮、梅扬、孟勤国、闵仕君、莫洪宪、南楠、聂建强、宁立志、漆彤、秦前红、秦天宝、石玲、石泽华、史令珊、史晓斌、苏绍龙、孙晋、谭佐财、汤诤、滕甜甜、王颖、王雨亭、温世扬、吴杨、武亦文、肖军、肖永平、徐亚文、杨巍、杨泽伟、姚晗、叶小琴、袁野、翟晗、占善刚、张博、张红、张辉、张梁、张善斌、张硕、张素华、张阳、张耀元、赵贝贝、周围、周叶中
7	西南政法大学	121	包冰锋、曹伟、曹兴权、曾迪、常宇豪、陈如超、陈伟、陈咏梅、陈治、丁宝同、段文波、冯文杰、冯子轩、付子堂、傅向宇、谷兆阳、郭文涛、郝志斌、何莹、侯东德、胡晶晶、胡烯、胡元聪、黄汇、黄忠、姜敏、李昌盛、李超群、李雨峰、李媛、梁洪霞、梁坤、廖呈钱、林少伟、刘湘廉、刘想树、刘泽刚、龙柯宇、龙潇、卢代富、陆幸福、罗有成、马登科、马立群、蒙晓阳、潘金贵、任爽玉、邵海、石经海、孙鹏、孙山、孙莹、孙长永、覃恩杰、谭启平、谭宗泽、汤贞友、唐益亮、唐韵、王彪、王鹤翔、王怀勇、王乐、王玫黎、王首杰、王婷婷、王学辉、王仲羊、毋爱斌、吴飞飞、向燕、徐洁、许明月、闫召华、杨文明、杨永红、尹博文、俞荣根、战东升、张辉、张惠彬、张力、张瑞、张颖、张真源、张震、郑重、钟晓雯、周江、朱福勇、朱林方
8	中国社会科学院	97	蔡睿、陈国平、陈洁、陈甦、戴杕、董坤、窦海阳、冯珏、管育鹰、郝俊淇、何晶晶、何田田、贺海仁、冀祥德、蒋小红、李广德、李洪雷、李林、李明德、李庆明、刘衡、刘平、刘仁文、刘小妹、刘雁鹏、刘志鑫、柳华文、卢超、罗ози欣、莫纪宏、孙世彦、孙禹、谭观福、唐林垚、田夫、王琦、王天玉、王雪梅、王怡、吴峻、席月民、夏小雄、萧鑫、谢鸿飞、谢增毅、薛宁兰、杨一凡、姚宇、岳小花、翟国强、张浩然、张鹏、张生、张志钢、赵磊、钟瑞华、周汉华、朱广新、朱学磊、孜里米拉·艾尼瓦尔、邹海林、邹玉祥

(续表)

序号	研究机构	发文量（篇）	作者
9	吉林大学法学院	82	蔡立东、曹险峰、曹相见、陈劲阳、董文军、杜宴林、房绍坤、冯彦君、傅穹、何松威、何志鹏、侯学宾、贾志强、李国强、李海平、李海滢、李建华、李立丰、李晓倩、李拥军、刘浩、刘梦、刘晓林、吕子逸、马智勇、彭贵才、齐英程、钱大军、任倩霄、任喜荣、任怡多、沈寿文、宋天骐、孙远航、王充、王国柱、王娅、王勇、吴亚可、谢登科、邢斌文、邢丹、杨波、杨志航、姚莹、张文显、张兴美、张泽嵩、赵大伟、赵海乐、周鸿飞、朱笑延、朱振
10	中南财经政法大学	80	曹新明、陈爱飞、陈柏峰、陈会林、陈苗苗、陈明芳、程乐、董邦俊、段蔚、高婧、高利红、顾培东、侯志强、侯卓、胡开忠、胡巧莉、黄玉烨、黄志慧、江河、李安、李涛、刘纯燕、刘鑫、刘征峰、卢志军、罗帅、麻昌华、彭学龙、齐文远、钱叶芳、秦小建、谭冰霖、童德华、吴汉东、徐汉明、徐前、徐强胜、徐伟功、徐祥民、杨小敏、姚莉、姚培培、姚叶、于龙刚、余耀军、昝强龙、詹建红、张宝、张德森、张继成、张静、张青波、张威、张袁、张忠民、周详
11	最高人民法院	76	白雅丽、丁俊峰、付宁馨、耿宝建、郭锋、韩煦、何东宁、何帆、贺小荣、胡云腾、黄鹏、江显和、姜启波、孔玲、李家军、李娜、李睿懿、李盛烨、李晓云、李玉林、梁凤云、刘贵祥、刘峥、刘竹梅、罗灿、罗智勇、马云鹏、潘杰、邵长茂、司艳丽、宋颐阳、孙超、孙福辉、孙茜、滕伟、田心则、万挺、王丹、王晓东、徐卓斌、阎巍、杨建文、杨临萍、杨宜中、姚宝华、于厚森、于同志、余茂玉、喻海松、袁春湘、赵风暴、郑学林、周恒宇、周加海、周强、最高人民法院环境资源审判庭、最高人民法院民二庭课题组
12	南京大学法学院	65	白云锋、陈凤鸣、陈洪杰、陈坤、陈全真、高建成、管伟康、郭红伟、姜悠悠、雷希、李晴、李蔚、李友根、刘佳明、刘琳、刘勇、吕炳斌、马春晓、潘重阳、彭岳、钱进、秦宗文、石记伟、单勇、孙国祥、唐赟、王浩然、王建文、王巧璐、王雯萱、王诣博、吴卫星、吴英姿、肖泽晟、解亘、薛铁成、严仁群、叶金强、张迪、张华、张力毅、张仁善、朱庆育、朱荣荣、朱心怡
13	上海交通大学凯原法学院	61	曹博、曹汇、陈亮、程金华、范进学、何心月、侯利阳、胡滨斌、黄丽、姬蕾蕾、季卫东、靳思远、孔祥俊、李贝、李剑、李学尧、林喜芬、刘小璇、彭诚信、钱振球、沈国明、沈伟、寿步、唐林、王福华、向秦、徐向欣、叶必丰、叶秋艳、衣俊霖、于改之、喻浩东、张洁莹、张旭东、郑戈、钟浩南、庄加园
14	复旦大学法学院	48	蔡从燕、丁文杰、杜宇、段厚省、葛伟军、季立刚、蒋超翊、赖骏楠、李传轩、梁咏、刘桂强、刘志刚、刘忠、马忠法、施鸿鹏、孙笑侠、汪明亮、汪倪杰、熊浩、许多奇、杨严炎、杨依、叶会成、袁国何、张琳、张乃根、张忆然、周易培
15	中央财经大学法学院	47	曹建军、陈华彬、邓建鹏、郭华、李敏、李伟、林剑锋、刘泊宁、刘权、刘馨宇、沈建峰、宋志红、王道发、王世杰、王湘淳、王叶刚、武腾、邢会强、徐疆、殷秋实、于文豪、张金平、周游、朱晓峰

（续表）

序号	研究机构	发文量（篇）	作者
16	浙江大学光华法学院	40	毕莹、查云飞、陈珍妮、高艳东、胡铭、黄惠康、李世阳、李有星、梁健、林洹民、马光、孟令浩、牟绿叶、石一峰、唐俊麒、王凌皞、王敏远、魏斌、徐万龙、叶良芳、章剑生、章诗迪、赵剑文、郑骅、郑磊、钟瑞庆、周翠、周江洪、朱可安
17	西北政法大学	37	百晓锋、步洋洋、陈玺、程淑娟、高娟、郭富青、郭研、国瀚文、韩松、何柏生、蒋丽华、李瑰华、李锟、李其瑞、李姝卉、刘治斌、吕江、马宁、倪楠、石颖、王健、王金霞、王阳、王政勋、谢鹏远、杨建军、杨宗科、张超汉
18	上海政法学院	35	陈海萍、丁茂中、段蓓、高志刚、关保英、刘晓红、刘长秋、骆群、孟飞、彭文华、齐萌、商建刚、宋俊荣、孙益武、魏治勋、徐伟、许庆坤、杨寅、殷敏、张继红、张骏、张正怡、郑金玉
19	苏州大学王健法学院	31	陈虎、陈珊珊、程雪阳、方新军、蒋超、李晓明、李中原、刘铁光、娄爱华、上官丕亮、石肖雪、孙国平、唐冬平、王俊、王克稳、魏超、杨俊、张超宇、张鹏、张学军、朱明新、庄绪龙
20	对外经济贸易大学法学院	30	卜学民、陈颖、杜小奇、方凯、冯辉、黄勇、冀莹、靳岩岩、孔祥稳、楼秋然、卢海君、梅夏英、钱子瑜、邵长茂、苏号朋、王敬波、王乐兵、徐海燕、许可、杨贝、曾田、曾新华、张玲玉、张尧、周丽华
21	四川大学法学院	30	冯帅、郭松、韩旭、黄小飞、龙宗智、潘鑫、王蓓、王竹、魏东、张钰、周秘、邹奕、左卫民
总计		1949	

如图7所示,通过对41家法学核心期刊发文量在30篇以上的21家研究机构进行统计分析,相较2021年(发文量30篇以上的有24家研究机构,发文量为2098篇),高产研究机构数量减少3家,发文量减少149篇;前4位高产研究机构依然为中国政法大学、中国人民大学法学院、华东政法大学和北京大学法学院。

从21家高产研究机构的发文量上看,相较2021年(24家高产研究机构),有19家研究机构在2022年稳居高产研究机构之列。其中,中国政法大学发文量依旧最多,为285篇;有4家研究机构发文量增长10篇以上,武汉大学法学院增加30篇,吉林大学法学院增加20篇,中南财经政法大学增加18篇,复旦大学法学院增加13篇;有4家研究机构发文量增长1—9篇,最高人民法院增加8篇,南京大学法学院增加7篇,清华大学法学院增加6篇,北京大学法学院增加3篇;有1家研究机构的发文量与2021年一致,为中国社会科学院;有10家研究机构的发文量略有减少。

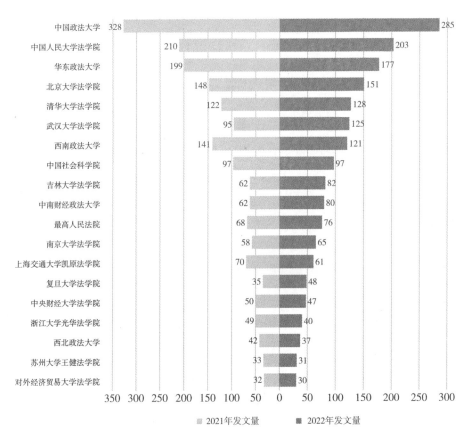

图 7　2021—2022 年 19 家高产研究机构年度发文量变化情况（篇）
（按研究机构 2022 年发文量降序排序）

（二）7 家高产研究机构发文覆盖法学核心期刊达九成以上

通过对 21 家高产研究机构所发的 1949 篇文章的来源期刊进行统计，在 30 家以上期刊发文的研究机构有 10 家，其中华东政法大学、清华大学法学院发文覆盖 41 家法学核心期刊；武汉大学法学院、中国政法大学发文覆盖 40 家法学核心期刊；北京大学法学院发文覆盖 39 家法学核心期刊；西南政法大学发文覆盖 38 家法学核心期刊；中国人民大学法学院发文覆盖 37 家法学核心期刊；吉林大学法学院、南京大学法学院发文覆盖 34 家法学核心期刊；中国社会科学院发文覆盖 30 家法学核心期刊。

从统计情况上看，发文量在 100 篇以上的有 7 家研究机构，分别是中国政法大学、中国人民大学法学院、华东政法大学、北京大学法学院、清华大学法学院、武汉大学法学院、西南政法大学。

中国政法大学发表的文章主要刊载在《比较法研究》《当代法学》《东方法学》《法律适用》《法学》等21家期刊,共225篇,占比78.9%。中国人民大学法学院发表的文章主要刊载在《比较法研究》《当代法学》《东方法学》《法律适用》《法商研究》等17家期刊,共138篇,占比68.0%。华东政法大学发表的文章主要刊载在《东方法学》《法律适用》《法学》《法学论坛》《法学研究》等11家期刊,共89篇,占比50.3%。北京大学法学院发表的文章主要刊载在《比较法研究》《东方法学》《法律科学》《法律适用》《法学》等14家期刊,共89篇,占比58.9%。清华大学法学院发表的文章主要刊载在《当代法学》《法律科学》《法学》《法治研究》《甘肃政法大学学报》等13家期刊,共72篇,占比56.3%。武汉大学法学院发表的文章主要刊载在《比较法研究》《财经法学》《当代法学》《法律适用》《法学》等14家期刊,共72篇,占比57.6%。西南政法大学发表的文章主要刊载在《北方法学》《比较法研究》《当代法学》《法学评论》《甘肃政法大学学报》等14家期刊,共77篇,占比63.6%(见表12)。

表 12　2022 年度高产研究机构在 41 家法学核心期刊发文情况（篇）
（按研究机构名称拼音排列）

序号	期刊名称	北京大学法学院	对外经济贸易大学法学院	复旦大学法学院	华东政法大学	吉林大学法学院	南京大学法学院	清华大学法学院	上海交通大学凯原法学院	四川大学法学院	苏州大学王健法学院	武汉大学法学院	西北政法大学	西南政法大学	浙江大学光华法学院	中国人民大学法学院	中国社会科学院法学研究所	中国政法大学	中南财经政法大学	中央财经大学法学院	最高人民法院	合计
1	《北方法学》	1	0	1	3	1	1	0	1	2	2	7	1	0	5	3	0	1	0	30
2	《比较法研究》	8	1	0	5	1	3	2	0	1	4	1	4	1	7	5	16	1	2	0	63
3	《财经法学》	4	1	2	5	4	8	2	1	0	5	1	3	2	2	0	5	1	4	0	51
4	《当代法学》	3	1	0	3	8	1	4	3	1	4	0	4	3	7	0	8	2	2	0	56
5	《地方立法研究》	2	0	2	5	5	0	1	0	0	1	1	1	0	0	1	2	0	0	0	21
6	《东方法学》	5	0	2	12	1	3	5	4	1	2	9	2	0	6	2	9	0	0	0	56
7	《法律科学》	5	2	0	5	5	1	4	0	3	2	2	9	3	5	2	5	5	0	1	58
8	《法律适用》	5	4	1	8	2	3	3	1	0	5	1	2	1	2	19	7	8	1	1	40	111
9	《法商研究》	2	1	1	2	0	2	2	3	1	0	3	1	3	2	8	2	3	9	2	0	49
10	《法学》	5	1	4	8	1	5	5	3	0	1	7	0	0	1	9	3	8	8	2	0	77
11	《法学家》	3	2	5	5	5	3	3	0	0	4	6	0	2	6	2	6	5	0	0	59
12	《法学论坛》	4	1	1	6	2	1	1	2	1	2	3	2	2	0	3	0	5	1	0	40
13	《法学评论》	5	0	0	4	2	0	3	3	2	1	7	1	5	0	2	0	10	2	4	2	55

（续表）

序号	期刊名称	对外经济贸易大学法学院	北京大学法学院	复旦大学法学院	华东政法大学	吉林大学法学院	南京大学法学院	清华大学法学院	上海交通大学凯原法学院	上海政法学院	四川大学法学院	苏州大学王健法学院	武汉大学法学院	西北政法大学	西南政法大学	浙江大学光华法学院	中国人民大学法学院	中国社会科学院	中国政法大学	中南财经政法大学	中央财经大学法学院	最高人民法院	合计
14	《法学研究》	7	1	0	6	2	2	2	1	1	0	2	3	2	1	1	5	5	6	2	2	0	51
15	《法学杂志》	1	0	0	1	0	1	2	0	1	0	0	2	1	3	0	5	7	12	0	2	0	38
16	《法制与社会发展》	2	0	1	2	8	2	2	3	0	0	0	4	0	1	1	12	1	10	2	2	1	54
17	《法治研究》	1	1	2	8	1	2	4	0	1	1	1	3	0	2	2	4	3	1	1	1	1	41
18	《甘肃政法大学学报》	3	0	0	3	3	2	6	0	0	1	0	4	2	6	0	2	0	4	2	1	0	39
19	《国际法研究》	2	0	2	2	0	1	2	2	2	0	0	4	1	2	1	2	4	3	0	0	0	29
20	《国家检察官学院学报》	6	0	0	3	0	4	4	1	0	1	0	1	0	5	0	6	1	10	0	0	1	40
21	《行政法学研究》	4	1	1	6	1	1	1	3	0	0	0	2	2	3	2	1	0	16	2	1	0	47
22	《河北法学》	3	6	0	7	3	2	2	0	0	0	0	6	0	6	0	4	6	0	2	1	0	50
23	《河南财经政法大学学报》	0	0	0	3	2	3	3	0	0	0	1	6	0	5	0	7	0	4	5	0	0	40
24	《华东政法大学学报》	5	1	0	9	0	2	1	2	1	1	1	2	2	4	3	7	3	9	0	3	0	56

（续表）

序号	期刊名称	北京大学法学院	对外经济贸易大学法学院	复旦大学法学院	华东政法大学	吉林大学法学院	南京大学法学院	清华大学法学院	上海交通大学凯原法学院	上海政法学院	四川大学法学院	苏州大学王健法学院	武汉大学法学院	西北政法大学	西南政法大学	浙江大学光华法学院	中国人民大学法学院	中国社会科学院	中国政法大学	中南财经政法大学	中央财经大学法学院	最高人民法院	合计
25	《交大法学》	6	0	2	2	1	0	4	3	0	2	0	1	0	2	0	6	1	2	3	1	0	36
26	《科技与法律》	3	0	1	8	1	3	1	3	1	0	0	3	0	11	0	0	1	5	4	0	0	45
27	《南大法学》	1	0	0	5	1	2	8	1	0	0	0	3	0	1	1	3	0	4	2	0	0	32
28	《清华法学》	4	1	1	2	1	0	10	0	0	1	2	2	0	0	0	6	0	8	1	1	0	40
29	《苏州大学学报（法学版）》	3	0	0	1	1	1	1	1	0	1	3	1	0	1	3	5	0	1	0	1	0	25
30	《现代法学》	2	0	0	4	2	3	3	0	0	1	1	2	1	4	1	3	2	7	3	2	0	41
31	《政法论坛》	2	1	0	2	2	1	7	2	1	3	0	3	0	1	1	4	6	16	3	1	0	56
32	《政治与法律》	5	1	2	11	1	2	3	2	4	2	2	2	0	6	2	3	6	10	1	1	0	65
33	《知识产权》	4	3	3	4	0	0	2	1	0	0	1	1	0	6	1	5	5	2	5	0	0	43
34	《中国法律评论》	11	1	2	2	1	1	6	5	0	2	0	2	0	1	3	9	3	20	2	1	3	76
35	《中国法学》	2	0	1	3	0	3	5	2	1	0	0	2	0	2	0	8	2	7	3	2	0	46
36	《中国海商法研究》	0	0	0	0	0	1	1	1	0	0	0	2	0	2	1	0	0	1	0	0	0	11

（续表）

序号	期刊名称	北京大学法学院	对外经济贸易大学法学院	复旦大学法学院	华东政法大学	吉林大学法学院	南京大学法学院	清华大学法学院	上海交通大学凯原法学院	上海政法学院	四川大学法学院	苏州大学王健法学院	武汉大学法学院	西北政法大学	西南政法大学	浙江大学光华法学院	中国人民大学法学院	中国社会科学院	中国政法大学	中南财经政法大学	中央财经大学法学院	最高人民法院	合计
37	《中国社会科学》(法学文章)	1	0	0	1	2	0	2	1	0	0	0	0	0	1	0	3	1	1	0	1	0	14
38	《中国刑事法杂志》	2	1	0	2	0	1	2	0	1	0	0	1	0	3	1	2	2	9	1	0	0	28
39	《中国应用法学》	3	1	1	5	1	1	3	2	0	2	1	2	0	2	0	1	1	5	0	1	26	59
40	《中国政法大学学报》	8	1	0	3	2	1	3	0	0	0	0	6	4	0	1	9	3	20	0	2	1	64
41	《中外法学》	8	1	4	2	2	2	5	3	3	3	1	4	0	4	1	6	5	4	1	1	0	57
	合计	151	30	48	177	82	65	128	61	35	30	31	125	37	121	40	203	97	285	80	47	76	1949

结　语

　　北大法宝—法学期刊库的蓬勃发展离不开期刊社、高校老师和广大法律同仁们的鼓励与支持,在此由衷表示感谢! 我们将持续关注法学期刊研究工作,以期为法学界提供最新的法学学术前沿研究动态,为法学事业的繁荣发展尽绵薄之力。欢迎期刊社老师、高校师生、广大法律同仁关注!

【责任编辑:曹伟】

41家法学核心期刊2022年度博士研究生发文盘点
——以北大法宝—法学期刊库为例*

北大法宝法学期刊研究组[**]

摘要：本文以中国法学会的中国法学核心科研评价来源期刊（CLSCI）、南京大学的中文社会科学引文索引（CSSCI）来源期刊以及北京大学的《中文核心期刊要目总览》为标准，选取了北大法宝—法学期刊库收录的41家法学核心期刊作为本次统计源，以法学新青年暨博士研究生2022年度在41家法学核心期刊发文情况作为研究对象，通过对博士研究生的文章分布在哪些学科、发表在哪些期刊、高产博士研究生来自哪里等情况分析总结，达到传播博士研究生学术成果，彰显青年学术风采的目的。

关键词：法学核心期刊　2022年度　博士研究生　统计分析

收稿日期：2023-04-20

* 统计源：北大法宝—法学期刊库已收录265家期刊，其中核心期刊（含CLSCI、CSSCI及扩展版、北大中文核心、AMI综合）117家，非核心期刊58家，集刊81家，英文期刊9家。截至2022年4月30日，北大法宝—法学期刊库共收录了92661位作者的276332篇文章，总期数15787期，总字数23.9亿。依据北大法宝—法学期刊库收录的法学核心期刊，以中国法学会的中国法学核心科研评价来源期刊（CLSCI）、南京大学的中文社会科学引文索引（CSSCI）来源期刊以及北京大学的《中文核心期刊要目总览》为标准，选取了41家法学核心期刊作为本次统计源。《政法论丛》因合作原因不计入本次统计源。

** 北大法宝法学期刊研究组成员：刘馨宇、孙妹、曹伟、李婉秋、宋思婕。刘馨宇，北大法律信息网（北大法宝）编辑部主任；孙妹，北大法律信息网（北大法宝）编辑部副主任；曹伟，北大法宝学术中心副主任；李婉秋，北大法宝法律信息研究员；宋思婕，北大法宝编辑。研究指导：郭叶，北大法律信息网（北大法宝）副总编。

一、博士研究生文章学科分布情况

41家法学核心期刊2022年度发文总量为3421篇,其中博士研究生发文399篇,总占比11.7%,相较2021年(博士研究生发文375篇,总占比10.8%),发文量增加24篇,总占比上升0.9%。

如图1所示,399篇文章涉及民法学、刑法学、诉讼法学、经济法学、理论法学等14个学科。其中民法学、刑法学、诉讼法学、经济法学、理论法学、商法学、行政法学7个学科的文章较多,合计发文量为305篇,占比76.4%。知识产权法学、国际法学、司法制度、宪法学、法律史学、环境法学、劳动与社会保障法学7个学科,合计发文量94篇,占比23.6%。

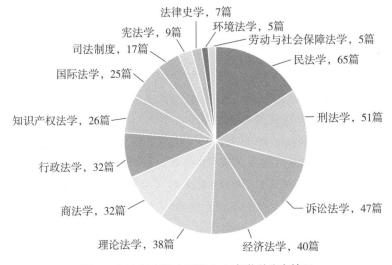

图1　2022年度博士研究生文章学科分布情况

如图2所示,相较2021年,经济法学、知识产权法学、宪法学、刑法学、国际法学、劳动与社会保障法学、环境法学、行政法学8个学科发文量略有上升;民商法学和司法制度学科发文保持一致;理论法学、法律史学、诉讼法学学科发文量略有下降。

二、九成核心期刊刊载博士研究生文章

如表1所示,41家法学核心期刊中有37家期刊刊载博士研究生文章,其中《甘肃政法大学学报》《河南财经政法大学学报》《财经法学》《法律适用》《科技与法律》《南大

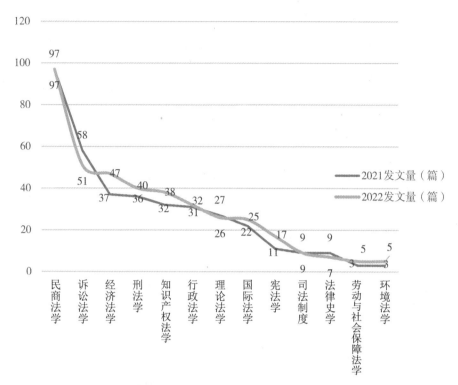

图 2　2021 年、2022 年博士研究生学科发文量变化情况

法学》《中国政法大学学报》7 家期刊刊载博士研究生文章量在 20 篇以上，共计 197 篇，其中《甘肃政法大学学报》《河南财经政法大学学报》刊载文章量最多，均为 33 篇。

《行政法学研究》《河北法学》《交大法学》《法学》《华东政法大学学报》《知识产权》《中国法律评论》7 家期刊刊载博士研究生文章量在 10—19 篇，共计 99 篇，其中《行政法学研究》刊载文章量最多，为 18 篇，《河北法学》《交大法学》次之，均为 17 篇。

刊载博士研究生文章量在 5—9 篇的，有 10 家期刊，文章量为 69 篇。

刊载博士研究生文章量在 1—4 篇的，有 13 家期刊，文章量为 34 篇。

表 1　399 篇博士研究生文章涉及期刊情况

（按照期刊名称拼音排序）

序号	文章量（篇）	期刊名称
1	20+	《财经法学》《法律适用》《甘肃政法大学学报》《河南财经政法大学学报》《科技与法律》《南大法学》《中国政法大学学报》

(续表)

序号	文章量（篇）	期刊名称
2	10—19	《法学》《河北法学》《华东政法大学学报》《交大法学》《行政法学研究》《知识产权》《中国法律评论》
3	5—9	《北方法学》《东方法学》《法学评论》《法制与社会发展》《法治研究》《国际法研究》《国家检察官学院学报》《苏州大学学报（法学版）》《中国海商法研究》《中国应用法学》
4	1—4	《比较法研究》《当代法学》《地方立法研究》《法律科学》《法商研究》《法学家》《法学论坛》《法学研究》《法学杂志》《清华法学》《现代法学》《中国刑事法杂志》《中外法学》

《中外法学》《中国刑事法杂志》《交大法学》等11家法学核心期刊开设了青年学者相关栏目，其中8家期刊注重博士研究生的学术研究，策划了"青年""博士生"或"新锐"相关特色栏目，相较2021年，增加2家期刊，分别是《法学》《河南财经政法大学学报》。

8家期刊中有3家期刊策划"青年论坛"栏目，其中《科技与法律》发文14篇，《行政法学研究》发文13篇，《东方法学》发文3篇（《东方法学》2022年还策划了"东方法学新锐"栏目，发文2篇）。有3家期刊策划"博士生论坛"栏目，其中《北方法学》发文3篇，《法学》发文1篇，《河南财经政法大学学报》发文1篇。

《河北法学》策划"博士生园地"栏目，发文9篇；策划"青年法学家"栏目，发文1篇。《甘肃政法大学学报》策划"青年法苑"栏目，发文2篇。

三、高产博士研究生分析

399篇博士研究生文章作者共370位，其中高产博士研究生（即发文量在2篇以上的博士研究生）共27位，发文量为56篇，相较2021年（发文量在2篇以上的博士研究生23位，发文量为47篇），博士研究数量增加4位，发文量增加9篇。

27位博士研究生中发文量为3篇的有2位，分别是中国政法大学博士研究生李策，其文章分别刊载于《华东政法大学学报》2022年第4期、《行政法学研究》2022年第1期和第3期；北京大学法学院博士研究生吴桐，其文章分别刊载于《法商研究》2022年第3期、《苏州大学学报（法学版）》2022年第2期和《交大法学》2022年第1期。发文量为1篇的有343位。

1. 27位高产博士研究生来自13家研究机构

如表2所示,27位高产博士研究生来自13家研究机构。具体来说,北京大学法学院、中国政法大学各有5位,清华大学法学院有3位,华东政法大学、吉林大学法学院、南京师范大学法学院和武汉大学法学院各有2位,德国奥格斯堡大学法学院、东南大学法学院、黑龙江大学法学院、南京大学法学院、日本东北大学法学研究科和中国人民大学法学院各有1位。

2. 高产博士研究生文章刊载在28家期刊上

27位高产博士研究生的56篇文章刊载在28家期刊上,《甘肃政法大学学报》刊载得最多,为5篇;《法律适用》《南大法学》均刊载4篇;《财经法学》《东方法学》《河南财经政法大学学报》《交大法学》《中国政法大学学报》均刊载3篇;《法学》《法学论坛》《国际法研究》等8家期刊均刊载2篇;《比较法研究》《法商研究》《法学家》等12家期刊均刊载1篇。

表2　27位高产博士研究生发文情况

(按照作者的发文量降序排序,发文量相同的,按照作者姓名拼音排序)

序号	作者	作者单位	发文量(篇)	文章标题	期刊名称	刊期
1	李策	中国政法大学	3	行政复议重作决定的理论基础、适用要件与效力	《华东政法大学学报》	2022.04
				行政投诉案件中原告资格的本土逻辑与实践反思	《行政法学研究》	2022.01
				行政法治的新发展与行政法法典化——中国法学会行政法学研究会2021年年会综述	《行政法学研究》	2022.03
2	吴桐	北京大学法学院	3	违法性认识错误的证明困境及其出路	《法商研究》	2022.03
				诱惑侦查合法性的阶段化认定:日本经验与中国路径	《交大法学》	2022.01
				"检察一体"源流考	《苏州大学学报(法学版)》	2022.02
3	安寿志	武汉大学法学院	2	美国在南海"航行自由行动"的变化情势与相关国际法问题	《国际法研究》	2022.03
				中国海商法下的承运人识别研究	《中国海商法研究》	2022.03

(续表)

序号	作者	作者单位	发文量（篇）	文章标题	期刊名称	刊期
4	陈文聪	中国政法大学	2	醉驾案件附条件不起诉制度研究	《比较法研究》	2022.06
				论审判中心主义改革与认罪认罚从宽制度的关系	《华东政法大学学报》	2022.05
5	陈晓东	南京师范大学法学院	2	定罪情节的体系定位与司法适用	《南大法学》	2022.03
				法规范论视角下的刑事违法性：概念解读与司法适用	《中国应用法学》	2022.06
6	戴芳芳	华东政法大学	2	专利侵权诉讼中功能性特征的特殊解释规则研究	《法律适用》	2022.04
				知识产权滥用规制的理论基础及制度完善	《知识产权》	2022.03
7	何思萌	清华大学法学院	2	宪法权利与民法权利交叉视角下的宅基地资格权	《法律适用》	2022.06
				公有制下土地财产权的形成与发展——"八二宪法"土地制度条款的四十年	《中国政法大学学报》	2022.06
8	洪刚	南京师范大学法学院	2	侦诉审"互相配合"的解释	《法律适用》	2022.05
				信息网络犯罪技术侦查的法律控制	《中国应用法学》	2022.01
9	姜程潇	北京大学法学院	2	论数据财产权准占有制度	《东方法学》	2022.06
				论数据双层结构的私权定位	《法学论坛》	2022.04
10	康子豪	清华大学法学院	2	法秩序统一性视野下民刑防卫限度之协调	《法学》	2022.10
				处理具体打击错误的新路径	《河南财经政法大学学报》	2022.01
11	李蔚	南京大学法学院	2	民事独立禁令程序建构论	《财经法学》	2022.04
				预决事实效力类型化构筑	《甘肃政法大学学报》	2022.03
12	刘嘉铮	东南大学法学院	2	元宇宙货币系统的风险分析与法律对策	《东方法学》	2022.06
				网络游戏外挂刑法治理的限制解释	《法律适用》	2022.02

(续表)

序号	作者	作者单位	发文量（篇）	文章标题	期刊名称	刊期
13	陆家豪	中国人民大学法学院	2	论法律行为的部分无效与全部无效	《东方法学》	2022.01
				同时履行抗辩阻却履行迟延之效果研究	《法学杂志》	2022.02
14	吕子逸	吉林大学法学院	2	刑事合规案件中的证明责任分配与实现路径	《财经法学》	2022.01
				融合与建构：智能合约视域中的企业刑事合规	《甘肃政法大学学报》	2022.05
15	毛逸潇	北京大学法学院	2	"行检协同式"个人信息合规行刑衔接激励新模式研究	《法学论坛》	2022.06
				数据保护合规体系研究	《国家检察官学院学报》	2022.02
16	莫志	北京大学法学院	2	有限责任公司股东除名的司法图景与工具转向	《甘肃政法大学学报》	2022.04
				中国上市公司股份回购规则的结构主义检视	《中国政法大学学报》	2022.05
17	孙梦龙	黑龙江大学法学院	2	司法区块链视域下电子数据的线上化证明	《河南财经政法大学学报》	2022.02
				司法区块链的数智逻辑与诉讼规训——以《人民法院在线运行规则》展开	《科技与法律》	2022.05
18	孙巍	中国政法大学	2	联合国贸法会《快速仲裁规则》第16条评注	《国际法研究》	2022.01
				中国仲裁立法的二元模式探讨	《中国法律评论》	2022.03
19	王吉中	德国奥格斯堡大学法学院	2	借款法上"利息透明"原则之释义与运用	《法学》	2022.08
				迟延损害催告要件的制度意义与规范选择	《南大法学》	2022.05
20	王明喆	日本东北大学法学研究科	2	行政罚款与行政执行罚的关系之辨	《财经法学》	2022.01
				行政处罚种类扩张论批判	《交大法学》	2022.01

(续表)

序号	作者	作者单位	发文量（篇）	文章标题	期刊名称	刊期
21	王伟	清华大学法学院	2	学术期刊数据库的反垄断监管	《现代法学》	2022.04
				平台扼杀式并购的反垄断法规制	《中外法学》	2022.01
22	王雨亭	武汉大学法学院	2	名誉侵权中的公共利益目的抗辩——新闻报道、舆论监督等行为的特殊免责事由	《河北法学》	2022.02
				以人大代表专业背景为考量的地方立法参与制度研究	《中国政法大学学报》	2022.01
23	吴培琦	华东政法大学	2	何为"域外管辖"：溯源、正名与理论调适	《南大法学》	2022.01
				破解迷象：国内法域外管辖的基本形态与衍生路径	《苏州大学学报（法学版）》	2022.01
24	辛海平	中国政法大学	2	论公司公章的法律功能与公司合同主体地位认定之联动	《法制与社会发展》	2022.02
				融资关系中担保物质量保险的法律解释及适用分析	《河南财经政法大学学报》	2022.05
25	赵大伟	吉林大学法学院	2	执行力主观范围扩张的边界——以执行力主观范围能否扩张至债务人配偶为中心	《甘肃政法大学学报》	2022.05
				共同财产制下夫妻个人债务执行程序的规则建构	《交大法学》	2022.02
26	赵峰	中国政法大学	2	论董事职务期前解任与补偿请求权	《南大法学》	2022.05
				论反担保的从属性及其限度	《中国法律评论》	2022.03
27	朱禹臣	北京大学法学院	2	先诉抗辩权的程序设计：一个跨法域分析视角	《法学家》	2022.05
				备位性影响下一般保证的多数当事人诉讼形态——《民诉解释》第66条和《担保制度解释》第26条的解释论	《甘肃政法大学学报》	2022.01

四、博士研究生所属研究机构分析

知名院校博士研究生发文占据优势,政法院校依旧拔得头筹。

399篇博士研究生文章涉及研究机构72家,相较2021年增加10家。其中发文量在5篇以上的研究机构共15家,发文量共计305篇,占比76.4%。

如图3所示,发文量排名前2位的依然是中国政法大学和中国人民大学法学院,发文量分别为45篇和44篇。

发文量在21—39篇的研究机构有4家,分别为北京大学法学院、清华大学法学院、武汉大学法学院、华东政法大学。

发文量在11—20篇的研究机构有5家,分别为南京大学法学院、吉林大学法学院、西南政法大学、中南财经政法大学和上海交通大学凯原法学院。

发文量在5—10篇的研究机构有4家,分别为东南大学法学院、南京师范大学法学院、浙江光华大学法学院和对外经济贸易大学法学院。

发文量在2—4篇的研究机构有22家,发文量为1篇的研究机构有35家。

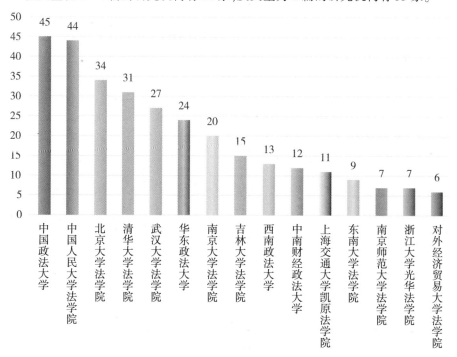

图3　发文量在5篇以上的研究机构(篇)

结　语

"未来属于青年,希望寄予青年。"北大法宝—法学期刊库的蓬勃发展离不开青年学者、期刊社、广大法律同仁们的鼓励与支持,在此由衷表示感谢! 未来我们仍将陪伴法学新青年在学术道路上跋涉与求索,欢迎大家使用北大法宝—法学期刊库进行学术研究。我们将发挥"法律大数据+人工智能"的优势,迈向智慧学术新台阶,助力广大法律同仁们的学术及实务研究工作。

【责任编辑:曹伟】

数字法治

ChatGPT 在法律检索领域的应用

刘　明[*]　范静怡[**]

摘要：本文介绍了ChatGPT基本功能，通过其在法律检索领域主要场景的应用，分析经ChatGPT加持的法律检索相对于传统法律检索的优势以及存在的问题和风险，探讨ChatGPT赋能法律检索的实践路径，并对其为法律检索领域带来的技术机遇进行展望。

关键词：ChatGPT　法律检索　应用　未来展望

一、ChatGPT具有哪些新功能

（一）ChatGPT是什么

ChatGPT是美国人工智能研究实验室（OpenAI）开发的一种基于GPT（Generative Pre-trained Transformer）架构的语言模型。它的设计目标是根据输入的内容生成类似人类文本输出。通俗地讲，ChatGPT是OpenAI研发的聊天机器人程序，它能够基于大量语料库（来自真实世界的对话）的训练模型，拥有语言理解和文本生成的能力，上至天文下至地理，还能根据聊天的上下文进行互动，真正做到像人类一样聊天交流。此外，它还能撰写邮件、视频脚本、文案、翻译、编代码、写论文，

收稿日期：2023-09-01

[*]　刘明，中国人民大学法学院图书馆副馆长、副研究馆员。
[**]　范静怡，中国政法大学图书馆副馆长、研究馆员。

等等。[1]

ChatGPT 在 2022 年 11 月底推出后迅速在社交媒体上走红,短短 5 天,注册用户数量就超过 100 万。仅仅 2 个月,ChatGPT 的月活用户已突破 1 亿,成为史上增长最快的消费者应用。[2] 美国大名鼎鼎的 Facebook 当时用了将近 4 年的时间才达到相同的规模。ChatCPT 被谷歌定义为 A 类危险级竞争对手,号称"史上最强人工智能"。

(二)ChatGPT 与人工智能的关系

ChatGPT 是人工智能(AI)领域的一种应用,它是基于 AI 技术开发的语言模型。具体来说,ChatGPT 是 GPT 系列模型的一个变体,这些模型是由 OpenAI 开发的,用于处理自然语言文本。人工智能则是一个更广泛的概念,涵盖了使计算机系统能够执行智能任务的技术和方法。AI 的目标是使计算机能够模拟人类智能,从而在各种任务中表现出智能水平。ChatGPT 是 AI 在自然语言处理领域的一个具体应用,它可以通过分析输入的文本生成相应的回复,实现与用户的自然语言交流。因此,ChatGPT 是人工智能的一个示例,是 AI 技术在语言交流方面的具体体现。它利用机器学习和大数据处理的方法,通过预训练和微调来实现生成高质量的文本回复的功能。

(三)ChatGPT 的超强功能

ChatGPT 是基于自然语言处理(NLP)技术构建的人工智能模型。在预训练阶段,ChatGPT 通过大规模的文本数据学习了丰富的语言知识、语法规则、语义关系等,这使得它能够理解人类语言的表达方式,并以相似的方式进行回复。另外,ChatGPT 的自回归生成机制允许它在生成每个单词时考虑之前生成的内容,这使得它能够理解上下文,从而生成更具连贯性的回复。ChatGPT 还通过预训练学习了大量的语言模式、常见问题、常见回答等,这使得它能够在互动中识别常见的对话模式,并根据这些模式生成回复,从而模拟人类的对话方式。具体来讲,ChatGPT 具备如下能力:

1. 与人实时互动能力

传统的人机互动方式通常是基于预设的指令或固定的规则,而 ChatGPT 能够根据上下文理解问题并生成个性化的回复。这种交互能力提升了交互质量,使得对话更加自然、流畅、真实,更接近人与人之间的交流。另外,它还可以根据用户的兴趣、

---

[1] 参见《ChatGPT 是什么?ChatGPT 是聊天机器人吗?》,载今日头条,https://www.toutiao.com/article/7205751279765832192/,2023 年 3 月 2 日访问。

[2] 参见《ChatGPT 取代搜索引擎?Gmail 创始人:谷歌将被颠覆》,载澎湃新闻网,https://baijiahao.baidu.com/s?id=1757079678620073545&wfr=spider&for=pc,2023 年 2 月 6 日访问。

喜好和历史对话记录提供更加准确和有针对性的回复。

2. 理解和推理能力

ChatGPT 有自己的理解能力和推理能力,这主要是因为它是基于 GPT 架构开发的。GPT 是一种基于变换器(Transformer)模型的神经网络架构,它在大规模文本数据上进行了预训练,学习了丰富的语言知识、逻辑结构和表达方式。它能够识别常见的推理模式和关系,从而在生成回复时使用这些模式来构建合乎逻辑的答案。这些知识可以在特定任务上进行微调,使其具备一定的推理能力。微调过程中,模型可以根据具体任务的要求进行调整,进一步提升其在推理方面的表现。

3. 情感分析能力

ChatGPT 具有某种程度的情感分析能力,这主要是因为在预训练阶段,GPT 模型接触了来自互联网、社交媒体、新闻文章等的大量文本数据,这些数据包含了人们在不同情感状态下的语言表达,模型通过分析这些数据学会了与情感相关的词汇、短语和句子结构,从而在生成回复时表现出一定的情感色彩。

4. 多语言处理能力

ChatGPT 能处理多种语言,这主要是因为 ChatGPT 基于 Transformer 架构,这种架构在自然语言处理中表现出色,并且能够轻松地适应不同语言。Transformer 的自注意力机制允许模型在不同语言之间捕捉上下文关系和语法结构。在预训练阶段,ChatGPT 使用了共享的参数来学习不同语言之间的通用特征。这意味着模型在多种语言上都使用了相同的模型参数,从而可以跨语言进行处理。另外,由于 ChatGPT 在预训练阶段学习了丰富的语言知识,这些知识可以在特定语言上进行微调,因此,通过微调,模型可以更好地适应特定语言的语法和语义。

5. 数据整理能力

ChatGPT 在预训练阶段并没有学习到数据整理或数据清理的技能。然而,它确确实实具备了一定的数据整理能力。因为 GPT 模型在预训练阶段接触到大量的文本数据,其中可能包含关于数据整理、数据操作、数据筛选和数据组织等方面的信息。因此,当与这些主题相关的问题或提示一起被提供给模型时,它可能会生成看似具备数据整理能力的回答。

综上,ChatGPT 对行业的影响是巨大的、里程碑性的,各行业也展开了具体应用的研究。ChatGPT 在法律行业的应用越来越深入和广泛,如法律咨询服务、撰写合同、起草文书、法律检索等,本文着重探讨 ChatGPT 在法律检索领域的具体应用。

二、ChatGPT 在法律检索中的具体应用场景[1]

(一)法律从业者:实务报告(类案检索角度)

随机抽选四个案例并分为具体化提问和概括性提问两类问题,通过 ChatGPT 进行检索,以下为分析结果:

第一类:具体化提问。

问题一:撰写一份法律检索报告(不限于法律规范、类案、学术观点),题目:“分期支付工程款的建设工程纠纷中,承包人的优先受偿权自何时起算”。

ChatGPT 提供了一个基本的法律检索报告的结构,包含以下几项:题目、引言、法律规范、类案研究、学术观点以及结论,并对这几点进行了简单阐述。

具体内容如图 1(2023 年 8 月 29 日截图)。

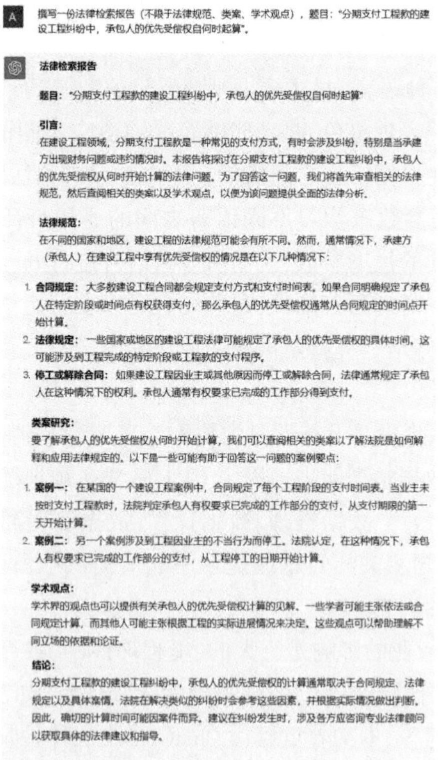
撰写一份法律检索报告(不限于法律规范、类案、学术观点),题目:“分期支付工程款的建设工程纠纷中,承包人的优先受偿权自何时起算”。

法律检索报告

题目:“分期支付工程款的建设工程纠纷中,承包人的优先受偿权自何时起算”

引言:
在建设工程领域,分期支付工程款是一种常见的支付方式,有时会涉及纠纷,特别是当承建方出现财务问题或违约情况时。本报告将探讨在分期支付工程款的建设工程纠纷中,承包人的优先受偿权从何时开始计算的法律问题。为了回答这一问题,我们将首先审查相关的法律规范,然后查阅相关的类案以及学术观点,以便为该问题提供全面的法律分析。

法律规范:
在不同的国家和地区,建设工程的法律规范可能会有所不同。然而,通常情况下,承建方(承包人)在建设工程中享有优先受偿权的情况是在以下几种情况下:

1. **合同规定:** 大多数建设工程合同都会规定支付方式和支付时间表。如果合同明确规定了承包人在特定阶段或时间点有权获得支付,那么承包人的优先受偿权通常从合同规定的时间点开始计算。
2. **法律规定:** 一些国家或地区的建设工程法律可能规定了承包人的优先受偿权的具体时间。这可能涉及到工程完成的特定阶段或工程款的支付程序。
3. **停工或解除合同:** 如果建设工程因业主或其他原因而停工或解除合同,法律通常规定了承包人在这种情况下的权利。承包人通常有权要求已完成的工作部分得到支付。

类案研究:
要了解承包人的优先受偿权从何时开始计算,我们可以查阅相关的类案以了解法院是如何解释和应用法律规定的。以下是一些可能有助于回答这一问题的案例要点:

1. **案例一:** 在某国的一个建设工程案例中,合同规定了每个工程阶段的支付时间表。当业主未按时支付工程款时,法院判定承包人有权要求已完成的工作部分的支付,从支付期限的第一天开始计算。
2. **案例二:** 另一个案例涉及到工程因业主的不当行为而停工。法院认定,在这种情况下,承包人有权要求已完成的工作部分的支付,从工程停工的日期开始计算。

学术观点:
学术界的观点也可以提供有关承包人的优先受偿权计算的见解。一些学者可能主张依法或合同规定计算,而其他人可能主张根据工程的实际进展情况来决定。这些观点可以帮助理解不同立场的依据和论证。

结论:
分期支付工程款的建设工程纠纷中,承包人的优先受偿权的计算通常取决于合同规定、法律规定以及具体案情。法院在解决类似的纠纷时会参考这些因素,并根据实际情况做出判断。因此,确切的计算时间可能因案件而异。建议在纠纷发生时,涉及各方应咨询专业法律顾问以获取具体的法律建议和指导。

图 1　ChatGPT 撰写的法律检索报告

---

[1] 此部分结合 ChatGPT(3.5 版)应用实例进行分析。

问题二：客户 A 找到律师，说近日发现有一篇发在网上的文章盗用了自己的照片。该文章介绍了以前发生的一些著名案件并对每个案件的涉案罪犯进行了介绍和评述。客户 A 发现自己年轻时的照片(30 岁时的照片，客户 A 现已年过 60 岁)被错误地用在了一名罪犯身上，照片下面的名字和人物介绍均与自己毫无关联。目前该文章的网络点击率很高，且被其他各大网络平台纷纷转载，影响力很大。经常有朋友看到文章后，打电话给客户 A，询问他何时变成罪犯了，甚至还有不明就里的朋友开始怀疑客户 A 是否多年前确有违法犯罪的行为。一时间大家议论纷纷，客户 A 不堪其扰。为此，客户 A 找到律师，希望通过诉讼解决此事，但是由于客户 A 不懂法律，对于要告谁、在哪儿告、需要准备哪些证据材料、能否胜诉等一系列问题都不清楚，希望律师能够给出具体解决方案。[1]

ChatGPT 指出客户 A 的情况涉及侵权行为导致的名誉权受损，并给出了一些可能的解决方案和步骤，包括调查和收集证据、确定可能的被告、选择合适的法律途径、准备法律文书、寻求律师的帮助、提交法律诉讼，并提醒客户 A，考虑到每个案件的复杂性，建议其尽快咨询专业律师，以便得到具体的法律建议和指导。

可以看出，对提问的问题描述得越清晰、具体，ChatGPT 的答复就越有针对性、越准确。比如问题一明确说要一份法律检索报告，ChatGPT 则给出一份逻辑完整、思路清晰的法律检索报告，包含了法律检索报告要呈现的各项必备要素。问题二虽然没答出来在哪儿告，但基本逐条回应了提问。

第二类：概括性提问。

问题一：夫妻共同出资购买的房屋，产权登记在未成年子女名下，离婚时应如何处理？

ChatGPT 对此问题的回答相对笼统，提出处理这种情况可能需要结合当地法律法规、夫妻双方意愿和实际情况、未成年子女权益、子女监护权和抚养费、产权分割、法律诉讼等方面来综合考虑。

具体内容如图 2(2023 年 8 月 29 日截图)。

---

[1] 参见杨洪浦：《法律检索牵星术：律师法律检索指南》，中国法制出版社 2021 年版，第256 页。

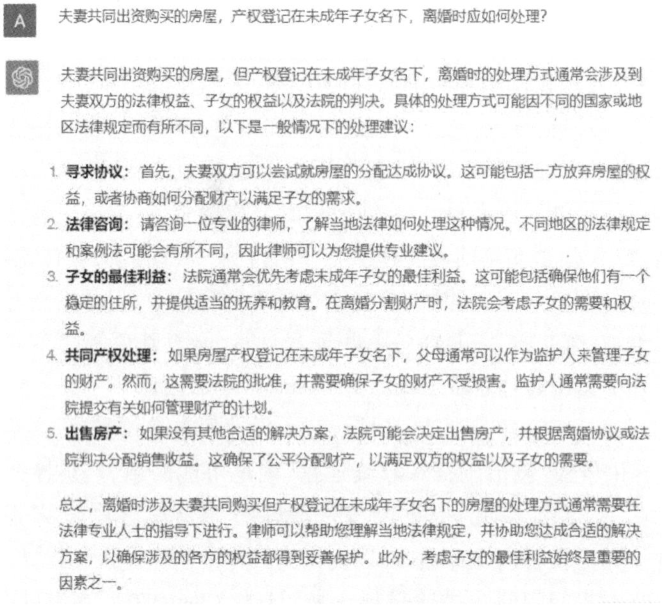

图 2　ChatGPT 检索夫妻共同出资购买房屋的相关问题

问题二：业主购买北京朝阳区一公寓，该公寓楼地上 27 层、地下 3 层，共 30 层，属于住宅性质。业主购买时知道二楼原预计开超市，但合同中没有关于超市的任何约定，仅仅是当初售楼人员的宣传。后来超市没开，开成酒吧，内有 KTV 包间。酒吧所处 2 层属于规划中的商业区域。业主认为酒吧给他们带来了很多干扰，希望将其取缔。这是否有法律依据？

ChatGPT 从可能的法律角度提供了一些一般性的信息，包括合同法、宣传承诺和误导、商业用途和居住环境、噪音和干扰。

继续追问 ChatGPT"请查找相同的司法案例"时，它答复道："很抱歉，由于我的数据截止日期是 2021 年，我无法为您提供最新的案例。同时，我无法直接在互联网上进行实时搜索。如果您正在寻找特定的司法案例，建议您咨询当地的法律专家、律师或访问相关法律数据库以获取最新的信息和案例。他们可以为您提供更准确和实时的法律指导。"

可以看出，当提问属于概括性问题时，ChatGPT 给出的答复不是那么令人满意，虽然和提问相关，但不直接，缺乏针对性。

根据以上 ChatGPT 对两类问题的答复可以看出，总体而言，ChatGPT 的表现还是非常惊人的，具体表现为：

首先，ChatGPT 突破了传统检索始于关键词的模式，这对于法律检索来说是极大利好。因为关键词的提取对于法律检索来说，是检索的起点也是重中之重，在检索过程中很多人的体会是"关键词很关键"。之所以这么说是因为：一是抽取关键词本身就是个技术活，它看似简单，实际上涉及对要检索的法律问题的理解，理解正确才可能选对关键词；二是汉语言的丰富多样也给选取关键词带来很多困难，比如一词多义，一个词的内涵外延、相关的下位上位概念、大小写表达、繁简体、语序调换等情况的存在，导致我们检索时要考虑许多因素才不会遗漏重要信息。实际上我们大多数时候做不到面面俱到，即使偶尔做到了也耗时耗力。ChatGPT 则完全基于自然语言检索，不受限于上述选取关键词的困难，检索时输入一个词、一句话、一段或几段话都可以。

其次，ChatGPT 的答复是宏观的、框架性的。上述两类问题的答复都是从宏观上给出的，也是框架性的，不涉及具体法条、司法案例和学者观点等信息。这种框架性回复的价值在于能帮助初学者在遇到新问题不知从何下手时打开思路，顺着这个框架性的指引，根据自己的需要，把通过常规检索获取的相关具体信息填充进去。

再次，ChatGPT 支持多次连续问答。对于传统的检索，如果一次检索结果未能满足我们的需求，则需要调整检索策略，比如找关键词的同义词、上位概念，调换词序，扩大字段的检索范围，运用模糊检索功能，换个数据库，重新考虑定位的法律问题等。ChatGPT 无需如此复杂的流程，它可以完全像和人对话一样，实时根据我们的提问给出相应的答复。

最后，分析数据严重滞后。上述分析是基于 ChatGPT 3.5 模型，该模型于 2019 年 9 月进行最后一次数据更新，因此 ChatGPT 无法及时完成在线资料和数据的更新，所提供的解答可能是基于过时数据和资料整合而成的，存在一定的滞后性。而法律领域是不断变化的，随着社会、经济和技术的发展，法律规则和法律环境也在不断变化。这种动态性使法律的学习和实践需要不断更新。ChatGPT 目前无法及时更新其相关知识，从而导致其提供过时或不准确的法律信息。

（二）理论研究者：研究报告（文献综述角度，求"新"）

以下随机选择四个研究题目，请 ChatGPT 分别给出文献综述。

1. 研究问题一：自动驾驶汽车在交通事故中的侵权责任的文献综述

ChatGPT 的答复强调其知识更新至 2021 年 9 月，因此无法提供之后的最新文献综述。它提供了自动驾驶汽车在交通事故中可能涉及的侵权责任的一般信息和过去的研究趋势。包括以下要点：谁应该承担责任，是产品责任 vs 使用者责任，还是技术故障 vs 人为失误；自动驾驶汽车在危急情况下紧急避险引发的伦理问题，撞人 vs

撞车;在事故调查取证过程中可能会因调取自动驾驶汽车记录的数据而产生个人信息保护问题;对于自动驾驶汽车事故有没有必要启动一种新的司法流程和调查方法,以准确重现事故过程;不同国家和地区可能会制定不同的法律框架来应对自动驾驶汽车事故的侵权责任问题。

2. 研究问题二:安乐死合法化问题研究的综述

ChatGPT 的答复指出,安乐死(euthanasia)合法化是一个涉及道德、伦理、法律和医学等多个领域的复杂问题,并给出了关于安乐死合法化问题的一些主要观点、研究方向和经典文献。第一,安乐死的定义和分类。了解安乐死的不同类型有助于深入研究各自的伦理和法律问题。第二,伦理和道德观点。安乐死合法化引发了诸多道德和伦理争议,可以探讨生命的价值、尊严、自主权等伦理观点。第三,病人的权利和自主决策。可以关注病人是否有权利在疾病不可治愈或不可忍受的情况下选择结束生命。第四,医学和心理健康问题。可以探讨医生是否应该承担在执行安乐死时的道德和法律责任。此外,还可以关注安乐死对医生和患者心理健康的影响。第五,法律框架和监管。不同国家和地区对安乐死的法律框架和监管政策不同,可以比较不同地区的法律制度,分析安乐死合法化对法律和司法实践的影响。第六,公众态度和意见。公众对安乐死合法化的态度也是研究的一个重要方向,可以调查不同人群对安乐死的看法,以及这些看法如何影响法律和政策的制定。除以上观点和研究方向之外,ChatGPT 还列出了几个英文参考文献。

3. 研究问题三:"代孕所生子女法律地位研究"的文献综述

ChatGPT 的答复指出,代孕所生子女的法律地位是一个涉及伦理、人权、法律等多个领域的复杂问题,并结合已有文献介绍了目前不同国家和地区的观点和立法情况。内容包括典型国家的代孕法律框架和实践、代孕过程中的儿童权益保障、代孕引发的心理及社会问题。

具体内容如图 3(2023 年 8 月 29 日截图)。

> "代孕所生子女法律地位研究"的文献综述

 "代孕所生子女法律地位研究"是一个复杂且备受争议的法律话题,涉及了多个法律、伦理和社会问题。以下是关于这一话题的文献综述,以探讨代孕所生子女的法律地位和相关问题。

1. **代孕的法律框架**:
   - 代孕的法律地位因国家和地区而异,因此研究通常从法律框架的角度出发,分析各地法律对代孕的法律规定。这方面的文献通常包括对国际、国家和地方法规的审查,以及对法律差异和问题的深入分析。
2. **代孕合同**:
   - 代孕通常涉及合同的签订,文献中会讨论代孕合同的法律效力,包括合同的有效性、合同的权利和义务、合同的违约和争议解决方式等。这些合同可能在不同国家和地区具有不同的法律地位。
3. **代孕母亲的权利**:
   - 文献也会关注代孕母亲的权利,包括她们对生育子女的权利、身体自主权、保密权和健康权。这方面的研究通常涉及到代孕母亲是否有权利撤销合同、访问子女或与子女建立法律联系。
4. **生物父母的权利**:
   - 有些文献研究了生物父母的权利,包括他们是否有权利承认子女、亲权、抚养权等。这些权利可能因代孕方式的不同而有所不同,如传统代孕和胚胎代孕。
5. **子女的法律地位**:
   - 子女的法律地位也是一个重要问题,包括他们的身份认同、继承权、国籍问题等。文献可能讨论子女在不同国家和地区的法律地位,并探讨代孕是否对子女的权益造成影响。
6. **伦理和社会问题**:
   - 除了法律问题,文献还可能涉及到伦理和社会问题,如代孕的伦理可行性、代孕对家庭和社会的影响、道德争议等。这些问题通常与法律地位密切相关。
7. **国际对比**:
   - 一些研究可能进行国际对比,探讨不同国家和地区对代孕的法律处理,以及这些法律地位的差异如何影响代孕实践和相关争议。

总之,"代孕所生子女法律地位研究"是一个充满挑战性和复杂性的领域,涵盖了多个法律、伦理和社会层面。相关文献的研究和综述可以帮助理解这一话题的发展、法律地位和影响,以及为未来的法律和政策制定提供有价值的参考。这个领域的法律地位也在不断发展和演变,因此对最新研究和法律变化的关注至关重要。

图3 ChatGPT检索"代孕所生子女法律地位研究"的文献综述

4.研究问题四:非婚同居关系析产纠纷处理的研究综述

ChatGPT的答复指出,非婚同居关系析产纠纷处理涉及民商法,并给出主要观点、研究方向和经典文献。第一,非婚同居伴侣的法律地位和权利。它是研究非婚同居关系析产纠纷处理的核心,可以探讨非婚同居伴侣是否有类似婚姻关系中的权利。第二,合同和协议。非婚同居伴侣可以通过合同和协议来明确财产分割和权利分配,可以探讨这些协议的法律效力。第三,共同生活和财产。可以探讨财产的共同所有权、分割原则和分配方法。第四,子女抚养问题。若非婚同居伴侣有共同子女,可以关注子女抚养和赡养的问题。第五,法律框架和比较。可以比较不同国家和地区的法律框架,分析非婚同居伴侣的法律地位和权利。第六,公平正义和法官裁量权。在处理非婚同居关系析产纠纷时,法官的裁量权起着重要作用。可以探讨法官如何考虑公平正义原则以及他们在裁决中的考虑因素。此外,ChatGPT 也将相关英文文献列在文后。

对于上述 ChatGPT 给出的结果,从形式上看,ChatGPT 对相关问题所作的研究综述,得出的结果要素和传统意义上的没有大的区别,即对一个问题进行系统整理、归纳和总结,它给出的内容也涵盖了主要观点、研究方向、相关文献等。但又与传统的文献综述有所区别,主要表现为:

首先,"面面俱到"。ChatGPT 通常会把问题放在一个全学科研究的角度,所以给出的相关方面非常全面,只要和这个主题相关的统统列出来。比如研究问题——自动驾驶汽车在交通事故中的侵权责任的文献综述,对该问题涉及的法律、道德、技术、伦理、个人隐私问题都进行了分析。

其次,"蜻蜓点水"。与传统文献综述相比,ChatGPT 的分析虽然非常全面,但不够深入和专业,对涉及的每一个方面都进行了列举,但是没有展开,没有说透。

再次,"不加褒贬"。传统的文献综述,不管是期刊论文上发表的综述性论文还是博士论文的综述性部分,除对一个问题的分类归纳之外,还有一个核心要素就是对之前文献研究的评价,比如目前此项研究进行到何种情况,还有哪些不足和待完善之处,从而引出作者要"求新"的地方。从目前 ChatGPT 的分析来看,其还不具备这个能力。

最后,缺乏"点对点"标注文献。传统文献综述除对一个问题的分类归纳和评价两个核心要素之外,还有一个特别有用的地方,就是对于文中提到的重要观点等信息都会在文中加以注释,告诉相关研究者此观点来自哪篇文献,方便感兴趣的人查找阅读和研究。而 ChatGPT 虽然也提到相关文献,但是和文中具体信息不是一一关联的,要靠自己再去查找、阅读分析才能知道和文中哪些重要信息能对应上。此外,ChatGPT 所附的文献普遍滞后,未及时更新,而且都是英文文献,这说明目前未将中文文献纳入语料库加以训练。

三、目前存在的问题和风险

(一)无法深入法律问题给出专业答复

从上述对 ChatGPT 的答复的分析来看,它响应速度非常快,回答问题也很全面,但也暴露了一个特别大的问题,即无论是在国内法学理论领域还是法律实务领域,ChatGPT 目前都无法给出细致、具体的专业报告。从国外的文献看,尽管在美国法律领域关于 ChatGPT 的应用很多,比如帮助律师检索用于支持本案的先例,帮助律师给客户写信阐明该律所不能代理其案子,帮助律师推广业务做广告等,但目前也只是停留在辅助阶段,只能做比较简单的辅助工作。

(二)生成结果不准确,存在误导可能

用自然语言处理模型训练的庞大数据有经过标注、审核的信息,也有未经甄别的原始语料,这导致 ChatGPT 生成的回答不一定总是准确的,甚至可能会产生误导性的信息。这在法律领域尤其危险,比如已经失效的法条、被推翻的先例、存在偏见或歧视的结论甚至虚假信息等,以此作为法律依据有可能导致严重后果。美国纽约南区法院涉事律师曾经将 ChatGPT 编造的虚假判例呈堂用于作证,被法院判处行为恶劣并处以 5000 美元的罚款。[1]

(三)网络安全风险加剧

目前,OpenAI 基于商业机密保护、地缘政治环境影响、技术和系统限制等因素的考虑,作出了暂时封锁中国区 IP 的决定。因此,国内用户无例外地只能通过 VPN 获取境外 IP 地址、通过虚设或借用域外手机号来注册和使用 ChatGPT。这导致提供 VPN、代注册或供号服务的不法代理商涌现于各交易平台,严重违反网络安全法和相关监管规定。另外,还有不法分子利用 ChatGPT 编写假新闻在网上传播赚取流量,制造网络舆情,利用 ChatGPT 生成攻击代码、恶意软件代码破坏网站等,使得 ChatGPT 成为协助其进行网络犯罪的工具。

(四)存在数据隐私和保密风险

ChatGPT 智能化问答的输出是基于大量信息的输入,此过程可能涉及敏感的个人信息、企业涉密信息等数据的隐私和保密问题。而且,随着语料库的不断更新和数量的不断加大,这种风险会越来越大。此外,ChatGPT 的算法尚缺乏公开透明和可解释性,这使得其输入的信息存在数据隐私侵权的可能性。多家世界知名企业限制员工使用 ChatGPT,如摩根大通、亚马逊等知名国际公司均禁止员工将敏感信息、客户机密数据输入 ChatGPT 之类的聊天机器人。也有多家企业明确拒绝 ChatGPT 使用自己的数据或资料库。据报道,2023 年 3 月 11 日,三星 DS 部门开始允许员工使用 ChatGPT,但不到 20 天内就发生了 3 起机密信息泄漏事件,其中 2 起与半导体设备有关,另外 1 起与会议内容有关。[2]

(五)主体资格以及生成物权属存在争议

ChatGPT 作为人工智能模型是否具备著作权法意义上的主体地位,ChatGPT 生

---

〔1〕 参见陈永伟:《可信 AI:问题和应对》,载经济观察网,https://baijiahao.baidu.com/s?id=1770496114033002508&wfr=spider&for=pc,2023 年 7 月 6 日访问。

〔2〕 参见谭璇:《三星被曝引入 ChatGPT 致半导体机密泄漏》,载盖世汽车资讯速递,https://baijiahao.baidu.com/s?id=1762148582877744230&wfr=spider&for=pc,2023 年 4 月 3 日访问。

成物的法律性质与权属界定,都存在争议。依据我国现行《著作权法》的规定,作者是自然人、法人或非法人组织,AI 不在此列,因此很难依据法律直接赋予 ChatGPT 作者身份。即便少数国家通过立法承认 AI 生成物可获得版权保护,但其通常是对计算机软件的开发者,或为生成过程做出实质性贡献的人赋予作者身份。对于人工智能生成的内容是否构成原创性作品,也有不同理解。根据我国现行《著作权法》的规定,能成为作品的核心要素是具有独创性,而目前人工智能只是对已有数据的编辑整合,并不具有独创性,因此其生成的内容不具备法律意义上作品的构成要件。

(六)答复结果缺乏稳定性

对同一版本的 ChatGPT 提问同一个问题,在不同的时段得到的回复都是不一样的,时好时坏,扑朔迷离。用户对理想输出结果的期待就像拆盲盒。比如,对类案检索的答复有时包括 6 个要点解析,有时包括 4 个;有时会提示涉及的具体部门法,如合同法、婚姻法等,有时只字不提。对文献综述的答复有时会把相关文献不加分析的索引信息一一在文后列出,有时又会单就一篇文献大谈特谈。

四、未来展望

ChatGPT 对法律检索的影响是里程碑性的,尽管它在法律检索领域的应用还存在很多问题和风险,但只要我们引导得当,前景还是非常值得期待的。

(一)实现从模糊检索到精准推送的飞跃

ChatGPT 改变了一直以来关键词检索的模式,正在实现从模糊检索到精准推送的突破,为个性化信息需求的满足提供了技术保障。未来我们可以通过文字(更多文字)、语音、图像、视频或 3D 模型等多模态信息的输入获得我们需要的各种形式的信息。另外,ChatGPT 可以处理多种语言,它在一些语言上的表现可能会比在另一些语言上更好,这取决于模型在预训练阶段接触到的数据的质和量。在处理特定语言的任务时,专门设计的语言模型或针对该语言的预训练模型可能会更具优势。基于此,一方面,我们可以构建多国语言库,打破不同法域的语言障碍,这有助于解决涉及多个司法管辖区的法律问题;另一方面,通过法律语言的专门训练,使其输出结果更加符合法律专业的特点。

(二)依据通用模型打造专门的法律模型

ChatGPT 是基于自然语言处理技术构建的人工智能通用模型。它的超强能力来自机器的不断学习。因此,要想让 ChatGPT 在法律领域有出色的表现,就必须建立强大的法律知识语料库,将海量最新的权威法条、司法案例、学者观点等实时纳入其中。同时,应建立信息输入审核和随时纠错机制,保证信息的准确无误。另外,虽然 ChatGPT 具有一定的推理能力,但它并不是真正意义上人的思考,它的回复是基于模式匹配和统计概率生成的,如果对其加强法律语言的特殊训练,相信它的逻辑推理会更加接近法律人的思维。

(三)将 ChatGPT 纳入现有的成熟法律库

构建专门的法律模型在技术上可行,但实际上困难重重。最大的障碍就是数据权限问题。比如检索美国个人信息保护的相关法律问题,ChatGPT 目前只给出一个大致框架,涉及的法条、判例、学者观点,它无法给出全文甚至链接,虽然它会提示到专门的法律库进一步检索,但无法实现一站式检索。如果能将 ChatGPT 纳入现有的成熟法律库,其对于现有法律库检索功能的提升将是如虎添翼,实现一次革命性的升级换代。目前微软已经用 ChatGPT 升级了其必应搜索引擎。国内的专业法律库——北大法宝也已将 ChatGPT 纳入自有系统,比如北大法宝智能问答栏目在保持 ChatGPT 原生能力的情况下,提供北大法宝 V6 数据库法律条文的链接,支持对答案的追根溯源。这种大模型和数据库的融合目前尚处在测试阶段,如测试成功,链接验证的能力将会进一步扩展到司法案例、期刊、专题文章等北大法宝收录的全库信息,相信在不久的未来就可以实现法律检索领域的更大突破。

(四)ChatGPT 理性开启方式

作为人工智能领域的一大新的技术突破,对于 ChatGPT,既不能将其神化,也不能视而不见,而应当理性看待。说到底,它实际上是现有法律检索工具的一个新的补充,目前看还无法取代现有的搜索引擎、专业法律数据库、官方的法律信息平台等。如果我们需要和系统进行交互,了解更多信息细节,ChatGPT 是首选;如果我们只是需要获取特定的法律信息或知识,那么搜索引擎、法律专业库或法律信息平台可能更为直接有效。同时,要批判性地利用 ChatGPT 给出的结果,对同一个问题可以分时段进行多次提问,整合多次的结果,并对结果的权威性和有效性进行验证,确保信息全面、无误。

【责任编辑:郐雯倩】

数字人文视角下的德文法律文献整理与评述

于丽英* 王 娴**

摘要：文章以馆藏的1900年以前出版的德文法律图书为对象，编辑较为详尽的专题书目。分析纳入专题书目图书的内容、著者、版本、外部装帧等特色，深入揭示18—19世纪代表性德文法学文献的文本价值和学术价值。数字人文的发展为特藏文献的开发提供了新的路径和方式，对国内外主要图书馆的相关馆藏及版本情况进行调研，有助于了解和判断这些特藏文献的珍稀度。本文结合法律专业读者需求的特点和馆藏实际状况，提出思考建议，以期促进特色专业文献的揭示与利用。

关键词：特藏文献 德文图书 法律图书 数字人文

一、引言

随着网络技术、数字技术和数字媒体的迅速发展，数字人文成为人文学科领域的研究热点和发展趋势。在数字时代，资源的形态、检索方式和获取手段等变化对图书馆基础工作带来的冲击和影响是不言而喻的。面对这种态势，图书馆必须优化工作方式和服务方式以适应新的环境发展和读者需求。本文以清华大学馆藏的

收稿日期：2023-09-08

* 于丽英，清华大学法律图书馆副馆长，副研究馆员。

** 王娴，清华大学法律图书馆读者服务组组长，馆员。

1900年以前出版的德文法律图书为对象，对这批图书的外部信息和内容特色进行分析，挖掘文献版本、作者人物、学术价值等关联关系，深入揭示特色馆藏的文本价值和学术价值。在完成这项工作的过程中，网络检索工具的应用、数字化资源的开放获取都极大地提高了书目检索的效率，同时拓宽了图书馆员的工作视野。丰富的电子版本和网络资源是印刷版图书目录的补充和升级，使传统的印本文献重现其价值和生命力。

二、特藏数据统计

目前，清华大学图书馆及其专业分馆收藏德文法律类图书总计3000余册，其中，1900年以前（含1900年）出版的德文法律图书总计176种，390册，主要收藏于法律图书馆，形成了有特色的专业馆藏。基于早期西文文献本身的特殊性和复杂性，在这批特藏图书的整理与著录过程中，尽可能全面、客观地收集每本书的信息，除基础性著录字段如题名、责任者、出版地、出版时间、卷次、版本等项目外，同时也对图书的外部状况如装帧、破损、印记等进行专门记录，并对题名和作者做了中文翻译，对这批文献相应信息进行了比较全面的揭示，最终形成了《清华大学馆藏1900年前出版的德文法律图书目录》《初版图书目录表》《国外馆藏情况表》《图书电子版本目录表》等参考资料。[1]对于特藏文献的利用者来说，书目是一个必要的、易获得的途径。

（一）目录信息

德文专题目录主要包括以下字段：(1)题名，依德语文献的一般规则，题名首字母大写，名词大写。(2)责任者，采用客观著录和西方惯用的先名后姓的顺序著录；辨别多个作者或编者的复杂情况，缩写、简写姓名尽可能补充完整。(3)出版，包括出版地、出版社及出版时间。(4)卷次、版本，均按照原文语言客观著录。(5)装帧情况，记录较为特色的文献封面设计和装帧样式，如书脊竹节状、烫金文字、书口涂金等。(6)破损情况，记录文献保存的情况，如破损、掉页、虫蛀情况。(7)特色信息，对书内贴有的藏书票、盖的章印、做的批注、标记等逐一记录。这些信息是文献流转的重要信息源，也是阅读史研究的重要素材。[2]

除上述基本信息外，图书的外部样态对于早期文献来说也是非常有意义的元

---

[1] 此文是清华大学图书馆2022年立项课题成果之一。课题组成员崔晨、王瑛帆和余颖老师也为本文提供了资料和数据支持，谨致谢意。

[2] 参见蔡闻桐、赵睿杰、苗青：《标记本图书的著录及应用探索——以复旦大学图书馆捐赠图书为例》，载《图书馆研究与工作》2023年第2期。

素。书籍的封面设计及装帧样式,是展现每本书独特个性及历史的另一重点。[1]这批18—19世纪的德文法学图书具有代表性,其外部特征大致呈现出以下特点:其一,图书大部分采用精装,主要采用半皮、四分之一皮、大理石花纹纸、硬纸板等装帧,部分图书书脊呈竹节状,比较牢固坚挺,大多呈现厚、硬等特点。17世纪中叶,大理石花纹纸开始用于书籍装帧。17世纪末叶,德国在书籍装帧中大量运用大理石花纹纸环衬。19世纪,新的书籍装帧形式,如半皮装或者四分之一皮装的出现,促进了大理石花纹纸制造业的繁荣。那时的大理石花纹纸图案多样,设计精美,工艺精湛。[2]其二,图书印刷精美,装饰精细。书脊、封面部分常用烫金文字和凸起的浮雕花纹、素压花来装饰;书口常涂红或大理石纹;书中也常附有插图、版画;不少图书中还含有作者画像。如此考究的印刷制作,增加了西文古籍的艺术价值和历史文物价值。总体而言,这些装帧特点为德文古籍增添了一份美丽与灿烂。留存至今的这些德文书籍,犹见其昔日风采,也体现了当时德国古籍印刷业在装帧技术和印刷技术方面具有较高水平。而这些丰富的外部特征也是现今流行的电子版本无法呈现和替代的。

(二)分类说明

多角度揭示这批德文图书,编制题名索引、责任者索引,还有依出版时间、内容等对其进行分类说明,便于读者浏览信息和参考利用,且更易于发现文献版本、权威作者的价值和影响力,发挥目录索引的作用。

1. 题名索引,依题名首字母(A-Z)顺序排列,附中文翻译题名。

2. 责任者索引,采用先姓后名的顺序排列。审核责任者信息,尽可能标注全名及其生卒时间。除第一作者外的多作者也做了索引,总计146位作者,附作者中文译名。

3. 出版时间,对175种图书依50年的时间段统计:1701—1750年间出版的有5种,1751—1800年间出版的有14种,1801—1850年出版的有31种,1851—1900年间出版的有126种。1850年之前出版的图书有50种,反映了这些图书的珍稀性和文献价值。其中,出版时间最早的德文书是1712年在莱比锡出版的图书《莱比锡市票据法》(Der Stadt Leipzig Wechsel-Ordnung, Mit nöthigen und nützlichen Anmerckungen versehen)[3]。

---

[1] 参见〔英〕大卫·皮尔森:《大英图书馆书籍史话:超越文本的书》,恺蒂译,译林出版社2019年版,第135页。

[2] 参见彭福英、胡泊:《西文古籍装帧中的大理石花纹纸浅说》,载《文津学志》2017年刊。

[3] 文中德文图书的中文译名均由课题组成员翻译,欢迎大家指正。

4. 内容,涵盖罗马法、《法学阶梯》《学说汇纂》、德国法各领域,还有外国法和法律汇编。如《普鲁士普通邦法》(Allgemeines Landrecht für die Preußischen Staaten)、《巴伐利亚马克西米利安民法典》(Codex Maximilianeus Bavaricus Civilis)、《奥地利专利法》(Das Öesterreichische Patentamt)等。

其他方面,如出版地的分布反映了德国法律出版及其活动呈多样性且有集中地的特点。这些图书中有 41 种出版于莱比锡(Leipzig), 33 种出版于柏林(Berlin),其次依次是耶拿(Jena)、慕尼黑(München)、哥廷根(Göttingen),这几座城市的出版物合计远远超过整个书目图书数量的半数。19 世纪以前,这几座城市是当时德国的出版中心,莱比锡甚至是欧洲的图书交易中心。这些城市在德国法学和法律界具有悠久的历史和良好的声誉,吸引了许多知名法学家和出版商,促进了出版业的繁荣。可见,城市发展在德文法律文献的出版方面也扮演着重要角色,这也是早期德文文献独有的特点。

三、特藏文献调研

数字人文的发展为特藏文献的开发提供了新的路径和方式。为全面了解和分析这些德文法律文献的馆藏及版本状况,我们依托数字人文基础设施[1],利用它公开性、开放性、可持续性的特点进行文献调研,全面了解国内外主要图书馆的馆藏版本信息、对应中文译本信息及电子版情况。利用主要图书馆馆藏目录系统、图书馆联合目录、数据库、工具书等检索工具和平台,如 CALIS 联合目录公共检索系统、OCLC WorldCat 等,查询目录图书的全球分布情况,获取相关书籍的馆藏信息及版本状况。通过文献调研,如对图书、专著、学术期刊等相关的出版物进行调研[2],了解德国法、德国法学家、德文法律文献等的研究、出版、翻译等相关状况,从而获得有用信息,充实目录。同时,进行稀见图书摸底,进一步了解和揭示图书的稀见度和文献价值。

---

[1] 参见刘炜等:《面向人文研究的国家数据基础设施建设》,载《中国图书馆学报》2016 年第 5 期。
[2] 参考图书包括:[德]格尔德·克莱因海尔、[德]扬·施罗德主编:《九百年来德意志及欧洲法学家》,许兰译,法律出版社 2005 年版;[英]F. W. 梅特兰著:《欧陆法律史概览:事件,渊源,人物及运动》(修订本),屈文生等译,上海人民出版社 2015 年版;[英]约翰·麦克唐奈、[英]爱德华·曼森:《世界上伟大的法学家》,何勤华等译,上海人民出版社 2017 年版;[德]米夏埃尔·马丁内克:《德意志法学之光:巨匠与杰作》,田士永译,法律出版社 2016 年版。参考舒国滢系列文章:《19 世纪德国"学说汇纂"体系的形成与发展:基于欧陆近代法学知识谱系的考察》,载《中外法学》2016 年第 1 期;《欧洲人文主义法学的方法论与知识谱系》,载《清华法学》2014 年第 1 期;《德国十八九世纪之交的法学历史主义转向——以哥廷根法学派为考察的重点》,载《中国政法大学学报》2015 年第 1 期;等等。

(一)国内收藏状况

首先,利用CALIS联合目录公共检索系统对高校图书馆馆藏进行检索和对比。结果显示,仅有5种同版本图书分别在北京大学图书馆和厦门大学图书馆有收藏;而另有6种图书虽然也被北京大学图书馆和厦门大学图书馆收藏,但与清华大学馆藏图书的版次不同。

其次,由于这批图书属法学学科文献,国内一些高校设有专门的德国法研究机构,因此,我们选择了四所高校的六个附属中德法学研究机构,分别对这些机构的网站进行了调研,以获取关于德文图书的开放信息以及获悉是否有专门的德文书目记录。[1]这些机构和网站分别是:(1)南京大学中德法学研究所(https://sgls.nju.edu.cn/main.htm);(2)同济大学德国法与欧盟法研究中心(https://law.tongji.edu.cn/info/1067/1090.htm);(3)同济大学中德国际经济法研究所(https://cdiiw.tongji.edu.cn/);(4)中国政法大学中德法学院(http://zdfxy.cupl.edu.cn/);(5)中国政法大学法学院德国公法研究中心(http://fxy.cupl.edu.cn/info/1068/1020.htm);(6)北京航空航天大学德国研究中心(https://zdf.buaa.edu.cn/index.htm)。调研结果显示,南京大学中德法学研究所号称拥有亚洲地区最大的德语类法学图书馆,但其中仅收藏了近些年出版的德国法学专著,对于早期出版的德国法律文献信息无从获取。除此之外,其他的中德法学研究机构尚无公开信息显示相关馆藏,对于德文法律书目的相关信息也少见。

该项调研表明,清华大学图书馆收藏的这些德文法律图书在国内其他高校图书馆的馆藏中所见甚少,这证明了这些图书在国内收藏的稀见程度高,当然,这与其他图书馆对特藏图书的开放程度有很大关系。同时,也意味着这些图书在国内的获取渠道非常有限。由此可见,这批馆藏更加珍贵,独具收藏价值和利用价值。馆藏文献不仅弥补了国内馆藏德文法律图书之不足,更是为学界提供了独有的研究资源,为研究者拓宽研究视野和加深研究空间提供了可能性。

(二)国外图书馆馆藏状况

利用OCLC WorldCat数据库,检索同版本图书在世界各地图书馆的馆藏数量。和预想一致的是,大部分图书都被德国、瑞士、美国及日本的高校图书馆和国家图书馆收藏。尽管如此,全部检索结果显示,其中仍有近40种图书目前在世界范围内的图书馆的收藏量都小于10册。

(三)版本初版状况

为确保数据的准确性和可靠性,我们采取了以下方法来确定馆藏图书是否为初

---

[1] 网站最后检索时间:2023年8月10日。

版。首先，利用多个数据库和搜索引擎如 OCLC WorldCat、百度、亚马逊图书平台等，在全球范围内搜索该书的不同版本和出版年份的记录，以获取初步的参考信息。其次，使用 Deutsche Biographie（德国人物传记）网站责任者著作介绍板块和其他参考性图书[1]来复核和佐证数据。通过综合考量这些来源的数据及统计，最后初步确定目前清华大学图书馆所藏的 176 种德文法律图书中有 54 种为初版，并形成《初版图书目录表》。

（四）版本电子化状况

通过检索发现，国外主要图书馆对于这 176 种德文法律图书的关注和收藏程度相当高。经初步统计，其中百余种图书都已有电子版本，这表明这些图书在国际学术界中具有重要的地位和影响力。我们依此制作了《图书电子版本目录表》，这对专题目录将是一个极大的补充和完善。电子版本有助于读者便捷地利用，也为深入研究这些图书的学术价值提供了重要的参考。

尽管如此，馆藏的实体书籍所具有的重要文化和历史价值是不容忽略的。这些实体书籍不仅仅是知识的载体，它们还记录了人类思想的发展和文化的演变，其文献本身也见证了历史的变迁，同样具有一定的价值。因此，图书馆馆藏不仅提供了学术资源，更是文化和历史的珍贵遗产，具有不可替代的价值和收藏意义。

（五）中文译本状况

为了确定所藏德文法律图书的中文译本情况，我们通过多个图书馆联合目录，使用关键字段进行检索和筛选，以寻找可能存在的中文译本记录。此外，广泛利用CNKI、读秀等学术搜索引擎，以德文原版书籍的题名或作者名为关键词进行搜索，查找与该书相关的翻译或相关研究的学术论文。通过综合利用图书馆在线目录和学术搜索引擎，获得了更全面准确的中文译本信息。目前，检索到相同版本图书的中文译本仅有 5 种。

四、基于文献的分析

对馆藏 1900 年以前出版的 176 种德文法律图书的整体状况、外部信息及内容分别进行整理与分析，不仅是对清华大学德文法律文献的收藏数量与质量的揭示与呈现，更是对其版本价值、学术价值的不断发现及考察。见识名家名作，有利于了解

---

[1] 专业资源网站包括：Deutsche Biographie（https://www.deutsche-biographie.de/）；大英百科全书数据库（https://www.britannica.com/biography/）；中国大百科全书数据库（https://www.zgbk.com/）；德国国家图书馆网站（https://www.dnb.de/DE/Home/home_node.html）及德国主要大学图书馆网站等。

德国大学及其法学教育的沿革与发展,为相关专业研究提供德文法律文献参考。

（一）版本价值

在这批德文法律文献中,有 54 种为初版,具有很高的版本价值。例如,萨维尼(Friedrich Carl von Savigny,1779—1861)的《当代罗马法体系》(System des heutigen Römischen Rechts)多卷本至今仍有重印、被翻译出版。康德(Immanuel Kant,1724—1804)的《法的形而上学原理》(Metaphysische Anfangsgründe der Rechtslehre)也是不断被重印发行。

有的图书虽然是同一种,但是存在多个不同版本,甚至是连续的不同版本。例如,格贝尔(Carl Friedrich von Gerber,1823—1891)的《德国私法体系》(System des deutschen Privatrechts),本馆收藏了此书的第 8 版、第 16 版和第 17 版,这三本的题名、责任者信息、装帧、图书尺寸和页码的体现都不相同。还有温德沙伊德(Bernhard Windscheid,1817—1892)的《潘德克顿教科书》(Lehrbuch des Pandektenrechts)的第 7 版和第 8 版;马滕斯(Georg Friedrich von Martens,1756—1821)的《商法,特别是票据法和海商法概要》(Grundriß des Handelsrechts, insbesondere des Wechsel - und Seerechts)有 1798 年版和 1805 年版。掌握同一本书的不同版本信息是非常重要的,对于收藏馆来说,这有助于深入了解书籍的出版历史和版本演变;对于读者来说,可以通过同一本书的责任者不同时段的修正、评注、再版等内容来辅助自己的研究。

（二）作者

在 146 位作者中,有 137 位属第一作者,如康德、萨维尼、基尔克、米特迈尔等,他们的名字在德国甚至世界法律发展史上可谓如雷贯耳、熠熠生辉。特藏的珍贵之处还在于,有不少作品是名家名篇。如康德,德国哲学家、德国古典哲学创始人,其学说深深影响了近代西方哲学。《法的形而上学原理》是康德的主要法学理论著作,本馆藏是该作品德文版的 1797 年初版。又如萨维尼,他是德国最伟大的法学家之一,历史法学派的创始人,馆藏 8 卷本的《当代罗马法体系》是他在民法方面的主要著作,分别于 1840—1849 年间在柏林出版。再如耶林,他是新功利主义法学派的创始人,其学说对 19 世纪末德国统一后的立法以及后世西方法学,尤其是对社会学法学派,具有相当大的影响。本馆收藏的其 1900 年之前出版的作品中,德文作品有 5 种之多,另有英文作品 1 种,法文作品 2 种。

这些作者多为大学教授,且具有博士学位,有的不只具有法学学位,还有哲学学位,有的任职哲学教授,有的曾任职律师、法官或政府官员。如费尔巴哈(Paul Johann Anselm Ritter von Feuerbach,1775—1833)拥有哲学博士学位和法学博士学位,曾任多所大学法学教授,他还参与立法,曾担任司法部成员。费尔巴哈的《德国刑法》自 1801 年出版后,在半个世纪里一直是德国领先的法律教科书。有的作者出身法学世家,不少作者彼此间都有师承关系,如法学家米特迈尔是费尔巴哈的学生;普赫塔(Georg Friedrich Puchta,1798—1846)是萨维尼的学生和后继者,也是历史法学派的重要代表人物,等等。他们都是当时著名的大学教授、闻名后世的法学家。跟随他们的足迹,也了解到德国大学、德国法学教育的时间史和发展史。例如,德国境内最古老的大学是始建于 1386 年的海德堡大学(Universität Heidelberg),还有科隆大学(Universität zu Köln,1388 年)、莱比锡大学(Universität Leipzig,1409 年)、弗赖堡大学(Universität Freiburg,1457 年)、慕尼黑大学(Ludwig-Maximilians-Universität München,1472 年)、图宾根大学(Eberhard-Karls-Universität Tübingen,1477 年)、耶拿大学(Friedrich-Schiller-Universität Jena,1558 年)、哥廷根大学(Georg-August-Universität Göttingen,1737 年)、柏林洪堡大学(Humboldt-Universität zu Berlin,1810 年)等,都是当时德国法学教育的重镇,孕育和培养的法学代表人物、产生的法学流派及法学思想在世界范围都产生了深刻的影响,而且流传不辍、绵延至今。

(三) 学术价值

罗马法是古代成文法中最发达的法律制度之一,而且是当今世界两大法系之一的罗马法系或称大陆法系或称民法法系的起点。正如恩格斯曾评价的,罗马法可谓"商品生产者社会的第一个世界性法律"[1],对后世人类社会的法律产生深远影响。19 世纪著名德国法学家耶林说过:罗马曾三次征服世界,第一次以武力,第二次以宗教,第三次则以法律。而这第三次征服也许是其中最为平和、最为持久的征服。[2] 这里许多图书的内容是关于罗马法的,如《〈学说汇纂〉教科书》(Leitfaden für Pandekten-Vorlesungen)、《论古典罗马法上的诉讼争执和判决》(Ueber Litis Contestation und Urtheil nach classischem Römischem Recht)、《罗马法在其不同发展阶段之精神》(Geist des römischen Rechts auf den verschiedenen Stufen seiner Entwicklung)等。

罗马法对德国法的起源、研究和影响是直接和密切的。19 世纪,德国法学的发展达到顶峰,法律学说、法律历史和哲学方面的发展都是如此。在任何有法律的国家和地区都能感受到德国法律的影响。德国法学的技术质量和理论深度受到高度赞美。法学学术对法律实践有深刻的影响。[3] 一些法典、法律汇编和法学著作,对于今人来说是历史久远的法律研究资料,同时又是法律传统的代表,反映了德国法

---

[1] 中共中央马克思恩格斯列宁斯大林著作编译局:《路德维希·费尔巴哈和德国古典哲学的终结》,人民出版社 2018 年版,第 49 页。

[2] 转引自江平、米健:《罗马法基础》(第 3 版),中国政法大学出版社 2004 年版,第 51 页。

[3] 参见〔比〕R.C.范·卡内冈:《私法历史引论》,苏彦新译,中国人民大学出版社 2023 年版,第 106 页。

律历史的来源。

德国法的影响力超越德意志语言和文化范围，影响到奥地利、瑞士及斯堪的纳维亚各邦。同时，法学作品以不同语言出版，形成多个版本。如塞缪尔·普芬道夫（Samuel Pufendorf，1632—1694），他是17世纪德国著名的法学家和德国古典自然法学派的代表人物，德国法哲学的开创者，曾在海德堡大学和瑞典兰德大学任教，讲授自然法和国际法。1667年，普芬道夫的《德意志国家形态》以拉丁文出版，同年即出版了德文译本，到1710年已发行了30万册。[1]清华大学图书馆还收藏有他的拉丁文珍本图书。

在这批书目中，还有一些是德文翻译作品，如《英国和北美票据法》（Englisches und Nordamerikanisches Wechselrecht），其作者是美国法学家约瑟夫·斯托里（Joseph Story，1779—1845），他曾是美国联邦最高法院大法官和哈佛大学法学教授，其《汇票法评注》于1843年出版，1845年即被译成德文出版。还有1808年出版的《拿破仑法典》（Napoleons Gesetzbuch）、1875年和1886年出版的《法国民法手册》（Handbuch des Französischen Civilrechts）等，这些书籍的出版也反映了当时德国与美国及欧洲其他国家法律界、学术界的交流非常活跃和通畅。

这些图书文献及其后的再版与延续、译著与流传，构成了罗马法、德国法等相关领域学术图谱中的重要部分，值得关注。

五、几点思考

基于数字人文的发展及其成果，通过多元主体参与资源整合，挖掘、展示文献信息，有利于推动专题资源建设，为研究提供更加丰富的资料来源和保障。专业图书馆特色资源在建设、保存、发掘和提供服务方面与一般馆藏资源存在较大差异。对于1900年以前出版的德文法律图书来说，该特藏在出版时间、学科专业性以及德文语言方面都有限制，在整理和服务方面都需要投入专门的人力和时间。我们对于这批德文法律文献的宣传，是通过参观书展、专题讲座、嵌入专业课堂、主题导读等常见的形式或方式展开的，在内容上下功夫，如在书展中，特别将图书中的印刷文字、精美插图等有特点的部分进行拍摄和打印，供读者更好地了解和欣赏特藏的独特之处，引发读者的兴趣和关注。依托法律图书馆网站，提供特藏资源介绍，包括收藏背

---

[1] 参见[法]吕西安·费弗尔、[法]亨利-让·马丁：《书籍的历史》，和灿欣译，中国友谊出版公司2019年版，第221页。

景、特色内容和使用规则等,让读者方便了解和查询相关资源。[1]然而,特藏资源的推广和使用仍然面临挑战,图书馆需要不断加强与专业读者的沟通和交流,不断探索和改进推广策略。

(一)主动开展多方合作

针对特藏书目文献,与法学院相关专业教师建立联系,从专业读者、专家角度提出专业意见和建议,指导制定特藏资源书目整理及推广策略。希望合作组织举办德文法律特藏文献座谈会、研讨会,邀请专家学者就特藏文献的重要性、研究价值、历史背景等方面进行专题演讲和分享,引导读者深入了解特藏资源的内涵和特点,识别在德文法律领域具有重要价值和影响力的经典书籍,加深读者对特藏文献的认识,拓宽研究视野。特藏文献座谈会催生出研究需求,为学者发现研究线索、提出研究新课题、掌握领域新知识提供了可能。[2]与法律图书馆同行和专门研究机构联系,联合举办书展、文献推介等活动,推动特藏资源的研究和传承,消除图书馆和馆员在大学里一家部门、单个主体的局限性,与其他高校图书馆、文化机构和数字人文项目进行合作,共享数字资源和最佳实践,鼓励共同研究和项目合作,延伸特藏服务,同时也宣传、提升特藏文献的声誉和影响力。

(二)关注特藏资源数字化及出版

数字化技术在特藏文献的揭示和利用方面发挥着重要作用。图书馆要积极参与和利用数字人文和开放学术的成果,拓展研究者获取特藏文献的渠道和方式,提升信息数据的深度挖掘、细化分析及融合利用的能力。综合本馆特藏的整理情况及图书数字化状况,可按照学科分类的脉络、以法学家为主线等扩充这些德文文献的电子版本,特别是名家名作的版本。关注德文文献中译本的出版情况,如"德语法学思想译丛""德意志古典法学丛编""当代德国法法学名著""德国法学名家名篇",及时补充、更新相关信息,使特藏书目更加完善,信息更加全面,形成体系化呈现。

(三)编写出版专题书目

编写出版专题书目可以为读者提供有关特藏图书的详细信息,提高特藏资源的可见度和知名度。参考、借鉴书志的做法,充分利用师生的学科知识及多语种资源,探索可能的合作方式,在书目信息的基础上,增加对作者、文献影响力等内容的描述和细度揭示,使目录不仅有实用性,还有可读性甚至趣味性,为学术研究提供重要的参考资料。对于这批德文特藏,馆员既编制了书目及多角度索引,还撰写了"德意志

---

〔1〕 参见清华大学法律图书馆网站,https://lib.tsinghua.edu.cn/law/index.htm。
〔2〕 参见王乐:《略论高校图书馆特色馆藏建设的价值与发展方向》,载《大学图书馆学报》2020年第3期。

法学名家及馆藏"的系列文档,即从作者出发,整合同一作者的其他语种的馆藏情况及出版信息,全面揭示知名法学家的所有作品,集中展现名家名作的独特价值,为读者进行人物思想和学术研究提供文献来源。书目可通过纸质和电子版方式多渠道发布,以多种方式宣传、介绍这些珍贵文献,使其得以更广泛地传播。

(四)持续的宣传与推广

特藏文献的揭示与利用本来就存在各种限制和困难,故应保持持续关注与推广,避免一次性和阶段性做法。高校图书馆每年都有不同专业、不同学历层次的新读者加入,创建数字展览和在线访问平台,提供对特藏文献的全面访问和搜索功能,定期开展专题书展、专题导读和预约参观体验等活动,线上线下、虚拟资源与实体资源相结合,积极宣传特藏资源。发挥专业图书馆的学科服务优势,结合专业教学和科研工作,将这些原始资料嵌入课堂,推介给师生,加强与读者的交互与分享,让文献焕发生命力和独特的学术价值。

六、结语

在数字时代,先进的技术手段和资源平台为图书馆基础工作带来发展活力,馆员将数字人文理念融入特色馆藏文献的揭示与服务中,拓宽工作视野,发挥专业特长,为目录赋值,特色馆藏也因此获得利用、新生。这些工作可帮助读者寻找、发现那些隐藏在文献海洋里的珍宝,在数据世界打捞有价值的原始文献,为使用者提供个性化的专业服务,助力其完成全面而深入的法律研究。德文法律特藏资源的整理和研究为法律图书馆带来了独特的机遇,与专家学者的合作与交流,能够扩大图书馆在德文法律文献领域的影响力;推广特藏资源的研究成果,能够吸引更多的学者、研究人员和专业人士关注和利用图书馆资源,进一步巩固其在学术界的地位。

总之,当图书馆把这些历史的文献和文献的历史展示出来时,图书馆的自我价值和重要性也同时得以展现,这也正是"图书馆的集体价值"[1]。

【责任编辑:郐雯倩】

---

〔1〕〔英〕大卫·皮尔森:《大英图书馆书籍史话:超越文本的书》,恺蒂译,译林出版社2019年版,第157页。

生成式人工智能训练数据收集处理行为的合法性边界

赵精武*

摘要：生成式人工智能的创新发展面临海量训练数据的技术需求与个人信息保护的权利诉求之冲突。主流观点坚持以"自然人明确同意"作为训练数据收集处理行为合法性的判断标准，但这也可能导致人工智能产业所能获取的训练数据的质量和类型极为有限。解决这一冲突的关键在于准确理解算法模型优化的技术中立特征。若是基于纯粹的人工智能算法训练且不实质性影响个人权益，将个人信息用作训练数据之行为则不属于《个人信息保护法》所规定的个人信息处理行为。为了避免人工智能研发者、服务提供者超目的、超范围使用训练数据，需要施加"明确告知"和"算法训练属于纯粹技术环节"两个限制条件。

关键词：训练数据　数据收集　合法性边界

一、问题的提出

在生成式人工智能技术应用取得突破性发展后，国内外各大企业纷纷开始各自的人工智能大模型的训练和优化。近期，WPS被曝在更新后的隐私政策中新增一条："我们将对您主动上传的文档材料，在采取脱敏处理后作为AI训练的基础材料

收稿日期：2023-09-05

* 赵精武，北京航空航天大学法学院副教授。

适用。"尽管事后WPS就此事道歉并更改了《WPS隐私政策》,但该现象背后的问题却值得关注,即人工智能训练数据收集行为的合法性边界应当如何界定。诚然,《生成式人工智能服务管理暂行办法》第7条对预训练、优化训练等训练数据处理活动提出了数据来源合法、不得侵犯知识产权、不得侵害个人信息等要求,但是在实践中仍然存在合法性判断标准模糊的现实问题。在一般场景下,倘若用户文档内容尚不构成"个人信息"或"个人隐私",服务提供者是否可以通过用户协议等方式直接将用户上传的文档用于人工智能算法训练活动?隐私政策中所提及的数据脱敏技术措施能否成为训练数据来源合法的正当事由?这些问题实际上反映了当下生成式人工智能产业发展的一个利益冲突问题:人工智能产业对海量训练数据的技术需求与现行立法对训练数据来源的合法性要求之间的冲突,而解决这一问题的关键正是明确训练数据收集行为的合法性边界和例外情形。

二、训练数据安全风险治理的研究现状

国家标准(GB/T 41867—2022)《信息技术 人工智能 术语》的3.2部分将"人工智能训练相关数据"界定为"用于训练机器学习模型的输入数据样本子集"的训练数据、"用于评估最终机器学习模型性能"的测试数据、"用于评估单个或者多个候选机器学习模型性能的数据样本"的验证数据三类。本文所讨论的"训练数据"正是这三类数据[1],除了能够用于验证算法模型的可靠性、准确性,还能用于优化和提升算法模型的智能化程度,快速理解用户查询的问题并给出准确答案。[2] 如OpenAI在解释ChatGPT的训练数据类型时,将之分为"互联网已公开信息""从第三方获得许可的信息"以及"用户或专门的训练数据员的信息",同时,为了避免其他用户利用ChatGPT检索特定个人信息,OpenAI还专门训练算法模型拒绝对个人敏感信息的检索请求。

从实践中来看,企业获取训练数据的方式主要包括直接收集和间接收集两种。直接收集是指通过网络爬虫、智能设备、软件开发套件(SDK)等技术工具对目标数据进行采集;间接收集则是通过第三方数据处理者访问、下载目标数据,如企业之间从事商业合作性质的数据共享、购买数据交易平台等中介服务提供的数据资源等。此外,诸如百度智能云等采用的数据标注众包也为人工智能提供了"几十甚至几百

---

〔1〕 一般而言,在算法模型训练和优化过程中,训练数据占比70%~80%,验证数据占比10%,测试数据占比10%。参见刘春雷:《人工智能原理与实践》,北京大学出版社2022年版,第39页。

〔2〕 参见蔡士林、杨磊:《ChatGPT智能机器人应用的风险与协同治理研究》,载《情报理论和实践》2023年第5期。

亿的喂养数据"[1]。也有学者将训练数据来源分为自行采集、公开数据、爬取数据、第三方购买和模拟产生五种，并基于实证研究认为，自行采集、公开数据、模拟产生这三种数据来源的合法性判断是以数据主体授权范围为依据，而爬取数据、第三方购买这两种方式则存在显著的侵权风险。[2]

在 ChatGPT 横空出世之后，国内有关生成式人工智能安全风险治理的相关讨论也随之兴起。常见的技术安全风险包括技术滥用风险、算法歧视风险等，而在数据安全风险领域则存在两种风险认知，一种是训练数据非法获取的风险，另一种是后台数据的泄露风险。多数观点基本认同生成式人工智能的训练数据收集活动应当满足《数据安全法》《个人信息保护法》的基本要求，即便所采集的数据仅仅是用于优化算法模型，并不涉及对数据内容的分析或者特定自然人的身份识别，也不等于未经用户同意的训练数据收集行为具备合法性。如学者们常以 OpenAI 用户协议所规定的"用户账号注册时的同意数据收集不等于 OpenAI 能够收集用户个人身份信息"为例，认为诸如此类的训练数据方式会超过《数据安全法》第 32 条所规定的正当性边界。[3] 其中，最受学者们关注的训练数据非法获取方式便是未经许可擅自利用网络爬虫等技术手段获取数据以及超目的的训练数据不当使用[4]，即便用户同意服务提供者采集其个人信息用于训练算法模型，但仅限于特定功能的算法模型，如若用于其他算法模型或者其他使用目的，则训练数据的合法性来源基础将不复存在。不过，也有观点将人工智能数据安全风险样态归结为一般意义上的数据过度采集，如智能终端设备普及，各类应用程序强制读取用户隐私数据，收集无关数据。[5]

从现有的研究成果来看，学者们大多围绕训练数据类型论证训练数据安全风险治理问题。若训练数据涉及知识产权或国家安全，则主张通过民事侵权责任或刑事责任予以解决；若训练数据属于个人隐私或个人信息，则普遍认为应当事前获得个人的知情同意。对于后者，大部分学者更倾向于将训练数据用于算法模型优化归纳为一般的个人信息处理活动，并认为生成式人工智能的研发者、服务提供者具有实

---

[1] 粟瑜:《人工智能时代数据标注众包劳动的法律保护》，载《暨南学报（哲学社会科学版）》2023年第 1 期。

[2] 这里的"模拟产生"主要是指人工智能开发者利用图片编辑、视频制作或音频合成等方式，制作出训练 AI 算法所需的仿真数据用以开发。参见高泽晋:《潘多拉的魔盒：人工智能训练数据的来源、使用与治理——面向 100 位 AI 开发者的扎根研究》，载《新闻记者》2022 年第 1 期。

[3] 参见钭晓东:《论生成式人工智能的数据安全风险及回应型治理》，载《东方法学》2023 年第 5 期。

[4] 参见陈锐、江奕辉:《生成式 AI 的治理研究：以 ChatGPT 为例》，载《科学学研究》2024 年第 1 期。

[5] 参见林伟:《人工智能数据安全风险及应对》，载《情报杂志》2022 年第 10 期。

质性的技术优势,缺乏专业知识的自然人难以理解其个人信息用于训练算法模型的实际风险,故而认为"有效的同意能够平衡研发者、服务提供者与自然人之间的信息不对称问题"[1]。但也有少部分学者注意到这类观点将常见的非法收集行为的一般性与人工智能治理领域训练数据非法收集的特殊性予以混同,这里的特殊性主要表现为,训练数据收集行为的合法性边界更为模糊,基于算法模型优化目的使用个人信息或其他数据,仅仅属于机器可读层面的数据处理活动,并且这种处理活动仅仅是为了验证算法模型输入端与输出端的一致性和准确性,并不涉及特定自然人相关信息的挖掘。故而也有学者将这类风险解释为"在广度上存在违规风险",进而主张应当厘清数据收集边界,并平衡收集与保护两种法益。[2] 因此,训练数据收集、处理行为的合法性认定不能简单采用一般的个人信息处理活动的合法性认定标准,而是需要结合训练数据是否纯粹用于优化算法模型等要素,明确个人信息能够作为训练数据的合法情形。

三、生成式人工智能训练数据收集的合法性边界

(一)训练数据收集行为合法性判断的特殊性:个人信息自决权的理论补充

针对非个人信息的训练数据而言,相对应的合法收集行为类型可以归纳为"在先数据持有人授权同意""已经公开的数据资源""基于合法有效合同购买所得"以及"自身业务形成的数据集合"四类。因为这类训练数据所承载的财产权益或是归于其他数据持有人,或是人工智能服务提供者自身业务形成,所以合法性判断标准的核心表现为判断在先的数据财产权益属于谁。对于属于个人信息的训练数据而言,相对应的合法收集行为类型不能按照《个人信息保护法》归结为获得自然人充分知情后的同意。虽然将用户个人信息直接用于算法模型优化训练属于典型的数据处理活动,但这种数据处理活动与《个人信息保护法》所规定的个人信息处理活动存在些许差异:其一,用户个人信息被用于算法模型优化,并不涉及对有关特定自然人的用户画像等个人身份信息、偏好信息的分析,且优化后的输出结果也仅仅被用于与输入端的对比从而验证算法模型的精确程度。其二,《个人信息保护法》对用户画像等应用场景中的个人信息处理行为作出"知情同意""最小必要"等限制,是因为这些应用场景可能会直接挖掘个人身份信息、私密信息等内容,这与人工智能训练

---

[1] 李爱军:《训练数据主体权益保护的新型数据财产权构建》,载《政法论丛》2023年第6期。
[2] 参见刘艳红:《生成式人工智能的三大安全风险及法律规制——以ChatGPT为例》,载《东方法学》2023年第4期。

数据的功能作用存在一定差别。其三,如果在制度层面粗糙地将个人信息用于训练和优化算法模型理解为一般的数据处理活动,这将导致人工智能产业获取个人信息作为训练数据的合法渠道有且仅有"自然人明确同意"。这意味着服务提供者需要频繁向用户个人进行告知和获取同意等,这显然与当下人工智能产业的海量数据需求存在冲突。诚然,非个人信息的训练数据确实能够在一定程度上满足算法模型优化的技术需求,但是这种单一类型的训练数据并不能有效提高生成式人工智能的智能化程度。主流的个人信息保护理论多以个人信息自决权为基础,主张自然人在网络空间有权自主决定其个人信息处理方式,并延伸出一系列的个人信息保护制度体系。但是,这种理论建构逻辑却忽视了一个最核心也最基础的问题,即为何需要专门立法保护个人信息。审视个人信息权利从无到有的演进过程不难发现,个人信息与个人隐私区分保护的起点正是因为大数据、云计算等信息技术的创新发展,这些技术使得获得原本不属于个人隐私的个人相关信息轻而易举,而这些信息内容又在电子商务等数字化业务活动中对个人人身权利和财产权利产生直接影响[1],故而有必要在立法层面单独保护个人信息。换言之,因为个人信息的收集和处理往往意味着特定自然人可能在数字社会被"分析"和"挖掘",保护个人信息的目的是保障自然人能够自主决定在数字社会是否会被其他人打扰(被分析、被挖掘)的权利。因此,收集个人信息作为训练数据的行为并不能一概而论,有必要在现有的数据收集行为合法性判断的基础上细化相关认定标准。

(二)训练数据收集的合法性判断逻辑

在明确训练数据收集行为合法性判断标准之前,有一个认知误区需要澄清:在判断人工智能研发者、服务提供者收集用户个人信息用于训练算法模型优化时,需要将"知情同意"区分为"同意收集"和"同意处理"两项内容。诚然,《个人信息保护法》并没有对"同意"的内容作出如此区分,但是从《个人信息保护法》第14条规定"同意应当由个人在充分知情的前提下自愿、明确作出"和第17条规定的个人信息处理者应当告知的四类事项来看,该法所要求的"同意"是以个人的充分知情为前提,这也意味着个人既要知晓自己的哪些个人信息被收集,也要知晓自己的个人信息被收集的目的以及后续的处理方式等事项。换言之,《个人信息保护法》实际上是将"同意收集"作为"同意处理"的组成部分。并且,从产业实践的角度来看,并不存在只收集不使用的数据处理活动,"同意收集"完全可以被"同意处理"所吸纳。部

---

[1] 也有学者指出,将个人隐私与个人信息保护规则交叉适用会导致现有立法体系关系的混乱,主张平行适用才能够避免交叉适用带来的法律关系的交织与冲突。参见周汉华:《平行还是交叉——个人信息保护与隐私权的关系》,载《中外法学》2021年第5期。

分学者对此的解释是,"只有知悉个人信息被人收集、保有或处理,信息主体才能采取相应行动"[1]。然而,在训练数据优化算法模型领域,区分"同意收集"和"同意处理"的重要性尤为重要;一方面,无论出于何种目的收集用户个人信息,均需要获得用户的授权同意,其目的是让自然人知晓为何要收集自己的个人信息以及自己的个人信息可能会被用于何处;另一方面,纯粹将个人信息用于算法模型优化而不涉及对特定自然人身份信息、偏好信息等事项的详细分析,并不涉及《个人信息保护法》意欲预防的个人信息侵权风险,故而个人信息处理者需要对此类事项特别强调和单独说明。

《个人信息保护法》第17条所规定的告知义务是所有数据处理活动合法性判断的基本要求,故而训练数据收集行为的合法性判断逻辑同样需要以此为基础,并结合"同意"的内容,划分为两个步骤予以判断。第一步是判断人工智能服务研发者、服务提供者是否明确告知自然人数据收集的目的、范围、存储时间等基本信息。特别是需要判断人工智能研发者、服务提供者是否以显著且清晰的方式向自然人说明个人信息作为训练数据用于算法模型优化的技术原理、安全风险以及是否对自然人合法权利产生实质性影响。这是为了满足《个人信息保护法》所要求的知情同意规则,避免在信息不对称的情况下自然人无法合理地作出是否同意被收集个人信息的决定,同时,完成这一步也仅仅代表人工智能研发者、服务提供者的数据收集行为具有合法性,但并不等同于其能够直接使用个人信息用于算法模型优化。第二步则是判断个人信息用作训练数据时是否仅仅以优化算法模型为限,而不涉及其他数据挖掘分析活动。与前一个步骤不同的是,这里的事项告知不能与一般意义上的数据处理行为采取相同的告知方式,而是应当以单独条款、特别提示弹窗等方式予以告知,并且告知的内容应当明确说明算法模型优化是否可能会涉及个人其他身份、偏好等信息的识别。事实上,欧盟也采取了纯粹科技创新研发的数据处理活动不属于个人信息处理活动的类似模式。在《欧盟通用数据保护条例》(以下简称GDPR)框架下,"纯粹的算法模型训练和优化"属于第5(1)(b)条所提及的目的兼容情形,即"因为公共利益、科学或历史研究或统计目的而进一步处理数据,不视为违法初始目的"。并且,GDPR第89条还专门强调出于此类数据处理目的的活动需要采取符合数据最小化原则等在内的恰当保护措施(如匿名化处理)等。

---

[1] 杨芳:《个人信息保护法保护客体之辨——兼论个人信息保护法和民法适用上之关系》,载《比较法研究》2017年第5期。

四、生成式人工智能训练数据收集的合法性判断路径

(一)训练数据收集合法性判断逻辑的适用方式

上述的"两步法"判断逻辑可能还存在一个质疑需要澄清:无论如何解释"同意"的内容,只要自然人在第一步就拒绝同意以算法模型优化为目的的收集行为,研发者、服务提供者就无法收集自然人的个人信息,而有关训练数据收集行为的合法性判断又回到了"自然人是否同意"这一基础性的个人信息处理活动合法性判断标准。这种质疑实际上是将"两步法"视为彼此之间相互独立的判断步骤,但两个判断步骤所对应的判断目的有所不同。第一步判断的目的在于明确自然人是否对个人信息收集活动知情,倘若研发者、服务提供者未能充分告知,其收集个人信息的行为本身就不具有合法性,更谈不上之后的对算法模型优化活动的合法性判断。第二步判断的目的在于明确区分《个人信息保护法》意义上的数据处理行为与纯粹技术层面的数据处理行为,如果只是用于算法模型优化,对于个人信息权益的直接侵害显然并不存在,《个人信息保护法》第 13 条所要求的处理个人信息的前置性要求则不予适用。国外部分学者已经意识到训练数据应用于算法模型中可能导致被遗忘权的适用困境:一方面,用于训练算法的数据集合包含个人信息,但算法模型不太可能存储个人信息;另一方面,如果该训练模型被用于同一自然人,则可能识别到之前作为训练数据的特定自然人,但消除这种负面影响的方式显然不是通过简单的数据删除就能实现的。更何况删除部分参数的算法模型无法得到准确的输出结果,还有可能对个人的其他权利(如信用评级等)产生影响。[1] 那么,只要个人信息被用作纯粹技术层面的算法模型优化,不属于《个人信息保护法》所指向的数据处理活动,则无须经自然人同意即可直接用于训练算法模型优化。但是,这并不免除研发者、服务提供者的告知义务,因为收集行为依然属于《个人信息保护法》意义上的数据处理行为,只不过因为后续的数据处理行为不受《个人信息保护法》调整,基于处理目的进行的收集行为才不再需要"自然人同意"。

理解和适用"两步法"的关键除了判断告知方式之外,还包括对算法模型优化活动的技术特征的正确判断(第二步)。训练数据的功能和作用主要是引导生成式人工智能"学习"最新的知识体系以及判断输入输出的一致性,此时训练数据与算法模型的关系更类似于汽油与汽车,完全不涉及对自然人其他个人信息的分析和挖掘,

---

[1] See Tiago Sérgio Cabral, Forgetful AI: AI and the Right to Erasure Under the GDPR, 6 European Data Protection Law Review 378, 385-88 (2020).

这与用户画像、个性化定制等数据处理活动存在显著差异。《生成式人工智能服务管理暂行办法》第7条所要求的训练数据来源合法的判断实际上也转变为纯粹技术环节的训练数据使用是否完成了告知义务。然而，监管者乃至学界之所以对个人信息作为训练数据使用如此谨慎，倾向施加"自然人明确同意"等诸多限制条件，原因在于大多数训练数据的收集处理活动并不满足"两步法"。或是研发者、服务提供者在平台规则中并未以清晰易懂的方式说明训练数据用途以及可能产生的权利影响；或是研发者、服务提供者所意欲进行的算法模型优化并不满足"纯粹的技术环节"这一要求，可能将个人信息留存在算法模型内部；抑或算法模型本身就是为了实现用户画像、个性化分析等目的。此外，在判断个人信息作为训练数据是否符合"纯粹的技术环节"特征时，还可以结合现行监管体系所要求的算法透明和算法备案制度，倘若生成式人工智能算法模型本身就是以对个人偏好进行分析等为目的，则显然不符合"两步法"第二步的判断标准。

（二）训练数据收集合法性判断的实践路径

以人工智能研发者、服务提供者在用户协议、隐私政策等平台规则中列明"用户个人信息在经数据脱敏等技术措施后，将被用于AI模型训练"等类似条款为例，这类收集处理训练数据的活动可以采用"两步法"判断：其一，这类条款的告知方式并不属于《个人信息保护法》第17条所要求的"显著方式、清晰易懂"以及"真实、准确、完整"。该类条款本质上所包含的告知内容笼统模糊，既没有说明用于人工智能训练的用户个人信息范围，也没有说明人工智能算法模型训练的具体内涵。更重要的是，如果这里的"用户个人信息"包括用户上传的数据，则有可能涉及个人隐私和商业秘密等其他权益，即便不适用"两步法"判断，其行为本身也已经构成侵权责任和违约责任的竞合。其二，该类条款并没有提及意欲训练的人工智能算法模型的功能、作用以及对用户权利的实质性影响，这种用于AI模型训练的行为并不具备纯粹的技术环节的中立性特征，而是属于《个人信息保护法》调整的数据处理行为。更确切地说，该类政策条款甚至没有说明意欲训练和优化的人工智能算法模型究竟指向何者，从文义上理解，存在将用户上传的所有文档用于所有的人工智能算法模型训练优化活动中。

值得注意的是，即便此类条款存在"数据脱敏"等技术措施表述，也不意味着能够作为训练数据收集、处理的免责事由。即便《个人信息保护法》第4条第1款也将匿名化处理后的信息视为非个人信息，但"数据脱敏"属于技术用语，除了包含匿名化处理技术之外，还包括假名化、去标识化，也就是说，经过数据脱敏后的个人信息有可能仍然属于个人信息。[1]并且,《个人信息保护法》第73条第(四)项将"匿名化"的技术效果限定为"无法识别特定自然人且不能复原",处理后的信息只有满足这两项技术效果,才不属于个人信息。另外,当收集处理的训练数据不涉及用户个人信息时,即便采用了数据脱敏技术,但是在未获得用户同意的条件下,企业对用户上传数据的机器读取行为本身就已经构成侵犯个人隐私或商业秘密,加之"数据脱敏"不等于"不能复原",故而"数据脱敏"难以成为其训练数据收集处理行为的免责事由。

当个人信息被用作训练数据,且对应的算法训练活动具有纯粹的技术中立特征,自然人的个人信息权利并没有因此消失。因为在区分"收集"和"处理"的前提下,收集行为仍然要受到《个人信息保护法》调整,自然人有权查询自己个人信息的存储、使用情况。一旦存在超范围、超目的使用训练数据的行为,则训练数据收集、处理行为的合法性自始不存在,同时要结合算法透明和算法备案机制,避免人工智能研发者、服务提供者"阳奉阴违",真正实现生成式人工智能产业的训练数据需求与个人信息保护需求之平衡。

此外,围绕已公开的个人信息能否作为训练数据这一问题,同样存有异议。《个人信息保护法》第13条第(六)项将"个人自行公开或者其他已经合法公开的个人信息"作为个人信息处理者不经个人同意即可处理个人信息的合法情形,但该项还设置了"合理的范围内"这一前提。结合《个人信息保护法》的立法目的,这里的"合理的范围"首先应当满足的是不会对个人权益产生实质性负面影响。虽然个人信息的公开意味着自然人在一定程度上放弃了部分个人信息权利,但并不等于放弃所有的权利。在数字时代,《个人信息保护法》所保障的是自然人能够自主决定在数字社会是否会被其他人打扰(被分析、被挖掘)的权利。个人信息的公开实质上是自然人默示同意被其他人打扰(被分析、被挖掘),但这种同意并不涉及其他权利的放弃。因此,人工智能研发者、服务提供者在利用已公开个人信息训练和优化算法模型时,应当确保相关人工智能的应用不会对个人的人身安全、财产安全产生任何不利影响。

五、结语

生成式人工智能产业的创新发展需要海量数据进行"喂养",将算法模型训练行

---

[1] 在模型训练阶段,即使已将个人姓名等代表身份的信息删除,但是通过数据关联、背景知识仍然可能获得数据中的隐私内容。参见曾剑平编著:《人工智能安全》,清华大学出版社2022年版,第14页。

为统一视为数据处理行为虽然能够保障个人信息安全,但从长远来看,这会导致相关产业所能使用的训练数据的类型和质量相当有限,因为每一次收集个人信息作为训练数据使用都需要用户明确同意。为了平衡产业对海量训练数据的需求和公民对个人信息保护的需求,理应对算法模型训练行为作出明确且清晰的法律特征界定。承认基于纯粹的技术目的的个人信息收集活动的合法性,并不等同于承认所有收集个人信息作为训练数据使用行为的合法性,当且仅当训练数据的使用行为不会对个人的合法权益产生实质性影响时,才符合"纯粹的技术环节"之特征,这类数据处理行为并没有产生《个人信息保护法》所预防的侵害个人信息权益的风险。不过,对于利用海量个人信息作为训练数据的人工智能研发者、服务提供者而言,其个人信息保护义务远不只停留在事前的明确告知阶段,为了避免训练数据以"算法黑箱"的方式留存于算法模型中,其也有义务对算法模型增加"拒绝检索特定个人信息"的核心功能。

【责任编辑:金梦洋】

金融领域生成式人工智能的风险挑战与治理应对：以 ChatGPT 为例

尚博文* 邱山山**

摘要：随着机器学习与模型开发等技术的不断发展，以 ChatGPT 为代表的生成式人工智能成为经济社会生产力迭代的新动力。ChatGPT 在动态上下文感知及使用规模等方面具有一般人工智能无可企及的运用广度和深度，在个人金融知识、企业数字化转型与社会整体福利方面具备广阔的应用前景。不过，ChatGPT 也带来了模型训练的数据合法性、数据泄漏和生成虚假错误信息等一系列问题。美国、欧盟等地区有关人工智能的最新治理经验显示，应当在规则协同的人工智能治理规范体系之下，划分生成式人工智能的风险类别，明确科技与金融结合之下的金融监管逻辑，并将伦理融入生成式人工智能的算法治理之中。

关键词：ChatGPT　人工智能　生成式人工智能　金融科技　数字经济

一、ChatGPT 及其在金融领域应用的广阔前景

（一）ChatGPT 的原理与优势

生成式人工智能是互联网技术端与用户体验端创新发展的最新成果。生成式

收稿日期：2023-05-31
* 尚博文，北京大学法学院博士研究生。
** 邱山山，天津大学法学院博士研究生。

人工智能模型是基于无监督或者自我监督机器学习技术完成基于数据集的模型训练，通过访问个人数据、政策文件、新闻报道、文学艺术等各类型计算资源，能够在更广泛的数据集上训练复杂程度更高的生成模型和基础模型架构。[1]以ChatGPT为例的自然语言处理（NLP）模型，其工作原理可分为六个层次：数据收集——数据预测处理——数据标记——特征提取——模型训练——结果生成。[2]伴随着互联网由"专有网络""浏览"到"搜索引擎""发现引擎"，再到生成式人工智能的发展脉络，用户的体验将会实现由静态到动态、由个性化到超个性化、由流媒体到动态交互的转变。[3]以ChatGPT为代表的生成式人工智能的突出优势，在于其可以利用不同的学习方法，使用神经网络来识别现有数据中的模式和结构，以生成包括文本、音频、图像和合成数据在内的"人工智能生成内容"（AI-Generated Content，AIGC）。该模型具有高效数据训练能力、基于人类反馈强化学习技术（RLHF）、复杂逻辑的思维链推理能力及多元文本生成与表达能力等优势。[4]其中，ChatGPT在动态上下文（dynamic context）感知及使用规模（scale of use）两方面具有一般人工智能无可企及的运用广度和深度。在动态上下文感知方面，动态上下文感知是Transformer架构的一个关键特性，通过自我注意机制（Self-attention Mechanisms）允许模型根据输入内容与先前输入的"上下文"的相关程度进行关联，使得模型能感知上下文语境并做出更有逻辑的响应。在使用规模方面，生成式人工智能模型的开放性不仅使其能够在多领域应用，并且人类无需使用计算机程序设计语言，而是使用自然语言即可与生成式人工智能模型沟通，极大降低了人工智能的使用门槛，扩大了生成式人工智能模型在经济社会各个领域的使用规模。

（二）ChatGPT在金融领域应用的广阔前景

1.弥合个人金融专业知识差距

在个人层面，ChatGPT将能够以新闻终端、智能投顾等形式，弥合个人金融专业知识的差距。从信息差的角度来看，ChatGPT有能力使普通人快速且高效地整合金融平台的各类信息，如彭博社推出的金融领域的大型语言模型BloombergGPT，该模型针对金融数据集进行训练，从而支持和改进金融领域的诸如金融分析、金融新闻

---

[1] See Yihan Cao, Siyu Li & Yixin Liu, A Comprehensive Survey of AI-Generated Content (AIGC): A History of Generative AI from GAN to ChatGPT, March 7, 2023, https://arxiv.org/abs/2303.04226.

[2] See Yuliia Kniazieva, From Data to Dialogue: Data Annotation for Training AI Chatbots like ChatGPT, February 23, 2023, https://labelyourdata.com/articles/data-annotation-for-training-chatgpt.

[3] See Gennaro Cuofano, Generative AI, February 7, 2023, https://fourweekmba.com/generative-ai/.

[4] 参见《由ChatGPT浪潮引发的深入思考与落地展望》，载第一财经网，https://m.yicai.com/news/101675752.html，2023年2月5日访问。

分类和问答等各类自然语言处理任务。[1]此类新型金融新闻、咨询的功能,可以帮助个人了解金融知识和投资产品,快速掌握重要金融新闻与重大事件。

从智能投顾的角度,ChatGPT可以通过分析各类金融产品的价格相关性、市场因素影响强弱等数据,结合个人的具体投资目标和风险承受能力,提供超个性化的资产配置比例、资产组合预期收益、投资潜在风险等投资建议。在投资顾问能力跨越式提升的同时,ChatGPT清晰易懂、可读性强的文本输出方式也可以为投资者提供可操作的量化策略,降低量化投资的门槛,帮助金融知识储备薄弱的个人制定更适宜的投资策略并提升交易效率。

2.颠覆金融机构数字化转型

在企业层面,ChatGPT可以融入金融机构前、中、后端与全业务场景,借助GAI(Generative AI)技术在营销运营、客户服务、风险控制等方面实现全流程数字化转型。金融机构引入ChatGPT的用途包含提升数据与业务管理、智能风控和智能客服等多个方面。

首先是强化金融机构数据与业务管理的自动化水平。机器人流程自动化(Robotic Process Automation,RPA)与ChatCPT的结合使用,使后者能够延伸RPA的覆盖范围,增加与聊天机器人的交互体验与功能延展。[2]在数据管理层面,可以运用ChatGPT更快地进行复杂的大型查询,分析大量的非结构化数据以及高效处理庞杂的数据集成。在业务管理层面,ChatGPT的应用有助于实现业务流程的自动化管理。ChatGPT可以运用图像、视觉识别技术分析包括个人信息、交易记录在内的大量客户数据,从而进行验证客户身份、协助客户注册账户、提供实时业务指导等基础工作,优化以往默认的线上化—数字化—智能化发展路径。此外,ChatGPT的应用将会重构金融机构的传统组织架构,使科技、业务、产品等部门形成矩阵架构模式,打通科技和业务在组织上的界限。[3]

其次是ChatGPT助力金融机构实现智能风控。ChatGPT可以针对特定数据集进行分析,通过评估潜在经济和政治风险、识别隐性合规问题、标记可疑交易行为等来提高合规性检查的准确性和预防欺诈,借助机器学习模型从以往的风险中学习,从而优化风险管理方案。借助人工智能技术和大数据的优势,尤其可以为信用评估

---

[1] See Introducing BloombergGPT, Bloomberg's 50-billion Parameter Large Language Model, Purpose-built from Scratch for Finance, March 4, 2023, https://www.bloomberg.com/company/press/bloomberggpt-50-billion-parameter-llm-tuned-finance/.

[2] 参见《ChatCPT系列报告:ChatGPT在金融应用前景》,载东方财富网,https://pdf.dfcfw.com/pdf/H3_AP202302141583130912_1.pdf? 1676380961000.pdf。

[3] 参见戴可、陈洁等:《ChatGPT对银行数字化的影响和启示》,载《金融时报》2023年3月20日。

模型的建立和用户画像精准度的提高起到积极作用。[1]

最后是基于ChatGPT的金融机构智能客服。ChatGPT可以代替人工完成诸如资料的检索、整理、初步分析等基础性工作，促进金融行业提质、降本、增效。不仅如此，ChatGPT能够极大地提高金融机构的客户体验感。通过使用基于ChatGPT的智能客服服务，金融机构能够实时为客户提供金融业务咨询与办理，大大提升人工智能回复的准确度与答案深度，快速准确地回应客户的各类问题。

3. 推动普惠金融与劳动力结构优化

在社会层面，ChatGPT能够推动普惠金融发展，优化劳动力结构。ChatGPT通过呈现可读性强、易于理解的文本，提高个人对金融概念、金融产品和金融服务的理解，能使个人通过互联网平台获取个性化的金融服务和有针对性的专业知识，有助于弥补个人的信息不对称地位，提升金融服务在社会层面的可得性。而对于获取金融服务时具有语言障碍的个人，ChatGPT的多语言功能具有更强的包容性，能够提供清晰易懂的多语言文本信息，使更多人能够获得金融方面的帮助。此外，ChatGPT能够作为辅助性工具降低金融服务的获取门槛，促进金融信息的收集和金融知识的普及，克服金融排斥效应并推动普惠金融的长足发展。[2]

从社会劳动力结构的角度来看，ChatGPT的个性化人机交互模式可以代替机械性的体力与脑力劳动。如在客服类工作中，ChatGPT已经能够更加个性化和智能化地完成答疑，自动处理客户服务中的重复性工作；在咨询研究类工作中，ChatGPT能够充当金融分析师、财务顾问等金融专业人员的虚拟助手，帮助其进行数据分析，检索法律法规、金融产品信息、行业数据等。[3]例如，2023年2月5日，财通证券研究所发布一篇由ChatGPT撰写的医美研报；2023年2月6日，招商银行借助ChatGPT生成招商银行亲情信用卡（附卡）推广文案等。ChatGPT所具有的可扩展性优势，能够使金融专业人员为客户提供更加高效和个性化的建议，在降低金融业务人工参与程度的同时有效满足客户服务需求的增长。ChatGPT孕育出新金融业态和新商业模式，金融领域的自动化转型替代一部分劳动力工作，也会相应地创造新的就业机会，优化金融领域的劳动力结构。

---

〔1〕参见戴可、陈洁等：《ChatGPT对银行数字化的影响和启示》，载《金融时报》2023年3月20日。

〔2〕参见尚博文：《普惠金融视域下征信替代数据的功能分析与治理进路》，载《河南社会科学》2022年第6期。

〔3〕See Michael Dowling & Brian Lucey, ChatGPT for (Finance) Research: The Bananarama Conjecture, Finance Research Letters, Vol. 53, 2023.

二、ChatGPT 在金融领域应用的风险挑战

随着金融数据可用性增强和计算能力提高,金融领域 ChatGPT 的应用可以弥合个人金融专业知识的欠缺、颠覆并推动商业模式创新和金融产业转型,推动普惠金融与劳动力结构优化。不过,ChatGPT 同样会引发一系列数据安全、算法偏见和算法歧视以及生成虚假信息等问题。

(一)事前阶段:模型训练时数据源的合法性基础

ChatGPT 的模型训练主要是由无监督机器学习、监督机器学习两类技术为模型提供训练数据。监督机器学习的训练数据集由程序员手动标记,模型使用该数据进行 AI 训练和 AI 推理,此时的数据集为人工收集、筛选和标注。无监督机器学习的训练数据集是未经人工筛选和标注的原始数据,模型需自行学习和厘清原始数据的内在关联并进行 AI 推理,多用于识别和标记数据中的隐藏结果并进行欺诈检测和金融分析。[1]

从个人权益保护的维度来看,这些多样化、有代表性的模型训练文本数据源主要是投资者输入内容和金融训练数据集,其中金融训练数据集的来源包括公共金融数据以及大量未经授权而获取的金融数据。ChatGPT 可以直接对公共金融数据进行收集处理,但对大量交易记录、金融账户、投资记录等未经授权的个人金融数据进行挖掘使用,将会引发数据侵权风险。

而从数据获取的方式来看,未经授权的金融数据通常是利用"爬虫"技术获取网络数据、非法获取金融数据集、未经许可数字化非电子金融数据等方式获取的[2],数据获取行为的隐蔽性较强,难以察觉。在自动生成内容的过程中,ChatGPT 需要运用无监督学习技术自行检测网络环境中的金融数据并推演数据正误和自我修正,以达到输入参数的要求。这种自行在网络中检索、搜集和抓取数据的方式,极有可能避开平台隐私政策、用户协议、知识产权声明等抓取应受保护的数据,此类数据的获取不具有合法性基础,进一步引发未经授权而使用金融数据的侵权行为。此外,OpenAI 尚未公开训练 ChatGPT 时所涉及的相关数据集的真实来源和具体细节[3],并且 ChatGPT 模

---

〔1〕 See Nico Klingler, The Ultimate Guide to Understanding and Using AI Models (2023), https://viso.ai/deep-learning/ml-ai-models/.

〔2〕 参见宋海燕、陈佩龄:《浅析 ChatGPT 训练数据之合理使用》,载微信公众号"金杜研究院"2023年4月25日, https://mp.weixin.qq.com/s/KDHwR_l2A-HOElllka5kpg。

〔3〕 See Ryan N. Phelan & Matthew R. Carey, ChatGPT and Intellectual Property (IP) Related Topics, March 27, 2023, https://www.patentnext.com/2023/03/chatgpt-and-intellectual-property-ip-related-topics/.

型所用算法的复杂性和黑箱特质,导致无法判断训练数据集来源是否具有合法性。

(二)事中阶段:使用 ChatGPT 时的数据泄露风险

ChatGPT 的数据泄露风险集中在用户与之交互后造成的机密信息泄露,而传统的数据保护制度难以在生成式人工智能交互使用中发挥作用。Cyberhaven 的数据显示,截至 2023 年 4 月 19 日,9.3%的员工在工作场所使用过 ChatGPT,7.5%的员工将公司数据粘贴到 ChatGPT 中,4%的员工粘贴至 ChatGPT 中的数据为商业机密,最常见的机密数据类型为内部数据、源代码以及客户数据。[1] OpenAI 首席执行官 Sam Altman 证实,2023 年 3 月 20 日发现的 ChatGPT 漏洞导致约 1.2%的 ChatGPT Plus 用户支付信息泄露,包括其姓名、电子邮件地址、支付地址和信用卡号码的最后四位数字。[2] 由此,意大利数据保护机构于 2023 年 3 月 31 日宣布暂时中止使用 ChatGPT。[3] 出于数据安全的考虑,美国摩根大通[4]、美国银行、花旗集团、德意志银行、高盛集团、富国银行也都采取措施限制其员工使用生成式人工智能。[5]

金融企业保护保密商务信息、商业秘密、机密数据的传统方式为使用加密文件或者禁止复制粘贴文件内容,但员工在将企业涉密金融数据输入 ChatGPT 时,是将其中的内容复制到模型中而非上传完整文件。一旦数据被复制留存在网络中,企业数据安全工具则无法对该机密信息进行跟踪或识别,只能采取内网禁止登录 ChatGPT 等作用有限的举措。尽管 OpenAI 表示 ChatGPT 不会保留对话中的信息,但人类反馈强化学习技术使 ChatGPT 能够从每次对话中进行"学习",对话中的机密信息安全性无法得到保障。此外,ChatGPT 也会受到来自外部的模型窃取攻击、模型逆向攻击、成员推断攻击等,在模型算法深入挖掘各种金融数据价值的同时,金融数据被攻击、修改、窃取的风险也随之加剧。

(三)事后阶段:虚假错误信息的生成及其广泛传播

ChatGPT 训练中的数据集既包括真实数据,也包括互联网中的虚假信息,这导致该模型从数据抓取、预训练、强化学习等各环节都不可避免地掺杂大量虚假数据。基于这些虚假数据集训练出的生成式人工智能模型,很难确保生成完全真实、无误

---

[1] See Cameron Coles, 11% of Data Employees Paste into ChatGPT is Confidential, February 28, 2023, https://www.cyberhaven.com/blog/4-2-of-workers-have-pasted-company-data-into-chatgpt/.

[2] See Michael Kan, OpenAI: Sorry, ChatGPT Bug Leaked Payment Info to Other Users, March 24, 2023, https://www.pcmag.com/news/openai-sorry-chatgpt-bug-leaked-payment-info-to-other-users.

[3] See Shiona McCallum, ChatGPT Banned in Italy over Privacy Concerns, April 1, 2023, https://www.bbc.com/news/technology-65139406.

[4] See Julia Horowitz, JPMorgan Restricts Employee Use of ChatGPT, https://edition.cnn.com/2023/02/22/tech/jpmorgan-chatgpt-employees/index.html.

[5] See Major Banks Restricting Use of ChatGPT, https://visbanking.com/major-banks-restricting-use-of-chatgpt/.

导性的文本。即使付出大量的数据标注成本来筛选训练数据集的真实性，从而使模型符合逻辑运算和数学运算，也无法确保生成内容是不带有偏见的真实信息。[1]人类反馈强化学习技术使生成式人工智能模型可能将自身生成的虚假信息作为训练数据，若无人工干预排除训练数据库中的虚假信息，该模型生成真实信息的概率将逐渐降低，最终被其所生成的虚假信息湮没。

此外，ChatGPT生成的虚假信息也会受到输入文本语言类型的影响。NewsGuard是一家负责评估新闻和信息网站可信度并跟踪在线错误信息的新闻技术公司，该公司用100个虚拟事件与ChatGPT进行交互，涉及政治、健康、金融、娱乐等内容，ChatGPT的回答中80%都为虚假或误导性陈述。[2]相关研究显示，中文虚假信息的生成概率高于英文虚假信息的生成概率。[3]

综合以上分析，ChatGPT降低了虚假信息的制造成本，对不具有相关金融专业技能的个体投资者而言，其无法分辨生成式人工智能提供的结果正确与否。接受该信息的用户若缺少该主题的相关知识，极可能相信ChatGPT关于投资策略、利润分析等方面的"自信"言论，甚至可能因其"智能"外观而将虚假信息当作权威意见并作为投资决策的依据。即使ChatGPT确有防止虚假信息生成和传播的措施，但目前展示出的效果仍微乎其微[4]，尤其是在金融行业相关数据的质量和完整性方面，需要投入大量人力成本和时间成本进行数据清洗和预处理，这对金融机构的算力支撑提出了更高要求。

---

[1] 参见舒洪水、彭鹏：《ChatGPT场景下虚假信息的法律风险与对策》，载《新疆师范大学学报(哲学社会科学版)》2023年第5期。

[2] See Jack Brewster et al., The Next Great Misinformation Superspreader: How ChatGPT Could Spread Toxic Misinformation At Unprecedented Scale, January 2023, https://www.newsguardtech.com/misinformation-monitor/jan-2023/.

[3] 2023年4月，NewsGuard使用英文、简体中文和繁体中文对ChatGPT-3.5进行7次错误提问的对话，在英文语言环境中，ChatGPT拒绝6次虚假陈述，而中文语言环境中，ChatGPT未能识别出提问中的虚假信息，并全部作出虚假陈述。See Macrina Wang, NewsGuard Exclusive: ChatGPT-3.5 Generates More Disinformation in Chinese than in English, https://www.newsguardtech.com/special-reports/chatgpt-generates-disinformation-chinese-vs-english/.

[4] 2023年1月31日，OpenAI推出新AI分类器，一部分用于辨别文本的编写者是自然人或者AI，另一部分用于识别虚假信息。但只有26%的概率能正确识别和分类文本信息，并且难以识别少于1000字符或非英文撰写的文本。See Generative Source, New AI Classifier for Indicating AI-written Text, January 31, 2023, https://openai.com/blog/new-ai-classifier-for-indicating-ai-written-text.

三、域外应对 ChatGPT 风险挑战的经验分析

(一) 以模块治理为核心的美国治理范式

面对席卷而来的生成式人工智能风暴,美国、欧盟、英国等纷纷展开治理应对,美国形成了以模块治理为核心的治理范式。2022年10月4日,美国白宫科技政策办公室(OSTP)发布《人工智能权利法案蓝图》(Blueprint for an AI Bill of Rights),确立了五项基本原则以指导人工智能模型的设计、使用和部署,包括:(1)保护个人免受不安全或无效系统的影响;(2)以公平的方式使用和设计算法,保护个人免受算法决策歧视;(3)通过建立内置数据保护措施来避免个人受到数据滥用行为的影响;(4)人工智能系统的设计者、开发者和部署者具有通知义务和透明度义务;(5)个人享有选择退出的权利。[1]

针对 ChatGPT 问世后引发的一系列问题,美国国家标准与技术研究院(National Institute of Standards and Technology)于2023年1月发布了第一版《人工智能风险管理框架》(AI Risk Management Framework,AI RMF)[2]及其配套手册(NIST AI RMF Playbook)[3],该框架旨在通过理解人工智能风险及其管理难点来提高人工智能的可信度。AI RMF 的治理框架核心由治理(Govern)、映射(Map)、衡量(Measure)和管理(Manage)四部分组成。治理模块主要从风险管理政策设计、风险等级标准化、风险流程透明度、风险管理结果监控和审查等方面进行人工智能风险管理。[4]映射模块主要依据人工智能系统等的预期目的、潜在有益用途、特定场景的法律规范等因素建构人工智能系统的应用场景以界定相关风险。[5]衡量模块采取定量、定性或混合的方法测量和评估人工智能系统风险和可信度。[6]管理模块根据人工智能系统的预计影响、组织风险容忍度等对其风险处理进行排序,根据不同的风险优先级分配相应的资源进行风险管理。[7]

---

[1] See The White House, Blueprint for an AI Bill of Rights, October 2022, https://www.whitehouse.gov/wp-content/uploads/2022/10/Blueprint-for-an-AI-Bill-of-Rights.pdf.

[2] See National Institute of Standards and Technology, Artificial Intelligence Risk Management Framework (AI RMF 1.0), January 26, 2023, https://nvlpubs.nist.gov/nistpubs/ai/NIST.AI.100-1.pdf.

[3] See Trustworthy & Responsible AI Resource Center, NIST AI RMF Playbook, https://airc.nist.gov/AI_RMF_Knowledge_Base/Playbook.

[4] See Trustworthy & Responsible AI Resource Center, Govern, https://airc.nist.gov/AI_RMF_Knowledge_Base/Playbook/Govern.

[5] See Trustworthy & Responsible AI Resource Center, Map, https://airc.nist.gov/AI_RMF_Knowledge_Base/Playbook/Map.

[6] See Trustworthy & Responsible AI Resource Center, Measure, https://airc.nist.gov/AI_RMF_Knowledge_Base/Playbook/Measure.

[7] See Trustworthy & Responsible AI Resource Center, Manage, https://airc.nist.gov/AI_RMF_Knowledge_Base/Playbook/Manage.

虽然《人工智能权利法案蓝图》和《人工智能风险管理框架》均为无法律约束力的建议性框架，但在人工智能治理框架中，法律因其可预期性与规范性属性，天然地难以直接介入新兴科技治理；上述文件中发展可信赖人工智能系统的建设目标、详细的风险评估和管理措施等内容具有一定的借鉴意义。而除了这些模块治理内容，美国还注重在行为规制层面，尤其是金融交易行为中，介入调整 ChatGPT。美国司法民权司（Department of Justice's Civil Rights Division）、消费者金融保护局（Consumer Financial Protection Bureau, CFPB）、联邦贸易委员会（Federal Trade Commission, FTC）和美国平等就业委员会（Equal Employment Opportunity Commission）联合发布《打击自动化系统中的歧视和偏见的联合声明》，指出自动化系统造成非法歧视的结果可能源于模型训练的数据和数据集的不透明以及模型设计中的歧视，自动化系统的提供者不能以此来逃避责任。[1] CFPB 表示，其正在监管消费者金融交易中生成式人工智能的使用情况，并探索金融领域未来实施该项技术的方式。[2] FTC 在国会听证会上强调，ChatGPT 等生成式人工智能技术的使用可能会"助长"欺诈和诈骗，损害消费者利益。[3]

（二）以风险识别为导向的欧盟治理范式

与模块治理的美国不同，ChatGPT 在短时间内迅速占领全球市场的过程，正处于欧盟对人工智能的立法进程之中。对此，欧盟针对性地调整了对人工智能的概念厘定与分类体系，形成了以风险识别为导向的治理范式。2023 年 5 月 11 日，欧洲议会内部市场委员会和公民自由委员会通过了《人工智能法案》（Artificial Intelligence Act）的谈判授权草案。[4] 该法案最初于 2021 年 4 月由欧盟委员会提出，旨在尊重基本权利的前提下促进安全合法地使用人工智能[5]，并将人工智能系统的定义限缩为通过机器学习方法，基于逻辑和知识方法、统计方法、贝叶斯定理等技术方法生成内容或预测和影响交互环境下的决策。

---

［1］ See Joint Statement on Enforcement Efforts Against Discrimination and Bias in Automated Systems, April 25, 2023, https://files.consumerfinance.gov/f/documents/cfpb_joint-statement-enforcement-against-discrimination-bias-automated-systems_2023-04.pdf.

［2］ See Anna Hrushka, Banks' use of ChatGPT-like AI Comes Under CFPB's Watch, April 26, 2023, https://www.bankingdive.com/news/cfpb-monitoring-banks-generative-ai-chopra-chatgpt-bias-lending/648651/.

［3］ See Brian Fung, FTC Chair Lina Khan Warns AI Could 'Turbocharge' Fraud and Scams, https://edition.cnn.com/2023/04/18/tech/lina-khan-ai-warning/index.html.

［4］ See European Parliament, AI Act: A Step Closer to the First Rules on Artificial Intelligence, https://www.europarl.europa.eu/news/en/press-room/20230505IPR84904/ai-act-a-step-closer-to-the-first-rules-on-artificial-intelligence.

［5］ See Council of the EU, Artificial Intelligence Act: Council Calls for Promoting Safe AI that Respects Fundamental Rights, December 6, 2022, https://www.consilium.europa.eu/en/press/press-releases/2022/12/06/artificial-intelligence-act-council-calls-for-promoting-safe-ai-that-respects-fundamental-rights/.

为应对ChatGPT带来的变化及风险,一方面,欧盟在谈判授权草案中限缩了人工智能的定义。谈判授权草案将人工智能的定义修订为"使用附件一列出的一种或多种技术和方法,具有不同程度的自主性运行开发的软件,并且可以为了明确或隐含的目标,产生诸如预测、建议或决策等影响物理或虚拟环境的输出"。法案的"附件一:人工智能技术和方法清单"为人工智能的定义提供了明确的参考,较最初版本的定义,清单中的范围并非一成不变,而是可以随着技术的发展应用进行调整。[1]另一方面,谈判授权草案区分了"通用人工智能"(General Purpose AI,GPAI)和"基础模型"(Foundation Models)。前者主要是指AI系统适用于非专门设计的应用程序;后者的概念更广泛,指在广泛的数据上进行规模化训练,为输出的通用性而设计,并可适应广泛、独特任务的人工智能模型。在欧盟的立法思路内,生成式人工智能基础模型需受到更为严格的约束,除需遵守适用于其他基础模型的透明度义务外,还应当在使用前进行测试和分析,需要在其整个生命周期中都具有可预测性、可解释性、可纠正性以及安全性。[2]

除此之外,欧盟《人工智能法案》还制定了基于风险识别的人工智能系统管理方法,针对不同的风险类型制定相应的监管措施,主要分为不可接受的风险、高风险、有限风险、低风险或无风险四种类型。列入不可接受的风险的人工智能系统禁止进行服务和投放市场。高风险的人工智能系统应建立充分的风险管理系统和质量管理体系,尽可能使用高质量的训练、验证和测试数据集。有限风险的人工智能系统仅需遵守透明度义务。低风险或无风险的人工智能系统则无特殊的监管措施。对于高风险人工智能系统,只有设计开发和质量管理系统符合欧盟《人工智能法案》的规定并且被评估为合格时,才可被授予CE(Conformité Européenne)认证并在欧盟区域内合法销售。[3]

(三)美欧之外其他国家的治理动向

在美欧之外,其他国家亦对ChatGPT展开治理应对。英国政府科学、创新和技术部(Department for Science, Innovation and Technology)发布了《人工智能监管的支持创新方法》(A Pro-innovation Approach to AI Regulation)白皮书。[4]该白皮书提出

---

[1] See Thorsten Ammann & Holger Kastler, AI Act-The European Way Forward, May 9, 2023, https://www.technologyslegaledge.com/2023/05/ai-act-the-european-way-forward/#_ftn1.

[2] See Marc S. Martin et al., The Latest on the EU's Proposed Artificial Intelligence Act, May 1, 2023, https://www.perkinscoie.com/en/news-insights/the-latest-on-the-eus-proposed-artificial-intelligence-act.html.

[3] See Article 49 of the Artificial Intelligence Act.

[4] See Secretary of State for Science, Innovation and Technology, Policy Paper: A Pro-innovation Approach to AI Regulation, March 29, 2023, https://www.gov.uk/government/publications/ai-regulation-a-pro-innovation-approach/white-paper.

了一个跨部门的监管框架,以提高公众对 AI 的信任度并促进 AI 技术的开发。该框架包括五项监管原则:安全、可靠、稳定;适当的透明度和可解释性;公平性;问责制;可竞争性和补救。与欧盟不同的是,英国政府没有制定新法律或创设新监管机构的规划,而是要求包括英国信息专员办公室在内的现有监管机构负责各自职权范围内的人工智能事项。

2023 年 4 月 14 日,加拿大隐私与访问委员会(PACC)发布了《指导"通用人工智能"监管的五点思考》(Five Considerations to Guide the Regulation of "General Purpose AI"),针对欧盟《人工智能法案》提出了五点建议〔1〕:一是在 GPAI 的定义上,认为 GPAI 概念不应局限于聊天机器人或者大型语言模型(LLM),而应包含一系列产品或技术。二是针对 GPAI 存在的固有风险,认为该风险无法在应用程序层面得到有效治理。三是 GPAI 的监管应在整个产品周期中进行,并且考虑到所涉及的各种利益相关者。四是不允许 GPAI 的开发者发布法律免责声明免除自身责任。五是监管应避免使用狭义的 GPAI 评估和审查办法。

综合以上分析,欧盟《人工智能法案》更多地从人工智能系统的应用类别的角度进行模块约束,美国《人工智能风险管理框架》立足风险识别视角进行治理。相同的是,世界各国人工智能治理均确立了准确性、稳健性、非歧视和偏见、安全性、透明度和问责制、可解释性等治理原则,其中的原则与细则值得我国吸收借鉴。

四、金融领域生成式人工智能应用的治理应对

人工智能技术迭代发展,在金融领域有广阔的应用前景,同时带来的深度伪造(Deepfakes)、虚假信息、版权模糊、AI 偏见等问题,对已有的金融监管与数字治理也带来巨大冲击。以 ChatGPT 为代表的生成式人工智能的治理目标、方式、效果以及责任边界问题,有待持续深入探讨。

(一)构建规则协同的治理规范体系

金融领域生成式人工智能的治理需要伦理准则、金融行业标准和金融法律规范的协同发力。在法治化的科技伦理轨道中进行生成式人工智能治理,是保障基本人权和自由的必要措施,也是促进人工智能发展的制度基础。伦理规范通过"内化于心、外化于行"的作用机理对行为主体的行为进行规制,要求科技活动以增加人类福

---

〔1〕 See Privacy and Access Council of Canada, Five Considerations to Guide the Regulation of "General Purpose AI" in the EU's AI Act: Policy Guidance from a Group of International AI Experts, April 14, 2023, https://ainowinstitute.org/wp-content/uploads/2023/04/GPAI-Policy-Brief.pdf.

祉为目的,其基本导向要符合人类价值观。[1]金融市场参与者的伦理素养关系到金融市场的公平与效率,影响金融资源的最优配置。[2]

从金融伦理标准来看,联合国教科文组织于2021年11月通过了首个人工智能伦理全球标准——《人工智能伦理问题建议书》(Recommendation on the Ethics of Artificial Intelligence)[3],提出相称性不损害、安全、公平和非歧视、可持续性、数据保护、透明度和可解释性、问责制、适应性治理等十项人工智能伦理原则。欧盟委员会先后发布多项伦理指引。2019年4月8日,欧盟委员会的人工智能高级专家组(High-Level Expert Group on Artificial Intelligence, AI HLEG)发布《可信赖人工智能伦理准则》,指出可信赖人工智能应当是遵守法律法规、尊重道德原则和价值观以及技术稳健性的。2020年10月,欧盟委员会通过《人工智能、机器人和相关技术的伦理框架》决议,针对高风险人工智能技术规定了多方面的伦理义务。2019年10月,美国国防创新委员会(DIB)发布《人工智能原则:美国国防部关于人工智能道德使用的建议》,提出负责任、公平、可追溯、可靠性以及可治理五项伦理原则。新加坡金融监管局在2018年联合金融行业发布了《金融部门人工智能和数据分析使用指引》,其中公平、道德、问责和透明度四项准则被视为金融机构应用人工智能和机器学习等技术的伦理准则。

我国高度重视人工智能治理中的伦理问题。2022年,中共中央办公厅、国务院办公厅印发的《关于加强科技伦理治理的意见》,将"科技活动应客观评估和审慎对待不确定性和技术应用的风险"作为科技伦理原则之一,明确提出了科技伦理的治理要求和重点工作。《新一代人工智能治理原则——发展负责任的人工智能》《新一代人工智能伦理规范》《人工智能伦理治理标准化指南(2023版)》等伦理规范或指南都将促进人工智能公平、公正、和谐、安全,避免偏见和歧视等作为发展原则。将伦理道德嵌入生成式人工智能模型研发和应用的全生命周期,鼓励生成式人工智能服务提供者综合考虑生成式人工智能的社会影响程度以及各利害相关者的利益平衡,促使金融机构尽责和审慎地使用生成式人工智能。

从法律法规与行业标准来看,我国针对生成式人工智能引发的法律问题已开始征求意见。针对生成式人工智能,国家互联网信息办公室于2023年4月11日发布了《生成式人工智能服务管理办法(征求意见稿)》(以下简称《管理办法》)。2022年11月,国家互联网信息办公室、工业和信息化部、公安部发布《互联网信息服务深

---

[1] 参见王国豫:《科技伦理治理的三重境界》,载《科学学研究》2023年第11期。
[2] 参见王晓青、许成安:《金融科技伦理的内涵、规制方法与研究前景》,载《江汉论坛》2021年第10期。
[3] See UNESCO, Recommendation on the Ethics of Artificial Intelligence, November 23, 2021.

度合成管理规定》(以下简称《深度合成规定》),对深度合成技术的规定适用于生成式人工智能。针对生成式人工智能数据来源问题,《管理办法》第7条和《深度合成规定》第14条均要求训练数据源需具有合法性,服务提供者获取个人数据时应履行告知义务并取得其单独同意;针对生成式人工智能造成数据泄露问题,《管理办法》第13条规定服务提供者具有隐私保护义务,《深度合成规定》第7条规定了服务提供者的数据安全责任,要求其具有安全可控的技术保障措施;针对生成式人工智能虚假或误导性的生成内容,《管理办法》第15条要求服务提供者采取内容过滤措施并设立防止再生成机制,《深度合成规定》第10条规定了服务提供者具有对服务使用者的输入数据和合成结果进行审核的义务,并应当建立健全识别违法和不良信息的特征库。

金融风险管理的特殊性要求其运用生成式人工智能技术时具有"量体裁衣"的应对措施。金融类生成式人工智能模型需要训练复杂多样的金融数据集,包括金融市场数据、交易记录、投资者信息等类型,涉及的敏感信息范围更广、影响更大。伦理准则、法律规范以及金融领域行业标准三者相结合的协同治理框架,可以综合考虑行业特殊性和伦理,更为全面地应对金融领域的生成式人工智能应用风险,在保障金融市场稳定的前提下提高金融机构的运营效率。

(二)划分生成式人工智能的风险类别

生成式人工智能是超越以往互联网信息服务的新工具,突破具体使用目的的限制,可以在多语境下适用。基于风险识别和风险等级的差异,欧盟《人工智能法案》的谈判授权草案规定了通用型人工智能、基础模型以及生成式人工智能基础模型(Generative AI Foundation Models)的特别监管措施。

通用型人工智能是指非为特殊目的进行特别设计的具有广泛适用性的人工智能系统,其一般功能包括但不限于图像和语音识别、音频和视频生成、模式检测、问答、翻译等。基础模型侧重于为非预期的目的而设计,且经过大量的数据训练,具有很强的可适应性,既可作为独立模型提供,也可嵌入其他人工智能系统或产品中,或作为应用程序编程接口(API)、开源许可软件使用或通过其他渠道等分发。生成式人工智能基础模型则指专门用于生成复杂文本、图像、音频或视频内容的人工智能系统的基础模型。[1]通用型人工智能、基础模型和生成式人工智能基础模型不具有特定的目的,能够在多个场景下单独或集成于其他人工智能系统中使用,在被用

---

[1] See Helen Toner, What Are Generative AI, Large Language Models, and Foundation Models? May 12, 2023, https://cset.georgetown.edu/article/what-are-generative-ai-large-language-models-and-foundation-models/.

于高风险类型的人工智能系统时,应当接受特别监管措施并履行高风险人工智能系统提供者的额外义务,进行相应的内部控制和合规性评估。谈判授权草案还对生成式人工智能基础模型的系统提供者提出了额外的要求,除要求其履行特定的透明度义务、确保生成内容不违反欧盟法律、不损害表达自由之外,还要求其记录并公开受版权法保护的训练数据的使用情况。

可见,生成式人工智能基础模型较之于通用型人工智能,在风险类型、监管措施等方面都具有特殊性。金融行业的特殊性使其成为受监管最为严格的行业,金融风险监管也是法律关注的重点内容。生成式人工智能在金融领域会引发金融信息泄露、金融消费者歧视、虚假或误导性金融信息泛滥等风险,因此,应将生成式人工智能应用风险作为单独人工智能风险类型予以防范。

(三)明确金融领域生成式人工智能的监管逻辑

大规模预训练模型的复杂性高、非预期目的使用以及难以溯源等问题,给各领域人工智能的使用增加了新风险,风险管理框架也面临重构。我国已对金融数据泄露风险进行回应。2023年4月10日,中国支付清算协会发布《关于支付行业从业人员谨慎使用ChatGPT等工具的倡议》。为有效应对生成式人工智能引发的数据泄露等风险,中国支付清算协会倡议支付行业从业人员应依法依规使用ChatGPT等工具,使用时不上传涉密数据,并要求会员单位健全信息安全内控管理制度,切实维护客户隐私和国家金融及支付清算行业安全。不过,中国支付清算协会的行业协会地位使得该规定仅具备"软法"效力,未来还需中国人民银行、金融监督管理总局等机构施以关切。

ChatGPT、Stable Diffusion等生成式人工智能模型的市场成功,并不意味着人工智能产业取得了突破性的创新发展。尚处于发展阶段的生成式人工智能具有技术应用场景的不确定性和安全风险的难预测性[1],暂时还不宜将其作为金融监管中的特殊类别进行区别对待。健全的法律虽然能够促进科技经济一体化以及加速科技成果商品化,但在技术还未发展成熟前就进行过于超前的规划立法和制度建构,既非法律作为一种社会规范的生成逻辑,也可能会抑制作为第一生产力的科学技术的发展。生成式人工智能本质上仍是基于自然语言处理技术,由数据和算法驱动的数据服务,现阶段还不宜以专门立法予以规制,而是应根据生成式人工智能在不同金融应用场景的特点,开展针对该应用场景的风险防控。金融监管机构还应当秉持"相同风险,相同监管"的原则,在金融领域使用生成式人工智能带来的风险,与使

---

[1] 参见赵精武等:《ChatGPT:挑战、发展与治理》,载《北京航空航天大学学报(社会科学版)》2023年第2期。

算法、通用人工智能等技术进行金融活动引发的风险相同时,采用相同的监管方式,将金融科技的监管框架扩大至生成式人工智能。

此外,若生成式人工智能模型训练的金融数据集存在偏差或者质量较差,模型最终的生成内容会延续并放大这些偏差,依据该生成内容进行金融决策可能会导致错误结果,破坏金融市场的公平性和稳定性,进而引发系统性风险。对于金融领域生成式人工智能应用的风险,还需进行审慎监管,避免潜在系统性风险的连锁反应给金融机构、区域金融市场乃至金融系统稳定造成重大损失。为缓解金融领域生成式人工智能应用的潜在系统性风险,我国可采用模型验证、定期评估并优化风险等措施。生成式人工智能模型的风险管理是人工智能责任制度的关键组成部分,我国可以在借鉴美国《人工智能风险管理框架》和欧盟《人工智能法案》的基础上,深入分析金融领域生成式人工智能模型应用的具体风险类型,完善我国金融领域生成式人工智能风险管理防控措施,制定人工智能可信度评估指标和评估办法,并根据技术发展程度和实践结果反馈,不断健全金融风险防控机制。

(四)融合伦理的生成式人工智能算法治理

生成式人工智能是大数据、大算力和强算法的巧妙结合[1],自注意力机制的应用和动态上下文的呈现都是基于Transformer算法作为AI底层模型,使得生成式人工智能具有一定的信息编排能力和自主创作能力,并且大幅提升数据集的数量级和模型训练的效率。但生成式人工智能所用的算法模型的透明度和可解释性较差,算法公平性难以衡量,随之而来的技术风险、经营风险和社会风险也愈发显著。金融领域的生成式人工智能算法监管不仅要遵循人工智能技术的发展规律,考察算法治理的主流范式,还要结合我国金融情况思考其特殊性和敏感性。

一是在算法设计时融入伦理准则。生成式人工智能的应用风险可能来自系统提供者或部署者,也可能来自终端用户。算法主体具有多元化、分散化和动态化特征,难以确定算法责任主体及其责任边界。[2]事后阶段的算法问责制对生成式人工智能的规制效果不佳,因此,将监管节点前置,在设计人工智能算法时就融入公平公正、以人为本、安全可靠的科技伦理原则确有必要。金融机构将其应用程序接入生成式人工智能模型时,也应对模型的性能等进行评估,选择准确度较高、稳健性和安全性较好的生成式人工智能模型。

二是生成式人工智能应用前进行算法测试和验证。算法测试和验证以合法性、

---

〔1〕 参见宋信强等:《GPT-4 影响的全面分析:经济高质量发展与国家安全防范》,载《广东财经大学学报》2023 年第 2 期。

〔2〕 参见张欣:《生成式人工智能的算法治理挑战与治理型监管》,载《现代法学》2023 年第 3 期。

合理性和普惠性为标准。[1]合法性要求生成式人工智能所用算法的推理逻辑和预测结果不得违反金融法律法规。合理性要求所输入的算法不得带有歧视性和偏见。普惠性要求金融机构接入生成式人工智能时应将普惠金融的价值和原则编入系统。此外,生成式人工智能正式使用前,应当进入"金融监管沙盒"进行测试,以增强金融监管机构对生成式人工智能的控制力。人工智能算法安全性和可信赖性评测工作的展开,可以在一定程度上提高算法的可解释性和可追溯性。[2]

【责任编辑:吴晓婧】

---

[1] 参见王怀勇、邓若翰:《算法时代金融公平的实现困境与法律应对》,载《中南大学学报(社会科学版)》2021年第3期。

[2] 参见赵精武等:《ChatGPT:挑战、发展与治理》,载《北京航空航天大学学报(社会科学版)》2023年第2期。

生成式人工智能在要素式审判中的应用逻辑及限度研究

张美婷[*]

摘要：要素式审判作为案件繁简分流、快慢分道的重要举措，对深化民事诉讼制度改革的重要性自不待言。本文围绕生成式人工智能在要素式审判中的底层逻辑、案例推理模型、实践样态、应用限度等内容进行研究，以非形式逻辑的论证型式为切入点，通过初显性论证和决定性论证的递进分析，证立"类案"判断的逻辑路径。根据前馈型神经网络结构和要素式审判推理路径的复合算法模型，证立"类案同判"的算法路径。以人工智能要素式审判的实践样态，提出以过程的透明可信原则和结果的辅助审判原则作为人工智能要素式审判的应用限度，以单数立法模式为前置条件、综合考量法外因素为审理标准、加强释法说理为裁判埋据，进而实现从要素规范到裁判规正的调适性修正，以期乘着智慧司法之风引领数字化法治建设。

关键词：要素式审判　非形式逻辑　生成式人工智能　论证型式

2023年1月30日，哥伦比亚的法官在审理一起孤独症少年的医疗纠纷时，首次在判决中引用并采纳了ChatGPT的生成文本[1]，再次将人工智能要素式审判的话题带回了大众视野。近年来，随着我国民事诉讼制度的改革，中央、最高人民法院对

收稿日期：2023-05-23

[*] 张美婷，昆明市西山区人民法院法官助理，法律硕士，研究方向为宪法和行政法。

[1] See A Judge Just Used ChatGPT to Make a Court Decision, https://www.vice.com/en/article/k7bdmv/judge-used-chatgpt-to-make-court-decision? fbclid=PAAaZWRtswcGHg74QphuhMM5G969MloEeNGtm2OuuR7mVWdR8mgT5UJWWEM7U.

于人工智能在司法审判中的运用作出重要部署,而要素式审判作为类案同判的司法理性表征,一直是我国司法体制改革的重中之重。如何一步步证立人工智能进行类案同判的逻辑路径,是本文重点研究的内容,本文以非形式逻辑的论证型式为切入点,探讨人工智能要素式审判的底层逻辑,通过对其实践样态和应用限度的分析,解构"类案同判"并非一个虚构的法治神话。

一、生成式人工智能要素式审判的底层逻辑
——以非形式逻辑的论证型式为切入点

生成式人工智能要素式审判的底层逻辑为类案判断结论如何证立的问题,重在回应类案同判并非一个虚构的法治神话。[1] 要素式审判主要见诸麦考密克《法律推理与法律理论》一书中的二阶证成理论,仅需一阶论证便可对法律裁决进行证立的为简单案件,也是要素式审判所针对的案件类型,反之需二阶论证的为疑难案件。[2] 以亚氏传统逻辑为主的三段论模式受形式逻辑的掣肘,无法解决规范和事实间的二律背反,因其机械的数理逻辑而饱受诟病。[3] 非形式逻辑因其论证的可废止性、程序理性、严格的论辩程序等特征弥合了形式逻辑的漏洞,将法律人的视线从"图灵科幻"拉回到"阿尔法法官"的现实。[4] 本文从事实情节和法律规则两个层面,从初显性论证向决定性论证过渡的过程,一步步证立人工智能进行类案同判的逻辑路径。

(一)初显性论证:后案与先案存在事实情节的映射

类比推理本质上是"以一个证明为重要的观点为标准,而将不同事物相同处之",也正因如此,"类案同判"才具有逻辑基础。[5] 在疑难案件审理过程中,对于事实情节的选取和语用论证易受法官自由心证影响,存在裁量主观性较大的问题。因此,在通过一阶论证便可实现类案证成的案件中,初显性论证可获得实然理论支撑。事实情节的映射存有相同事实情节的等同处置和不同事实情节的可废止性二分。

---

〔1〕 参见周少华:《同案同判:一个虚构的法治神话》,载《法学》2015 年第 11 期。
〔2〕 参见〔英〕尼尔·麦考密克:《法律推理与法律理论》,姜峰译,法律出版社 2005 年版,第 102—112 页。
〔3〕 参见孙海波:《告别司法三段论?——对法律推理中形式逻辑的批判与拯救》,载《法制与社会发展》2013 年第 4 期。
〔4〕 参见林遥、蔡诗言:《冲出巴别塔的"阿尔法法官":人工智能要素式审判模式研究》,载《网络信息法学研究》2019 年第 1 期。
〔5〕 参见舒国滢:《逻辑何以解法律论证之困?》,载《中国政法大学学报》2018 年第 2 期。

其一，以等置模式进行相同事实情节的判断。在非形式逻辑的论证框架内，法律规则的适用可涵括为类比模式，后案的案件事实和先案的案件事实能否等同处置，是后案能否适用先案法律规则的认定标准。[1] 对于事实情节的选取则回到要素式审判中对于要素的考量话题上，如根据《北京法院速裁案件要素式审判若干规定(试行)》第 14 条之规定，信用卡纠纷中审理要素包括但不限于信用卡领用合约内容、信用卡欠款情况、诉讼请求的计算方式等。因此，可通过相同的事实情节为类案制作数字化证据标准，规范要素式审判的办案流程，避免法官恣意裁判。

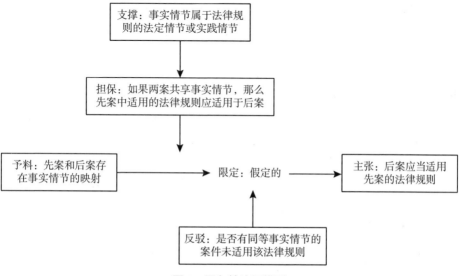

图 1　图尔敏论证模型

其二，以法律论证的可废止性进行不同事实情节的判断。英国逻辑学家图尔敏在《论证的使用》一书中为抨击当时被奉为圭臬的三段论演绎逻辑，提出了六因素论证模型，如图 1 所示，具体包括主张(claim)、予料(data)、担保(warrant)、支撑(backing)、限定(qualifier)和反驳(rebuttal)六个要件。[2] 以要素式审判中的物业服务合同纠纷为例，若先案和后案中都存在业主拒不交纳物业费的情形，先案适用了《民法典》第 944 条的规定，除非存在特定的反驳条件，否则后案应适用与先案相同的法律规则。这里的反驳条件可包括物业公司未履行前置催缴义务、物业公司履职不到位等。若反驳条件成立，便可推翻整个论证过程。

---

[1]　参见武宏志:《法律逻辑和论证逻辑的互动》，载《法商研究》2006 年第 5 期。
[2]　See Stephen E. Toulmin, The Uses of Argument, Cambridge University Press, 2003, p. 97.

(二)决定性论证:后案适用先案法律规则符合裁判理由

初显性论证和决定性论证之间具有递进关系,若先案和后案共享的事实情节对于法律规则的适用具有决定性作用,那么后案适用该法律规则便是可接受的。[1] 在明确先案和后案共享的事实要素后,进而探讨后案与先案共享的事实情节对于法律规则的适用是否具有决定性作用,主要着眼于先案适用的法律规则是否正确,和共享的事实情节对于法律规则的适用是否具有决定性作用两个批判性问题,具体论证型式如下:

前提:先案的事实情节对于法律规则的适用具有决定性作用;
前提:先案和后案都适用了相同的法律规则;
结论:后案适用先案法律规则符合裁判理由。
CQ1:先案适用的法律规则是否正确?
CQ2:有何理由证明共享的事实情节对于法律规则的适用具有决定性作用?

在上述论证型式中,CQ1涉及对于先案的法律规则的判断问题,也属于图尔敏论证模型中的担保要件,借由予料和主张之间的相关性论证,满足类案判断结论证立的前置条件。[2] 具体方法为将事实情节涵摄进法律规定之中,正如古罗马的双面门神雅努斯一样,既看向过去也面向未来。但不少学者以涵摄理论易产生恣意判决为由否定其论证过程,如斯通认为案件事实可以在不同的抽象层次进行表达,因此不同抽象层次建构的法律规则具有不确定性。[3] 究其成因,系法官的自由心证所致,但笔者认为可通过逻辑证成过程将法官的内心确信外化为心证公开,在要素式审判过程中,法官所参考的事实情节在逻辑体系中是显露无遗的,因此即使类案判断会形成不同的逻辑体系,但心证公开可使自由裁量保持在从心所欲而不逾矩的限度内。

在CQ2的论证型式中,重在阐明决定性论证不同于初显性论证,决定性论证中增加了对于案件裁判规则的感知经验部分,也即对于裁判规则的经验总结。目前我国先案裁判规则普遍存在表达不规范、总结不深入的问题,片面地将裁判要点等同于裁判规则。结合德国思想家韦伯的法命题理论,法律规范意指以一定的事态将招致一定的法律后果为内容的抽象规范[4],因此,笔者认为裁判规则的构成要素应

---

〔1〕 参见熊明辉:《非形式逻辑的对象及其发展趋势》,载《中山大学学报(社会科学版)》2006年第2期。

〔2〕 参见孔红:《法律逻辑的研究工具与对象》,载《中山大学学报(社会科学版)》2003年第S1期。

〔3〕 参见〔美〕鲁格罗·亚狄瑟:《法律的逻辑——法官写给法律人的逻辑指引》,唐欣伟译,法律出版社2007年版,第56—61页。

〔4〕 参见张成敏:《法理学中的法律逻辑学》,载《政法论丛》2004年第4期。

当包括争议焦点和法律后果两方面内容,也即以上述两者作为 CQ2 中"决定性作用"的现实化表达路径。申言之,对于决定性作用的判断也可从争议焦点和法律后果这两个维度切入,建构争议焦点和法律后果的数字化标准,达到对于先案进行类型化划分之根本目的,以强化要素式审判的决定性论证。

二、何以可能:生成式人工智能要素式审判推理建模路径

生成式人工智能的算法基础在于机器的深度学习,以人工神经网络方法为主。作为仿生物神经结构的算法,该模型包括前馈型神经网络(BP 神经网络)和反馈型神经网络(Hopfield 神经网络),二者区别为输入信息流是否会形成环路。[1] 鉴于前馈型神经网络主要面向对象分类和逻辑回归,与要素式审判类型化特征相契合,故本文选取前馈型神经网络作为算法模型。

(一)总体路径

参照要件事实型民事裁判的推理路径,可将要素式审判的建模路径归纳为"请求权基础确定—要素解构—争点整理—证明责任分配—争议事实认定—涵摄得出结论"[2]。结合前馈型神经网络,在确定案件请求权后,输入层为请求权所系的具体要素,隐藏层为争点整理、证明责任分配、争议事实认定三部分,输出层则为涵摄得出的结论。一般前馈型神经网络需要对各影响因子设置权重系数,但在要素式审判中可通过机器反复训练,不断调整神经元间的权重,从而驱使输出的结论更接近实际结果,从而实现自动化权重赋值。[3] 因此,对于各影响因子的权重系数并非案例推理建模过程的研究重点,如何在神经网络中建立实体规范、构成要件以及要件事实之间的逻辑体系,方为本文探讨重点。

在要素式审判的案例推理建模中,如图 2 所示,笔者将前馈型神经网络结构与要素式审判的推理路径相复合,通过输入层、隐藏层和输出层的层层递进,从而完成案件的整体推理。输入层包括请求权基础确定和要素解构两部分,为整个案件的审理确定所适用的要素模型;隐藏层包括争点整理、证明责任分配和争议事实认定三部分,通过各神经元之间的交互式连接,从而完成案件实质审理的目标。此外,在隐藏层中所适用的并非因果关系逻辑,而是相关性逻辑,这也是生成式人工智能在要

---

[1] 参见〔美〕罗素、〔美〕诺维格:《人工智能:一种现代的方法》(第 3 版),殷建平等译,清华大学出版社 2013 年版,第 254 页。
[2] 高翔:《人工智能民事司法应用的法律知识图谱构建——以要件事实型民事裁判论为基础》,载《法制与社会发展》2018 年第 6 期。
[3] 参见周维栋:《生成式人工智能类案裁判的标准及价值边界》,载《东方法学》2023 年第 3 期。

素式审判中的底层逻辑为非形式逻辑而不是形式逻辑的重要成因〔1〕；输出层则为涵摄得出的结论，进而完成案件的实质审理。

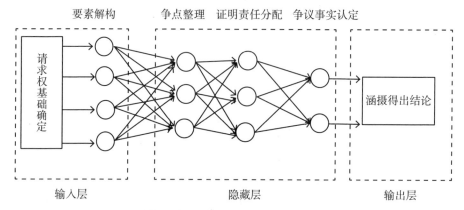

图2　前馈型神经网络在要素式审判中的适用模型

（二）应用演示——以物业服务合同纠纷中的物业费请求权之诉为例

物业服务合同纠纷是典型的要素式审判裁判类纠纷，法官通过原被告双方填写的要素表确定案件争议焦点，将案件事实层层解构并标注为具体要素后，便可开始通过神经网络系统推理。

在输入层中明确诉请为物业费请求权之后，根据《民法典》第944条、第950条和《物业管理条例》第34条、第40条、第64条的规定，可将物业服务合同纠纷要素解构为物业服务合同关系、物业收费标准、前置催告程序、违约责任等内容。以数据预处理的方式，对物业服务合同中的具体要素进行标注，以形成完整的物业服务合同纠纷知识图谱。

在隐藏层中包括争点整理、证明责任分配、争议事实认定三层神经结构，通过各神经元的交互联系，实现类案同判的终极目标。在争点整理环节，神经网络系统通过对照分析原被告双方提交的要素表后，对于双方无争议的案件要素进行数据清洗，前向传播过程中仅包括有争议的要素，并进入证明责任的分配环节。鉴于在物业服务合同纠纷中，被告方可能会对原告主张提出积极抗辩，诸如提出违规收费、物业服务存在瑕疵、物业服务合同已终止、诉讼时效经过等主张，所以存在举证责任的转移问题。在人工智能由形式逻辑向非形式逻辑转向过程中，法律论证的可废止性为证明责任的转移提供逻辑路径，与"主张—抗辩—再抗辩"的两造攻防结构相契

---

〔1〕　参见叶胜男、李波：《人工智能介质下的审判范式》，载《人民司法》2019年第31期。

合。大数据通过对证据是否达到高度盖然性标准的类比推理,最终完成对争议事实的认定。

在输出层中主要为物业服务合同的最终判项。具体包括驳回原告全部诉讼请求、驳回原告其余诉讼请求、判令被告支付物业费等内容,而争点整理、证明责任分配和争议事实认定又可作为裁判说理部分纳入裁判文书主文,以形成一份有针对性的要素式审判裁判文书。此外,在对请求权基础、案件要素、争点整理运算过程中,可以不断修正前馈型神经网络的权重系数,从而为后续类案审理铺平道路,这也是生成式人工智能要素式审判推理的建模路径。

三、解构神话:生成式人工智能要素式审判的实践样态

要素式审判作为案件繁简分流、快慢分道的重要举措,对深化民事诉讼制度改革的重要性自不待言。事实上,法律适用的重心不在于涵摄结果,而在于判断案件事实的个别部分是否符合构成要件的各个要素。[1] 本文围绕人工智能要素式审判的适用范围、适用现状、适用困境三方面分析要素式审判的实践样态,以期揭露"同案同判"法治神话背后的问题。

(一)人工智能要素式审判的适用范围

目前我国人工智能要素式审判多适用于机动车交通事故责任纠纷、房屋买卖合同纠纷和离婚纠纷等(见表1)。其中,部分法院对于诉讼标的、审理时限、举证期限等内容采取具体规定。北京市高级人民法院将民间借贷纠纷和买卖合同纠纷的诉讼标的额限制在50万元以下,主要以就业人员年平均工资数额为参照依据[2];山东省高级人民法院将审限缩短至1个月[3],虽然民事诉讼程序中简易程序的审限原则上为3个月,但鉴于要素式审判案件多为事实清楚、权利义务关系明确的简易案件,将其审限缩短可切实提高办案效率和平衡人案矛盾;江苏省高级人民法院规定可协商或放弃举证期限[4];山东省高级人民法院原则上不再确定举证期限,前

---

[1] 参见黄振东:《要素式审判:类型化案件审判方式的改革路径和模式选择》,载《法律适用》2020年第9期。

[2] 《北京法院速裁案件要素式审判若干规定(试行)》第2条规定:"各法院应将以下七类案件直接导入多元调解和速裁程序处理,多元调解不成但事实清楚、权利义务关系明确、当事人争议不大的普通民商事案件适用要素式审判方式审理:(一)诉讼标的额在50万元以下的买卖合同纠纷;(二)诉讼标的额在50万元以下的民间借贷纠纷……"

[3] 《山东省高级人民法院要素式审判方式指引(试行)》第4条规定:"[审判程序]适用要素式审判方式审理的案件应适用简易程序,在立案之日起一个月内审结,最长不超过三个月。"

[4] 江苏省高级人民法院《关于深入推进矛盾纠纷多元化解和案件繁简分流的实施意见(试行)》第34条规定,双方当事人可以协商放弃或者缩短举证期限、答辩期限。

述略式庭审模式通过精简诉讼流程大大缩短审理时长,为缓解人案矛盾提供可行性路径。

表 1 各地高级人民法院开展要素式审判的案件类型

所属法院	离婚纠纷	物业服务合同纠纷	信用卡纠纷	机动车交通事故责任纠纷	医疗损害责任纠纷	民间借贷纠纷	房屋买卖合同纠纷	金融贷款合同纠纷	劳动纠纷
重庆高院	√	√	×	√	√	√	√	√	√
北京高院	√	×	√	√	×	√	√	×	×
山东高院	√	√	√	√	×	√	√	×	×
江苏高院	√	×	×	√	×	×	√	×	×
广东高院	√	×	×	√	×	×	√	×	×
浙江高院	√	×	√	√	×	×	×	√	×
宁夏高院	√	√	√	√	×	√	√	√	×
总计	7	3	3	7	1	4	6	4	4

(二)生成式人工智能要素式审判的适用现状——以 C 法院为研究样本

目前多数法院逐步推行要素式审判模式,但仍面临着话语层面的"虚热"及实践层面的"实冷"问题。如图 3 所示,笔者以昆明市 C 法院为参考样本,从人案矛盾和审判试点两方面进行分析。首先,从人案矛盾方面来看,2022 年全年 C 法院受理各类案件 54009 件,同比上升 31.5%,审、执结 51247 件,员额法官人均收案 1174 件,人均结案 1114 件。相比于北京市法院法官人均结案 388.7 件而言[1],侧面反映了西部地区基层法院案多人少的突出矛盾,也更需借助人工智能的力量将法官从简易案件的审理中抽离出来,专注于复杂疑难案件的办理。其次,作为昆明市要素式审判模式的先行试点法院,自 2022 年 7 月以来,C 法院针对金融、劳动争议及交通事故三类案件开展全链条要素式审判,主要模式为根据原被告填写的要素表,对原被告双方一致确认的事实,庭审中不再进行质证,仅针对双方存在争议的内容进行举证质证,本质上还是依靠人力审查方式办理案件,未从本质上达到缓解案多人少矛盾的目的。

(三)生成式人工智能要素式审判的适用困境

1. 要素指引文本不规范

一方面,各地要素式审判方式指引标准不一、数据平台不联通,存有缺漏之处。

---

[1] 参见《北京市高级人民法院工作报告》,载北京市人民代表大会常务委员会网站,http://www.bjrd.gov.cn/zyfb/bg/202201/t20220120_2596161.html。

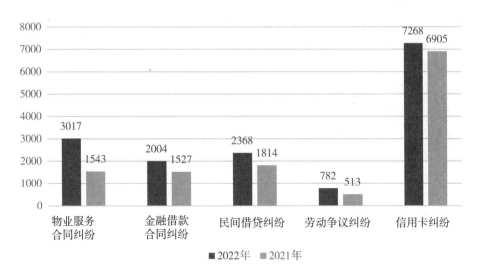

图 3　2021—2022 年 C 法院部分案件收案情况（件）

以北京市和山东省出台的要素式审判方法指引为例,山东省的要素式审判侧重于原告主体资质的审查问题,未列明被告是否为房屋的所有权人,易滋生将承租人列为诉讼主体的现实风险。反观北京市的要素式审判规定则存在未对原告主体资质进行审查的问题,若存在物业服务合同已到期或者未与业委员会或前期房地产开发企业签订书面合同的情形,那么可能存在物业公司虚假诉讼的问题。另一方面,要素式审判在我国西部地区存在话语层面的"虚热"和实践层面的"实冷"问题。作为我国要素式审判的示范样本,上海刑事案件智能辅助办案系统(206 系统)、江苏省全链条要素式审判应用系统均为沿海城市的实践结晶。但以云南省昆明市的 14 家基层法院为例,要素式审判的应用尚停留在对文本的归纳概括层面,虽可以达到批量案件集约办理的目的,但实质上还是以人工审查要素表为主,未从本质上乘着"人工智能+司法"的东风为案件办理提质增效。

2.法外因素的考量不充分

虽然目前要素式审判看似多为事实简单、法律关系清楚的简易案件,但不排除因掺杂法外因素而使案件审理陷入僵局的可能。[1] 譬如在一起物业服务合同纠纷中,要素式审判的理想化实践图景为业主因自身原因逾期未交纳物业费,但实践中业主未交纳物业费的抗辩理由常为物业公司服务不到位或者存在侵权行为,在这里

---

[1] 参见季卫东:《法律解释的真谛(上)——探索实用法学的第三道路》,载《中外法学》1998 年第 6 期。

便需要法官对物业公司的行业服务标准这一法外因素进行价值判断。正如美国首席大法官霍姆斯所言:"法律的生命不在于逻辑,而在于经验。"但这并不意味着逻辑推理不重要,而是因为法官的内心确信可以弥合逻辑推理的局限性,单纯依靠演绎推理只能实现技术理性而非实质理性。因此,如何将实践中总结出的法外因素的解决路径运用到逻辑推理中去,实现技术理性和实质理性的耦合,是目前要素式审判亟待解决的现实问题。

3. 裁判文书的释法说理不深入

鉴于我国先案裁判规则普遍存在表达不规范、总结不深入的问题,片面地将裁判要点等同于裁判规则,造成后案的类比推理频频受阻。法律论证的可废止性要求举证责任在原被告间不断切换,不可避免地造成要素式审判案件在广义上的趋同和狭义上的异化。除不断细化类案审判中的要素之外,还需要强化裁判文书的释法说理部分,方可为后续类案的适用提供实用价值。正如张骐教授认为案例裁判规则是案例的灵魂,裁判规则的规范性为类案裁判提供了法律解决方案。[1] 以票据追索纠纷为例,一般的审查要素为持票人是否具有向前手追索的法律权利,但法官仍需对票面记载事项的完整性和背书的连续性,以及持票人是否按法定程序提示付款并已取得拒付证明等内容进行说明,唯有此方可为后案办理提供切实的路径遵循。简言之,类案同判中后案对于先案的释法说理部分具有路径依赖,若先案存有逻辑不自洽或者遗漏争议焦点等问题,则必然导致后案的适用偏差。

四、以智引智:生成式人工智能要素式审判的应用限度及调适性修正

(一)应用限度:从过程可控到结果可归责

要素式审判的应用限度包括过程可控和结果可归责两个维度,具体表现为过程的透明可信原则和结果的辅助审判原则。从应用过程看,人工智能常因算法歧视、算法黑箱而广受诟病,故法官需要通过算法来确定其结果产生的合理性和公开性。以算法歧视为例证,因算法数据和预测模型都是由工程师或程序员建构,当其内心偏见和个人观念掺杂其中时,算法决策便会产生价值偏见。[2] 以美国的种族歧视为例,法官的数据偏见会造成算法偏见,一旦这种歧视性判例进入算法数据库,反馈回路便会不断强化这一偏见。因此,唯有确保算法运行过程的透明公开,方可防范数据运算中的算法歧视危机。2022 年 12 月 8 日,最高人民法院发布《关于规范和加

---

〔1〕 参见张骐:《论类似案件的判断》,载《中外法学》2014 年第 2 期。
〔2〕 参见季卫东:《人工智能时代的法律议论》,载《法学研究》2019 年第 6 期。

强人工智能司法应用的意见》,该意见第 6 条强调了透明可信原则,在人工智能的适用过程中应坚持技术研发、产品应用、服务运行的透明性,保障人工智能系统中的司法数据采集管理模式、法律语义认知过程、辅助裁判推定逻辑等各个环节能够以可解释、可测试、可验证的方式接受相关责任主体的审查、评估和备案。

从应用结果来看,对于弱人工智能作为技术辅助者的定位毋庸置疑,但随着 ChatGPT、COMPAS、LSI-R 这类强人工智能的出现,其除可以提供信息回填、智能编目、类案推送等辅助性功能之外,还具备自动生成法律文书、偏离语境等实质性功用。[1] 因此,对于人工智能的法律定位也存在技术辅助和自主决策之争,外化为人工智能是否应承担法律责任这一问题。[2] 笔者认为可结合法律人格的正统理论和法官的自由心证理解,其一,我国尚未赋予人工智能这类法律实体以法律人格,ChatGPT 虽具有自主意识、深度学习能力,可作出独立的意思表示,但法律责任层面的可归责性仍以具有法律人格为理据,目前我国对于人工智能的定位仍以法律客体或法律物格处之,更遑论因技术决策行为苛求其承担法律责任。[3] 其二,法官采纳 ChatGPT 的法律意见实属其自由裁量范围。最高人民法院《关于规范和加强人工智能司法应用的意见》第 5 条强调坚持人工智能对审判工作的辅助性定位,确保司法裁判始终由审判人员作出,裁判职权始终由审判组织行使,司法责任最终由裁判者承担。以威斯康星州诉卢米斯案[4]为例,COMPAS 系统对卢米斯作出的评估报告受到了公众质疑,法官对于评估报告的引用属于自由裁量范围,若因算法黑箱使案件审判结果与实体正义相偏离,审判责任主体还是应当归属于法官个人。

(二)调适性修正:从要素规范到裁判规正

1. 前置条件:建立单数立法模式

我国要素式审判的立法模式以复数立法为主,以各地出台相应的要素式审判方法指引为主,但在上文中通过对比北京市和山东省的立法文本后发现,地方指引办法在要素的总结层面存在不同程度的缺漏,也反映了沿用复数立法模式存在的问题。笔者认为,要素式审判主要面向案情简单、法律关系清楚的简易案件,虽受当地发展水平影响,具体立案标的可能存在相应浮动,但从国家层面出台统一的要素式审判方法指引,明确各个适用要素式审判的案件要素,具体受案标的可由各地结合

---

[1] 参见魏斌:《论法律人工智能的法理逻辑》,载《政法论丛》2021 年第 1 期。

[2] 参见季卫东:《人工智能时代的法律议论》,载《法学研究》2019 年第 6 期。

[3] 参见梁庆寅、魏斌:《法律论证适用的人工智能模型》,载《中山大学学报(社会科学版)》2013 年第 5 期。

[4] See Wisconsin v. Loomis, Petition for certiorari denied on June 26 2017, http://www.scotusblog.com/case-files/cases/loomis-v-wisconsin,2018.

自身经济发展水平决定,可为实现类案同判的目标添砖加瓦。若各地要素式审判的标准不一,难免产生同案不同判的后果,损害司法的威信力。此外,统一的要素式审判标准利于跨区域案件的办理,若存在移送管辖或者指定管辖的情形,统一的数字化证据标准可使跨区域案件进行有效衔接。

综上所述,笔者建议采取出台专门要素式审判方法指引这一单数立法模式,并辅之以地方立法清理的方式,使之与国家层面规定相衔接。首先,确定要素式审判的适用范围。以现存的地方立法文本为参照依据,各地对于要素式审判适用的案件存在类型上的高度趋同化,以信用卡纠纷、票据纠纷、物业服务合同纠纷为主,国家层面立法可针对高频案件细化要素标准。其次,赋权各地自行确定立案标的。针对民间借贷纠纷、买卖合同纠纷、金融借款合同纠纷等案件,囿于各地经济发展水平不一,故应适当放权给当地机关自行确定具体立案标准,以实现要素式审判在国家和地方两个层级有的放矢。

2. 审理标准:综合考量法外因素

要素式审判中法外因素考量不足的诟病,主要归因于演绎推理中三段论的机械论证,但对于 ChatGPT 这类生成式人工智能,可通过完善 AI 应用场景设定,引入法外因素作为数据支撑。在要素式审判过程中,通过与 ChatGPT 对话的方式将法外因素纳入案件裁决范围,正如同哥伦比亚法官在判决中引入 ChatGPT 的自动生成文本一样,虽然作出最终司法决断的还是主审法官,但生成式人工智能的参与的确可助力司法审判提质增效。具体来说,对于 ChatGPT 这类生成式人工智能的运用可分为锚定具体情节和总结裁判经验两方面内容。

一方面,生成式人工智能可锚定大量具体情节,提供可供参照的法外因素,供法官在审理案件过程中对照适用。具体的算法论证方式可参照非形式逻辑中的图尔敏模型,在反驳要件中引入当地的政策偏好、民族风俗、交易习惯等因素,如在劳动争议纠纷中,将当地自行出台的最低工资标准、各项津贴补助等内容纳入图尔敏模型的反驳要件,从而达到解决案件实质争议之目的。

另一方面,ChatGPT 通过大数据的案例汇总,可将法官的自由心证转化为心证公开,有助于进一步提炼司法共识和总结审判经验,在繁简分流的司法改革目标下助力简案快审、难案精审的目标落实落细。

3. 裁判理据:强化释法说理过程

裁判文书作为司法理性的终极表征,对于司法权威至关重要。正如美国经济学家罗伯特·卢卡斯曾言:"正义不仅应当得到实现,而且应当以人们能够看得见的方式加以实现。"要素式审判中同样面临裁判文书的释法说理问题,唯有如此方能促使个案正义对于社会公众而言更加可感可触。先案的释法说理是 ChatGPT 提供高质量文本的前置条件,因此需规范裁判文本的释法说理部分,以供生成式人工智能提取有效要素和数据信息。对于裁判文书的释法说理应厘正以下内容:

首先,要素式审判并非完全不注重对裁判规则释法说理的部分,而是采取了简案略说、繁案精说的论证方式。最高人民法院颁布的《关于加强和规范裁判文书释法说理的指导意见》强调应当根据案件不同情况进行繁简适度说理,对于适用民事简易程序、小额诉讼程序审理的案件,可简化释法说理。

其次,ChatGPT 生成的高质量文本可为法官提供援引的依据,如在哥伦比亚法官引用的 ChatGPT 分析文本中,便涵括了具体的法律条款、适用情形以及宪法法院判例等内容,有效提高了诉讼案件的审判效率,能够使法官将审判重心集中于繁案的办理过程中,从大批量的要素式审判案件中抽离出来,合理配置司法资源。

五、结语

抓住时代机遇,强化数字化法治建设是司法制度改革的重要抓手。本文沿着"类案"判断结论何以成立,"类案同判"方式何以可能的双向脉络,从逻辑和算法角度提出解释路径。在非形式逻辑的视域下,要素式审判的底层逻辑为类案判断结论如何证立的问题。本文以非形式逻辑的两个子论证为切入点,初显性论证重在后案与先案存在事实情节的映射,决定性论证则重在后案适用先案法律规则符合裁判理由,通过两个论证型式的递进关系,进一步证立人工智能进行类案同判的逻辑路径。通过初显性论证和决定性论证的递进分析,证立"类案"判断的逻辑路径。此外,本文通过前馈型神经网络结构和要素式审判推理路径的复合模型,证立"类案同判"的算法路径。目前在人工智能要素式审判的实践样态下,存有要素指引文本不规范、法外因素的考量不充分、裁判文书的释法说理不深入的问题。建议从过程可控和结果可归责两方面确立要素式审判的应用限度,具体表现为过程的透明可信原则和结果的辅助审判原则。提出以建立单数立法模式为前置条件、综合考量法外因素为审理标准、加强释法说理为裁判理据,进而实现从要素规范到裁判规正的调适性修正。

【责任编辑:金梦洋】

人工智能时代下无人驾驶汽车运行的法律规制

王增颉[*]

摘要：随着人工智能技术的飞速发展，无人驾驶汽车在过去的基础上有了更大规模的投入与应用。人工智能技术在无人驾驶汽车上的应用，使无人驾驶汽车与传统汽车在技术应用、运行模式等方面产生了极大的差别，也因此给法律带来了主体资格界定、侵权责任划分的挑战。我国对无人驾驶汽车运行的法律规制有所缺失，亟待完善。本文从人工智能的技术原理出发，结合无人驾驶汽车的运行特点，以主客体界定、侵权责任等为视角，剖析人工智能背景下无人驾驶汽车运行的法律规制难题，力求为其寻找具有前瞻性与稳定性的法律规制手段。

关键词：无人驾驶　人工智能　主体资格　法律责任

一、问题的提出

随着算法技术的跃升式发展，人工智能时代已然进入新的篇章，作为人工智能代表的无人驾驶汽车技术将从辅助驾驶时代迈入自动化驾驶时代，以一种崭新的姿态进入人们的日常生活。无人驾驶汽车在给人们出行带来便利的同时，还具有驾驶场景危险性和车载人工智能系统的不可预测性等特征。近年来，有关无人驾驶汽车

收稿日期：2023-05-06

[*] 王增颉，中国民航大学法学硕士研究生。

的事故报道屡见不鲜,例如优步的无人驾驶汽车超速撞向行人、特斯拉自动驾驶汽车致死等事件,为了应对人工智能时代下无人驾驶汽车技术革新所带来的风险,德国、美国、欧盟等已经制定了相关的法律。我国虽在无人驾驶汽车领域处于世界领先地位,但是我国的配套法律相对滞后,因此我国需要加快对无人驾驶汽车的法律规制,以进一步促进无人驾驶汽车项目的发展与落地。

无人驾驶汽车法律规制实则是人工智能法律规制中的一个具体领域,无人驾驶汽车法律规制涉及两个相互关联的方面:一是无人驾驶汽车的主体资格问题,由于无人驾驶汽车搭载的车载人工智能系统具有一定的自主性与学习能力,具备独自作出决策的能力,所以无人驾驶汽车是否具有法律主体地位成为首要问题。二是无人驾驶汽车交通事故在现有的民事责任体系中存在适用难题,无人驾驶汽车因其搭载的人工智能系统的自主性不同,对民事责任体系提出了不同的挑战。本文在分析无人驾驶汽车人工智能的技术原理与特点的基础上,重点对无人驾驶汽车主体资格问题以及民事责任问题进行分析,提出解决这些问题的建议,最后尝试对我国无人驾驶汽车法律规制提供一条初步的路径选择,以期为我国无人驾驶汽车法律规制问题提供一定参考借鉴。

二、无人驾驶汽车的法律地位辨析

(一)无人驾驶汽车的技术分级与特点

无人驾驶汽车技术是通过车载传感系统感知道路环境,车载人工智能系统对行车路线进行自动规划并控制车辆到达预定目的地的智能汽车技术。[1]无人驾驶汽车就是依靠此项技术实现车辆自主行驶的机动车辆。它以传统汽车为基础,搭载算法程序、神经网络系统等人工智能技术以及视觉计算等技术,可以有效缓解城市交通堵塞,大大降低机动车发生交通事故的概率,减轻汽车驾驶员的驾驶压力以及促进生态环境保护事业的发展。由于搭载的人工智能系统的智能化程度不同,无人驾驶汽车之间的自动驾驶性能也存在很大差异,因此需要对无人驾驶汽车进行技术分级以体现其人工智能系统智能化程度的差异。目前,国际通用的对无人驾驶汽车进行的技术分级来源于国际自动机工程师学会(SAE International)制定的自动驾驶分级标准。该标准将无人驾驶汽车的自动化驾驶程度分为 L0—L5 六个级别,L0 级的无人驾驶汽车没有自动化驾驶功能,与传统汽车无异,仍需驾驶员承担主要驾驶任务;L1 级无人驾驶汽车具有一定的辅助驾驶功能;L2 级无人驾驶汽车具备部分自动

---

[1] 参见陈延寿、王建萍:《无人驾驶商用车市场前瞻》,载《汽车与配件》2020 年第 18 期。

化驾驶功能；L3级无人驾驶汽车可以有条件地进行自动驾驶；L4级无人驾驶汽车可以实现高度自动化驾驶；L5级无人驾驶汽车可达到完全自动化驾驶的程度。[1] 2020年我国工信部发布《汽车驾驶自动化分级》国家推荐标准，此标准的推出将加速我国汽车智能化转型进程，对于我国智能网联汽车产业的发展具有推动和促进作用，该标准与国际自动机工程师学会制定的自动驾驶分级标准非常类似，同样也将汽车驾驶的自动化程度分为六个级别，仅在部分名称及细节上有细微差异，这也证明我国在无人驾驶汽车领域与国际接轨并且无人驾驶汽车相关技术走在世界前沿。

相较于传统汽车，无人驾驶汽车具有特殊性，也正是这些特殊性，使得无人驾驶汽车的法律地位存在争议，无人驾驶汽车在运行中发生交通事故时，应当如何分配法律责任成为实践中的疑难问题。具体而言，无人驾驶汽车具有以下几个特点：

第一，无人驾驶汽车具有自主运行性。无人驾驶汽车所搭载的人工智能系统决定了其具有深度学习与自主决策能力，这两种能力使得无人驾驶汽车最终可以不借助驾驶员的驾驶行为而自主运行。首先，无人驾驶汽车配备的人工智能系统具有深度学习能力，深度学习是无人驾驶汽车技术的核心，该系统的深度学习能力需要以海量的数据资料为支撑，通过不断的数据信息输入来完善其数据库，进而提升自身性能。如今5G时代的来临为人工智能系统的数据收集与输入提供了天然的助推力，无人驾驶汽车可以通过车联网进行大数据收集，依靠其人工智能系统的深度神经网络对数据进行高效的分析处理，最终实现自主化学习。其次，无人驾驶汽车的人工智能系统具有自主决策能力，自主决策能力以深度学习能力为基础，人工智能系统依靠收集的数据信息与传感器提供的实时行驶状况及时作出刹车、加速、变道、避让等驾驶决定，并且可以对路况拥堵情况进行分析，规划到达目的地的最佳行驶路线。

第二，无人驾驶汽车驾驶人员的不确定性。相较于传统汽车，无人驾驶汽车实际上放宽了对驾驶人员的要求，未来随着无人驾驶汽车搭载的人工智能系统的不断发展，无人驾驶汽车的自动化水平将逐渐升高，当无人驾驶汽车达到L5级别即实现完全自动化驾驶时，人工智能系统将全面代替驾驶人完成驾驶活动。届时，老人、儿童、残疾人等因身体、年龄等原因无法驾驶机动车的人群也可以参与无人驾驶汽车的驾驶，但是其身份将不再是驾驶人而是乘客，真正的驾驶人将是高度智能化的人工智能系统。但是，目前的无人驾驶汽车均处于L2—L4级别，此阶段的无人驾驶汽车人工智能系统虽也可以实时监测车辆行驶状况与环境，承担无人驾驶汽车的驾驶

---

[1] 参见国际自动机工程师学会网站，https://www.sae.org/standards/content/j3016_202104/，2023年4月9日访问。

任务,但是驾驶人仍需要履行一定的接管义务,其身份不会完全转变为乘客,即此时无人驾驶汽车处于"人机共驾"的模式,人机共驾模式下难以区分无人驾驶汽车的驾驶人员是"车"还是"人",因此具有不确定性。

(二)无人驾驶汽车的独立法律人格之否定

随着人工智能技术的不断发展,无人驾驶汽车所搭载的人工智能系统智能化程度越来越高,因而无人驾驶汽车的法律地位引起了学术界的广泛讨论。目前,学界针对无人驾驶汽车是否具备法律主体地位这一问题形成了三种观点:一是肯定说,认为无人驾驶汽车应当具有法律主体地位,随着无人驾驶汽车的人工智能系统的不断发展,其自主性与不可预测性将日益凸显,这将给未来无人驾驶汽车的运行带来诸多问题,因此支持该观点的学者认为,无人驾驶汽车具有电子人格,应当赋予其独立法律人格,使其可以独立地享有权利与承担义务。[1]无人驾驶汽车的法律主体概念实质上是一种法律拟制行为,从法律方法的角度出发,法律人格拟制是一种立法技术。[2]二是否定说,认为无人驾驶汽车只是人类发明并生产使用的一种工具,从法理基础与实践角度出发,无论人工智能系统的智能化发展到何种程度,均不应当承认无人驾驶汽车的独立法律人格,只能将其认定为民法中的权利客体。[3]三是折中说,认为无人驾驶汽车可被法律承认具有部分法律人格,其人工智能系统可在特定情况下作出判断,只拥有部分权利与义务,无法独立承担法律责任。[4]

笔者主张否定说,认为应当否定无人驾驶汽车的独立法律人格。首先,从无人驾驶汽车的物理形态出发,无人驾驶汽车始终都是人类所制造的一个物体,一个不具有生命的客体,并不会因其搭载的人工智能系统具有高度自主决策性与深度学习能力而发生改变。有学者认为无论是强人工智能还是超人工智能,永远是人类制造的,永远属于物的范畴,没有必要也不可能赋予其独立的法律人格地位。[5]其次,从无人驾驶汽车人工智能系统的自主运行性来看,无人驾驶汽车的自主性并非原生的,其是由人类设定好的编程规则结合车联网大数据以及大量算法训练所构建的决策逻辑。人类为无人驾驶汽车设计人工智能系统的目的是增强驾驶操作的灵敏性以及减轻驾驶员的驾驶疲劳等,但是终究无法使无人驾驶汽车同人类一般去进行认知与决策。再次,无人驾驶汽车并非第一个配备具有深度神经网络自主学习功能的

---

[1] 参见陈吉栋:《论机器人的法律人格——基于法释义学的讨论》,载《上海大学学报(社会科学版)》2018年第3期。

[2] 参见李永军:《民法上的人及其理性基础》,载《法学研究》2005年第5期。

[3] 参见冯珏:《自动驾驶汽车致损的民事侵权责任》,载《中国法学》2018年第6期。

[4] 参见杨杰、张玲:《无人驾驶汽车的法律障碍和立法思考》,载《电子政务》2018年第8期。

[5] 参见杨立新:《民事责任在人工智能发展风险管控中的作用》,载《法学杂志》2019年第2期。

人工智能技术产品,无人驾驶汽车运行中所存在的风险以及责任分配与承担问题,在其他类似产品上同样会出现。但是,没有人会认为应该赋予工厂中的自动手臂、语音翻译机器人等产品以独立法律人格,使其具有独立财产与机构,进而有能力独立承担责任。因为法律若承认这些产品的法律主体地位,将其与生产经营者的人格分割开来,则会诱导生产经营者推卸责任,导致受损害方难以获得合理的救济。这一原因同样适用于无人驾驶汽车。最后,从无人驾驶汽车运行中产生的侵权责任承担角度考虑,无需赋予无人驾驶汽车独立法律人格,因为无人驾驶汽车的侵权责任最终还是需要找寻其背后的驾驶员、生产经营者等自然人与自然人集合体来承担,无需使无人驾驶汽车承担相应的法律责任。

三、无人驾驶汽车对民事责任体系的挑战

无人驾驶汽车因其人工智能系统具有学习和决策能力,对驾驶人与人工智能系统在驾驶任务的分配上进行了重新安排,使得驾驶人不再能完全地直接支配无人驾驶汽车的行进模式,而大多由人工智能系统控制无人驾驶汽车进行行驶。这与传统汽车的驾驶模式具有极大区别,因此针对传统汽车运行中产生的事故的归责体系在适用于无人驾驶汽车时具有一定程度的困难,在不同的人工智能发展时代,无人驾驶汽车对我国民事责任体系也产生了不同的挑战。

(一)传统汽车的民事责任体系

传统机动车的法律地位长期以来并不是一个有争议的问题,学界及实务界均认为其是一种特殊的动产,因此传统机动车发生交通事故,其责任主体是机动车的使用人、所有人、运营者、制造者等,这并无争议。当传统机动车运行发生交通事故造成人身伤亡与财产损害时,受损害一方一般有两种救济路径,一条路径是以机动车产品存在缺陷为由追究生产者的产品质量责任,另一条路径是追究机动车一方的侵权责任。传统机动车运行中发生交通事故的归责原则采取二分法,机动车之间发生交通事故的,适用过错责任原则,机动车与非机动车驾驶人、行人之间发生交通事故的,适用无过错责任原则。[1]传统机动车交通事故侵权责任的构成要件有以下四点:第一,造成他人损害。只有当机动车造成他人实质性的财产损害才可能产生侵权责任。第二,机动车处于运行中。机动车只有投入到运行中,才会对周围环境中的人以及物产生危险性,此处的运行不仅指机动车处于运动状态,也指其虽未运动却处于道路交通环境中的情形。第三,损害是机动车的运行所导致的,即机动车侵

---

[1] 参见程啸:《侵权责任法》(第3版),法律出版社2021年版,第591页。

权行为与损害结果间具有因果关系。第四,机动车之间发生交通事故时,加害人具有过错。在机动车之间的交通事故中,加害人的过错认定采取客观标准。

值得注意的是,传统汽车的民事责任体系中具有较为完备的保险制度,当发生事故时,保险人先行支付保险金,及时填补受害人被损害的权益,最后由保险人待责任认定后向责任人进行追偿,这为无人驾驶汽车民事责任的承担提供了有益的参考。

(二)弱人工智能时代无人驾驶汽车适用传统民事责任体系的困境与破局

目前我们仍处于弱人工智能时代,世界上尚未研发出强人工智能机器人或超人工智能机器人,无人驾驶汽车也不例外。现今的无人驾驶汽车大多处于L2—L4级别,即无人驾驶汽车在弱人工智能时代的当下均采取人机共驾模式执行驾驶任务。人机共驾模式的无人驾驶汽车在适用传统机动车民事责任体系时存在诸多障碍,无论是机动车交通事故责任路径还是产品责任路径,无人驾驶汽车都存在一定程度上的法律适用困难。本部分将分析弱人工智能时代无人驾驶汽车在适用传统民事责任体系时遇到的困境并提出一定的破局之策。

1. 机动车交通事故责任路径

首先,弱人工智能时代采取人机共驾模式的无人驾驶汽车面临的最大问题就是责任主体的选择不明确。人机共驾模式的无人驾驶汽车无法完全代替人类进行驾驶活动,在必要情况下驾驶人仍需要接管无人驾驶汽车。虽然无人驾驶汽车的设计初衷是解放驾驶人的双手,缓解驾驶人的驾驶疲劳,不应对其施以负担,但是目前人机混合驾驶模式下的无人驾驶汽车显然无法达到这一目的,只能使驾驶人负担一定的接管义务,驾驶人若违背了该接管义务则仍需承担侵权责任。因此驾驶人在特定情况下仍是责任主体,在当下弱人工智能时代就将驾驶人从责任主体中抽离显然不利于对受害人的救济,也有悖于公平正义。如前所述,无人驾驶汽车不具有独立法律人格,因此无人驾驶汽车本身无法成为责任主体,需要寻求其背后的主体承担责任。有学者认为,驾驶人与无人驾驶汽车搭载的人工智能系统形成了类似于民航客机与飞行员、驾校教练与学员的共同驾驶人关系。[1]共同驾驶人需要共同对交通事故承担责任,所以应当由无人驾驶汽车生产者、人工智能系统设计者等承担责任。

其次,人机共驾模式下的过错判断具有复杂性。无人驾驶汽车因不具有法律主体地位,不存在是否具有过失的问题,无人驾驶汽车及其搭载的人工智能系统的问题主要集中在产品设计缺陷方面。因此,弱人工智能时代无人驾驶汽车交通事故的

---

[1] 参见韩旭至:《自动驾驶事故的侵权责任构造——兼论自动驾驶的三层保险结构》,载《上海大学学报(社会科学版)》2019年第2期。

过错判断主要看驾驶员是否尽到了足够的注意义务,即在特定情况下对无人驾驶汽车进行接管的义务。无人驾驶汽车在行驶过程中通过传感器收集驾驶数据,人工智能系统通过算法对数据进行分析处理,在其认定车辆处于紧急情况时,人工智能系统将不再控制车辆并且会提示驾驶人迅速接管车辆,以解决该突发情况,此时,无人驾驶汽车的驾驶员将产生接管义务。但是,实践中接管问题往往更为复杂,驾驶员对接管义务应当达到何种注意程度在学界引发广泛讨论。因为在事故发生时,人工智能系统的算法是由设计者预先设定的,认定紧急情况的发生以及将无人驾驶汽车从自动驾驶模式切换为人工驾驶模式这一过程的时间相当短,驾驶员可能不具有足够的反应时间对汽车进行接管。并且,有调查表明,长时间使用自动驾驶模式将使驾驶员处于放松状态,导致遇到突发情况时,驾驶员很难在短时间进行反应。[1]若驾驶员客观上并无足够反应时间从而造成接管不当或接管不及时,认定其存在过错,进而要求驾驶员承担责任显然有失公平。因此,在对驾驶人接管义务的规定进行设计时,可以引入刑法中的"被容许的风险"理论,即考虑驾驶人在紧急情况下预见和避免损害结果发生的可能性。"被容许的风险"理论实质上并未否认驾驶员在接管问题上存在过错,而是考虑到驾驶人在突发情况下缺乏反应时间与能力,故不应因为在这种状态下引起的损害结果而遭受责难。该理念也符合无人驾驶汽车缓解人类驾驶员驾驶负担的设计初衷,有利于促进无人驾驶汽车技术的进一步发展。

2.产品质量责任路径

产品质量责任指有缺陷的产品造成他人损害时,生产者和销售者应当承担的侵权责任。因为在产品责任中,生产者与销售者需要承担无过错责任,并且由于无人驾驶汽车不具有法律主体地位而是人类制造生产的产品等原因,以产品质量责任应对无人驾驶汽车运行中发生的事故获得了学界的广泛认可。但是在产品质量责任路径中,证明无人驾驶汽车及其人工智能系统存在缺陷以及缺陷和损害后果具有因果关系是非常困难的。虽然从表面上看,产品质量责任路径相较于机动车交通事故责任路径更易于解决无人驾驶汽车运行事故纠纷,但是由于受害人证明产品缺陷的难度较大,从而救济的便利性也大幅下降,因此无人驾驶汽车及其使用的人工智能技术同样给产品质量责任路径带来了挑战。

首先,如何认定无人驾驶汽车及其人工智能系统存在设计缺陷是一个具有挑战性的问题。产品责任的基础是产品存在缺陷,产品缺陷可以分为三类,即制造缺陷、设计缺陷、警示缺陷。随着人工智能技术的不断发展,无人驾驶汽车因人工智能系统的逐渐智能化,三类缺陷中的核心问题将是无人驾驶汽车自身的设计缺陷,具体

---

[1] 参见赵申豪:《自动驾驶汽车侵权责任研究》,载《江西社会科学》2018年第7期。

可能表现为使用了有瑕疵的数据、设计了漏洞代码、人工智能系统与其他汽车部件存在有问题的互动等。我国《产品质量法》第46条规定,缺陷指产品存在危及人身、他人财产安全的不合理的危险;产品有保障人体健康和人身、财产安全的国家标准、行业标准的,是指不符合该标准。由于无人驾驶汽车技术尚未成熟而且一直处于高速发展的状态,对其制定国家标准和行业标准难度较大,因此世界各国尚未制定完备的有关无人驾驶汽车的国家标准、行业标准,依照相关标准无法解决无人驾驶汽车是否存在设计缺陷的问题,只能通过解释"不合理的危险"的含义来判断无人驾驶汽车是否存在设计缺陷。

对于"不合理的危险"的含义进行解释时可以借鉴域外法的经验,《美国侵权法第二次重述》中将"不合理的危险"的判断标准解释为"消费者合理期待"。但是在实践中,因为"消费者合理期待"具有很强的抽象性,依赖消费者整体对产品安全性的合理预期,而并不针对个别的消费者,所以该解释不具有较强的可操作性,因此《美国侵权法第三次重述:产品责任》不再将其作为独立判断标准,而是采用"风险—收益"标准。"风险—收益"标准相较于"消费者合理期待"标准,对于具体案件更具有可操作性,受害人可以提出合理的替代性设计来证明产品具有缺陷。但是,对于无人驾驶汽车运行中的侵权纠纷案件,"风险—收益"标准的适用也会遇到一定困难,因为无人驾驶汽车中存在设计缺陷而引发事故的往往是其搭载的人工智能系统,人工智能系统的算法存有漏洞或有瑕疵的代码造成产品缺陷。此时受害人需从海量的代码中找到存在瑕疵的代码并对其进行合理的替换,这无疑加大了受害人的证明成本,甚至这项任务在实践中根本不具有完成的可能性,因为无人驾驶汽车的人工智能系统具有自主学习性,其深度神经网络自主学习功能极为复杂,无法通过改写或替换几行有瑕疵或漏洞的代码就解决其设计缺陷。由此可知,无论是采取何种解释标准,都无法为设计缺陷的认定提供较为完美的解决方案,仍需随着无人驾驶汽车的发展而进一步完善说理。

其次,被侵权人难以证明所受损害与无人驾驶汽车具有缺陷之间存在因果关系。无人驾驶汽车的人工智能系统所具备的自主学习性与决策性使得事后探究其事故发生时的决策过程及逻辑变成一项极其困难的任务。这对于普遍缺乏专业知识与专门设备的受害人来说更是难以实现或者实现成本极高。对于受害人难以证明因果关系的救济困境,有学者主张通过重新分配证明责任将证明责任倒置来破解该困境。[1]由更为了解人工智能系统以及无人驾驶汽车技术的设计人及制造人来对因果关系进行举证,证明无人驾驶汽车并无设计缺陷以此免除产品质量责任的

---

〔1〕 参见冯珏:《自动驾驶汽车致损的民事侵权责任》,载《中国法学》2018年第6期。

承担。

(三)强人工智能时代无人驾驶汽车的民事责任体系初探

未来当人类迈入强人工智能时代的大门时,无人驾驶汽车也将真正实现完全自动化驾驶,L5级别的无人驾驶汽车将被广泛投入使用,人类驾驶员也将完成由驾驶人到乘客的身份转变。在未来强人工智能时代下,完全自动化驾驶的无人驾驶汽车也给民事责任体系带来冲击。

强人工智能时代下的无人驾驶汽车运行中出现的交通事故纠纷同样也可以通过机动车交通事故责任与产品质量责任两条路径解决,产品质量责任+机动车交通事故责任应当成为对无人驾驶汽车进行归责的基本框架。但是,完全自动化驾驶的无人驾驶汽车的人工智能系统将具有极强的学习性,其学习以及决策过程都具有不可预测性,因此人工智能系统出现决策错误导致无人驾驶汽车运行中发生事故是无法预测且难以避免的。这体现出未来无人驾驶汽车实现完全自动化驾驶的同时也极具危险性。无人驾驶汽车可以减轻人类高强度的驾驶压力、保护生态环境为社会带来巨大利益,强人工智能时代的无人驾驶汽车的运行应当作为"被社会允许的风险"[1]。因此,为解决强人工智能时代的无人驾驶汽车运行中的事故纠纷,可以在产品责任+机动车交通事故责任的基础框架下引入高度危险责任,高度危险责任作为产品责任与机动车交通事故责任的补充,在难以认定机动车交通事故责任与产品责任时,可通过高度危险责任路径进行归责。

根据实际控制人理论[2],强人工智能的无人驾驶汽车高度危险责任的承担主体应当为汽车的生产人。因为可以对未来实现完全自动驾驶的无人驾驶汽车进行实际控制的不再是人类驾驶员而是汽车的生产者,而且令生产者承担高度危险责任能够督促其更新升级人工智能系统、减少事故的发生,进一步促进无人驾驶汽车事业的发展。我国《民法典》侵权责任编对高度危险责任体系采取一般条款+列举的方式来展开,这也对在未来的强人工智能时代将无人驾驶汽车责任加入其中提供了有利条件。

四、无人驾驶汽车的法律规制进路

(一)立法层面——完善搭载人工智能系统的无人驾驶汽车相关立法

立法者应当在立法层面完善机动车交通事故责任与产品责任中应对无人驾驶

---

[1] 参见窦海阳:《〈侵权责任法〉中"高度危险"的判断》,载《法学家》2015年第2期。

[2] 参见唐超:《论高度危险责任的构成——〈侵权责任法〉第69条的理解与适用》,载《北方法学》2017年第4期。

汽车运行中事故纠纷的不足之处，以及考虑在未来强人工智能时代引入高度危险责任作为补充责任，同时应当完善相应配套制度的立法，即强制保险制度以及专项赔偿基金制度。

1. 设立强制保险制度

不难发现，无论是弱人工智能时代通过机动车交通事故责任与产品责任路径解决无人驾驶汽车运行事故问题，还是强人工智能时代在此基础上引入高度危险责任路径，最终大部分情况的责任承担者都是生产者。在这种情况下，不仅会打击无人驾驶汽车以及人工智能生产商研发生产的积极性，阻碍无人驾驶汽车行业的发展，而且会导致生产商将汽车价格提高进而把成本摊给消费者，消费者最终为无人驾驶汽车的运行事故买单。因此应当为无人驾驶汽车设立强制保险制度，保险是缓解先进技术应用可能带来的不可预测的后果的工具，同时也是分担风险和责任的辅助手段。[1]为无人驾驶汽车设立强制保险制度可以有效平衡消费者、生产商以及受害人的利益。

与传统汽车领域由车主购买交强险与第三方责任险的模式不同，无人驾驶汽车领域的强制保险应当由生产商购买。因为无论是人机混合驾驶模式的弱人工智能无人驾驶汽车还是完全自动驾驶的强人工智能无人驾驶汽车，事故责任均逐渐由人类驾驶员向生产商转移。从保险利益的角度出发，生产商才是真正享有保险利益的被保险人，理应由其进行投保。

2. 建立专项赔偿基金

专项赔偿基金相较于强制保险制度具有更强的社会属性，专项赔偿基金可以作为强制保险制度的补充，当出现无人驾驶汽车生产商购买的强制保险限制额度不足以覆盖损害赔偿金时，专项赔偿基金可以继续对受害人进行救济，最终使得全体社会公众受益。作为搭载人工智能新兴技术的无人驾驶汽车，其大规模投入使用势必会受到社会公众的质疑与排斥。为无人驾驶汽车运行中出现的事故纠纷设立专项赔偿基金将有效地打消社会公众的担心与质疑，减轻无人驾驶汽车生产商的责任风险，为整个社会带来巨大利益。

(二) 执法层面——设立人工智能算法审查委员会

无人驾驶汽车的人工智能系统具有自主学习能力，人工智能系统可以对自我驾驶功能与习惯进行更新，但是人工智能系统后天的自我学习能力也是建立在先天的算法设计的基础之上。因此对无人驾驶汽车的人工智能系统进行算法审查既具有必要性也具有可行性，设立人工智能算法审查委员会不但可以承担算法解释的专业

---

[1] 参见许中缘：《论智能汽车侵权责任立法——以工具性人格为中心》，载《法学》2019年第4期。

性工作,进一步减轻当事人的举证困难,为当事人提供权威的算法解释服务,还可以通过对无人驾驶汽车人工智能系统的算法进行审查的方式监督算法是否违反法律法规的规定,是否有造成损害的可能。

无人驾驶汽车的人工智能系统的算法通常由无人驾驶汽车的生产商或专业人工智能系统设计者编写,因为人工智能系统的算法通常属于无人驾驶汽车生产商以及设计者的商业机密,公众难以知晓其算法的数据模型及数据权重,即使生产商或设计者向公众披露其算法的相关信息,社会公众通常也因为缺乏专业知识与设备而无法对其进行解释。算法审查委员会的设立可以有效解决这一问题。算法审查委员会应当由计算机科学、法学、社会学、机械工程学等专业人员组成,可以接受公众的委托对某一类无人驾驶汽车的人工智能系统的算法进行权威解释,该解释具有法律效力。当算法审查委员会的解释与生产商或设计者的自我解释有冲突时,应当以算法审查委员会的解释为准,以此最大限度地保护无人驾驶汽车消费者以及社会的整体利益。

立法者应当赋予人工智能算法审查委员会一定的执法权,使其可对无人驾驶汽车的算法进行事前、事中、事后审查。算法审查委员会在无人驾驶汽车的人工智能系统即将投入使用之前主动对其算法进行审查与评估,一旦发现人工智能系统算法存在漏洞或瑕疵可能导致未来投入使用具有较大风险,应当及时向社会公开并且禁止该人工智能系统搭载到无人驾驶汽车上,责令生产商或设计者对人工智能系统进行改进。算法审查委员会还可以对已经投入使用的人工智能系统进行定期审查,对算法的数据模型及决策逻辑和过程进行追踪与监测,保证已经投入使用的无人驾驶汽车的人工智能系统算法保持健康且高效的运行状态。算法审查委员会对发生事故与故障的人工智能系统应当进行事后审查,生产者或设计者若是由于过失而导致算法产生决策错误与故障,算法审查委员会应当给予其一定的行政处罚。

五、结语

人工智能时代下的无人驾驶汽车逐渐将人类由"驾驶员"变为"乘客",人工智能系统代替人类执行驾驶任务。在无人驾驶汽车的运行中,正是由于人类身份的逐渐转变,弱人工智能时代人机混合驾驶模式以及未来强人工智能时代完全自动驾驶模式的无人驾驶汽车给民事责任体系带来了一系列挑战。笔者通过对机动车交通事故责任路径中责任主体不明、过错判断的复杂性以及产品责任中设计缺陷、因果关系如何认定等困境进行分析,提出为强人工智能时代的无人驾驶汽车引入高度危险责任作为补充责任,以及在立法与执法层面设立强制保险制度、专项赔偿基金、算法审查委员会等解决办法。这些都只是解决人工智能时代下无人驾驶汽车运行的法律规制问题的路径的冰山一角。随着人工智能技术不断发展,人类需要未雨绸缪对无人驾驶汽车这一新兴产业所带来的风险和挑战进行提前规划与积极回应,保证法律规制与技术革新两翼齐飞、齐头并进,方能使人工智能时代的无人驾驶汽车行业迅猛发展。

【责任编辑:金梦洋】

焦点法谈

股权回购型对赌协议的履行困境及破解方案*

薛 波** 朱晓静***

摘要： 对赌协议的出现是为了缓解私募股权投资活动中投资机构与融资企业之间普遍存在的信息不对称和估值分歧难题。《九民纪要》第5条虽然认可对赌协议的法律效力，但是其将减资程序作为股权回购前提的处理方式不当提升了债权人保护强度，导致实务中出现对赌协议虽然有效但是却履行不能之困境。这种处理方式的原因在于：一方面，我国《公司法》对股权回购事由的严格限制使对赌协议项下的股权回购无处妥善安放，进而被不当归入减资程序；另一方面，我国股权回购制度资金来源限制的缺乏导致产生债权人保护漏洞，《九民纪要》不得不通过减资程序给债权人提供特殊保护。为解决司法裁判困境，回应商业实践需求，有必要将"减资"与"股权回购"进行解绑，通过以法定资本为底线的资金来源限制实现股权回购型对赌协议的可履行性，并确定制度调整后因可能存在的履行障碍引起的公司违约责任。

关键词： 股权回购型对赌协议　减资程序　资本维持　回购资金来源

收稿日期：2023-06-27

* 本文系国家社科基金一般项目"团体法思维在商事立法中的运用研究"（20BFX123）和国家社科基金青年项目"公司减资对债权人通知义务研究"（19CFX049）的阶段性成果。

** 薛波，法学博士，深圳大学法学院特聘研究员，副教授，硕士生导师。

*** 朱晓静，深圳大学法学院助理研究员。

一、问题剖解：股权回购型对赌协议的履行困境

对赌协议,亦称"估值调整协议"(Valuation Adjustment Mechanism),指投资方与融资方在达成股权性融资协议时,为解决交易双方对目标公司未来发展的不确定性、信息不对称以及代理成本问题而设计的包含股权回购、金钱补偿等对未来目标公司估值进行调整的协议。对赌协议在我国资本市场中颇为普遍,常见于私募股权投资和风险投资(PE/VC)、上市公司重大资产重组等领域。[1] 其在缓解私募股权投资活动中投资机构与融资企业之间普遍存在的信息不对称和估值分歧、合理配置投资利益和投资风险、促进和保障目标公司经营管理方面具有十分重要的意义。但对赌协议一直未见于我国立法。2019年11月最高人民法院公布的《全国法院民商事审判工作会议纪要》(以下简称《九民纪要》)对此作了回应。根据《九民纪要》第5条第1款的规定,对赌协议涉及现金补偿(亦称金钱补偿、业绩补偿)和股权回购两类约定。[2] 此外,根据主体不同,对赌协议亦可分为与公司对赌、与股东对赌、同时与公司和股东对赌等。[3]

在《九民纪要》出台之前,我国学术界长期聚焦于投资方与目标公司之间的对赌协议效力认定问题。司法实践中不同法院对对赌协议的性质和效力认定分歧明显,同案不同判现象较为突出,其中有两个案件尤为典型:一是2012年的"海富案"[4]。最高人民法院再审判决认为,投资方与目标公司对赌因违反资本维持原则而无效,但是与目标公司股东对赌则为有效。二是2019年的"华工案"[5]。江苏省高级人民法院二审判决认为,与公司对赌亦为有效;不过受制于《公司法》相关规定,对赌协议或"履行不能"。《九民纪要》肯定了投资人与目标公司对赌协议的有效性,认定不存在法定无效事由的对赌协议有效,并沿袭"华工案"的做法,采取对赌合同效力与可履行性"区隔"处理规则,以合同履行判决代替合同效力的认定,可谓是一个机智的司法选择。[6] 由此,对对赌协议问题的探讨逐步从效力认定转向可履行性

---

[1] 参见张巍:《华尔街无对赌》,载张巍:《资本的规则II》,中国法制出版社2019年版,第338页;翁健:《并购对赌井喷、业绩承诺打水渐渐增》,载《证券时报》2016年3月31日,第A10版。

[2] 参见俞秋玮、夏青:《对赌协定效力之争及其评价》,载《法律适用》2015年第6期;宋毅、王苗苗:《对赌协议的效力认定》,载《人民司法(应用)》2018年第16期。

[3] 参见贺剑:《对赌协议何以履行不能?——一个公司法与民法的交叉研究》,载《法学家》2021年第1期。

[4] 参见最高人民法院(2012)民提字第11号再审民事判决书。

[5] 参见江苏省高级人民法院(2019)苏民再62号民事判决书。

[6] 参见赵旭东:《第三种投资:对赌协议的立法回应与制度创新》,载《东方法学》2022年第4期。

分析。

对于股权回购型对赌协议,《九民纪要》基于贯彻资本维持(充实)原则和债权人保护目的,要求目标公司必须先完成减资程序,否则将驳回投资方的诉讼请求。[1] 司法实践中,有法院遵循《九民纪要》"与目标公司'对赌'"的相关规定裁判。在2020年银海通案再审的裁判理由部分,最高人民法院认为,投资方银海通与目标公司新疆西龙公司"对赌"失败请求新疆西龙公司回购股份,因回购股份属减少公司注册资本的情形,须经股东大会决议,并依法完成减资程序,而新疆西龙公司未完成前述程序,故原判决驳回银海通投资中心的诉讼请求并无不当。[2]《九民纪要》第5条第2款把目标公司履行对赌协议项下的股权回购义务与减资程序捆绑。[3] 法院依此形成的裁判思路促发公司以债权人利益保护而不减资为由来逃避履行"对赌协议"的可能性,不利于维护合同自治与商业诚信。这一做法将会诱致以下两重难题:

第一,不利于投资方利益之保护。公司减资首先需由董事会/执行董事提出减资议案,若董事会/执行董事作出商业判断认为减资将可能导致公司出现严重的经营困难,出于公司的勤勉义务和忠实义务的内在约束考虑,董事会/执行董事有权暂时不启动减资程序。当投资人向法院请求目标公司进行股权回购时,公司完全可以以"未完成减资程序"为由进行抗辩。即便目标公司完全具备债务清偿能力,亦不会积极地推动减资程序,从而通过利用制度漏洞规避对赌协议产生的合法债务,进而使投资方的合法利益处于法律保护的真空地带。

第二,使对赌协议履行沦为空谈。公司减资的程序要件之一是公司股东(大)会作出有效的减资决议,根据《公司法》第66条第3款之规定,减资决议的作出需经代表2/3以上表决权的股东通过,这属丁公司内部治理的范畴,当目标公司怠于推动减资程序时,司法亦难以强制介入。对此,最高人民法院曾作说明:"是否减少注册资本,如何减少注册资本,原则上应当由目标企业从商业视角出发按照目标企业内部的规章制度予以规范,此种权利在性质上属于目标公司治理体系中的决议程序和决策权利,如果按照被投资企业内部的决策机制,被投资企业未能作出履行对赌协议应当符合的减少注册资本的决议,则投资人不得请求法院强制被投资企业或其他

---

[1] 《九民纪要》第5条第2款规定:"投资方请求目标公司回购股权的,人民法院应当依据《公司法》第35条关于'股东不得抽逃出资'或者第142条关于股份回购的强制性规定进行审查。经审查,目标公司未完成减资程序的,人民法院应当驳回其诉讼请求。"

[2] 参见北京银海通投资中心、新疆西龙土工新材料股份有限公司股权转让纠纷案,最高人民法院(2020)最高法民申2957号民事裁定书。

[3] 参见张保华:《对赌协议下股份回购义务可履行性的判定》,载《环球法律评论》2021年第1期。

机构作出符合投资人诉求的减资决议或通过强制介入的方式迫使被投资企业作出减资决议。"[1]因此,对赌协议的履行主动权实际掌握在履行义务一方,能否实际履行取决于目标公司是否基于诚信原则自愿启动减资程序,当目标公司消极应对时,投资方的诉讼请求往往难以得到法院支持。退一步而言,即便股东会顺利召开并表决通过,后续针对债权人要求公司清偿债务或者提供担保的情形亦难以满足。合同订立的根本目的在于履行,《九民纪要》的规定极有可能使股权回购型对赌协议流于一纸空文。

虽然《九民纪要》对对赌协议效力的认可,体现了尊重市场自治、维护诚信原则的导向,有利于加强对投资方正当利益的保护。[2]但是在对赌协议可履行性裁判规则方面,《九民纪要》却又走向了另一个极端,投资方请求回购股权需由目标公司先完成减资程序的处理方式混淆了减资和回购的关系,不当提升了债权人保护规则适用之强度,导致实务中出现大量对赌协议有效但是却履行不能之困局。正可谓"摆脱了旧有困境,再陷新的法律与学理的泥淖"[3]。

二、成因探微:我国股权回购制度的局限性

法律作为以价值为导向的科学,特定立法和司法政策形成的背后总是凝练和藏匿着特定的立法目的或司法导向。[4]在立法未作明文规定的情况下,《九民纪要》第5条缘何"创新性"地将"减资程序"和"股权回购"捆绑并将减资程序作为股权回购的前置条件?这一由司法解释文件确立的裁判规则的设计背后存在怎样的司法考量?笔者认为,其成因包括以下两个方面。

(一)成因之一:股权回购事由的严格限制

《九民纪要》将减资程序作为股权回购的前置条件,首先系因我国《公司法》中股权回购事由的局限性。由于我国《公司法》严格限制股权回购事由,导致对赌协议项下的股权回购无处妥善安放,进而被不当归入减资程序。[5]纵观域外其他国家或者地区的立法实践,股权回购事由大致可以分为"自由许可""原则禁止、例外许可"以及"禁止与许可的折中"三种模式。其中,英美法系国家多采取"原则许可、例

---

[1] 最高人民法院民事审判第二庭编著:《〈全国法院民商事审判工作会议纪要〉理解与适用》,人民法院出版社2019年版,第119—120页。
[2] 参见张保华:《对赌协议下股份回购义务可履行性的判定》,载《环球法律评论》2021年第1期。
[3] 赵旭东:《第三种投资:对赌协议的立法回应与制度创新》,载《东方法学》2022年第4期。
[4] 参见[德]伯恩·魏德士:《法理学》,丁晓春、吴越译,法律出版社2013年版,第141页。
[5] 参见张保华:《对赌协议下股份回购义务可履行性的判定》,载《环球法律评论》2021年第1期。

外禁止"的立法模式,允许由董事会/执行董事决定公司自由回购股份,同时在判例中发展出一系列判断标准供董事会/执行董事决策时参考;大陆法系国家严格恪守资本三原则的刚性约束要求,具体在股权回购制度上,以"原则禁止、例外许可"为准则进行相关立法,我国1993年《公司法》即遵循此种立法模式。从各国股权回购制度发展的趋势来看,对股权回购的限制在不断弱化。例如,在1985年之前英国绝对禁止公司回购股权,但是1985年英国出台的新公司法将对股权回购的限制变更为"原则禁止,少数情况例外"[1]。此后,英国成为一个典型的在资本维持原则下全面开放股权回购的国家。它的最大特点是将"可回购股"作为一种特殊股列入英国公司法,同时设立用于回购股权的"股权回购"基金。[2]日本的股权回购改革历经漫长的阶段,先后进行了七次股权回购制度改革,最终全面放开股权回购。[3]它的改革特点是逐步放宽股权回购的数量以及可用于回购股权的资金范围,弱化资本维持原则对债权人的保护功能。[4]完全开放股权回购后,日本公司得以充分利用股权回购稳定公司股价,进行公司重组改革,促进了公司发展。[5]韩国1962年的《商法》第341条规定禁止公司回购股份,仅规定了三种例外情形。但是之后修法过程中不断增加允许回购情形,直到2011年韩国《商法》修订后已经原则上允许股份回购。[6]我国《公司法》对有限责任公司和股份有限公司股权(份)回购的开放程度不完全相同,根据2023年修订的《公司法》第162条条文的措辞,除法律明确规定的减资、与持有本公司股份的其他公司合并、用于员工持股计划或者股权激励、反对合并分立的异议股东退出、用于债转股、为维护公司价值及股东权益所必需几种特殊情形外,股份有限公司不得收购本公司股份;而《公司法》关于有限责任公司股权回购则没有禁止性规定。2023年修订的《公司法》第89条对异议股东能够行使股权回购请求权的特定情形作了列举规定,并对控股股东压迫情形下中小股东的股权回购救济作了一般规定。尽管历次《公司法》修改都在增加回购例外情形,1993年《公司法》仅规定了减资和合并两种情形,2005年增加了股权激励与异议股东回购两种情形,2018年增加为上市公司可转债进行股份储备与维护上市公司价值及股东权益所

---

〔1〕 根据1985年英国修订的新公司法,原则上仍禁止公司取得自己股份,但规定了容许公司取得自己股份的例外情况,主要有:为减资或偿还股之偿还;经股东大会决议买进自己股份,又分为从市场取得或从市场以外取得两种;基于法院之裁决;无偿取得;股东未缴纳股款而没收取得。
〔2〕 参见张玉滢、闵晶晶:《股权回购型"对赌协议"的价值选择及裁判思路》,载《财会月刊》2021年第23期。
〔3〕 参见王保树主编:《最新日本公司法》,于敏、杨东译,法律出版社2006年版,第6页。
〔4〕 参见张玉滢、闵晶晶:《股权回购型"对赌协议"的价值选择及裁判思路》,载《财会月刊》2021年第23期。
〔5〕 参见吕岩:《日本股份回购制度改革对我国的启示》,载《会计之友》2012年第11期。
〔6〕 参见〔韩〕李哲松:《韩国公司法》,吴日焕译,中国政法大学出版社2000年版,第280页。

必须两种情形,但改革力度仍十分微弱,法定回购事由具有局限性。

我国《公司法》给股权回购事由的"列举"规制模式带来了一些弊端:第一,事由列举无法涵盖公司融资与治理的种种需求,难以及时适应资本市场的灵活多变与快速发展,必然会存在不周延问题。第二,法律中的事由列举使得司法实践过分依赖通过事由范围而不是财务分析来判断股权回购应否履行,催生了落入事由范围即允许股权回购、事由范围之外即禁止股权回购的观念,有限责任公司情形下更是直接导致对意定回购与法定回购的错误混淆。

我国法律对股权回购的严格限制体现了对公司回购股份违背资本维持原则、损害债权人利益的担忧。如有学者认为:"允许公司收购自身股份,实际上是允许以公司的资金作为回购股份的对价,相当于变相偿还股东出资,其结果必定导致公司资本事实上的减少,违反资本维持原则。"[1]并且,公司购回的股份,可能被注销,也可以以库存股的形式存在,前者导致公司股本或资产因股份注销而减少,相当于减资的效果,后者导致公司所有者权益减少,可能危及债权人利益。从债权人利益保护层面考虑,严格考察公司股权回购是维护其利益的重要方式。不仅是我国《公司法》,美国、日本等完全开放股份回购的国家在股权回购问题上也重点关注债权人的利益保护问题。例如,在美国特拉华州 ThoughtWorks 案中,法官驳回原告诉讼请求的原因之一就是立即履行股权回购合约将会损害债权人利益。[2]然而,美国特拉华州的资本维持原则仅仅要求维持股本不包含资本公积,这在一定程度上扩大了可回赎股份的资金范围。[3]特拉华州法院与我国法院裁判该类案件的思路迥异,特拉华州法院并不认为股份回购与资本维持之间存在本质冲突,往往会依据具体事实从股份回购资金来源来保障债权人利益不受损害。[4]与之相比,《九民纪要》以债权人保护为由将减资作为公司回购股权的前置条件,在开放股份回购上小心谨慎,本质上错判了股份回购与资本维持之关系。

(二)成因之二:股权回购资金来源限制缺乏

回购资金来源是指资产或现金流意义上的资金来源,如企业用库存现金或者新发债筹集的资金来回购股份。[5]无论是传统上禁止股份回购的大陆法系国家(如德国、日本等)还是英美判例法国家,在逐渐允许回购甚至走向全面放开回购事项的

---

[1] 冯果、彭真明主编:《企业公司法》,中国法制出版社2007年版,第223页。

[2] See SV INV. Partners, LLC v. ThoughtWorks, Inc., 7 A. 3d 973(2010).

[3] See Samuel A., Leris S. B.. The Delaware General Corporation Law:Recent Amendments, The Business Lawyers, 1975(4).

[4] See SV INV. Partners, LLC v. ThoughtWorks, Inc., 7 A. 3d 973(2010).

[5] 参见刘燕:《"对赌协议"的裁判路径及政策选择——基于PE/VC与公司对赌场景的分析》,载《法学研究》2020年第2期。

过程中,对回购施加财源限制被视为一种必不可少的补充规制,以平衡公司/股东自治与债权人利益保护二者之关系。例如,传统上实行自由回购的美国,在20世纪初纽约州、特拉华州等地方公司法中引入财源限制,就是对当时舆论批评美国式自由回购损害债权人利益的一个典型回应。[1]日本《公司法》将股份回购作为对股东的支付行为,与利润分配行为统一适用利润分配标准[2],也有国家是在利润分配标准的基础上进行相应的调整或补充。英国2006年《公司法》规定,公众公司只有运用可分配利润或者为回购或赎回股份而新发行股份所获得的收益,才可以回购或赎回股份。[3]

在我国公司资本制度体系中,公司资本一般指的是股东出资,并不包含经济学上的公积金和可分配利润,它仅相当于经济学上的业主资本或资本金,即股本。资本维持原则的实质是要在债权人保护与公司或股东自主权之间寻求妥当的利益平衡点,在资本维持的底线范围内,公司不需要通知债权人,就可以在自己或者股东有需要的任何时刻进行分配、回购或变相分配,将公司资产支付给股东,或对特定股东给予现金补偿。一旦超过了底线,债权人利益保护将被置于优位。[4]股权回购资金来源限制界定了公司在资本维持原则下实施回购事项的自由空间,如果公司回购股份不受任何资金来源限制,则可能出现公司动用资本金向部分股东退还出资的情形,这显然违反资本维持原则并可能掏空公司资产损害公司人格,但如果对回购股权资金来源进行限制,如将其限于公司可分配利润,则既不动摇公司资本,亦不会导致公司资产小于公司资本额,不逾越资本维持原则的底线,应当属于公司或者股东自治的权限范围。

我国《公司法》长期奉行资本维持原则的约束性要求,但是却不存在关于回购的财源限制的规则,这不免回购而不减资的操作失去了底线支撑,处于一种十分尴尬的境地。[5]不可否认,深、沪两大证券交易所及全国股转公司制定的自律性规范在一定程度上填补了回购资金来源限制缺失导致的债权人保护漏洞。如《上海证券交易所上市公司自律监管指引第7号——回购股份》第11条第1款第(三)项和《深

---

[1] 参见刘燕:《"对赌协议"的裁判路径及政策选择——基于PE/VC与公司对赌场景的分析》,载《法学研究》2020年第2期。

[2] 参见[日]前田庸:《公司法入门(第12版)》,王作全译,北京大学出版社2012年版,第117—118页。

[3] 参见[英]保罗·戴维斯、[英]莎拉·沃辛顿:《现代公司法原理(第9版)》,罗培新等译,法律出版社2016年版,第319页、第322页。

[4] 参见刘燕:《"对赌协议"的裁判路径及政策选择——基于PE/VC与公司对赌场景的分析》,载《法学研究》2020年第2期。

[5] 参见刘燕:《"对赌协议"的裁判路径及政策选择——基于PE/VC与公司对赌场景的分析》,载《法学研究》2020年第2期。

圳证券交易所上市公司自律监管指引第9号——回购股份》第10条第1款第(三)项均明确要求回购股份后,公司应当具备债务履行能力和持续经营能力;《全国中小企业股份转让系统挂牌公司回购股份实施细则》第21条在信息披露上重点关注回购股份对公司财务状况、债务履行能力和持续经营能力影响的分析及防范侵害债权人利益的相关安排。但是上述填补债权人保护法律漏洞的做法存在明显局限:首先,自律性规范囿于自身属性定位,覆盖范围有限,仅对在本交易场所上市或者挂牌的股份公司有效,不能约束其他公司;其次,自律性规范的效力层级较低,违反后果通常是处以监管措施与纪律处分,无法直接设定一般意义上的民事责任或者行政法律责任;最后,规则设计仍有不少模糊、欠妥或者缺漏之处,如上述自律性规范对偿债能力测试的具体判断标准只是概括提及,未作明确、具体的要求。[1]在法律漏洞尚未完全填补的情况下,公司仍可能非法动用公司资本进行股权回购。为避免公司不当向股东返还财产的行为发生,《九民纪要》将目标公司完成减资程序作为对赌协议的履行前提,以给债权人提供特殊保护,这似乎是一个不得不为之的无奈选择。

但是这种做法直接阻止了目标公司利用其他资金来源进行回购的可能,为了避免损害债权人利益,投资方只能寄希望于目标公司能积极推动减资程序进行股权回购。如果仅靠目标公司推进,既缺乏动力源,现实障碍亦较大。根据2023年修订的《公司法》第66条第3款和第224条之规定,公司减资还需要遵循董事会/执行董事提出减资方案→编制资产负债表和财产清单→召开减资股东(大)会决议→修改公司章程和股东名册→通知公司债权人→清偿债务和提供担保→减资变更登记七步严格而繁杂的程序。[2]这进一步加大了股权回购的操作难度和制度成本,基本会使股权回购型对赌协议陷入履行不能之困境。由于资本维持原则系《公司法》的强制性要求,与交易当事人的合同约定无涉,因此,如同美国特拉华州法官在2015年的 TCV VI, L. P. v. TradingScreen, Inc. 案中所言,公司基于法定障碍而无法回购PE/VC的股份不构成法律意义上的违约,无须支付违约金。[3]在此等困境下,股权回购型对赌协议之"对赌"已经名存实亡,投资人利益无法得到有效的保护,有必要探寻该类对赌协议履行的脱困之路。

---

[1] 参见张保华:《债权人保护:股份回购资金来源限制的法律漏洞及其填补》,载《证券市场导报》2020年第5期。

[2] 参见薛波:《公司减资对债权人通知义务的法解释学分析及展开》,载《月旦民商法杂志》2020年第69期。

[3] See 2015 WL 1598045, at 19-20 (Del. Ch. Feb. 26. 2015).

三、脱困之路：可履行性与违约责任分析

综上所述，《九民纪要》虽然为股权回购型对赌协议的司法裁判困境提供了解决思路，但机械地将没有必然联系的减资程序与股权回购绑定，显非妥适之举。欲破解股权回购型对赌协议履行不能的困境：第一，将"减资程序"与"股权回购"解绑是实现股权回购型对赌协议的应然之举；第二，回购涉及的债权人保护应寄期望于以法定资本为底线的资金来源限制。

（一）股权回购型对赌协议可履行性

回购与减资虽然联系紧密，但二者并不完全等同。回购时，资产从公司流向了股东，公司取得库存股，同时公司的责任财产（净资产）减少，可能产生公司信用或者偿债能力减弱的连锁反应，但商业实践证明这并非必然意味着债权人利益受损。例如，回购后的公司依然拥有强大的现金流，或董事以审计人员的资信报告证明公司依旧具有偿债能力等。公司在回购股权后，应及时将收购的股权进行转让，或选择在法定期限内注销该部分股份，后者需按法定程序作减资处理。减资包括形式减资和实质减资，依据2023年修订的《公司法》第224条之规定体现为注册资本的减少。减资多数情况下是注销库存股所引发的实质减资，但亦可能纯粹是所有者权益科目内部调整的结果，如通过缩股使股价高于面值、减少注册资本以弥补亏损等形式减资，此时公司净资产并未变化，只是对外宣示的以注册资本衡量的偿付能力降低。总之，股权回购与减资的逻辑关系是，减资可以通过回购实现，但两者并无必然联系，股权回购只是实现公司资本结构调整、减少注册资本（目的减资）的手段之一，同时减资（实质减资）仅仅是股权回购的一种可能效果。[1]从经济实质上看，股权回购是公司对股东的财产返还，其使用的资金来源范围为公司合法控制的全部财产，并不会必然损害公司的资本：如果公司资金来源充足，财产返还强度尚不构成资本返还，不会产生减资的效果，也就不必履行减资程序；只有在财产返还的强度达到损害公司资本时，方才构成资本返还，也才有必要通过履行减资程序给债权人提供特殊保护。[2]因此，在股权回购资本规制的框架下，只要把公司用以支付回购价款的资金限制在资本之外，便可以遏制公司将少于资本数额的资产无对价给付给股东，避免落入债权人保护的规制领域。因此，回购事由仅仅是表象，公司财务约束才是

---

〔1〕 参见潘林：《股份回购中资本规制的展开——基于董事会中心主义的考察》，载《法商研究》2020年第4期。

〔2〕 参见张保华：《对赌协议下股份回购义务可履行性的判定》，载《环球法律评论》2021年第1期。

核心和本质问题,此即资金来源限制之意义所在。

对于这一问题,学界有学者提出主张将"标的股份转让所得""弥补亏损和提取公积金后所余税后利润"(又称"未分配利润""可分配利润")以及"盈余公积金"等作为目标公司回购股权的可用资金,而禁用"股本与资本公积"。[1]其中,在资本与利润二分的财务视野下,股本当然属于资本范畴,而资本公积在不同国家和地区却有不同的处理。比较法上,德国、英国等大多采取不得用于分配或以其他形式向股东返还的做法。对公司回购股权的财源进行限制之后,如果公司的财务状况足以使公司回购股权,则股权回购不会事实上侵蚀公司的注册资本,故没有触及资本维持的底线,无需考虑减资程序的问题。而当可用财源仍无法满足回购所需资金时,公司想要继续实施回购则需经过减资程序,即将减资程序定位于财源判断后的"或然"程序,而非《九民纪要》设定的股权回购前置"必然"程序,从而实现减资与回购解绑。

诚然,资金来源限制的规制重心仍在于公司资本,这就决定了其在债权人保护方面存在的天然弊端,如难以反映公司现时经营和财产的动态变化,在法定财源范围内进行回购也不必然意味着公司在回购后仍具备对债权人的清偿能力。但是我国现行《公司法》的股权回购制度仍离不开资本维持原则,不宜完全转向清偿能力测试标准。清偿能力测试最终导向法官依据商业判断规则进行个案评判,这有赖于深厚的信义理念滋养与普通法法官的独特司法技艺。《美国标准商事公司法》规定由公司董事会作出清偿能力判断,并为此分配决定向债权人负责。债权人主张救济时,法官不再对涉及公司经营的分配标准作出评价,转而关注董事会在此过程中的信义义务与法律责任问题。然而,我国恪守成文法的历史传统,董事信义义务长期处于"休眠"状态,法官裁判经验相对不足,贸然转向清偿能力标准,董事责任机制与司法审查将可能不堪重负。

当公司在用尽可用的回购资金后仍不能满足对赌协议履行所需资金时,对赌协议的履行可能仍需涉及减资程序。这种情况下,投资人可能无法在公司治理层面获得针对减资事项的绝对表决权。鉴于事后存在大股东操控减资决议之风险,现有研究提供了三种应对方案:其一,投资方与大股东签订股东协议,要求大股东在减资决议时投赞成票[2];其二,全体股东在股权回购约定上签字视同减资决议;其三,股东

---

[1] 参见王子一:《公司治理语境下股份回购资本规制的反思与重塑》,载上海法学会编:《上海法学研究》(2021年第22卷),上海人民出版社2021年版,第43页。

[2] 参见张巍:《南橘北枳话回购——二评〈九民纪要〉》,载微信公众号"比较公司治理"2019年11月29日, https://mp.weixin.qq.com/s/xvGIWT363SShbEJ2smXAvw。

会就股权回购预先决议,或将其写入章程〔1〕。此外,笔者建议,投资人在签订设置公司回购减资的对赌条款时,对控股股东、实际控制人就减资事项的表决权设置特殊限制,包括通过一致行动、有限责任公司不按持股比例行使表决权等特殊安排,确保未来在公司回购、减资的表决程序上能够合法通过。至此,股权回购型对赌协议才得以在有效性的基础上实现其可履行性,化解司法裁判困境,回应商业实践需求。

(二)股权回购型对赌协议违约责任分析

如前所述,将"减资程序"与"股权回购"进行"解绑"并施以回购资金来源限制即可在最大程度上实现股权回购型对赌协议的履行,然而,当公司确无可用资金进行回购,又在依法执行减资程序上存在债权人保护的障碍,即公司财务状况不足以向异议债权人清偿债务或者提供相应担保时,减资程序仍不能依法完成,对赌协议仍存在违约风险。

对赌协议的违约责任是一种履行承担。现行民法理论虽然未对债务不履行设置概括统一的规定,但是已经加以类型化,包括给付不能、不完全给付、给付延迟三种类型。〔2〕目前学界关于对赌协议存在履行障碍的性质有两种观点:分别是"履行迟延说"和"法律上履行不能说"。根据"履行迟延说",对赌回购义务实际上是以债务人即目标公司向投资方支付股权回购款为内容的金钱债务,而根据《民法典》第579条和580条第1款之规定〔3〕,债权人的履行请求权原则上应当予以支持,仅在履行不能等特别情况下存在例外;作为世界通例,履行不能仅适用于非金钱债务,对于金钱债务,债权人总是可以请求债务人实际履行并且诉请强制履行。〔4〕因此,公司实际履行支付回购款的违约责任承担方式存在基于公司资本规制的法律障碍,不存在履行不能,而是构成履行迟延。〔5〕然而,持"法律上履行不能说"的学者认为,合同法领域通常所说的金钱债务不存在履行不能问题,实际上仅仅指向事实不能,

---

〔1〕 参见游冕:《对赌裁判的发展与思索:资本维持、履行标准与法定抗辩》,载天同律师事务所网站,http://www.tiantonglaw.com/Content/2020/07-12/1013234452.html,2020年11月7日访问。

〔2〕 参见王泽鉴:《民法概要》(第2版),北京大学出版社2011年版,第48页、第194页。

〔3〕 原《合同法》第109条规定:"当事人一方未支付价款或者报酬,对方可以要求其支付价款或者报酬。"第110条规定:"当事人一方不履行非金钱债务或者履行非金钱债务不符合约定的,对方可以要求履行,但有下列情形之一的除外:(一)法律上或者事实上不能履行;(二)债务的标的不适于强制履行或者履行费用过高;(三)债权人在合理期限内未要求履行。"《民法典》第579条在原《合同法》第109条的基础上,将其适用范围扩张为价款、报酬、租金、利息及其他金钱债务;第580条第1款仅在原《合同法》第110条的基础上进行了个别的文字调整。

〔4〕 参见韩世远:《合同法总论》(第4版),法律出版社2018年版,第768页。

〔5〕 参见潘林:《重新认识"合同"与"公司":基于"对赌协议"类案的中美比较研究》,载《中外法学》2017年第1期。

并不涉及法律不能,如果债务人履行金钱债务将导致其违反特定的强制性规定,则仍然可能构成法律不能。比如,在公司的资本性交易中,如果目标公司向股东履行金钱债务将导致违反公司法中保护债权人利益的强制性规定之时,股东即不得主张实际履行并诉请强制执行。[1]

笔者认为,"履行迟延说"和"法律上履行不能说"均存在一定的合理性,无论何者,皆不影响公司对无法按约履行回购义务所承担的违约责任。迟延履行需承担违约责任自不待言,需进一步阐述的是履行不能。在债法上,债务人对履行不能承担何种法律后果,依据履行不能所产生的原因划分,大体上可分为可归责于债务人的履行不能、不可归责于债务人的履行不能以及因第三人原因导致的履行不能三种类型。其中,对于可归责于债务人的事由而导致的一时履行不能,待不能原因清除后,债务人应履行原债务,并承担违约责任,但此时履行不得违反《民法典》第580条非金钱债务的规定。其一,公司无法履行回购义务在时间上构成一时履行不能,只要公司仍然存续,公司可通过正常运营恢复财务能力,直至具备履行对赌协议的能力;其二,公司出现违约,在法律层面源于公司法对资本维持的规制,事实层面源于公司财务状况低于底线标准,当公司确无可用资金进行回购且无法依债权人保护程序合法完成减资时,公司无法履行回购义务的根源在于资产、利润等财务状况低于底线标准导致资金短缺,公司在事实层面具有可归责性。因此,适用债法上关于"可归责于债务人的事由而致一时履行不能"规范,公司理应在后续资金充足时对给投资方造成的损失承担违约责任。从实践来看,投资人亦往往与目标公司约定未能按约履行股权回购义务应支付高额违约金,但若投资方因公司违约所造成的损失远低于违约金,应依投资方实际损失合理调减违约金。

结　　语

在对赌情景中投资方兼为债权人和股东,既享有以债权人身份向目标公司主张履行对赌协议的权利,亦承担《公司法》框架内禁止抽逃出资的股东义务,难免存在合同法权利与公司法义务之冲突。对赌协议股债融合、民商思维交错的特质亦对实践提出了诸多挑战。虽然《九民纪要》肯定了投资方与目标公司对赌的有效性,统一了司法裁判尺度,一定程度上缓解了裁判压力,但既有履行规则存在颠倒减资与回购逻辑关系、过于注重债权人保护、架空投资方利益等诸问题,未能妥帖地回应对赌交易的商业实践诉求。《九民纪要》履行规则彰显出对回购股份违背资本维持原则、

---

〔1〕 参见张保华:《对赌协议下股份回购义务可履行性的判定》,载《环球法律评论》2021年第1期。

损害债权人利益的过度担忧,若对公司回购股份财源进行限制,把公司用以支付回购价款的资金限制在资本之外,便可遏制公司将少于资本数额的资产无对价给付给股东,避免落入债权人保护规制领域。在目前《公司法》体系下,欲摆脱股权回购型对赌协议履行难题困扰,应对法定资本制下资本维持原则有正确认知,理顺股权回购与资本维持之关系,将"减资程序"与"股权回购"解绑,通过限制股权回购资金来源填补债权人保护漏洞。总之,探寻对赌协议的适法路径,不论是出于使司法裁判有法可依的目的,抑或为商主体缔结类似协议提供法律指引和参考,都应在保证合同自由的同时遵循公司规制精神,平衡各方利益,创新制度设定,使对赌协议之履行在法律层面和现实层面均具有可行性。

【责任编辑　吴晓婧】

《民法典》背景下"人脸识别"的侵权责任认定

宋晓涵[*] 邹艳晖[**]

摘要：为进一步厘清"人脸识别"侵权责任认定标准，需对"人脸识别"侵权责任认定中的争议问题予以回应。首先，"人脸识别"侵权的直接客体是人脸信息，在功能价值与界定标准上与私密信息存有显著差异，人脸信息应为兼具人格与财产双重法律属性的敏感个人信息，信息主体需借助个人信息保护路径维护权益。其次，为完善认定"人脸识别"侵权行为的主要标准，一方面需优化"知情—同意规则"中的告知义务，构建动态同意模式；另一方面需准确界定"合法、正当、必要原则"的具体内涵，以有效认定"人脸识别"侵权行为。再次，应以"实质性"与"紧迫性"为标准，附条件地认定"风险性损害"作为"人脸识别"侵权损害后果，同时列举三种典型样态，以确定"风险性损害"边界。最后，"人脸识别"侵权应当适用"过错推定原则"的归责原则，这不仅有利于保护信息主体的合法权益，亦能有效平衡信息处理者与信息主体之间的利益，避免诉累。

关键词：人脸识别 侵权责任 人脸信息

数据时代，人脸识别技术发展日新月异，该技术因无接触、交互性强、高效便利等突出优势，在金融、教育、医疗、通信、交通等关键领域以及重点场景得以广泛应

收稿日期：2023-06-12

[*] 宋晓涵，山东师范大学法学院民商法学专业硕士研究生。
[**] 邹艳晖，山东师范大学法学院副教授。

用。[1]但在此背景下,滥用该技术的情况也日渐凸显,为保护个人信息埋下了重大隐患和威胁,全国因滥用人脸识别技术引发的各类纠纷也印证了这一点。而对滥用人脸识别技术的信息处理者科以侵权责任不失为一条有效的保护路径。[2]"人脸识别"侵权责任认定是构建个人信息权益保护机制的难点之一,学界对该问题至今尚未达成共识,实务界亦是众说纷纭。虽然我国已形成以《民法典》为引领的个人信息保护规范体系,为个人信息权益保护提供了规范指引,但因法律规范存在分散、笼统、模糊的问题,在聚焦到"人脸识别"的具体领域时还是有些力所不及。因此,为了完善"人脸识别"侵权责任认定的标准,本文将立足实践,厘清司法实务中侵权责任认定罅隙,对影响"人脸识别"侵权责任认定的重点争议问题进行更深层次的解释与完善。

一、问题的提出

人脸识别技术,是指通过对人脸信息的自动化处理,实现验证个人身份、辨识特定自然人或者预测分析个人特征等目的的一项生物识别技术。[3]其中,人脸信息"处理"应包含收集、存储、使用、加工、传输、提供、公开等步骤。[4]人脸信息作为人脸识别技术应用的直接对象,在人脸识别技术多元应用场景中的重要性不言而喻。需要说明的是,部分学者在其文章中分别围绕"人脸信息"或者"人脸识别信息"两个概念展开讨论,亦有学者对二者加以区分,以是否经过数字化处理作为区分二者的关键因素。但从人脸信息的外延来看,人脸信息不仅包括人脸识别技术处理人脸面部特征后形成的人脸识别信息[5],也包括通过该技术所抓取到的原始人脸图像[6]。因此,人脸信息与人脸识别信息应为包含关系,人脸识别信息作为利用人脸识别技术处理人脸信息过程中产生的可识别信息,是应用人脸识别技术的产物,属于人脸信息的子类概念[7]。一言以蔽之,相较于其他概念,"人脸信息"更能全

---

[1] 参见郭春镇:《数字人权时代人脸识别技术应用的治理》,载《现代法学》2020年第4期。
[2] 参见焦艳玲:《人脸识别的侵权责任认定》,载《中国高校社会科学》2022年第2期。
[3] 参见郭锋等:《〈关于审理使用人脸识别技术处理个人信息相关民事案件适用法律若干问题的规定〉的理解与适用》,载《人民司法》2021年第25期。
[4] 参见最高人民法院《关于审理使用人脸识别技术处理个人信息相关民事案件适用法律若干问题的规定》第1条第2款。
[5] 参见杨华:《人脸识别信息保护的规范建构》,载《华东政法大学学报》2023年第2期。
[6] 参见郭锋等:《〈关于审理使用人脸识别技术处理个人信息相关民事案件适用法律若干问题的规定〉的理解与适用》,载《人民司法》2021年第25期。
[7] 参见杨华:《人脸识别信息保护的规范建构》,载《华东政法大学学报》2023年第2期。

面涵盖人脸识别技术涉及的个人信息,故本文将采用"人脸信息"这一概念展开讨论。

笔者以"人脸识别""侵权"为关键词,于中国裁判文书网中进行检索,共检索到2837件与"人脸识别侵权"相关的裁判文书,时间跨度为2014—2022年(如图1)。

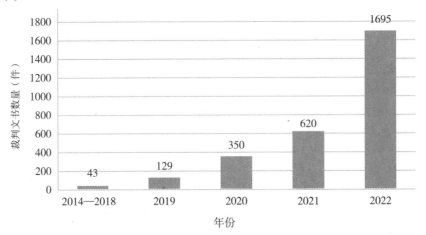

图1　2014—2022年"人脸识别侵权"相关裁判文书数量

首先,从裁判文书的数量来看,自2019年开始,与"人脸识别侵权"相关的案件与日俱增,且增长速度愈来愈快。同时,分析具体案情不难发现,人脸识别技术已全面渗入销售、教育、医疗、交通、通信等行业,部分信息处理者也因滥用人脸识别技术,不断侵犯信息主体的合法权益,埋下了诸多安全隐患。因此,加强对滥用人脸识别技术的规范力度刻不容缓。

其次,我国缺少关于人脸识别技术及其应用的专门法律规定,"人脸识别"侵权责任认定受阻。梳理相关裁判文书可知,民事案件占比最高,约为98.3%,其余案件占比约为1.7%。从裁判依据来看,总体呈现碎片化状态,各部门法之间未能形成有效衔接,没有构成完整保护链条,无法规制司法实践中出现的新问题、新情况。例如,我国《民法典》未对人脸信息加以特殊保护,未能形成精准的法律指引。虽然《个人信息保护法》给予人脸信息以保护,但多为原则性规定,无法与司法实践形成有效呼应。同时,即使最高人民法院《关于审理使用人脸识别技术处理个人信息相关民事案件适用法律若干问题的规定》(以下简称《人脸识别若干问题的规定》)的出现为相关民事案件提供了法律指引,但因缺乏有针对性的立法,加之既有法律规范之间未能形成有效衔接,无法全面保护人脸信息安全。实务中,基于以上原因,在侵权行为、损害后果、归责原则等方面难以加以有效认定，信息主体的维权之路十分艰难。

综上，人脸识别技术作为数据时代的产物，给社会带来便捷的同时也埋下隐患，稍有不慎就会对社会公共利益造成严重危害。然而，目前我国"人脸识别"侵权责任认定的标准模糊，未能在客观层面给予人脸信息以实质保护。因此，需完善我国"人脸识别"侵权责任认定的标准，从而有效平衡人脸信息的保护和利用。

二、侵权客体：人脸信息作为"人脸识别"侵权的直接客体

司法实务中，法院肯定了保护人脸信息的必要性和重要性，但未区分人脸信息与私密信息，没有赋予人脸信息特殊保护，导致众多与"人脸识别"侵权纠纷有关的案件选择了隐私权保护路径。这不仅与《民法典》人格权编中区分保护个人信息与隐私权的基本精神相违背，也将直接影响到"人脸识别"侵权责任认定的路径选择。因此，需要释明人脸信息作为"敏感个人信息"的法律属性，强调"人脸识别"侵权纠纷适用个人信息保护路径的重要性。同时明确人脸信息的"人格"和"财产"属性，以为后期"人脸识别"侵权责任认定打好基础。

（一）人脸信息应为敏感个人信息而非私密信息

关于人脸信息是否为私密信息，学界目前共有三种观点：肯定说、否定说与折中说。肯定说认为，人脸信息属于私密信息[1]；否定说认为，人脸信息应为敏感个人信息而非私密信息[2]；折中说认为，人脸信息兼具私密信息与敏感个人信息双重属性[3]。本文认为，人脸信息的确在少数情况下与私密信息存在交叠之处，但大多数情况下，人脸信息与私密信息在功能价值与界定标准上，还是存在显著差异。

1. 功能价值不同

私密信息本质上属于隐私，根据《民法典》第1032条，隐私权属于消极人格权，重心在于保障权利人的私人生活安宁和个人秘密不被刺探和泄露，而并不在于个人秘密被控制和利用。[4]然而，人脸信息的重点在于信息主体对自身人脸信息的自决权，即确保信息主体能够自主决定并支配人脸信息，包括但不限于对人脸信息的

---

[1] 参见冉克平：《论个人生物识别信息及其法律保护》，载《社会科学辑刊》2020年第6期。

[2] 参见王江桥、侍孝祥、李群涛：《信息处理视角下人脸识别的法律规制》，载《人民司法》2021年第23期；林凌：《人脸识别信息"人格权—用益权"保护研究》，载《中国出版》2021年第23期。

[3] 参见王利明：《人脸信息是敏感信息和核心隐私应该强化保护》，载《新京报》2021年1月26日，第B08版；郭春镇：《数字人权时代人脸识别技术应用的治理》，载《现代法学》2020年第4期。

[4] 参见王利明：《和而不同：隐私权与个人信息的规则界分和适用》，载《法学评论》2021年第2期。

知情权、同意权、删除权等。换言之,信息主体除具有保护人脸信息避免被第三人侵害的防御权之外,还包括对人脸信息积极主动地利用与控制。因此,二者在功能价值层面具有明显不同。

2. 界定标准不同

关于私密信息,"私密"的界定标准是确定个人信息是否属于私密信息的重要依据。一方面,私密信息在客观状态上通常处于"隐秘状态"[1];另一方面,"私密"更侧重于信息主体的主观认知,即信息主体是否愿意被他人所知的主观想法,而如何判断此种想法并没有具体标准,需要个案判断。与之对比,人脸信息作为敏感个人信息,重点强调信息的"敏感性",即人脸信息与人格尊严、人身以及财产安全的紧密度。也就是说,人脸信息的"敏感性"界定标准更强调客观性,与信息主体的主观想法关系不大。

同时,人脸信息与一般的敏感个人信息不同,它虽然敏感却并不私密,相反甚至具有公开性。[2]这种非私密性突出地反映在获取方式上——取得人脸信息就如同给人拍照一样简单。[3]尤其是"人脸识别"已经应用到社会生活的各个领域,人们普遍认为可以公开的"隐私"绝不是隐私。[4]因此,人脸信息具有天然的公开性,很难被纳入私密信息的范畴。不过,曾有论者提到经人脸识别技术处理所得的人脸识别信息属于"隐私"范畴,但本文认为,此种观点值得商榷。即使人脸信息被违规处理后变为人脸识别信息,但此种行为没有侵害私密信息,而是侵犯了信息主体对人脸信息的自决权,不能从隐私保护角度考虑该问题。

综上,人脸信息作为"人脸识别"侵权的直接客体,与私密信息具备明显差异,即使人脸信息与私密信息关系密切,但这只是代表人脸信息的违规处理会给隐私安全带来极大的威胁,并不代表着人脸信息本身就是私密信息。在少数情形中,例如宗教原因或者其他原因,自然人无法或者不愿暴露人脸信息时,人脸信息可等同于私密信息,此时按照《民法典》第 1034 条第 2 款规定可适用隐私权保护路径。据此,本文重点讨论以"人脸信息"为直接客体的"人脸识别"侵权责任认定,认为人脸信息被非法处理之时,需通过个人信息保护路径追究信息处理者的侵权责任。

---

〔1〕 参见陈甦、谢鸿飞主编:《民法典评注·人格权编》,中国法制出版社 2020 年版,第 339 页。

〔2〕 参见焦艳玲:《人脸识别的侵权责任认定》,载《中国高校社会科学》2022 年第 2 期。

〔3〕 See Blake Benson, Fingerprint Not Recognized: Why The United States Needs to Protect Biometric Privacy, 19 North Carolina Journal of Law & Technology 161, 161-92(2018).

〔4〕 See Y. Amy Chen, Your Face Is A Commodity, Fiercely Contract Accordingly: Regulating The Capitalization of Facial Recognition Technology Through Contract Law, 34 Notre Dame Journal of Law, Ethics & Public Policy 501, 501-28(2020).

（二）人脸信息兼具人格属性与财产属性

1. 人脸信息具备较强的人格属性

个人信息是可识别、标表特定自然人特征的信息。[1]作为个人信息的人脸信息，是信息主体的天然表征，是识别特定自然人最直观的生物表征，承载着信息主体的社会身份与地位，密切联系信息主体的社会认同，紧密挂钩信息主体个人评价，具有强烈的精神属性。[2]加之数据产业发展如火如荼，人脸信息的利用频率和传播速度与日俱增，处处彰显"人脸信息"所承载的人格自由和人格尊严，人脸信息的人格属性不言而喻。

2. 人脸信息具备一定程度的财产属性

"人脸信息"具备人格属性并不必然排除其财产属性。在数字经济中，个人信息的经济价值日益显现，作为个人信息的人脸信息同样具备一定程度的财产属性。

其一，从人脸信息处理者的成本考虑，信息处理者在收集、存储、加工、使用、维护人脸信息等环节上，付出了相应技术和人力成本。[3]同时，人脸信息本质上属于个人信息，虽然信息主体本人基本无须为自身人脸信息的收集、利用等付出成本，但这并不意味着就可以忽视其为维护人脸信息安全所付出的成本，例如实务中部分经营场所违规利用人脸识别技术收集人脸信息，信息主体为维护自身人脸信息安全而付出的交通费、诉讼费等费用均应视为安全成本。[4]

其二，在广泛应用人脸识别的背景下，人脸信息已成为新版密钥，众多含有支付功能的软件开通"刷脸"功能以验证身份，便于交易。因此，人脸信息与自然人的财产密切相关。

其三，人脸信息本质作为个人信息，亦具备流通性的特点。而"流通性"是个人信息产生交换价值的基础，是个人信息财产化的重要条件。[5]即使目前实现人脸信息财产化，可能会受到一定限制，但在数据交易日益繁盛的背景下，相信随着相关技术和制度的发展，上述问题也会迎刃而解，不能因出现问题而否认人脸信息的财产属性。[6]

---

[1] 参见彭诚信：《论个人信息的双重法律属性》，载《清华法学》2021年第6期。

[2] 参见彭诚信：《论个人信息的双重法律属性》，载《清华法学》2021年第6期。

[3] 参见赵精武：《〈民法典〉视野下人脸识别信息的权益归属与保护路径》，载《北京航空航天大学学报（社会科学版）》2020年第5期。

[4] 参见郭某与杭州野生动物世界有限公司服务合同纠纷上诉案，浙江省杭州市中级人民法院（2020）浙01民终10940号民事判决书。

[5] 参见彭诚信：《论个人信息的双重法律属性》，载《清华法学》2021年第6期。

[6] 参见邢会强：《大数据交易背景下个人信息财产权的分配与实现机制》，载《法学评论》2019年第6期。

三、侵权行为：认定侵权行为的主要标准

根据我国《民法典》《个人信息保护法》等相关规定，认定个人信息处理行为是否合法的依据呈现多元化状态，其中，"知情—同意规则"与"合法、正当、必要原则"作为处理个人信息所依据的核心规则与基本原则，其重要性不言而喻。然而遗憾的是，相关规定存在笼统、模糊等问题，导致"知情—同意规则"与"合法、正当、必要原则"适用于实务中的效果不尽如人意。而对于如何完善"人脸识别"侵权行为的认定标准，学界已有一定研究成果，本文也将在既有研究基础上，提出相应的优化建议。

（一）知情—同意规则

"知情—同意规则"，又称为"告知—同意规则"，是认定"人脸识别"侵权行为的黄金法则。然而，"知情—同意规则"在实务中愈发形式化[1]，甚至部分信息处理者无视该规则肆意处理人脸信息[2]，在相当程度上消解了该规则对信息主体的保护，导致"人脸识别"侵权行为认定困难，无法有效保护人脸信息安全。[3]因此，本文尝试在既有的法律框架之内，结合"知情—同意规则"的应用困境，修缮"知情—同意规则"，以期更好地发挥该规则对人脸信息的保护作用和对"人脸识别"侵权行为的判断作用。

1."知情"规则："告知义务"形式与内容的优化升级

根据我国《个人信息保护法》第 14 条规定，信息主体在同意前需充分知情，而信息主体是否充分知情取决于信息处理者是否采用合理的方式告知。根据我国《个人信息保护法》第 17 条以及第 30 条规定，信息处理者需以显著方式、清晰易懂的语言，真实、准确、完整地向信息主体告知个人信息处理的目的、方式、保存期限等内容，以保证信息主体的知情权。而实务中，信息处理者大多在事先拟好的范本中写明告知事项，虽然此种情形看似已完成告知义务，但事实上仍属违反"知情"规则，侵犯了信息主体的知情权。因此，为切实保障信息主体的知情权，亟须对"告知义务"的形式与内容进行优化升级。

---

〔1〕 参见俞亚娟、嘉善县润城房地产有限公司中介合同纠纷案，浙江省嘉善县人民法院（2022）浙0421 民初 3 号民事判决书；徐红婷、苏州平泰置业有限公司个人信息保护纠纷案，江苏省苏州市姑苏区人民法院（2022）苏 0508 民初 5316 号民事判决书。

〔2〕 参见《3·15 晚会曝光|科勒卫浴、宝马、MaxMara 商店安装人脸识别摄像头，海量人脸信息已被搜集！》，载微信公众号"央视财经"2021 年 3 月 15 日，https://mp.weixin.qq.com/s/Y9nlaMd_5PO3JxfXSOms5w。

〔3〕 参见劳东燕：《"人脸识别第一案"判决的法理分析》，载《环球法律评论》2022 年第 1 期。

(1)优化告知形式。虽然格式化的告知方式列明了告知事项,也节省了时间,但冗长繁杂的内容还是给信息主体造成了"阅读疲劳",无法让其提炼关键信息,难以真正知情,严重危害信息主体人脸信息安全并为其他信息安全埋下隐患。

根据《个人信息保护法》第17条规定,"显著方式"是个人信息处理者告知义务形式的基本要求,但考虑到人脸信息的特殊性,需对显著方式进行特别解释。其一,应当采用独立模块展示人脸信息的告知事宜;其二,为避免阅读疲劳,建议采用分层式告知方式,层层递进,最大程度保障告知内容逻辑通顺,清晰简明。

(2)强调"提示或者说明义务"。虽然列明告知事项是保障信息主体知情权的前提,但正确理解告知内容是决定信息主体切实享有知情权的基础。实务中部分信息处理者虽然已经列明告知事宜,但由于信息主体在专业技术能力方面与信息处理者差距较大,面对"知情—同意"协议中的专业术语,显得有些无所适从,只能被迫"知情"。

同样,根据《个人信息保护法》第17条规定,"清晰易懂"是信息处理者告知义务内容的基本要求,考虑到信息主体与信息处理者在专业技术能力方面的差距以及格式条款的设置,建议在《个人信息保护法》第17条以及第30条的基础上强调信息处理者的"提示或者说明义务"。具体来讲,应参照《民法典》第496条确认信息处理者的提示或者说明义务,以《民法典》第498条作为解释标准,若信息处理者未充分履行"提示或者说明义务",则视为其未履行告知义务,禁止其处理人脸信息,以期保障信息主体充分知情。[1]

2."同意"规则:构建"动态同意模式"

信息主体"同意"是信息处理者处理人脸信息的合法性基础。我国《个人信息保护法》第29条规定,处理敏感个人信息应当取得个人的单独同意。我国《人脸识别若干问题的规定》亦规定了"单独同意"模式,即在征得个人同意时,信息处理者不能采用一揽子的告知同意等方式,必须就人脸信息处理活动单独取得个人同意,否则处理行为视为侵权。[2]不可否认,此种规定的确有一定的积极作用,但其负面作用也不可忽视。一方面,在广泛应用人脸识别技术的背景下,信息主体并非自愿接受来自四面八方的同意请求,过于频繁的操作反而会增加信息主体的负担,导致其因疲于应付而"被迫"同意;另一方面,面对人脸识别技术,大多数信息主体始终无

---

[1] 参见杨显滨:《我国敏感个人信息处理规则的规范解释与体系构造》,载《学术月刊》2022年第10期。

[2] 参见郭锋等:《〈关于审理使用人脸识别技术处理个人信息相关民事案件适用法律若干问题的规定〉的理解与适用》,载《人民司法》2021年第25期。

法彻底了解该技术潜藏的安全风险,加之该技术应用过程中存在不确定性,信息主体无法对该技术的功能、使用目的、处理范围等作出准确判断,无法作出符合期待的同意授权。[1]因此,"单独同意"不仅无法切实满足现实需求,其作为认定侵权行为的标准也有些力不从心,需要予以进一步完善。

然而,"动态同意模式"能在一定程度上化解"单独同意"在适用中的困境。"动态同意模式"的理论基础为美国学者提出的"动态情境理论",该理论要求在充分考虑情景关联因素的基础上进行信息保护,同时,信息主体也要在当前情景中作出同意和合理预期。[2]

与传统的同意模式相比,"动态同意模式"存有明显不同。信息主体在此种模式下享有中心地位,能够根据自身的喜好或者倾向实现对人脸信息的管理,设置告知时间、方式、内容等,提高自身在信息处理中的参与度,实现意思自治。[3]同时,此种模式在一定程度上能提高处理人脸信息的透明度,有助于信息主体全面掌握信息处理的过程与细节,从而协助信息主体及时准确地作出判断。最后,因这种模式保障信息主体享有同意撤回权,即可以允许信息主体自由选择进入或者退出,从而在处理人脸信息的过程中,确保信息主体的同意真实有效。

综上,"动态同意模式"能有效填补"单独同意模式"的不足,有助于实现人脸识别领域中程序正义与效率追求之间的平衡关系。

(二)合法、正当、必要原则

"合法、正当、必要原则"是判断个人信息处理行为是否合规的基本原则。目前,我国已有多部法律将该原则写入其中,充分体现了其在个人信息处理中的重要性和必要性。但令人遗憾的是,现行法律规范并未明确规定该原则的具体内涵。因此,为准确界定"人脸识别"侵权行为,有必要对"合法、正当、必要原则"的具体内涵予以界定。不过,要说明的是,因"合法、正当、必要原则"覆盖个人信息处理范围过大,本文将在人脸识别范围内探讨该原则的内涵,以期准确把握认定"人脸识别"侵权行为的标准。

1."合法"意在形式合法[4]

形式合法意指利用人脸识别技术处理人脸信息应当符合现行法律规范要求,换言之,若信息处理者利用人脸识别技术处理人脸信息不符合法律规定,即可视为"人

---

[1] 参见石佳友、刘思齐:《人脸识别技术中的个人信息保护——兼论动态同意模式的建构》,载《财经法学》2021年第2期。

[2] 参见石佳友、刘思齐:《人脸识别技术中的个人信息保护——兼论动态同意模式的建构》,载《财经法学》2021年第2期。

[3] 参见石佳友、刘思齐:《人脸识别技术中的个人信息保护——兼论动态同意模式的建构》,载《财经法学》2021年第2期。

[4] 参见刘权:《论个人信息处理的合法、正当、必要原则》,载《法学家》2021年第5期。

脸识别"侵权。

2."正当"意在目的正当[1]

目的正当要求人脸信息处理目的应当"特定、明确、合理"。[2]首先,关于"特定",实务中部分信息处理者采用"为了安全巡查""为了保护交易安全"等模糊性理由以掩盖其利用人脸识别技术处理人脸信息的真实目的。[3]采纳前述表述往往会不当扩大处理人脸信息的适用场景,虚置"正当原则"。因此,"特定"应当包含两方面,一为确定目的的时间应当不迟于收集人脸信息之时,二为对目的细节应当进行清晰描述,使其具备辨识度。[4]此种"特定性"反映了信息主体在了解目的后,对人脸信息处理具备合理期待,后续人脸信息处理也不得逾越信息主体的合理预期。[5]

其次,关于"明确",除尽可能提供目的的细节,保证目的清晰明确之外,还应当确保信息主体、控制方以及其他利用方有清晰并一致的认知。[6]至此,值得注意的是,目的特定与明确并不意味否定目的变动,对"特定与明确"的要求过于严格,会影响信息流通。因此,应当允许适度范围内的变更目的,即变更前后的目的应当具备关联性[7],均应当在信息主体原有的合理期待范围内,一旦超出,则应视为违反"特定与明确"的要求。

最后,关于"合理",旨在强调信息处理者利用人脸识别技术应当符合公共利益和合法的个人利益。即使现行法律规范列举了常见的合理目的,例如《民法典》第1036条、《人脸识别若干问题的规定》第5条、《个人信息保护法》第13条以及《信息安全技术 个人信息安全规范(征求意见稿)》第5.6条等均规定了合理目的情况下个人信息的处理规则。但是,列举方式永远无法涵盖所有合理目的,因此,目的是否合理还需从个案出发,对其目的合理性进行实质判断。

3."必要"意在手段必要[8]

学界关于利用人脸识别技术处理人脸信息必要性的研究多散见于以个人信息

---

[1] 参见刘权:《论个人信息处理的合法、正当、必要原则》,载《法学家》2021年第5期。
[2] 参见刘权:《论个人信息处理的合法、正当、必要原则》,载《法学家》2021年第5期。
[3] 参见徐红婷、苏州平泰置业有限公司个人信息保护纠纷案,江苏省苏州市姑苏区人民法院(2022)苏0508民初5316号民事判决书。
[4] 参见梁泽宇:《个人信息保护中目的限制原则的解释与适用》,载《比较法研究》2018年第5期。
[5] See Dag Elgesem, The Structure of Rights in Directive 95/46/EC on the Protection of Individuals with Regard to the Processing of Personal Data and the Free Movement of Such Data, 1 Ethics and Information Technology 283, 283-93(1999).
[6] 参见梁泽宇:《个人信息保护中目的限制原则的解释与适用》,载《比较法研究》2018年第5期。
[7] 参见张红:《大数据时代日本个人信息保护法探究》,载《财经法学》2020年第3期。
[8] 参见刘权:《论个人信息处理的合法、正当、必要原则》,载《法学家》2021年第5期。

为视域的文章中。而必要原则指的是相对于个人信息处理目的而言个人信息处理活动是必要的,反之,个人信息处理活动不应开展。[1]通说认为,必要性原则是比例原则在个人信息保护法中的体现[2],主要包括合理关联性、最小损害性、均衡性、最大有效性等方面。[3]

具体落实到人脸识别领域,笔者认为"合理关联性"重点强调信息处理者不得超出正当目的范围,无论是在处理人脸信息的哪个环节,信息处理者均应在目的范围内处理人脸信息。"最小损害性"旨在要求信息处理者必须以最小损害的方式处理人脸信息。而如何做到"最小损害",关键在于"风险评估"。因人脸识别技术处理人脸信息可能涉及多个环节,有必要建立"动态风险评估机制"以实时反馈风险评估结果,进而协助信息处理者选取对信息主体个人信息影响最小的处理路径,并在处理过程中根据评估结果及时依规变更,避免不必要的损害。"均衡性"指明信息处理者要注重利益衡量,无论为维护公共利益还是合法私人利益,都应当结合成本与收益,客观评估损益之间的配比,避免利益失衡。最后,"最大有效性"是必要原则的积极面向,要求信息处理者要采取必要措施,保障人脸信息持续安全。[4]而如何评估是否采取了有效的安保举措,还是要结合狭义层面的比例原则来判断,即通过判断人脸信息安保举措带来的有效性与安保成本之间的比例,从而确定人脸信息安保举措的必要性。[5]

四、损害后果:附条件地认定"风险性损害"

侵权责任法的首要功能是填补损害,无损害则无侵权。[6]若损害后果不存在,侵权责任则无从谈起,"人脸识别"侵权责任认定亦是如此。但是与一般侵权相比,"人脸识别"侵权具有明显不同,其造成的不利后果,除实际损害之外,还包括信息主体未来遭受的潜在的多重侵权风险。而附条件地认定"风险性损害"在域外已有多种实践,例如,在 Rosenbach v. Six Flags Entertainment Corp 案中,伊利诺伊州最高法院认为生物识别信息具备高度敏感性,侵犯此类信息所产生的损害后果是真实且重大的,所以信息主体无须证明自己的损失,可单纯就信息处理者违反法律的行为起

---

[1] 参见程啸:《论我国个人信息保护法的基本原则》,载《国家检察官学院学报》2021年第5期。
[2] 参见程啸:《论我国个人信息保护法的基本原则》,载《国家检察官学院学报》2021年第5期。
[3] 参见姜珊:《〈个人信息保护法〉中合法、正当、必要原则的适用和完善探析》,载《文化学刊》2023年第2期;程啸:《论我国个人信息保护法的基本原则》,载《国家检察官学院学报》2021年第5期。
[4] 参见刘权:《论个人信息处理的合法、正当、必要原则》,载《法学家》2021年第5期。
[5] 参见刘权:《论必要性原则的客观化》,载《中国法学》2016年第5期。
[6] 参见王泽鉴:《侵权行为》,北京大学出版社2009年版,第175—176页。

诉,要求信息处理者予以赔偿。[1]同时,在轰动全球的 Facebook 人脸识别案中,法院认为,Facebook 滥用人脸识别技术的行为让居民的隐私暴露在不确定性威胁之中,推定此种程序性违法行为构成对原告等人的隐私利益的具体损害。[2]

由此可知,全球范围内,个人信息侵权纠纷中附条件地认定"风险性损害"已成为必然趋势,"人脸识别"侵权作为个人信息侵权的缩影,也应当顺应趋势,认定"风险性损害"。然而,根据传统侵权法理论,"确定性"是认定损害后果的核心要素。[3]而"人脸识别"侵权造成的"风险性损害"能否满足传统侵权法理论的"确定性"要求,则成为能否准确认定"人脸识别"侵权损害后果的关键一环。

(一)"风险性损害"之"确定性"解读

目前,学界关于"人脸识别"侵权"风险性损害"是否满足"确定性"标准的研究中,大多数学者一致认为"实质性"标准不可或缺,并在此基础上还提出迫近性、具体性等其他标准。[4]本文认为,"实质性"与"紧迫性"应为界定"风险性损害"是否符合"确定性"要求的主要标准。

1. 实质性标准

传统意义上的"确定性"强调损害是已经发生的客观事实,否认主观臆想、虚构或者是未发生的事实。[5]这让"风险"与"确定"看起来似乎泾渭分明,不可调和。事实上,二者并非水火不容,满足一定条件的"风险"仍可以达到"确定性"的要求。[6]

对此,域外立法已有尝试,法国与比利时均在其立法中认可了未来损害的确定性。[7]因此,我们需要更改以往对"确定性"的机械理解,赋予其新的内涵。多数学者在个人信息侵权场景下提出"只有实质性风险才可视为确定性损害"。所谓"实

---

[1] See Rosenbach v. Six Flags Entertainment Corp. 2017 IL App (2d) 170317, No. 2-17-0317. (转引自商希雪:《侵害公民个人信息民事归责路径的类型化分析——以信息安全与信息权利的"二分法"规范体系为视角》,载《法学论坛》2021年第4期。)

[2] 参见刘洋:《"标签建议"用于人脸识别:Facebook 违反生物特征隐私法,赔偿5.5亿美元》,载微信公众号"网络法实务圈"2021年2月17日,https://mp.weixin.qq.com/s/uycAMT5n46F9VCKMt0L4Mw。

[3] 参见褚雪霏、王千石:《大数据时代个人信息侵权责任构成要件的再解读》,载《文化学刊》2023年第1期。

[4] 参见焦艳玲:《人脸识别的侵权责任认定》,载《中国高校社会科学》2022年第2期。

[5] 参见张新宝:《中国侵权行为法》(第2版),中国社会科学出版社1998年版,第93-94页。

[6] 参见田野:《风险作为损害:大数据时代侵权"损害"概念的革新》,载《政治与法律》2021年第10期。

[7] 参见[德]克里斯蒂安·冯·巴尔、[英]埃里克·克莱夫主编:《欧洲私法的原则、定义与示范规则:欧洲民法典草案(全译本)》(第5卷、第6卷、第7卷),王文胜等译,法律出版社2014年版,第236页。

质性风险"是指有迹可循的风险[1],可该定义并未展现出"实质性"的本质内涵。虽然对于如何界定"实质性",大多数学者认为应因案而异,需裁判者综合判断。但本文认为,个案考虑的逻辑进路本无可厚非,但为避免"实质性"标准出现冲突,还是应当对"实质性"进行抽象解读。简言之,"实质性"指的是有证据证明的,未来可能会发生的,且在一般合理预期内的风险。在此标准之上,结合个案情况,填充"实质性"标准的具体内容。

2. 紧迫性标准

考虑到人脸识别技术的复杂性和人脸信息的特殊性,为防止"风险性损害"的边界随时间推演而任意放大,还是应当增加"紧迫性"标准以控制"风险性损害"的边界。所谓"紧迫性"是指在合理预期内,此种"风险性损害"并非遥遥无期,而是近在眼前。相反,若将未来几十年后的风险也纳入其中,不仅无法有效控制"风险"边界,也有违公平原则。

总而言之,考量个案是衡量"风险性损害"的主要方式,"实质性"与"紧迫性"是厘定"风险性损害"是否符合"确定性"要求的主要标准。换言之,也只有在考量个案的逻辑进路中,综合衡量"人脸识别"侵权目的、方式以及信息泄露、篡改、丢失情况等因素后,确定信息主体主张的"风险性损害"是否符合"实质性"与"紧迫性"标准,从而认定"风险性损害"是否为侵权法上的损害后果。

(二)"风险性损害"之"样态"解读

虽然前文已明确了"人脸识别"侵权责任认定中"风险性损害"的认定标准,但综合衡量的思路还是给予了裁判者过多的自由裁量权,由于裁判者对认定标准和影响因素有不同理解,实践中仍有可能出现观点冲突。因此,为防止无限延伸"风险"的边界,避免同案不同判的情况,本文认为有必要解释说明符合前述条件的"风险性损害"的典型样态。

1. 个人信息被违规处理的风险

个人信息被违规处理的风险,是"人脸识别"侵权造成的最直接的风险性损害。其中,违规收集人脸信息是信息主体遭受的首层损害,也是造成其他个人信息被违规处理的源头。而设定此种损害样态的主要原因在于,我国多起民事纠纷中,由于信息主体难以证明其所遭受的实质损害,导致信息处理者只需承担"删除责任",无须承担赔偿义务。此种判决结果令人深思。因侵权成本过低,若不对信息处理者的行为加以惩戒,恐怕信息处理者会更加肆无忌惮地利用人脸识别技术收集人脸信

---

[1] 参见田野:《风险作为损害:大数据时代侵权"损害"概念的革新》,载《政治与法律》2021年第10期。

息,给信息主体的个人信息安全埋下隐患。因此,"个人信息被违规处理的风险"应当归于符合确定性标准的风险性损害,此种设置也为今后设定"人脸识别"侵权损害赔偿的最低限额提供了依据,有助于有效遏制"人脸识别"侵权行为。

2. 合理支出的预防风险的费用

我国《人脸识别若干问题的规定》第8条规定,自然人为制止侵权行为所支付的合理开支,可以认定为《民法典》第1182条规定的财产损失,合理开支包括该自然人或者委托代理人对侵权行为进行调查、取证的合理费用,人民法院根据当事人的请求和具体案情,可以将合理的律师费用计算在赔偿范围内。该条规定已然扩大了财产损失的认定范围,但本文认为仍有必要对"制止侵权行为所支付的合理开支"作进一步扩大解释。原因在于,信息主体在人脸信息及其他个人信息被违规处理后可能遭受财产损害或者精神损害,信息主体为及时遏制风险转化为实质损害而付出的预防性支出也应当视为"制止侵权行为所支付的合理开支"。当然,开支是否"合理"还是需要裁判者根据"实质性"与"紧迫性"标准综合衡量。

3. 精神损害

信息主体在得知信息处理者违规利用人脸识别技术后所产生的"焦虑""担忧"等心理状态是不可忽视的损害后果,但若将其作为一种损害样态就只能归属于精神损害。不过,并非所有的"焦虑""担忧"等心理状态均能获得精神损害赔偿。我国《民法典》第1183条规定,精神损害赔偿的前提是信息主体遭受"严重精神损害","严重"一词划定了精神损害的认定范围。而何种程度的心理状态,才能构成严重的精神损害?本文认为,应当以社会一般人的心态,考量"风险"的实质性和紧迫性,确定上述心理状态的严重程度,从而判定是否认可此种精神损害,进而确定精神损害的具体赔偿数额。

五、归责原则:适用"过错推定原则"

归责原则是侵权责任认定中的关键环节,而在认定"人脸识别"侵权责任时应当适用何种归责原则,目前我国《个人信息保护法》与《民法典》似乎在表面上存在冲突,但经审慎分析不难发现,二者在内部,其实已经形成逻辑自洽。

(一)"人脸识别"侵权归责原则的规范"冲突"

关于认定"人脸识别"侵权责任时应当适用何种归责原则,《个人信息保护法》第69条第1款确定了过错推定原则,即推定信息处理者有过错,信息处理者只有证明自身没有过错,才能避免承担侵权责任。此种选择将举证责任划归至信息处理者,减轻了信息主体的举证负担,更容易保护信息主体的合法权益。[1]而我国《民法典》第1165条第1款则规定适用过错责任原则,即信息主体需就信息处理者存在过错进行举证,若前者举证不能则后者责任不成立。至此,《个人信息保护法》与《民法典》就归责原则之间的规定差异是否意味着二者之间存在冲突?

其实不然。根据《个人信息保护法》第69条可知,只有信息处理者才能适用《个人信息保护法》规定的过错推定原则。非信息处理者则应适用《民法典》第1165条第1款规定的过错责任原则。而何为"信息处理者",我国《个人信息保护法》第73条已明确规定,信息处理者指的是在个人信息处理活动中能够对处理方式与目的进行自主决定的组织、个人。如此安排主要基于三个原因:第一,适用过错推定原则的侵权主体限定于信息处理者,实务中,一般情况下,信息处理者多为商事经营者等非普通自然人[2];第二,信息主体(或称为权益主体)为自然人,需要加强对自然人的个人信息及其他合法权益的保护;第三,由于信息处理者与信息主体之间在资金、技术等方面力量悬殊,信息处理者处于强者地位,若适用过错责任原则不利于保护信息主体的合法权益[3]。正是基于上述原因,我国适用"过错推定原则"才限定在侵权主体为信息处理者的前提之下,对非信息处理者适用过错责任原则。[4]此安排加重了信息处理者的举证责任,对平衡不同主体之间的利益具有积极作用。

(二)适用"过错推定原则"的原因

在比较视野下,域外亦存在不同的立法态度。欧盟《通用数据保护条例》第5条第2款规定在个人数据侵权责任认定中数据控制者需自证无过错,即适用过错推定原则。而根据德国《联邦数据保护法》(2018)第83条可知,德国坚持二元归责立场,即在自动化与非自动化数据处理场景中分别适用无过错责任原则与过错推定原则。[5] 如前所述,我国对信息处理者适用过错推定原则,但学界对此仍持不同的观点。纵观既有研究成果,大多数学者讨论"人脸识别"侵权归责原则已形成了三种观点,一为应当适用过错推定原则[6];二为应当适用无过错

---

[1] 参见廉霄:《论个人信息侵权损害赔偿责任》,载《广西警察学院学报》2022年第6期。
[2] 参见尚国萍:《信息处理者侵害个人信息权益的民法救济》,载《社会科学家》2022年第12期。
[3] 参见杨立新:《个人信息处理者侵害个人信息权益的民事责任》,载《国家检察官学院学报》2021年第5期。
[4] 参见王鹏鹏:《论敏感个人信息的侵权保护》,载《华中科技大学学报(社会科学版)》2023年第2期。
[5] 参见尚国萍:《信息处理者侵害个人信息权益的民法救济》,载《社会科学家》2022年第12期。
[6] 参见王鹏鹏:《论敏感个人信息的侵权保护》,载《华中科技大学学报(社会科学版)》2023年第2期。

责任原则〔1〕;三为应适用多元归责模式〔2〕。即使《个人信息保护法》已规定"过错推定原则",我国部分学者仍在不同角度阐释"无过错责任原则"与"多元归责模式"的必要性。但本文认为,相较于其他归责原则,在个人信息领域,尤其是在"人脸识别"侵权领域,应适用"过错推定原则"的具体理由如下:

1. 无过错责任原则对信息处理者过于严苛

数据时代,人脸识别技术广泛应用于各个领域,滥用人脸识别技术的情况日渐增多,相较于其他敏感个人信息,"人脸信息"与信息主体的民事权益联系密切,且此种联系随着人脸识别技术应用频率的增加和适用范围的扩大而愈发明显。在此种背景下,过错推定原则加重信息处理者的举证责任,更能有效警示信息处理者,使其自觉依法使用人脸识别技术,主动维护信息主体的个人信息安全。虽然有学者认为"人脸识别"侵权领域采用无过错责任原则有利于维护个人信息安全,但本文认为,无过错责任原则并不适用于"人脸识别"侵权领域。

一方面,不论是利用人脸识别技术处理人脸信息还是采用普通方式处理一般个人信息,其中涉及的环节、主体复杂多样,一旦发生非法泄露、非法利用个人信息等侵权事实,就对某一信息处理者科以侵权责任有失公允〔3〕;另一方面,无过错责任原则会加重信息处理者负担。众所周知,"刷脸进出""刷脸支付""刷脸登录"等情形越来越普遍,这也侧面印证了利用"人脸信息"在社会生活中的重要性。即使现在信息技术日益完善,但不可否认的是"人脸信息"仍有被攻击的可能。若对信息处理者采用严苛的无过错责任原则,不顾损害后果发生的原因,不仅会增加信息处理者的经济与技术成本,还会在一定程度上给信息处理者造成"心理"负担,造成成本与收益失衡,阻碍人脸识别技术发挥应有的积极效用。

2. 多元归责模式加重"人脸识别"侵权责任认定负担

部分学者以产生"人脸识别"侵权的原因,抑或技术差异等为依据提出构建多元归责模式的观点,本文认为不论分类依据如何,此种归责路径会加重"人脸识别"侵权责任认定的负担,值得反思。"人脸识别"技术本身的复杂性决定了"人脸识别"侵权原因的多样性,加之实务中情况各异,认定侵权责任的难度会在不知不觉中加大,且归责分类标准越细致,难度就越高。在此种模式下,容易造成诉累。

---

〔1〕 参见程啸:《论侵害个人信息的民事责任》,载《暨南学报(哲学社会科学版)》2020 年第 2 期;刁胜先、姜音:《论人脸识别信息的法律保护——兼评我国"人脸识别第一案"》,载《重庆科技学院学报(社会科学版)》2022 年第 6 期;蒋丽华:《无过错归责原则:个人信息侵权损害赔偿的应然走向》,载《财经法学》2022 年第 1 期。

〔2〕 参见张华韬:《我国人脸识别侵权责任制度的解释论》,载《社会科学家》2021 年第 7 期。

〔3〕 参见张舒琳:《个人信息侵权证明责任研究》,湘潭大学 2020 年博士学位论文。

因此，考虑到"人脸信息"的特殊性，过错推定原则不仅能实现保护信息主体的合法权益的目的，还能有效平衡信息处理者与信息主体之间的利益，避免诉累。因此，"人脸识别"侵权应当适用"过错推定原则"这一归责原则。

结　　论

"人脸识别"侵权责任认定一直是个人信息保护研究中的重点问题。首先，人脸信息作为"人脸识别"侵权的直接客体，其与私密信息有显著差异，信息主体应适用个人信息保护路径维权；其次，为优化"人脸识别"侵权行为的主要标准，需在不同层面完善"知情—同意规则"与"合法、正当、必要原则"；再次，附条件地认定"风险性损害"为"人脸识别"侵权损害后果是现实所需，但在明确认定标准后仍需列明典型样态，防止"风险性损害"无限扩大；最后，在"人脸识别"侵权责任认定中，应适用"过错推定原则"，加重信息处理者的举证责任，维护信息主体的合法权益。

【责任编辑　张馨予】

以《反不正当竞争法》调整数据抓取行为的正当性反思[*]

熊文聪[**]

摘要：当前,随着算法技术的快速迭代和商业模式的演化翻新,数据的重要性越来越凸显,企业间对于数据的争夺也日趋白热化。在没有充分考量涉案数据是否应受著作权保护、没有深入评价原告是否因被告的行为而遭受实质性损害之前提下,贸然适用边界极其模糊、标准极其不确定的《反不正当竞争法》的原则性条款,轻则可能阻碍技术创新和信息的自由流通、鼓励滥诉与符号圈地、破坏公平竞争环境,重则可能否定乃至颠覆立法者的价值取向,打乱和架空原本逻辑自洽的规范体系。

关键词：反不正当竞争法　算法技术　数据抓取　著作权保护

引　言

当前,随着算法技术的快速迭代和商业模式的演化翻新,数据的重要性越来越凸显,企业间对于数据的争夺也日趋白热化。据笔者不完全统计,近年来有关数据抓取和利用类案件的数量呈不断上升趋势,法院往往援引《反不正当竞争法》(特别是《反不正当竞争法》第 2 条之原则性规定)加以处理,且裁决结果多是支持原告的

收稿日期:2022-12-05

[*]　本文系中央民族大学青年学术团队引领计划(编号:2022QNYL24)和北京市法学会研究课题[编号:BLS(2022)B013-2]阶段性成果。

[**]　熊文聪,中央人民大学法学院副教授,中国法学会知识产权法学研究会理事,法学博士。

主张，这引发了学界的热议。管见认为，在没有充分考量涉案数据是否应受著作权保护，没有深入评价原告是否因被告的行为而遭受实质性损害之前提下，贸然适用边界极其模糊、标准极其不确定的《反不正当竞争法》的原则性条款，轻则可能阻碍技术创新和信息的自由流通、鼓励滥诉与符号圈地、破坏公平竞争环境，重则可能否定乃至颠覆立法者的价值取向，打乱和架空原本逻辑自洽的规范体系。

在展开具体论证之前，有必要将一些基本概念界定清楚。首先，所谓数据，即以电子形式存储和表现的信息。本文只研究经互联网平台经营者收集、整理、编排后的、具有结构化特征的、对外公开的数据集合，而不分析未公开的数据（虽然它在满足条件的前提下可以作为商业秘密获得《反不正当竞争法》保护），也不探讨构成一个数据集合的组成元素，这些组成元素要么是处于公有领域的已知信息，要么是用户在使用互联网产品或服务时被动留下、生成的个人信息或主动编辑、创作的数码化内容（英文缩写为UGC）。

另外，本文也尽可能不使用业界的一些惯常表达，如"保护""规制""抓取""爬虫"等，因为在中文含义里，这些词已经偏离了客观中立性，带有明显的主观感情色彩。如果所有数据必然要受到法律"保护"，则意味着数据之上必然有权利或法益，也就意味着其他人未经许可获取、使用某网络平台上的数据必然是不正当的，必然是要受到"规制"的。

实际上，"保护"一词在私法领域中只是个中性词，不是越多保护越好，因为越多的权利保护，意味着给其他经营者和社会大众施加了越多的负担和义务。同时，无论是"爬虫"还是"抓取"，本身都是具有贬义倾向的词汇，如果已然接受了这种表达及其背后的价值取向，要再去论证被诉行为（其实无非是复制、传播，连"占有"都谈不上，因为抓取并没有使原数据发生物理上的位移，作为无体物，数据不可能在物理上被控制、持有）的正当性，且不说有多困难，即便在逻辑上也是自相抵牾的，是无法自圆其说的。因此，本文如果不可避免地要使用这些词汇，也尽可能在中性含义上指称。

一、数据的编排与数据是一回事

有观点认为，《著作权法》只保护"数据的编排"（即汇编作品），而不保护数据本身，所以只能寻求《反不正当竞争法》给予保护。而其实，所谓数据，虽然是由数量庞大的单个符号元素组成，但数据之所以有内涵、成体系，更关键地体现在这些符号元素之间的相互关系和逻辑结构上，也即符号元素的整体编排，而这种编排，显然是人为选择的结果。

同理,所谓著作权法意义上的"作品",指的同样也是符号元素的选择、编排,而不是指被编排的符号元素。吴承恩笔下的《西游记》由八十多万个汉字组成,吴承恩并没有创作其中任何一个汉字或词汇,而只是创作了这些汉字词汇(符号元素)之间的编排(编排体现为句子、段落或整篇文章)。立法者之所以创设"汇编作品"概念,并不是要从外在表现形式上给作品单列一个类别,而是要划定汇编创作本身与被汇编内容之间的权利边界及行使方式。

不仅如此,由《著作权法》第 3 条对"作品"的定义也可知,作品是指"具有独创性并能以一定形式表现的智力成果"。所谓"智力成果",它不是物质实体,也不是被选择、被编排的符号元素,而恰恰是选择、编排本身("选择""编排"既可为动词,又可为名词),因为唯有"选择""编排"本身才是人的"智力"投入的产出结果。而在外延上,2020 年修正的《著作权法》对作品的外在表现形式和类型作了完全开放的非穷尽性列举,这更为具有独创性的数据作为作品,进而受到著作权保护扫清了最后的法律适用障碍。

申言之,作品不仅仅是那个外在的"表现形式",更包含"能以"一定外在表现形式加以表现的、抽象的"思想内容""比例关系""位置结构"或"情节编排",唯有如此,作品才真正被称为"智力"成果。

《著作权法》第 15 条对汇编作品的定义,非常精准、清晰地指明了什么是作品,即作品指的并不是被编排、被选择的若干片段、元素或内容,而是指"选择或者编排"本身,只要该"选择或者编排"体现独创性,那它就是作品。

二、不保护无独创性的数据是立法者的价值取向

有观点认为,诚然,具有独创性的数据可以获得著作权保护,而根据形式逻辑可推知,不具有独创性的数据不能获得著作权保护,但这仅仅是指这类数据不能获得著作权保护,而不意味着它不能作为某种权益(非"法定权利")之客体从而获得《反不正当竞争法》的保护,因为即便这类数据不具有独创性,达不到创作高度,但在收集、整理这类数据时,平台经营者至少也付出了一定的财力和体力,故基于"保护投资"之考量,也不应当任由他人未经授权随意攫取。该观点其实误读了立法者的价值取向。

一个民事主体(无论是企业还是个人),如果没有给社会贡献一个新的智力成果(无论是文学艺术作品还是技术发明创造),而仅仅只是为了实现这一目标而辛苦努力或投入金钱,便不能借此从社会公众那里换回一个对世权(非"债权")意义上的财产性保护,哪怕他为此付出了再多的"额头汗水"或物质投入。

因为根据民法法理,对世性的财产权必须有一个外在于人身的承载对象或客体,如物权的对象或客体是有体物,而知识产权的对象或客体便是知识或智力成果。同样的,如果数据之上要设立一项对世性财产权,也必须有一个外在的客观对象(即具有独创性的数据),而辛苦努力或资金投入本身不能成为一项对世性财产权的独立客体或对象。

原因在于:知识产权法(包括《著作权法》)的立法目的在于激励创新,并且,当且仅当在有了创新(成果)之后才谈得上产权保护。不保护不具有独创性的编排和选择,不是说《著作权法》力有不逮、保护不了,从而需要援引物权法、《反不正当竞争法》或其他法律制度来提供补充保护,而是说任何法律制度都不能也不应当给予其保护,因为获取和使用这些不具有独创性的选择或编排,恰恰是其他经营者及社会公众的自由——这就是立法者的价值取向。

由《著作权法》对作品的定义可知,作品是具有独创性的选择或编排,且只有首先是作品,满足独创性要求,才可能享有著作权,而著作权是一种具有排他性、对世性的财产权。根据形式逻辑反向推知,不具有独创性的选择或编排,则没有著作权,即编辑、投资这类数据的人,并不享有排他性的财产权,也就意味着其他经营者及社会公众可以自由、免费使用这类数据。

如果将这些本可以自由获取和免费使用的数据又通过《反不正当竞争法》保护起来,就是将公众的信息获取自由拒之门外,就是对立法者价值取向的抛弃,也就是对最高人民法院反复强调的"凡专门法已作穷尽规定的,原则上不再以反不正当竞争法作扩展保护"这一基本理念的背离。

当然,在不具有独创性的数据之形成过程中,收集、整理者可能的确付出了一定的辛苦努力和物质投入,但尽管如此,也不能仅仅为了保护纯粹的投资而赋予收集、整理者一种排他性的财产权利或法益,因为这正是立法者的价值取向和政策决断,即立法者不希望企业盲目投资、无谓浪费,但鼓励能产生创新成果的投资。市场竞争风险自担,如果立法者向经营者承诺但凡有投资就必有保障和回报,并且享有不容置疑的排他性权益,就不会有企业的倒闭和破产;立法者更不希望经营者以保护投资之名,行霸占公共资源(不具有独创性的数据)之实,进而妨碍公平竞争、技术创新和信息共享。

实际上,独创性的认定门槛并不高,既然一个只有十几秒的短视频都可能具有独创性[1],又何况动辄几百万兆的大数据呢?不仅如此,为数据的生成付出了实质

---

[1] 参见北京微播视界科技有限公司与百度在线网络技术(北京)有限公司著作权权属、侵权纠纷案,北京互联网法院(2018)京0491民初1号民事判决书。

性的物质投入,完全可以也应当作为独创性判断的重要考量因素。[1]因此,绝大多数数据都是满足独创性要求的,进而可以构成作品受到《著作权法》的保护。当然,我们不排除仍然会有一些数据达不到独创性要求(就像不是所有智力表达都是作品一样),而立法者对为收集、形成此类数据所付出的"额头汗水"和物质投入的回答是——不予保护。

三、爬虫协议不应视为商业道德

有观点认为,为了告知其他经营者哪些数据可以被抓取,哪些数据不可以被抓取或哪些经营者可以抓取数据(白名单),哪些经营者不可以抓取数据(黑名单),某网站往往会设置爬虫协议(又称 robots 协议),而一旦违反协议内容,未经同意抓取该网站上的数据,就违背了公认的行业惯例和商业道德,进而构成不正当竞争。管见认为,该观点值得商榷。

首先,需要澄清爬虫协议的性质。它虽然名义上为"协议",但却并不是具有法律约束力的合同,它只是设置网站的独自声明(即单方意思表示)而已,虽然可能满足"要约"的形式要求——属于一种格式化条款,但只有对其内容进行实质的正当性判断(如标的物是否合法、设置爬虫协议的网站对该标的物是否享有排他性权益,等等)之后方可成为合法、有效的要约。

其次,互联网最大的特征就是海量信息的快速流通与开放共享,信息的流通与共享不仅能够提升一个网站的点击量和知名度,更能低成本地使用他人网站上的数据资源,因此,互联网公司原则上都希望自身平台上的数据信息尽可能地被人知晓并使用,以换取其他网站的同等对待,而爬虫协议就成为表明这一合作共赢意愿的最便捷的方式。

当然,互联互通是有选择的,当一家企业强大到在数据的收集、生产领域占有市场优势地位时,它可能就不太愿意再继续开放共享,至少是对其构成威胁的竞争对手而言,由此便会在爬虫协议中注明哪些数据是不可被抓取的,哪些抓取者是不受欢迎的,甚至会把一些本处于公有领域的非独创性数据或自己不享有排他权益的数据也占为己有。可见,脱离对爬虫协议内容的实质性评判而一概认为爬虫协议就是应当遵守的行业惯例或商业道德是不足取的,顶多认定设置爬虫协议这一"行为"属于行业惯例。

最后,退一步讲,没有遵守所谓的商业道德,也并不必然构成不正当竞争。这是

---

[1] 参见熊文聪:《作品"独创性"概念的法经济分析》,载《交大法学》2015 年第 4 期。

因为：

其一，"道德与否"的边界具有很强的模糊性和多元性，很难有一个清晰的、恒定的评判结论。特别是在激烈的商业竞争环境中，不破不立，创新的潜台词就是摒弃、颠覆行业惯例，企业通过勤奋努力和聪明才智而推出更价廉物美的产品与服务，食人（蚕食竞争对手的市场）肥己（扩张自己的优势地位），在其竞争对手看来可能是不道德的，但对于自己的员工、消费者及整个竞争秩序来说，并无不妥。在著名的"海带配额案"中，最高人民法院指出，"商业道德要按照特定商业领域中市场交易参与者即经济人的伦理标准来加以评判，它既不同于个人品德，也不能等同于一般的社会公德，所体现的是一种商业伦理。经济人追名逐利符合商业道德的基本要求，但不一定合于个人品德的高尚标准"[1]。

其二，相较于不正当竞争的固有类型，《反不正当竞争法》一般条款的功能在于对刚刚出现的、富有争议的商业模式和经营手段进行评价，而这种情况（特别是在互联网领域）恰恰尚未形成普遍遵循的道德共识，当事人也无法就此举证，最终只能沦为法官个人的内心揣测和直觉臆断。连法官自己也开始反思："在解释诚实信用原则和商业道德这两个本属于伦理学范畴的词汇时，自由裁量权成为司法干预市场的武器。"[2]

其三，暂且不论《反不正当竞争法》能不能提供保护（2022年出台的最高人民法院《关于适用〈中华人民共和国反不正当竞争法〉若干问题的解释》第1条便明确规定，只有属于违反《著作权法》规定之外情形的，人民法院方可以适用《反不正当竞争法》第2条予以认定。言外之意，不违反《著作权法》规定的，则不适用《反不正当竞争法》），这种观点本身从逻辑上说就是前后矛盾的——不能予以著作权保护，不是《著作权法》力有不逮、提供不了保护，而是不应当予以保护，也即被告的行为是正当的，不违反《著作权法》的规定。既然被告的行为是正当的，为什么换成《反不正当竞争法》又变成不正当了呢？

四、无客体支撑的竞争优势是虚构的法益

有观点认为，行为人以"实质性替代"的方式，将未经允许抓取的他人网站上的数据用于自身商业目的，引走了流量、稀释了竞争优势，进而损害了该网站经营者的

---

[1] 山东省食品进出口公司、山东山孚日水有限公司、山东山孚集团有限公司诉青岛圣克达诚贸易有限公司、马达庆不正当竞争纠纷申请再审案，最高人民法院（2009）民申字第1065号民事裁定书。

[2] 陈为：《数据抓取行为的反不正当竞争法规制》，载《网络信息法学研究》2021年第1期。

商业利益，因此构成不正当竞争。这种论证思路是当前司法实践中颇为流行的一种做法，但如果仔细推敲，恐怕仍然难以成立。

首先，所谓的"竞争优势说"早在前述"海带配额案"一审判决中就已经出现："作为一名企业职工，在履行单位交办工作过程中所形成的竞争优势，如同在履行单位工作中产生的发明创造一样，其权利享有者是公司而非职工个人。马达庆将本属于山东食品的竞争优势改变为圣克达诚公司所有，违背了诚实信用的原则，也违背了公认的商业道德。"〔1〕

但该见解被二审法院否定："竞争本身是经营者之间互相争夺交易机会的行为，在交易机会的得失之间，往往会给竞争对手造成损害。这种损害虽然是构成不正当竞争行为的必要条件，但不是充分条件，仅仅造成损害并不必然构成不正当竞争。"〔2〕

最高人民法院再审时进一步明确指出："对于同一交易机会而言，竞争对手间一方有所得另一方即有所失。利益受损方要获得民事救济，还必须证明竞争对手的行为具有不正当性……一审法院多次使用了'竞争优势'这一内涵和外延并不确定的概念，而且泛泛地将所谓山东食品公司的竞争优势作为反不正当竞争法所保护的法益，缺乏法律依据和法理基础。"〔3〕

换言之，空洞无边的竞争优势并不是一项法益，真正需要保护的是背后促成竞争优势的合法权益，而这些权益都必然有一个外在的具体对象（如商业秘密、专利技术、享有著作权的作品以及基于诚信经营所累积的良好声誉等）。原告必须证明该权益对象客观存在，且在其之上的权益属于自己，方可排除他人利用。

而在"海带配额案"中，原告山东食品公司所谓的"竞争优势"主要源自劳动者个人的"知识与技能"，而一旦该劳动者离职，当其不负有法定或约定的竞业限制义务时，该竞争优势的稀释或丧失便不再受到法律救济。

其次，"实质性替代"之表述原本来自与著作权相关的司法审判，主要用于评判单纯的深度链接（或加框链接）行为依然可能构成侵犯原告享有的信息网络传播权，即便被告并没有将涉案作品存储于自己的服务器上。〔4〕

然而，在数据抓取类纠纷中，法官实际上并不需要也不应当援引所谓的"实质性

---

〔1〕 山东省食品进出口公司等诉马达庆等不正当竞争案，青岛市中级人民法院（2007）青民三初字第136号民事判决书。

〔2〕 山东省食品进出口公司等诉马达庆等不正当竞争案，山东省高级人民法院（2008）鲁民三终字第83号民事判决书。

〔3〕 山东省食品进出口公司、山东山孚日水有限公司、山东山孚集团有限公司诉青岛圣克达诚贸易有限公司、马达庆不正当竞争纠纷申请再审案，最高人民法院（2009）民申字第1065号民事裁定书。

〔4〕 参见崔国斌：《得形忘意的服务器标准》，载《知识产权》2016年第8期。

替代"标准,因为在这类案件中,被告无一例外地将涉案数据从原告服务器上抓取(即复制)到自己的服务器上并加以呈现。因此,只要原告能够证明涉案数据具有独创性(原告完成初步证明后,就应当由被告承担证明涉案数据是不受保护的通用表达、惯常表达的举证责任),是作品,便可直接认定被告的行为构成侵权(复制权、信息网络传播权),而完全没有必要舍近求远、张冠李戴地由《反不正当竞争法》来提供救济。

最后,诚如前文所言,如果原告不能证明涉案数据的独创性(其实独创性的认定标准并不高,证明并不困难),结论本来很简单——不予保护,而当前实践的通行做法却是依然给予保护,其背后的缘由就在于:法官根深蒂固地认为,作为原告的网站经营者对数据的编排付出了投资和努力,没有功劳也有苦劳,甚至只要用户将其个人数据最先置入某网站,该网站经营者即便没有对用户个人数据做任何形式的编排和整理,也仍然享有一种商业利益或排他性的控制权。

这种理解至少存在三处逻辑和法理障碍:

其一,法官显然是把数据"物化"了,赋予任意一件有体物私有产权,逻辑往往是不言自明的,但数据不是有体物,它是信息、是知识、是符号选择,它天然地与公共利益密切相关,要不要赋予数据私有产权,应当赋予哪些数据私有产权,是需要充分评估和深入辨析的。

其二,产权制度不是劳动法——在签署合同的前提下,付出劳动必然享有获酬权。产权制度是一种社会契约,行为人是以产出物质财富或智力成果来换取公众的消极不作为义务。在物权法、知识产权法和反不正当竞争法所明确列举的具体权益之外,法官赋予一个空泛的、单方面的、毫无任何客体支撑的所谓"商业利益"或"竞争优势"以排他性产权保护,着实有造法之嫌。[1]

其三,数据不是有体物,不能在物理意义上被支配、被占有,故数据产权归属并不适用先占制度。在没有得到用户明示的或默示的许可之前提下,用户个人信息或创作内容所置入的第一家网站,并不享有该个人数据的控制权或先占权益。因此,当其他网站征得某用户同意后抓取该特定用户的个人数据时,并不侵犯该数据"首置"网站的权益(笔者还将另行撰文深入讨论该问题,此处不赘述)。

五、《反不正当竞争法》规制会导致数据霸权与利益失衡

有观点认为,《反不正当竞争法》只为数据提供被动的救济及有限的弱保护,即

---

[1] 参见崔国斌:《知识产权法官造法批判》,载《中国法学》2006年第1期。

在同时满足一般条款所有评判要素的前提下,数据抓取行为才会被认为是不正当竞争行为,因此是合理的、适当的。管见认为,是不是果真如此,要具体情况具体分析。

其一,如果数据是由互联网平台企业对既有组成元素的编排、整理和演绎,且达到了独创性要求,那本就应当作为作品享有著作权。此时舍弃著作权,而援引《反不正当竞争法》救济,看上去效果是一样的,但其实会大大削弱其本可获取的保护力度。因为《反不正当竞争法》视野下的尚未上升为权利的法益,只有在纠纷已经实际发生,损害后果已然形成的前提下,方可也仅可要求侵权人停止侵害、赔偿损失。而著作权却是一种法定的、支配性的财产权,具有可交易、可质押、可积极行使的属性特征。

而从另一个层面说,《反不正当竞争法》也完全可能不当扩张了对数据的私权保护,因为《反不正当竞争法》中并没有保护期的限定,更没有合理使用、法定许可之规则,由此就会导致数据霸权和信息孤岛等严重后果。

其二,如果数据不具有独创性,不能作为作品受到著作权保护,此时以《反不正当竞争法》为其提供所谓的额外救济、补充保护,进而禁止其他经营者和社会公众未经"授权"地使用,则这并非什么合宜的、有限的保护,反而是过了头的保护——为本就不应当保护,人人皆可免费、自由利用的数据资源设置了不应有的私权门槛。

授权的前提是经营者对其享有权利,而有无独创性,并不是数据在事实层面上的分类(并没有什么"无独创性的作品"),而是对涉案数据值不值得保护,应不应当赋予其排他性权益的价值判断,即有独创性——应当保护;无独创性——不应当保护,法律的评判结论应当是一致的,以《反不正当竞争法》去保护一个《著作权法》不予保护的对象,是对立法者价值取向和政策决断的否定和颠覆。

其三,如果涉案被抓取的数据仅仅是用户在"首置"网站上被动留下的个人信息或主动创作的内容,无论抓取者是否已经征得数据拥有者——用户的同意,只要未征得该数据信息"首置"网站经营者的同意,均可能被认定为构成不正当竞争,典型案例如"新浪诉脉脉案"[1]和"微博诉微头条案"[2]。该裁判思路实际上仍然等于绕开《著作权法》,用《反不正当竞争法》对一种典型的复制、传播作品之行为进行评价,其后果要么是排挤了著作权制度,要么是创造了一项崭新但虚幻的权益。

囿于篇幅,笔者将另行撰文探讨和分析这种情况的法律适用问题,此处不赘述,一个基本结论是,当抓取者未征得用户个人同意时,的确有可能侵犯该用户创作内容"首置"网站之经营者享有的著作权法意义上的优先使用权;而一旦用户已经同意

---

[1] 参见北京微梦创科网络技术有限公司诉北京淘友天下技术有限公司、北京淘礴天下科技发展有限公司不正当竞争案,北京知识产权法院(2016)京73民终588号民事判决书。

[2] 参见北京微梦创科网络技术有限公司诉北京字节跳动科技有限公司不正当竞争案,北京市海淀区人民法院(2017)京0108民初24530号民事判决书。

其他经营者可以抓取其创作的内容,则"首置"网站经营者享有的优先使用权随之消灭,故此时抓取者既不构成侵权,更不构成所谓的不正当竞争。

结　语

综上所述,数据虽然看上去很新鲜,但分析数据产权性质及其权属的法理和方法论并不会因此而过时,逻辑更不会过时。

数据的上位概念是信息、是知识、是智力成果,而只要其具有独创性,那就是作品,就应当也只能遵循著作权制度加以保护与衡平。具有独创性的数据就是作品,应当依照《著作权法》予以保护,而不具有独创性的数据,本身就是公共信息资源,人人皆可自由免费获取和使用,《著作权法》不应予以保护,也不能换用其他法律制度(如《反不正当竞争法》)予以保护。

《反不正当竞争法》并不是《著作权法》的兜底条款、补充规则,二者各有分工、彼此(在所秉持的价值取向层面)和而不同(在所处理的具体问题层面)。道不远人,当碰到新的、有争议的难办案件时,法律人不应当因焦虑而不知所措,更不应当因偏信而盲从效仿,翻一翻旧的工具箱,总能找到惊喜,让我们彼此共勉。

【责任编辑　郐雯倩】

民法学教材"绪论"板块编写对比与优化研究[*]

王岩云[**]

摘要:"绪论"是教材的开篇和统领,承载着启迪学习兴趣、提供课程概览等功能,对实现课程育人价值具有重要意义,是实施教材微观研究的一项重要切口。目前国内主流民法学教材大体有无绪论、独立绪论板块和总论附设绪论三种模式。马工程《民法学》教材绪论存在内容不合理、层次不清楚等问题。马工程法学教材普遍设置了独立的绪论部分。参照马工程法学教材系列中其他课程教材"绪论"的设立模式、内容选择、编写体例等,民法学教材"绪论"板块有巨大改进空间。就设置模式而言,民法学教材宜采取独立绪论板块模式,设置与本论对应的"绪论"板块;就编排体例而言,"绪论"采取章节体制,内容分节论述为宜;在内容选定方面,应注意民法学与民法的区分,民法学教材"绪论"板块应以讲解民法学的概述类知识为宜。

关键词:高质量教材 马工程教材 民法学教材 绪论 民法学

引　言

随着法学一流学科、一流专业建设的深入推进,法学一流课程与高质量教材

收稿日期:2023-05-31

[*] 本文系2022年度山东省社科规划项目"总体国家安全观视域下民法典安全价值的实现机理与路径研究"(项目批准号:22CFXJ10)研究成果。

[**] 王岩云,法学博士,山东政法学院民商法学院副教授。

建设顺势而起。教材是教学内容的主要载体和实施教学的基本规范，对人才培养以及学科发展具有基础作用。无论是一流学科、一流专业还是一流课程，都需借助高质量教材建设予以推进。目前在教材建设方面，宏大叙事类论述较为常见，而具体微观问题研究类成果相对不足。见微知著，教材微观研究，是助推教材建设的重要举措。"绪论"是教材的重要组成部分，它处于学习一门课程的起步章节，承担着激发学习兴趣、型塑对课程的初步、整体认知的重要任务，对实现课程育人价值具有特殊的意义。许多教材都非常重视绪论部分，在绪论撰写方面花费相当大的力气。写好绪论不仅需要具备卓绝的学识，而且要付出艰苦的努力。作为教材的统领和开篇，绪论的优劣就成为观测和衡量教材编写质量、实施教材微观研究的一个重要切口。

民法学是法学领域的一门显学，且在法学专业中具有基础性地位。民法学教材是民法学课程教学中最主要的教学资源，同时也是民法学教学活动实现的重要载体。伴随着中国特色社会主义法治事业的发展，中国特色社会主义民法学理论体系日益繁荣，尤其是随着《民法典》的颁布，民法学理论研究跃升到一个新的高度。与此相应，民法学教材呈现出丰富多元的整体样态，极大地推动了民法学教学的发展，但数量庞大并不意味着已经达至高质量教材的标准。本文拟以"绪论"为切口，主要选取马工程法学教材为参照，系统审视目前民法学教材"绪论"编写存在的问题，以期获取对民法学教材"绪论"板块进行深度改良和全新充实的可行路径。

一、目前主流民法学教材"绪论"板块编写现状

（一）主流民法学教材中"绪论"板块设置模式的类型分析

目前法学教育实践中，民法学教学普遍采用的教材主要为：(1)马克思主义理论研究和建设工程重点教材：《民法学》编写组编《民法学》（第2版），高等教育出版社2022年版（以下简称"马工程《民法学》"）；(2)王利明主编《民法》（第9版），中国人民大学出版社2022年版（以下简称"人大版《民法》教材"）；(3)魏振瀛主编《民法》（第8版），北京大学出版社2021年版（以下简称"北大版《民法》教材"）；(4)彭万林、覃有土主编《民法学》（第9版），中国政法大学出版社2022年版（以下简称"政法版《民法学》"）[1]；(5)李永军主编《民法学教程》，中国政法大学出版社2021年

---

[1] 该教材起源于二十世纪八九十年代司法部组织当时的部属五大政法院校教师编写、司法部法学教材编辑部编审的"高等政法院校规划教材"的《民法学》，故简称"政法版《民法学》"。

版(以下简称"法大版《民法学》");等等。

这些权威版本的主流民法学教材,各有千秋。对比可以发现,它们对于绪论的处理,主要有三种模式:其一,无绪论模式,即整部教材体现于目录章节的各级标题中均不设置"绪论",如人大版《民法》教材中没有设置"绪论"。其二,独立绪论板块模式,即全书设置独立的"绪论"板块,"绪论"在形式上属于目录上的一级标题,如马工程《民法学》[1]和政法版《民法学》均在教材主文第一编(章)之前设有独立的"绪论"板块(见表1)。其三,总论附设绪论模式,即在教材本论部分的"总论(编)"下附设"绪论"板块,如北大版《民法》教材第一编"总论"之下的第一分编为"绪论",法大版《民法学》则是在第一编"总则编"下设第一分编"绪论"(见表2)。

表1 民法学教材中独立绪论板块模式的实例

马工程《民法学》		政法版《民法学》
第1版	第2版	
绪论 第一章　民法总论 第一节　民法概述 第二节　民事法律关系 第三节　民事权利 …… 第二章　人格权法 第三章　物权法 第四章　债与合同法 第五章　婚姻家庭法 第六章　继承法 第七章　侵权责任法	绪论 第一编　总则 第二编　物权 第三编　合同 第四编　人格权 第五编　婚姻家庭 第六编　继承 第七编　侵权责任	绪论 第一编　民法总论 第二编　人身权 第三编　物权 第四编　债权 第五编　继承权

在独立绪论板块模式下,"绪论"是教材目录下的一级标题,与其他一级标题(编或者章)并列。马工程《民法学》第1版中,正文由绪论和七章构成,第2版则对一级标题进行了提级扩容,正文由绪论和七编构成。政法版《民法学》由绪论和五编构成。

---

[1] 马工程《民法学》第2版于2022年8月出版。本文写作起始于《民法学》第1版时期,除明确标注为第2版外,以第1版内容展开论述,特此说明。

表2 民法学教材中总论附设绪论模式的实例

北大版《民法》教材	法大版《民法学》
第一编　总论	第一编　总则编
第一分编　绪论	第一分编　绪论
第二分编　民事法律关系主体	第二分编　民事主体
第三分编　民事法律关系客体	第三分编　民事法律行为与代理
第四分编　民事法律关系变动	第四分编　民法上的时间
第二编　物权	第二编　物权编
第三编　债权	第三编　债权总论
第四编　人身权	第四编　合同
第五编　婚姻家庭	第五编　自然人的人格权
第六编　继承	第六编　婚姻家庭与继承编
第七编　侵权责任	第七编　侵权民事责任编

在总论附设绪论模式下,"绪论"字样是作为二级标题出现在教材目录中的。除了上文提及的北大版《民法》教材和法大版《民法学》,姚辉编著的21世纪法学系列教材法律硕士研究生用书《民法学原理与案例教程》[1](以下简称"姚辉民法教材")和龙翼飞主编的新编21世纪远程教育精品教材·法学系列《民法学》(以下简称"龙翼飞《民法学》")均属于总论附设绪论模式(见表3)。龙翼飞《民法学》总体上分为总论和分论两个部分,总论之第一章为"绪论"。姚辉民法教材整体上共五编,其中"第一编　总则"之下设四章,分别为"第一章　绪论""第二章　民事主体""第三章　法律行为""第四章　时效"。

表3 民法学教材中总论附设绪论模式的实例(增补)

龙翼飞《民法学》	姚辉民法教材
第一部分　总论	第一编　总则
第一章　绪论	第一章　绪论
第二章　民事法律关系	第二章　民事主体
第三章　自然人	第三章　法律行为
第四章　法人	第四章　时效
第五章　民事权利的客体	第二编　物权法
第六章　民事法律行为	第三编　债权总则
第七章　代理	第四编　债权分则(一):合同法
第八章　时效	第五编　债权分则(二):侵权法
第二部分　分论	
(含第九至第十九章内容)	

---

[1] 参见姚辉编著:《民法学原理与案件教程》,中国人民大学出版社2007年版。

尽管共享"绪论"之名,但"绪论"板块内部的具体知识构成却是不同的。在总论附设绪论模式下,"绪论"分编的具体内容包括民法概述、民法的基本原则和民事法律关系等。同样的内容在独立绪论板块模式下则是置于"民法总论"之下的。

(二)民法学教材独立绪论板块模式下"绪论"内容的梳理

尽管马工程《民法学》和政法版《民法学》均设置了独立的"绪论"板块,在形式上具有极强的相似性,但内容上又不尽相同(见表4)。政法版《民法学》"绪论"板块从形式上看分为三个部分,各部分以标号"一""二""三"引领,各部分均无标题。该教材各版次的绪论部分略有差异,但逻辑思路是一以贯之的。第一部分在开篇论及"民法是一个重要的法律部门""民法是规范商品经济的基本法",然后通过回顾域外的民法发展演进,从罗马法到《法国民法典》《德国民法典》《瑞士民法典》《苏俄民法典》等,说明民法与商品经济结伴而生;第二部分主要论述中国民法从古代到当代的发展;第三部分则主要论述中国民事法律制度的内部体系。马工程《民法学》(第1版)"绪论"部分共有四个一级标题,除第二部分标题为"从民法的历史发展认识民法"是以"民法"为核心词汇外,其余三个部分的一级标题均是以"民法学"为核心词汇。

表4 民法学教材独立绪论板块模式下"绪论"内容的梳理

马工程《民法学》(第1版)"绪论"	政法版《民法学》"绪论"
一、马克思主义是民法学研究的理论基石 二、从民法的历史发展认识民法 三、构建中国特色的民法学理论体系 四、学习民法学的具体方法	一(无标题) 二(无标题) 三(无标题)

对比阅读,不难发现,政法版《民法学》在"绪论"部分自始至终都是在谈论"民法"问题,并没有明显地论及"民法学"问题;而马工程《民法学》(第1版)"绪论"的第二部分"从民法的历史发展认识民法"基本对应涵盖了政法版《民法学》"绪论"的全部内容,其余三个部分讲"民法学研究的理论基石""民法学理论体系""学习民法学的具体方法",内容更为丰富,并且马工程《民法学》在"绪论"部分旗帜鲜明地论述了"民法学"问题。

(三)民法学总论附设之绪论与民法总论之绪论的对比分析

采用总论附设绪论模式的各部民法学教材在"绪论"部分的具体内容具有一定的共同性,当然也并不完全等同(见表5)。北大版《民法》教材"第一分编 绪论"之下分设三章,分别为"第一章 民法概述""第二章 民法的基本原则""第三章 民事法律关系";法大版《民法学》"第一分编 绪论"之下亦分设三章,分别为"第一

章　民法概述""第二章　民法的基本原则""第三章　民事法律关系及民事权利";龙翼飞《民法学》"第一章　绪论"之下设四节,依次为"第一节　民法学""第二节　民法的调整对象""第三节　新中国的民事立法""第四节　民法的基本原则";姚辉民法教材"第一章　绪论"之下设三节,分别为"第一节　民法的概念及性质""第二节　民法的法源及其适用""第三节　民事权利"。这些内容看似存在差异,实则整体差异不大,只是不同的排列组合。例如,龙翼飞《民法学》"第二节　民法的调整对象"在北大版《民法》教材第一章"民法概述"中。

表5　民法学教材总论附设绪论模式下"绪论"的内容

北大版《民法》教材	法大版《民法学》	龙翼飞《民法学》	姚辉民法教材
第一章　民法概述 第二章　民法的基本原则 第三章　民事法律关系	第一章　民法概述 第二章　民法的基本原则 第三章　民事法律关系及民事权利	第一节　民法学 第二节　民法的调整对象 第三节　新中国的民事立法 第四节　民法的基本原则	第一节　民法的概念及性质 第二节　民法的法源及其适用 第三节　民事权利

民法学课程体系中,"民法总论"常常被作为一门独立的课程。对应于独立开设的"民法总论"课程,有独立编写的"民法总论"课程教材。在民法总论课程教材中往往也会有"绪论"问题(见表6)。这里选择三本有代表性的民法总论课程教材作为分析样本:(1)李宜琛所著的中华民国教育部部定大学用书《民法总论》(以下简称"民国版《民法则》")[1];(2)费安玲等著的法律硕士专业学位研究生统编教材《民法总论》(以下简称"法硕版《民法总论》")[2];(3)德国学者汉斯·布洛克斯和沃尔夫·迪特里希·瓦尔克所著《德国民法总论》(以下简称"《德国民法总论》")[3]。

---

[1] 参见李宜琛:《民法总则》,中国方正出版社2004年版。该书系华东政法学院珍藏民国法律名著丛书之一。

[2] 参见费安玲等:《民法总论》(第2版),高等教育出版社2018年版。

[3] 参见[德]汉斯·布洛克斯、[德]沃尔夫·迪特里希·瓦尔克:《德国民法总论(第41版)》,张艳译,杨大可校,冯楚奇补译,中国人民大学出版社2019年版。

表6　民法总论课程教材中"绪论"板块的设置

《德国民法总论》	法硕版《民法总论》	民国版《民法总则》
第一部分　引言 写在前面的思考 第一节　法、私法和民法 第二节　《民法典》 第三节　法律适用 第二部分　法律行为 第三部分　权利 第四部分　期间和期日 第五部分　附加内容	绪论 第一章　民法与民法典 第二章　民法的基本原则 第三章　民事法律关系 第二编　权利主体 第三编　法律行为 第四编　权利	绪论 第一章　民法之意义 第二章　民法之形式 第三章　民法之编制 第四章　民法法规之种类 第五章　民法之解释 第六章　适用以及范围 第七章　民法理论之变革 第八章　民法之研究方法 本论 第一章　权利与义务 第二章　权利主体 第三章　权利客体 第四章　权利之得丧变更 第五章　权利之行使及保护

通过对比可以看到，三本民法总论课程教材都有"绪论"板块，但内容不尽相同。《德国民法总论》第一部分标题为"引言"，实际就是"绪论"板块。独立的"民法总论"教材下的"绪论"板块的内容与民法学教材中"总论附设绪论"模式下"绪论"板块的内容，并没有截然的区别。其实不难理解，因为它们都是对"民法总论"问题的"绪论"。尽管实质内容高度雷同，但二者的形式有明显差异。"总论附设绪论"模式下"绪论"属于二级标题，而"民法总论"教材下的"绪论"为一级标题，相关内容对应一级知识单元，与民法学教材独立绪论板块模式下"绪论"的地位是一样的。

二、马工程《民法学》"绪论"内容的审视

马工程《民法学》在法学教育中具有举足轻重的地位，审视和反思马工程《民法学》具有特殊的时代意义。

（一）马工程《民法学》（第1版）"绪论"内容审视

马工程《民法学》（第1版）"绪论"中有四个一级标题，一级标题是纳入全书目录的，另外在正文中第二个和第三个一级标题下设置了二级标题（见表7）。

表7　马工程《民法学》(第1版)"绪论"部分的基本结构

一级标题	二级标题
一、马克思主义是民法学研究的理论基石	
二、从民法的历史发展认识民法	(一)民法主要起源于罗马法 (二)从近代民法到现代民法 (三)我国民法的发展及未来 (四)从民法的基本特征认识民法
三、构建中国特色的民法学理论体系	(一)中国特色民法学理论体系的含义 (二)中国特色民法学理论体系的特征 (三)未来我国民法学的发展
四、学习民法学的具体方法	

审视"二、从民法的历史发展认识民法"部分,从一级和二级标题可以发现"(一)(二)(三)"是在讲授"民法的历史",而"(四)从民法的基本特征认识民法"应该是与"从民法的历史发展认识民法"并列的知识单元。同时(一)和(二)都是在讲解国外民法的历史发展,其中"(一)民法主要起源于罗马法"讲的是西方古代民法;而(三)则是讲解中国民法的历史发展及未来。因此有必要重构本部分的知识体系。根据上述认知,在遵循教材既有体系的前提下,可以对教材的内容作出如下初步的重构(见表8):

表8　马工程《民法学》(第1版)"绪论"知识体系的初阶重构

一、马克思主义是民法学研究的理论基石	
二、从民法的历史发展认识民法	(一)西方民法的历史发展 (二)中国民法的历史发展
三、从民法的基本特征认识民法	
四、构建中国特色的民法学理论体系	
五、学习民法学的具体方法	

对于上述初阶重构,通过增补相关知识细节,厘清各板块知识单元内部的逻辑关系,可得下表(见表9):

表9 马工程《民法学》(第1版)"绪论"知识一览

马克思主义是民法学研究的理论基石	辩证唯物主义和历史唯物主义 →民法根植于本国的社会经济生活实践,服务实践 →民法学研究应从中国国情出发
从民法的历史发展认识民法	西方:古代民法——近代民法——现代民法 中国:古代——清末——民国——中华人民共和国
从民法的基本特征认识民法	私法、市场经济基本法、权利保障法、人法
构建中国特色的民法学理论体系	含义:对中国民事立法、民事司法具有解释力 特征:本土性、实践性、包容性、时代性、科学性 发展:价值、内容、体系、衔接、方法
学习民法学的具体方法	准确掌握民法概念 娴熟运用类型化和体系化的研究方法 重视运用逻辑的方法 掌握法律解释的方法 注重借鉴经、社、哲、史等社科研究方法

实际上,"绪论"部分总体上讲解了两个问题,即"民法"和"民法学"(见表10)。无论是"从民法的历史发展认识民法"还是"从民法的基本特征认识民法"都是要"认识民法",因此可以将二者归结为"认识民法"问题,而"马克思主义是民法学研究的理论基石""构建中国特色的民法学理论体系""学习民法学的具体方法"三者的"公约数",也是最核心的指向都是"民法学",所以可将此三者归结为"了解民法学"问题。

表10 马工程《民法学》(第1版)"绪论"知识体系的逻辑重构

(认识)民法	(了解)民法学	二者关系
从民法的历史发展认识民法 从民法的基本特征认识民法	民法学研究的理论基石 民法学理论体系 民法学的具体方法	相辅相成 一方面…… 另一方面……

对教材知识体系的逻辑重构,可以使教材的知识结构更加清晰,便于理解学习。对于民法与民法学的关系,教材在第一页第二段中用"相辅相成"一词来表示。同时选用了"一方面……,另一方面……"的表述予以说明。一方面,民法学对于民法的意义在于,民法学"为民法的发展和完善提供指导,并促进民法的发展和完善",另一方面,民法对于民法学的意义在于,民法的发展和完善可以促进民法学的发展。

好的教材的前后知识应当是相互关联的,尤其是在涉及相关问题的发展演进的论述时。教材编写中,对于前后提及的事物之间的内在关联予以揭示,有助于强化整体逻辑。马工程《民法学》讲到西方近代民法的特点时列举了四点,分别为:(1)抽象的人格平等;(2)无限制私有权原则(即绝对私有权原则);(3)契约自由原则;(4)过失责任原则。讲到现代民法"是近代民法在20世纪的发展与修正,它是在近代民法的法律结构基础上对近代民法的原理、原则进行修正、发展的结果"时,列举了现代民法的七个特征,分别为:(1)对所有权的限制;(2)对合同自由的限制;(3)归责原则的多元化;(4)人格权制度勃兴;(5)侵权法的独立与扩张;(6)交易规则的国际化趋势;(7)注重对弱势群体的保护。然而,现代民法的七个特征与近代民法的四个特点是怎样的修正、发展的关系,教材中并未言明。为此,根据近代民法特点与现代民法特点的对应关系整理出下表(表11),该表揭示了近代民法诸特点与现代民法诸特点之间的内在关联。

表11 西方近代民法与现代民法特点的内在关联

近代民法	现代民法
抽象的人格平等	人格权制度勃兴 注重对弱势群体的保护
绝对私有权原则	对所有权的限制
契约自由原则	对合同自由的限制 交易规则的国际化趋势
过失责任原则	归责原则的多元化 侵权法的独立与扩张

此外,对于近代民法的诸特点,马工程《民法学》虽有提及,但阐释并不充分,通过教材的讲解难以真正把握,为此应对抽象的人格平等、绝对私有权原则、契约自由原则、过失责任原则的含义、渊源和意义等作必要增补,以便读者理解。

(二)马工程《民法学》(第2版)"绪论"内容审视

马工程《民法学》(第2版)是在《民法典》颁布实施后修订完成的,全面吸纳了《民法典》的立法成就,具有时代性。就"绪论"而言,第2版相对于第1版作出了重大的调整和修订(见表12)。

表 12　马工程《民法学》第 1 版与第 2 版"绪论"基本结构的对比

第 1 版	第 2 版
一、马克思主义是民法学研究的理论基石 二、从民法的历史发展认识民法 （一）民法主要起源于罗马法 （二）从近代民法到现代民法 （三）我国民法的发展及未来 （四）从民法的基本特征认识民法 三、构建中国特色的民法学理论体系 （一）中国特色民法学理论体系的含义 （二）中国特色民法学理论体系的特征 （三）未来我国民法学的发展 四、学习民法学的具体方法	一、民法学以民法典为主要研究对象 二、民法典的特色和思维方法 （一）民法典是习近平法治思想的鲜明体现 （二）民法典的中国特色、实践特色、时代特色 （三）民法典时代的思维方法 三、民法的历史发展 （一）民法主要起源于罗马法 （二）从近代民法到现代民法 （三）我国民法的历史发展及未来 四、民法的研究立场和学习方法 （一）民法的研究立场 （二）学习民法的基本方法

第 2 版教材在承继第 1 版教材相关内容的基础上，呈现出一些不同于第 1 版的特点：其一，突出了民法典的内容，体现了时代性；其二，删除了"马克思主义是民法学研究的理论基石"专题，同时在第二部分增加了习近平法治思想的内容，实际上体现了马克思主义中国化的成果；其三，强化了"民法"和"民法典"的论述，四个一级标题均涉及"民法"和"民法典"，而第 1 版的三个一级标题是以"民法学"为核心词的。标题上一个细微的变化是，第 1 版中"从民法的历史发展认识民法"在第 2 版中被修改为"民法的历史发展"，表述更加精炼，应予肯定。对于第 2 版其他方面的反思，将融入下文相关论述中。

三、民法学教材"绪论"板块内容重组与编排优化

以上是基于马工程《民法学》的现有内容和体系所做的思考，属于"就事论事"的思考，如果放大视野，以一个更大的视角展开比较，应该能够得到更为科学合理的结论。马工程法学教材对引领和推动法学教材建设的高质量发展具有标杆性的意义。从编写初衷看，马工程教材的编写由中宣部、教育部等精心组织实施，致力于打造学术精品，每一本教材都凝聚着权威专家和众多参与者的心血和汗水，"体现了政治性、思想性、学术性的统一"[1]，不仅具有鲜明的政治导向，而且在教材的编排体例等的标准与规范方面树立了范例，尤其是对不同课程教材"绪论"的设立模式、内

---

[1] 赵超：《努力构建充分反映马克思主义中国化最新成果的哲学社会科学教材体系》，载《人民日报》2011 年 1 月 4 日，第 5 版。

容选择、编写体例等,具有重要的参考借鉴价值。

(一)民法学教材"绪论"板块设置模式的选择

对于主流民法学教材"绪论"设置模式上的三种作法,即无绪论模式、独立绪论板块模式和总论附设绪论模式,笔者赞同独立绪论板块模式。原因在于:其一,在教学实践中,绪论课是一门课程的入门课、导入课,作为基础教学资源的教材,理应对此作出安排,在此意义上,有"绪论"优于无"绪论"。其二,一门课程教材的"绪论"应该是对这门学科或课程的概述,而不是对学科对象的概述。这两者虽然密切相关,但是属于不同的事物,不应混同。总论附设绪论模式下的"绪论",不是"民法学"的绪论,马工程《民法学》选取的学科整体"绪论"模式,更为合理。其实,设定"绪论"板块是马工程法学教材的通行做法。目前已经出版的马工程法学类教材共15种。其中2022年8月推出新版本的有《经济法学》(第3版)、《刑事诉讼法学》(第4版)、《民事诉讼法学》(第3版)、《民法学》(第2版)、《商法学》(第2版)和《知识产权法学》(第2版)6种,其他已出版第2版的有《法理学》《宪法学》《国际经济法学》《中国法制史》《行政法与行政诉讼法学》《国际公法学》《劳动与社会保障法学》《刑法学》8种,仅出版第1版的有《习近平法治思想概论》1种。整体上看,法学类马工程教材普遍设置了独立的"绪论"板块,其中《法理学》和《宪法学》是以"导论"命名,其他13种教材均以"绪论"命名。

(二)民法学教材"绪论"板块知识内容的重组

目前各部民法学教材"绪论"的编写,不仅设定模式不尽相同,而且具体的内容安排也尚未达成共识。纵观马工程法学教材,不难发现各门课程的教材的绪论内容各有侧重,透过这些纷扰差异的表象可窥其共性,从而为民法学教材"绪论"板块内容提供可资借鉴的路线图。

1. 民法学的研究对象

一门学科(课程)的研究对象是该学科(课程)区别于其他学科(课程)的基础问题,是一门学科(课程)的首要问题。在教材编写中,往往将研究对象置于前列予以说明。在已经出版的15种马工程法学教材中的传统14种法学教材(不包括《习近平法治思想概论》)中,《民法学》之外的13种教材"绪论"板块均在标题上标明了要阐释该学科的"研究对象"(《法理学》教材表述为"对象"),其中将研究对象作为第一个专门问题予以分析的占12种(见表13)。

表 13　马工程法学教材"绪论"中有关研究对象的表述一览

教材	"研究对象"知识单元的位置及具体表述
《法理学》	第一节　法理学的对象与性质
《宪法学》	第一节　宪法学的研究对象和研究方法
《国际公法学》	第一节　国际法的重要性与国际法学研究的对象和方法
《民法学》	第1版:无 第2版:一、民法学以民法典为主要研究对象
《商法学》	一、商法学的研究对象
《经济法学》	第一节　经济法学的研究对象
《民事诉讼法学》	一、民事诉讼法学的研究对象
《行政法和行政诉讼法学》	一、行政法与行政诉讼法学的研究对象
《劳动与社会保障法学》	一、劳动与社会保障法学的研究对象
《国际经济法学》	一、国际经济法学的研究对象
《中国法制史》	一、中国法制史的研究对象
《刑法学》	第一节　刑法学概述 一、刑法学的概念和研究对象
《知识产权法学》	第四节　知识产权法学的概念与学科发展 一、知识产权法学的研究对象、指导思想、研究方法
《刑事诉讼法学》	第三节　刑事诉讼法学的研究对象和研究方法

马工程《民法学》对于研究对象问题的处理,无论是第1版还是第2版都与众不同,值得推敲。马工程《民法学》(第1版)没有在标题上提及"研究对象",仅在"一、马克思主义是民法学研究的理论基石"下第二个段落中提及"以民法为研究对象的学科就是民法学",对此没有作深入论述。马工程《民法学》(第2版)第一个标题就涉及了研究对象,具体为"一、民法学以民法典为主要研究对象",开篇论述研究对象符合主流和常规做法,应予肯定。其他课程教材是将"研究对象"作为论域处理,而马工程《民法学》(第2版)是作为论点呈现。这样处理的好处在于观点鲜明,突出了"民法学以民法典为主要研究对象"这一论点,但这不是对民法学研究对象这一问题的规范表述。笔者认为,马工程《民法学》教材的编写以专门着重阐释研究对象为宜,这既遵循了马工程法学专业教材所形成和确立的通例,也是科学规范的教材"绪论"编写要求,因为阐释一门学科的研究对象是教材应处理的常规事项,具体到教材中,设置规范的研究对象专题乃"绪论"内容设置的常项。

2. 民法学的性质、地位和作用

性质、特征、功能和地位等是深入了解某一事物的不同侧面,因此学科的性质和地位往往是一本教材"绪论"板块的基本内容,有些教材还会专门阐释该学科的特征(特点)和作用(功能),这些在马工程法学教材中都有所体现(见表14)。仔细分析会发现有个别学科的教材在这一内容下选择了讲解学科对象。如《国际公法学》第一节的第一个问题为"国际法的地位与作用",须知"国际法的地位与作用"与"国际法学的地位与作用"尽管有关联,但在本质上是不同的。再如《刑事诉讼法学》"第二节 刑事诉讼法的制定目的与任务"和《劳动与社会保障法学》"二、劳动与社会保障法的基本理念"也是阐释学科研究对象的。《民法学》(第1版)"二、从民法的历史发展认识民法"下的"(四)从民法的基本特征认识民法"讲的是"民法的基本特征"而不是"民法学"的基本特征。《民法学》(第2版)从标题上看不出对民法学性质、地位、特征、作用等的论述,而这些问题又是学习民法学应该了解的基础问题,建议在民法学教材编写中予以适当安排。

表14 马工程法学教材"绪论"板块有关"性质、地位、作用"的表述一览

教材	"性质、地位、作用"知识单元位置及具体表述
《法理学》	第一节 法理学的对象与性质
《宪法学》	第三节 宪法学的分类和特征
《民法学》	第1版:二、从民法的历史发展认识民法 　　　　(四)从民法的基本特征认识民法
	第2版:无
《商法学》	二、商法学的功能
《知识产权法学》	第一节 知识产权概述 二、知识产权的性质与特征
《刑法学》	第一节 刑法学概述 二、刑法学的地位和作用
《刑事诉讼法学》	第二节 刑事诉讼法的制定目的与任务
《中国法制史》	二、中国法制史的特点
《劳动与社会保障法学》	二、劳动与社会保障法的基本理念
《国际公法学》	第一节 国际法的重要性与国际法学研究的对象和方法 一、国际法的地位与作用
《国际经济法学》	二、国际经济法学的性质及其地位

3. 民法学的历史发展

在教材中对于该学科的历史发展作出交代,是教材"绪论"的一项重要内容,这也是马工程法学教材的普遍做法(见表15)。论述历史发展问题时的具体用语是多样的,如形成发展、形成与发展、产生与发展、沿革与发展。对于历史发展问题的阐述主要有两个主题,一是学科的历史发展,二是学科对象的历史发展,当然也有教材对学科和学科对象的历史发展均作出论述(如《知识产权法学》)。在论述学科历史发展时,做法也不尽相同,有的教材选择论述学科的整体发展史,有些则侧重于该学科的中国发展史,或者二者兼具(如《刑法学》)。论述学科对象的发展历史时,同样存在两种做法,一是论述作为研究对象的某一部门法(或相关核心制度)的发展史,二是论述作为研究对象的某一部门法在中国的发展史。

表15 马工程法学教材"绪论"中的"历史发展"表述一览

教材	"历史发展"知识单元的位置及具体表述
《习近平法治思想概论》	一、习近平法治思想形成发展的时代背景 二、习近平法治思想形成发展的实践逻辑、理论逻辑和历史逻辑
《法理学》	第二节　法理学的历史 第三节　马克思主义法理学的形成及其意义 第四节　马克思主义法理学的中国化
《宪法学》	第二节　宪法学在中国的产生和发展
《民法学》	第1版:二、从民法的历史发展认识民法 　　　　三、构建中国特色的民法学理论体系 第2版:三、民法的历史发展
《刑法学》	第一节　刑法学的沿革与发展
《商法学》	三、商法学的历史发展
《知识产权法学》	第三节　知识产权法的历史沿革与发展趋势 第四节　知识产权法学的概况与学科发展
《经济法学》	第二节　经济法学的产生和发展
《民事诉讼法学》	二、新中国民事诉讼法学的发展历程
《刑事诉讼法学》	第四节　中国刑事诉讼法的历史发展
《国际公法学》	第三节　中国国际法学的形成与发展
《国际经济法学》	三、国际经济法学的历史发展

纵观马工程法学教材的"绪论"板块,在论述历史发展问题时,以学科发展史为主流,不讲学科的历史发展而只谈学科对象(通常而言即该学科对应的部门法)历史发展的,只有《民法学》和《刑事诉讼法学》。可见,在此问题上,《民法学》属于绝对的少数派。是不是因为民法学的历史发展无从谈起,或者相关研究不足,尚无力对此作出论述?事实并非如此。其实对于民法学的历史发展,尤其是中国民法学的历史发展,已经有一些相当有分量的研究成果[1],应当将这些成果吸收容纳进教材,而不应以"民法的历史发展"替代"民法学的历史发展"。

即使编写者认为"民法的历史发展"非常重要,需要在"绪论"中对读者作出交代,这也并不影响撰写"民法学的历史发展",比如《知识产权法学》"绪论""第三节　知识产权法的历史沿革与发展趋势"讲的是学科对象(即知识产权法)的历史发展,"第四节　知识产权法学的概况与学科发展"论述了知识产权法学的学科发展。《民法学》教材编写中也可以既讲民法学的历史发展,也讲民法的历史发展。此外,在论述民法学历史发展时,应秉持宏大视野,而非只谈中国民法学。《刑法学》教材"绪论"的第二节"刑法学的沿革与发展"分别论述了西方刑法学的历史和中国刑法学的历史。其中"一、西方刑法学发展简史"部分是刑法学的历史,"二、中华人民共和国成立之前的刑法发展简史"和"三、马克思主义刑法思想指引下中华人民共和国刑法学的演进"是对中国刑法学的历史梳理。这可以作为《民法学》教材在论述民法学的历史发展问题时的重要参考。

当然在论述历史发展基础上还可作出前景展望。马工程《民法学》(第1版)"绪论"部分"三、构建中国特色的民法学理论体系"可视为对中国民法学发展前景的展望,第2版删除了此标题内容。在"绪论"中,对民法学以及中国民法学的未来前景作出展望,让读者对此有所了解甚至产生憧憬,是非常必要的。这方面已形成

---

[1] 相关著作如:Zhang Zhipo, The Centennial of Chinese Civil Jurisprudence: Review and Commentary of Publications, William S. Hein & Co. , Inc. & Wells Information Services Inc. , 2022;相关论文有:赵中孚、杨大文、张谷:《民法学研究的回顾与展望》,载《法学家》1994年第1期;梁慧星:《中国民法学的历史回顾与展望》,载中国法学网, iolaw. cssn. cn/zxzp/200707/t20070731-4599968. shtml;王利明、周友军:《与改革开放同行的民法学——中国民法学30年的回顾与展望》,载《吉林大学社会科学学报》2009年第1期;杨立新等:《中国民法学三十年(1978—2008)》,载教育部人文社会科学重点研究基地——法学基地合作编写:《中国法学三十年(1978—2008)》,中国人民大学出版社2008年版;孙宪忠、谢鸿飞:《中国民法学六十年:1949—2009年》,载《私法研究》2010年第1期;柳经纬:《回归传统——百年中国民法学之考察之一》,载《中国政法大学学报》2010年第2期;柳经纬:《改革开放以来民法学的理论转型——百年中国民法学之考察之二》,载《中国政法大学学报》2010年第3期;柳经纬:《关于中国民法学体系构建问题的思考——百年中国民法学之考察之三》,载《中国政法大学学报》2010年第4期;俞江:《清末民法学的输入与传播》,载《法学研究》2000年第6期;王利明:《中国民法学四十年回顾与展望》,载《江汉大学学报(社会科学版)》2019年第1期;王利明:《中国民法学七十年:回顾与展望》,载《政法论坛》2020年第1期;等等。

许多有价值的研究成果[1],可做吸纳融会。

综上所述,马工程《民法学》教材中不谈民法学的历史发展,仅论述了民法的历史发展,这是不足的。民法学当然离不开民法,但不能将民法的历史发展等同于民法学的历史发展。

4.学习民法学的意义和方法

阐释一门课程或学科的意义,是教材"绪论"的常规操作,也符合通常的教学需求。多门课程的马工程法学教材在"绪论"中对课程意义作了专门阐释(见表16),也有将学科意义放在教材其他板块论述的,如《习近平法治思想概论》"绪论"板块未专门论述意义,而是在"绪论"之后的第一编"习近平法治思想的重大意义"进行论述。领会了意义,才能更好地聚力施力。在"绪论"板块,应当让读者认识学习民法学有何意义和价值。

表16　马工程法学教材"绪论"中有关"意义"的表述

教材	有关"意义"的具体表述和知识单元
《法理学》	第一节　法理学的对象和性质 三、学习法理学的意义
《宪法学》	第四节　学习宪法学的意义和基本要求
《中国法制史》	三、学习中国法制史的意义与方法
《民事诉讼法学》	五、学习民事诉讼法学的意义
《行政法与行政诉讼法学》	三、学习和研究行政法与行政诉讼法学的意义
《国际经济法学》	四、学习国际经济法学的意义和方法

在日益强调自主学习的情形下,在教材"绪论"中阐明该课程或者学科的学习方法,不失为一种明智可取的做法,这其实正是马工程法学教材的惯常做法。15种马工程法学教材中,包括《民法学》在内的12种法学教材均对学习或研究方法有专门的论述,其中10种教材在一级标题中论述了"方法"(见表17)。一门课程或学科的学习方法,既具有务虚意义,也是实实在在的要求,对于学好课程具有基础性地位,不能不重视。在实际教学中,让学生把握学习民法学的主要方法,是"绪论"课的一项重要任务;与此相应,民法学教材"绪论"板块应当论述民法学的方法问题。马工

---

[1] 参见王利明:《构建中国特色的民法学理论体系》载《中国大学教学》2021年第3期;王轶:《〈民法典〉时代的中国民法学》,载《中国社会科学报》2021年10月21日,第7版;钟瑞栋:《构建中国特色民法学话语体系》,载《中国社会科学报》2022年7月20日,第4版;张平华:《构建中国特色民法学学科体系》,载《中国社会科学报》2022年7月20日,第4版;等等。

程《民法学》教材对方法有专门的论述,第 1 版"四、学习民法学的具体方法"和第 2 版"四、民法的研究立场和学习方法",二者比较而言,第 1 版关于"民法学"方法的表述更为科学,民法学教材应以"民法学"为关键词展开。马工程其他法学课程教材中对方法的表述均采用的是学科的方法而非学科对象的方法,民法学教材应保持与其他法学课程教材一致为宜。

表 17　马工程法学教材"绪论"中有关"方法"的表述

教材	有关"方法"的具体表述和知识单元
《法理学》	第三节　马克思主义法理学的形成及其意义 三、马克思主义法理学的立场、观点和方法
《宪法学》	第一节　宪法学的研究对象和研究方法
《中国法制史》	三、学习中国法制史的意义与方法
《民法学》	第 1 版:四、学习民法学的具体方法
	第 2 版:四、民法的研究立场和学习方法
《刑法学》	第三节　刑法学的研究与学习方法
《行政法与行政诉讼法学》	二、学习和研究行政法与行政诉讼法学的理论指针和基本方法
《商法学》	五、学习商法学的方法
《刑事诉讼法学》	第三节　刑事诉讼法学的研究对象和研究方法
《民事诉讼法学》	四、学习民事诉讼法学的方法
《知识产权法学》	第四节　知识产权法学的概念与学科发展 一、知识产权法学的研究对象、指导思想、研究方法
《国际公法学》	第一节　国际法的重要性与国际法学研究的对象和方法
《国际经济法学》	四、学习国际经济法学的意义和方法

在"绪论"中有时会将学科的意义和方法置于同一个知识单元予以阐述,比如《国际经济法学》《中国法制史》等,有时也会将方法与研究对象置于同一知识单元,如《知识产权法学》《刑事诉讼法学》《国际公法学》。

5.马克思主义与民法学的关系

坚持以马克思主义为指导,是马工程法学教材编写的鲜明特色。具体到教材的"绪论"部分,阐释和揭示马克思主义与该学科的内在关系(见表 18),成为一项重要的内容。就具体的处理模式而言,大体有两种:一是专题型论述模式;二是蕴含型论述模式。专题型论述模式,通常在"绪论"板块的某个一级标题上标明"马克思主义"来专门论述马克思主义与该学科的内在关系(如《民事诉讼法学》的"三、马克思主义与我国民事诉讼法学的关系"和《商法学》"四、马克思主义理论与中国特色社会主义商法学"),或者马克思主义原理或经典作家对该学科对象的指导意义或贡献(如《劳动与社会保障法学》"三、马克思主义原理和劳动与社会保障法"和《国际公法学》"第二节 马克思主义经典作家对国际法的贡献");也有教材专门论述了"马克思主义+学科"问题,如《法理学》"导论"下"第三节 马克思主义法理学的形成及其意义"和"第四节 马克思主义法理学的中国化";还有教材虽在一级标题上没有写明"马克思主义"字样,但该标题下的具体内容是围绕"马克思主义"展开的,如《经济法学》"第四节 学习和研究经济法学的理论指导"之下共有两个次级标题,分别为"一、加强马克思主义的指导""二、加强马克思主义中国化理论的指导",显然其实质内容是专题论述马克思主义与该学科的关系。蕴含型论述模式下,教材"绪论"板块中虽然没有以某个一级标题来专门论述马克思主义与该学科的关系,但是在正文中蕴含了相关内容。如:《知识产权法学》"第四节 知识产权法学的概念与学科发展"下的"一、知识产权法学的研究对象、指导思想、研究方法"强调了知识产权法学的指导思想为马克思主义;《刑法学》在第二节"刑法学的沿革与发展"下的"三、马克思主义刑法思想指引下中华人民共和国刑法学的演进"强调了马克思主义对刑法学的指导意义。

表18 马工程法学教材"绪论"中有关"马克思主义"的表述

教材	有关"马克思主义"的具体表述和知识单元
《法理学》	第三节 马克思主义法理学的形成及其意义 第四节 马克思主义法理学的中国化
《民法学》	第1版:一、马克思主义是民法学研究的理论基石 第2版:无
《民事诉讼法学》	三、马克思主义与我国民事诉讼法学的关系
《商法学》	四、马克思主义理论与中国特色社会主义商法学
《劳动与社会保障法学》	三、马克思主义原理和劳动与社会保障法
《国际公法学》	第二节 马克思主义经典作家对国际法的贡献
《经济法学》	第四节 学习和研究经济法学的理论指导 一、加强马克思主义的指导 二、加强马克思主义中国化理论的指导

其实无论是哪种方式,都符合马工程法学教材的编写要求,都是坚持了马克思主义的指导地位。在这些论述中,马克思主义蕴含型的表述更为常见,正如课程思

政不是要替代思政课程,将思政元素在课程中潜移默化更为适宜。目前其他课程教材的做法也可作为借鉴。在众多学科的马工程法学教材中,《民法学》教材对马克思主义与学科关系的处理是较为独特的。《民法学》(第1版)开篇以"一、马克思主义是民法学研究的理论基石"论述了马克思主义与民法学的关系,而在第2版教材中删除了上述内容,从其他标题也看不出有相关内容的表述。第1版教材高举马克思主义旗帜的做法,确保了政治正确,但处理上显得张扬,第2版又显得太过隐晦,从标题上看不到马克思主义字样。尽管"二、民法典的特色和思维方法"之下的"(一)民法典是习近平法治思想的鲜明体现"中,强调了习近平法治思想是马克思主义法治理论中国化和时代化的光辉范例,但这不属于民法学与马克思主义关系的专门阐释,并且民法典也不等同于民法学。综上,民法学教材"绪论"板块对于马克思主义与民法学的关系,以作专题论述为宜,并且应当注意作为学科的民法学与作为规范体系的民法典的区分。

6. 教材特色介绍

对于教材的介绍,也是"绪论"中的常见知识单元。从马工程法学教材的编写实践看(见表19),教材介绍置于"绪论"的最后一项内容,主要介绍本教材的体系和结构(也称"体系结构""框架体系"或"逻辑结构")、编写的指导思想、编写特色以及学习研究方法。民法学教材在"绪论"中对教材的特色和使用中的注意事项简要介绍为宜,表明教材的特色,方便读者使用。

表19 马工程法学教材"绪论"中有关"教材介绍"的表述一览

教材	有关"教材介绍"的具体表述和知识单元
《习近平法治思想概论》	五、本教材的体系结构
《商法学》	六、本教材的框架体系与特色
《行政法与行政诉讼法学》	四、本书的体系和结构
《民事诉讼法学》	六、本书编写的指导思想与特色
《劳动与社会保障法学》	四、本书的逻辑结构与学习研究方法
《国际经济法学》	五、本教材的框架体系

从实现"绪论"功能的角度看,以上这些内容在民法学教材"绪论"板块编写中均应当予以关注并作出适当安排。

(三)民法学教材"绪论"板块编排体系的优化

民法学教材编写中,不仅应设置与本论对应的独立"绪论"板块,全面选定必要的知识单元,而且要选择科学的编排体例。

1. 层次结构编排体例上分设"节"

从目前马工程法学教材"绪论"板块的编排体例上看,基本有两类设定方式:其一,绪论板块不设"节",以"一、""二、"等作为一级标题设置知识单元;其二,"绪论"板块分设"节",在"节"下再行设置"一、""二、"引领的知识单元(见表20)。

表20 马工程法学教材"绪论"板块编排体例一览

不设"节"	《习近平法治思想概论》《民法学》《商法学》《民事诉讼法学》《行政法与行政诉讼法学》《国际经济法学》《中国法制史》《劳动与社会保障法学》
分设"节"	《法理学》《宪法学》《刑法学》《知识产权法学》《刑事诉讼法学》《国际公法学》《经济法学》

精细化的"绪论"以分节设立为宜。目前在"绪论"(或"导论")板块分节设置的有《法理学》《宪法学》《国际公法学》《刑法学》《知识产权法学》《刑事诉讼法学》《经济法学》,都体现了便于扩容、层次分明等优点。一些教材的"绪论"也经历了从不分节到分节的模式转变,如《经济法学》第2版未分节,第3版则采取了分节设置的模式(见表21)。民法学本身知识体系庞杂,在教材"绪论"板块分节设置有助于更好地区分知识单元和凸显知识层次。

表21 马工程《经济法学》"绪论"部分编排体例的变迁

第2版	第3版
一、经济法学的研究对象 二、经济法学的产生和发展 三、经济法学的体系 四、学习和研究经济法学的理论指导和基本方法	第一节 经济法学的研究对象 第二节 经济法学的产生和发展 第三节 经济法学的体系 第四节 学习和研究经济法学的理论指导 第五节 学习和研究经济法学的基本方法

2. 层次结构应突出知识单元的内在逻辑性

层次分明、逻辑严谨是教材编写的基本要求,对于教材"绪论"同样如此。重视"绪论"是马工程法学教材的一大特色。有些教材在修订时对"绪论"予以大修,比如马工程《知识产权法学》第2版与第1版相比就有明显的变化(见表22)。从内容上看,《知识产权法学》第2版在"绪论"部分的知识要素与第1版基本一致,主要围绕知识产权、知识产权法和知识产权法学三个基础概念展开。第1版"知识产权制度的历史沿革与发展趋势"在第2版修改为"知识产权法的历史沿革与发展趋势",这一表述更为契合教材。从逻辑关系上看,《知识产权法学》第2版比第1版更为通顺,体现了"知识产权—知识产权法—知识产权法学"步步深入的逻辑关系。马工程《民法学》第2版与第1版相比,也有明显的变化,但重点是因应《民法典》的颁布实施,侧重于相应知识内容和表述用语的更新,"绪论"中各部分知识的内在逻辑性在第2版中并没有得到改善,甚至出现一定的倒退。如前所述,从第1版以"民法学"为主题词转变为第2版以"民法(典)"为主题词,就论题设置而言,第1版比第2版更合乎"绪论"的要求。在教材编写中,在层次结构上突出知识单元的内在逻辑性,应是基本的要求。在一定意义上,知识单元间清晰的逻辑关系,比丰富的知识内容更具教学价值,因为知识欠缺问题可以通过补充学习得以解决,而逻辑不清的缺陷则是难以弥补的。从高质量教材建设的要求出发,应当建立事项完备、层次分明、逻辑严密的民法学"绪论"板块。

表22 马工程《知识产权法学》"绪论"的结构调整

第1版		第2版	
第一节	知识产权法学的概念与学科发展	第一节	知识产权概述
第二节	知识产权概述	第二节	知识产权法概论
第三节	知识产权法概论	第三节	知识产权法的历史沿革与发展趋势
第四节	知识产权制度的历史沿革与发展趋势	第四节	知识产权法学的概况与学科发展

结　　语

本文对民法学教材"绪论"的探索,乃为高质量民法学教材建设的一点思考,希望早日就此形成业界公认的"常识"。学界共识对于学科发展具有奠基性意义,林林总总的民法学教材应当承担起凝聚民法学专业共识、传承学术通说的重任。高质量教材编写应遵循科学合理、逻辑严谨、利于人才培养的原则,据此建立"绪论+本论"的基本构架为宜。"绪论"是教材不可或缺的组成部分,承载独特的课程育人功能。民法学教材的"绪论",作为学习民法学知识的入门知识单元,应当让读者知悉民法学的学科性质和研究对象,认识学习民法学的意义和价值,了解民法学的课程内容、课程特色、学习方法、历史演进和发展前景等总体概述性内容,进而培养起学习民法学的兴趣。民法学教材"绪论"对知识内容的编排和呈现应当层次清楚、合乎逻辑,以便对教师的施教和学生的学习起到良好的指导作用。

【责任编辑:郐雯倩】

反面推导：先行规范之资格要件与识别

余文唐[*]

摘要：在反面推导先行规范之资格诸说中，应采"必要、充要条件兼有说"。"充要条件说"并不周延完整，"基于充分条件的反面推论"之说尚欠理论自洽；而"构成要件穷尽列举说"和"适用范围绝对封闭说"，只是充要条件型规范的体现。先行规范条件关系的识别，应以逻辑识别或形式识别为主。立法有意沉默实行的是沉默推定原则，而规范目的、利益衡量宜在对导出规范合目的性考量或可接受性评价时发挥作用。特殊法条之条件关系，可直接就其限制语词或表达方式来识别。其中列举法条应作选择型与齐备型之区分：前者的各列举项分别为法律效果的充分条件，后者的各列举项则均为法律效果的必要条件，而两者的列举项整体均为法律效果的充要条件。例举法条理应属于间接封闭型法条，也应该具有反面推导先行规范之资格。

关键词：反面推导　先行规范　资格要件　关系识别

反面推导是获取未规定案型裁判规范的重要法律方法之一[1]，在司法实践中有着广泛的运用空间与价值。然而，在反面推导先行规范的资格要件问题上，尽管中外法学大家对此作了深浅不一、详略各异的阐释，然而由于问题视角、研究进路等

收稿日期：2023-06-08

[*]　余文唐，福建省莆田市中级人民法院审委会原专职委员，第三届全国审判业务专家。

[1]　反面推导通常被称为反对解释，它还有反向推论等多种称谓。本文以反面推导称之，主要是认为它是"由规范推导规范"的法律方法，其方法特征为反面（系争案型反于法定案型）、正向（否定前件式推理）、必然性（无前件必无后件），也即该方法既不同于以揭示法律规定含义为己任的法律解释，也有别于弥补立法疏忽的漏洞补充，而是介于两者之间基于逻辑推理的一种法律推导。

的不同,所给出的答案也各执一端。就笔者所见,在反面推导先行规范的资格要件上,权威论著仍存在"充要条件说""必要、充要条件兼有说""充分条件说"之争,此外还有"构成要件穷尽列举""适用范围完全封闭"之说。而在如何识别先行规范构成要件与法律效果的条件关系上,也存在形式识别说与实质识别说的观点分歧。在此等诸说之中,浅尝辄止、以偏概全甚至概念混淆等缺憾并不鲜见。因此可以说,对于反面推导先行规范的资格要件问题,貌似已经解决而实则疑惑重重,远未达成基本共识和理论自洽。而该问题正是运用反面推导这一法律方法首先遇到的关键性前提和"卡脖子"难题,因而是研究和运用反面推导必须突破的首要难题。否则反面推导的理论根基难说牢固,司法上势必无所适从而不敢运用或各行其是从而导致错误。理论完善的追求和司法实践的期待,决定了解开此等疑题的必要性。笔者在尽量多地阅读辨析相关论著的基础上,提出并论证自己的管窥之见。本文的主体内容分为三个部分:首先,针对反面推导先行规范构成要件与法律效果之间的条件关系方面的观点分歧,对"充要条件说""必要、充要条件兼有说"和"充分条件说"的理论争执加以分析。其次,区分一般法条与特殊法条,探讨反面推导先行规范条件关系的识别方法。最后,对先行规范资格要件上的"构成要件穷尽列举说""适用范围完全封闭说",以及先行规范关系识别上的所谓"实质识别说"进行检讨与辨正。

一、先行规范之资格要件

先行规范是否符合资格要求,是反面推导首先面对的问题,该问题至今仍未得到恰当解决。从先行规范的条件关系来看,至少有这样三种观点:一是王泽鉴、拉伦茨和阿列克西等所持的"充要条件说",认为反面推导的先行规范必须是充要条件型规范。二是克卢格、杨仁寿和张明楷等人所持的"必要、充要条件兼有说",认为反面推导的先行规范既可以是充要条件型规范,也可以是必要条件型规范。三是孔红新近主张的"基于充分条件的反面推论"之异说。那么,反面推导的先行规范究竟应当是充要条件型规范还是必要条件、充要条件兼而有之?"基于充分条件的反面推论"之异说可否成立?诸如此类的疑问似乎并未引起学界的重视,因而疑惑至今尚未被恰当地解开。本部分将对此等问题进行分析并论证这样的观点:在反面推导先行规范之资格诸说中,应采"必要、充要条件兼有说",而"充要条件说"并不周延完整,"基于充分条件的反面推论"之说在理论上尚未能自洽。

(一)必要条件与充要条件

1.先行规范的资格争议

在反面推导先行规范的条件关系上,究竟应当采用"充要条件说"还是"必要、充要条件兼有说",目前仍存分歧。持充要条件说的如:(1)王泽鉴:"所谓反面推论,系相异于举重明轻、类推适用的一种论证方法,即由反于法律规定的构成要件而导出与法律效果相反的推论。唯此项构成要件须为法律效果的充分且必要条件,即该构成要件已被穷尽列举出可能发生的法律效果。……若肯定某项规定得为反面推论时,即排除了法律漏洞的存在,而无类推适用的余地。"[1](2)拉伦茨:"与类推适用及'举重以明轻的推论'适相反对者系'反面推论'。其意指:法律(仅)赋予构成要件 A 法律效果 R,因此,R 不适用于其他构成要件,即使其与 A 相似。显然,只有当法定规则明文(或依其意义)包含前述的'仅'字,换言之,只有当立法者有意(或依法律目的)将法律效果仅适用于构成要件 A 时,反面推论方属可行。是否如此,须先借解释以确定之。无论如何,绝不可单纯假定其系如此。"[2](3)阿列克西认为,反面推导的先行规范必须规定"当且仅当 X 是一个 F 情形时,当下讨论的这个法律效果才应出现"[3]。而持必要、充要条件兼有说的则如:(1)克卢格:"如果相关法律前提内蕴含着或相互蕴含着各该法律效果,那么法律反向论证意义上的反向推理总是允许的;如果法律前提外延蕴含着法律效果,它就是不容许的。"[4](2)杨仁寿:"并非任何法律条文,可为反对解释。法律条文可否为反对解释,乃取决于'法律要件'与'法律效果'间,是否具有'内涵的包含'及'相互的包含'的逻辑关系而定。"[5](3)张明楷:"反对解释只有在以下两种情况下才能采用:一是法律规定所确定的条件为法律效果的全部条件;二是法律规定所确定的条件为法律效果的必要条件。"[6]

2. 先行规范的逻辑根据

要解开上述疑惑,得先来看充要条件型规范作为反面推导先行规范的逻辑根据。充要条件型规范(命题)的逻辑特性有四:有前件必有后件,无前件必无后件;有后件必有前件,无后件必无前件。根据这四个逻辑特性,充要条件命题有四个有效推理形式:肯定前件式(当且仅当 M 是 P,M,所以 P),否定前件式(当且仅当 M 是 P,非 M,所以非 P);肯定后件式(当且仅当 M 是 P,P,所以 M),否定后件式(当且仅当 M 是 P,非 P,所以非 M)。反面推导是从先行规范构成要件的反面来必然地否定法律效果的推导,也即其推导是"反面""正向"和"必然""否认"的。所以在这四个

---

[1] 王泽鉴:《民法思维:请求权基础理论体系》(最新版),北京大学出版社 2009 年版,第 204 页。
[2] [德]卡尔·拉伦茨:《法学方法论》,陈爱娥译,商务印书馆 2003 年版,第 266 页。
[3] [德]罗伯特·阿列克西:《法律论证理论——作为法律证立理论的理性论辨理论》,舒国滢译,中国法制出版社 2002 年版,第 344 页。
[4] [德]乌尔里希·克卢格:《法律逻辑》,雷磊译,法律出版社 2016 年版,第 193 页。
[5] 杨仁寿:《法学方法论》(第 2 版),中国政法大学出版社 2013 年版,第 158 页。
[6] 张明楷:《刑法学》(第 2 版),法律出版社 2003 年版,第 44 页。

有效推理形式中,只有否定前件式是反面推导的逻辑基础或曰推导模式。再来看看必要条件型规范的情形。必要条件型规范(命题)的四个逻辑特性为:无前件必无后件,有前件未必有后件;无后件必无前件,有后件未必有前件。据此,其有效推理形式有二:一是否定前件式(只有 M 才 P,非 M,所以非 P),二是肯定后件式(只有 M 才是 P,P,所以 M)。其中,否定前件式符合反面推导"反面""正向"和"必然""否认"这四个特征。既然反面推导的充要条件说和必要、充要条件兼有说都认为充要条件型规范可以作为反面推导的先行规范,而充要条件型规范的反面推导只是运用其否定前件式;那么必要条件型规范的否定前件式也符合反面推导的四个标准,自然也应当是能够作为反面推导先行规范的。也正是由于充要条件型规范与必要条件型规范在反面推导中的有效推导式都是而且只能是否定前件式,所以司法实践中判断一个法律规范能否作为反面推导的先行规范,只需要证明该法律规范的构成要件是其法律效果的必要条件即可,而无须进一步证明该法律规范属于充要条件型规范。

3. 先行规范的刑法适例

这里通过实例分析来进一步加深对必要条件型规范和充要条件型规范反面推导的理解。其一,充要条件。构成要件(前件)与法律后果(后件)具有充分必要条件关系,是指前件和后件在外延上具有全同关系,即构成要件与法律效果的外延完全重叠。在这里,前件和后件之间"形影不离""同生共死",表明该法律后果所调整的所有案型已充分或穷尽地被列举,因而也只有这些案型才能适用于该法律效果;或曰该法律后果只能适用于这些案型,别无其他案型可以予以适用。例如:"年满18周岁的人是成年人"(当且仅当年满18周岁的人是成年人),可以反面推导出:"未满18周岁的是未成年人"(当且仅当未满18周岁的人是未成年人);或者将"未满18周岁的人"作为前件,后件为"未成年人",这样就可以由"未满18周岁的人是未成年人"反向推导出"已满18周岁的人是成年人"。其二,必要条件。构成要件(前件)与法律效果(后件)具有必要条件关系,是指前件和后件之外延关系为属种关系,即构成要件真包含法律效果。在这里,前件对于后件的意义在于"缺其不行""有其未必够"。例如:先行规范为"只有满12周岁的人实施危害社会的行为,才可予以定罪处刑",可以由此反面推导得出"未满12周岁的人实施危害社会的行为,不可予以定罪处刑"(无前件必无后件)的导出规范。因为本先行规范中的前件"满12周岁的人实施危害社会的行为"是后件"可予以定罪处刑"的必要条件,无该前件必定无该后件。然而,有该前件未必有该后件。例如,满12周岁(未满14周岁)的人实施危害社会的行为,有可能被定罪处刑(《刑法》第17条第3款规定的严重危害社会的行为）[1]，也可能不得定罪处刑（《刑法》第 17 条第 3 款未规定的行为）。

（二）充分条件与反面推导

1. 条件异说的正反观点

认为反面推导可运用于充分条件型规范的观点，除将充分条件假言推导的否定后件式当作反面推导外[2]，新近更有论者认为司法上的反面推导实际上是"基于充分条件的反面推论"。该观点的理由是："首先，'基于必要条件的反面推论'与推论的实际操作不符"；"其次，'基于必要条件的反面推论'与对法条的一般认识不符"；"第三，'基于必要条件的反面推论'与关于反面推论的其他理论不一致"；"最后，图式 2 本身是悖谬的"。其中的图式 1 为："前提：如果某个事实满足了制定法前提 M，那么它就会引发法律后果 P。结论：如果某个事实未满足制定法前提 M，那么它就不会引发法律后果 P。"图式 2 可以概括为："反面推论是从'A 是 B 必要条件'推出'A 是 B 必要条件'的有效推理。"[3] 这种关于反面推导的条件异说，国外也曾出现过。英格博格·普珀对此提出如下批评："反面推论指出，当一个法条中特别对于某个法律效果所设的充分条件不存在时，这个法律效果就不会发生。……如果'若 T 则必 R'这个语句有效，就导出了'非 T 则非 R'。这在逻辑上早已被证实是一个错误，也就是所谓的'逆语句'。……对于这个效果的发生而言，除这组充分条件外，还可能会有其他充分条件。只有当我们确认了，对于此一法律效果的发生，除这个基础规范外，再无任何其他的充分条件存在，并且也没有类推适用基础规范的余地，才

---

[1] 《刑法》第 17 条第 3 款规定："已满十二周岁不满十四周岁的人，犯故意杀人、故意伤害罪，致人死亡或者以特别残忍手段致人重伤造成严重残疾，情节恶劣，经最高人民检察院核准追诉的，应当负刑事责任。"

[2] 参见杨艳霞、胡晓红：《"反对解释"有效性的逻辑考察》，载《甘肃政法学院学报》2006 年第 2 期。

[3] 孔红：《"反面推论"辩谬》，载《政法论丛》2018 年第 5 期。实际上，此类观点在最高人民法院的相关判例乃至司法解释中也是有所体现的。例如，(1) 最高人民法院《关于适用〈中华人民共和国民事诉讼法〉的解释》第 379 条规定："当事人认为发生法律效力的不予受理、驳回起诉的裁定错误的，可以申请再审。"而最高人民法院（2015）民申字第 2806 号、（2017）最高法民申 2145 号等多个裁判认为，该规定将当事人可以申请再审的发生法律效力的裁定的范围，限定于不予受理、驳回起诉的裁定；当事人对按撤回上诉处理的裁定申请再审的，不应受理，如进入审查程序，应依法裁定驳回当事人再审申请。(2)《民法典》第 520 条第 1 款规定："部分连带债务人履行、抵销债务或者提存标的物的，其他债务人对债权人的债务在相应范围内消灭；该债务人可以依据前条规定向其他债务人追偿。"而最高人民法院《关于适用〈中华人民共和国民法典〉有关担保制度的解释》第 29 条第 1 款规定："同一债务有两个以上保证人，债权人以其已经在保证期间内依法向部分保证人行使权利为由，主张已经在保证期间内向其他保证人行使权利的，人民法院不予支持。"最高人民法院《关于适用〈中华人民共和国民事诉讼法〉的解释》第 379 条和《民法典》第 520 条第 1 款均属于充分条件型规定，而前述判例和《关于适用〈中华人民共和国民法典〉有关担保制度的解释》则是分别基于这两个规定所作的反面推导。

能进而确认该法律效果不会发生。"[1] 杨仁寿认为:"法律要件并未把所有可能发生该法律效果之情形,悉予列举,仅为例示,或仅就其中部分而为规定,只可曰法律要件系法律效果之充分条件,非为必要条件,不可为反对解释。换言之,q 将 p 之外延包含,非将一切必要条件,悉予列举,苟为反对解释,即不合乎逻辑法则。"[2]

2.条件异说的理论检讨

本文从以下两个方面,分析充分条件型规范为何不能反面推导。一方面,反面推导是"反面""正向""必然"(及"否定")的推导,而根据充分条件假言命题四个逻辑特性的推理均不符合这些标准。其一,按照"有前件必有后件"进行的肯定前件式推导,虽是"正向""必然"的推导,然属"正面"而非"反面"的推导。其二,按照"无前件未必无后件"进行的否定前件式推导,虽是"反面""正向"的推导,然只是"或然"而非"必然"的推导。其三,按照"无后件必无前件"进行的否定后件式推导,虽是"反面""必然"的推导,然属"反向"而非"正向"的推导。其四,按照"有后件未必有前件"进行的肯定后件式推导,却是"正面""反向""或然"的推导,与"反面""正向"且"必然"的反面推导完全相反。或者简略地说:在充分条件假言命题推导中,属于无效式的否定前件式和肯定后件式,只是"或然"推导而非"必然"推导;而属于有效式的肯定前件式和否定后件式,前者为"正面"推导而非"反面"推导,后者是"反向"推导而非"正向"推导。另一方面,从充分条件型规范构成要件与法律效果之间的外延关系来考察,在充分条件型规范中,构成要件真包含于法律效果或曰构成要件被法律效果所包含。这样,构成要件只是法律效果的一部分,因而否定构成要件不能全部否定法律效果。正如白色马只是马的一种,不能从"白马是马"反面推导出"非白马不是马"。杨仁寿先生在参与我国台湾地区"劳动基准法"制定讨论时就以此例力排众议,最终草案第 11 条"有左列情形之一者,雇主不得预告劳工终止劳动契约"的规定,被改为"非有左列情形之一者,雇主不得预告劳工终止劳动契约"。[3] 这也就是将充分条件型规定改为可反面推导的充要条件型规定。

3.条件异说的自洽欠缺

条件异说论者的如下阐述,其实是充要条件型反面推导的观点:"判断对法律规则 r 能不能作反面推论,首先要从整个法律系统的内在逻辑出发,看就其性质而言 r 是不是属于一般性法律默认的例外,其次要看它的事实构成部分是否作了完全列

---

[1] [德]英格博格·普珀:《法学思维小学堂——法律人的 6 堂思维训练课》,蔡圣伟译,北京大学出版社 2011 年版,第 88—89 页。

[2] 杨仁寿:《法学方法论》(第 2 版),中国政法大学出版社 2013 年版,第 156 页。

[3] 参见杨仁寿:《法学方法论》(第 2 版),中国政法大学出版社 2013 年版,第 156 页。

举。如果这两个条件都满足,就可以直接对 r 作反面推论。"[1]条件异说论者还认为:"绝大多数法条都是表述充分条件关系的,并且少数必要条件或充要条件关系的法条也能统一到充分条件的一般形式之下。例如,'法律没有明文规定为犯罪行为的,不得定罪处罚'相当于'如果法律没有明文规定为犯罪行为,则不得定罪处罚','只有主管机关依法查阅船舶文书时船长才应将文书送检'相当于'如果主管机关不依法查阅船舶文书,则船长不应将文书送检'。充要条件则相当于同时肯定了两个充分条件关系。"[2]该段论述包含三个方面的内容:其一,必要条件或充要条件关系的法条是少数的;其二,必要条件或充要条件关系的法条能够统一到充分条件的一般形式之下;其三,充要条件则相当于同时肯定了两个充分条件关系。第一项内容应该说是符合实际情况的,正是因为如此,反面推导才不是普遍的。第二项内容则是值得商榷的:其例 1 的前一规范系充要条件型规范,后一规范为充分条件型规范,前者不能相当于(等值于)后者:充要条件假言命题($M \leftrightarrow P$)等值于($M \rightarrow P$)∧($P \rightarrow M$),或 $-M \leftrightarrow -P$;充分条件假言命题($M \rightarrow P$)等值于 $P \leftarrow M$,或 $-P \rightarrow -M$。[3]其例 2 的前一规范为必要条件型规范,后一规范正是由前者通过反面推导而获得的导出规范。第三项内容也未必正确:充要条件关系应是将充分条件关系与必要条件关系集于一身。可见,"基于充分条件的反面推论"理论上尚欠自洽,推翻不了"必要、充要条件兼有说"。

二、先行规范之关系识别

识别先行规范之条件关系,学界大体上有形式识别与实质识别之说,后者强调规范目的、立法沉默乃至利益衡量等对关系识别的作用。本文主张关系识别应当主要是基于逻辑而进行的形式识别,而所谓的实质识别宜作为对导出规范的结果衡量。结果衡量将在第三部分加以辨析,本部分只阐释形式识别。条件关系的形式识

---

[1] 孔红:《"反面推论"辩谬》,载《政法论丛》2018 年第 5 期。引文中的"一般性法律默认",是指该文所称的"如果法律对一个事项未作规定,则该事项被认为是法律不需要规定的。"此即有意沉默推定。那么"一般性法律默认的例外",也就是疏忽沉默。而立法者对于未规定事项是有意沉默还是疏忽沉默,是沿革解释(历史解释)乃至目的评价的问题。法律解释位阶论认为:只有在字面解释存在复数结果的情形下,才能诉诸其他解释方法。如果文义清晰但适用结果不合立法目的或明显不合理(极不正义),则是法律漏洞填补或司法衡平的问题。基于此认识,该论者关于反面推导的第一个标准(沉默例外),应当被第二个标准(完全列举)所排斥。

[2] 孔红:《"反面推论"辩谬》,载《政法论丛》2018 年第 5 期。

[3] 上文四个等值式可依次表示为:$M \leftrightarrow P \Leftrightarrow (M \rightarrow P) \wedge (P \rightarrow M)$,$M \leftrightarrow P \Leftrightarrow -M \leftrightarrow -P$;$M \rightarrow P \Leftrightarrow P \leftarrow M$,$M \rightarrow P \Leftrightarrow -P \rightarrow -M$。

别可区分为一般法条的关系识别与特殊法条的关系识别：前者包括逻辑特性识别法和直言命题识别法，外加法律体系识别法；而后者可以直接通过限制语词或表达方式来识别，主要讨论设限法条、列举法条和例举法条的关系识别。[1]需要首先指出的是：其一，体系识别法不同于揭示法律含义的体系解释，它是在法律体系中查寻与拟作为反面推导先行规范相同的法律效果，目的在于判断该规范构成要件与法律效果之间的条件关系类型[2]；其二，列举法条应当有选择型与齐备型之区分；其三，例举法条应当属于间接封闭型法条，也应有作为反面推导先行规范之资格。

（一）一般法条的关系识别

1. 逻辑特性与关系识别

条件关系的逻辑特性识别法，是以假言命题的逻辑特性来识别法律规范构成要件与法律效果之间条件关系的类型。反面推导先行规范要求构成要件必须是法律效果的必要或充要条件，因此这里的逻辑特性应是必要或充要条件假言命题的逻辑特性。而必要条件和充要条件假言命题共同的逻辑特性是"无前件必无后件"和"有后件必有前件"，所以只要紧紧抓住这个共同特性判断先行规范为必要条件即可。[3]其一，根据"无前件必无后件"来识别。法律条文一般并无"如果……那么""只有……才""当且仅当"之标示，但是只要用"无前件必无后件"这一逻辑特性一试，便可清楚该规定的条件关系：符合这一逻辑特性的是必要或充要条件，不符合者则为充分条件。例如，根据《刑法》第74条的规定，对于累犯不适用缓刑。按照"无前件必无后件"所推出的是："如果不是累犯，那么就要适用缓刑。"这一推导结论显然是错误的，不符合"无前件必无后件"这一逻辑特性，因而该规定不具有必要或充

---

[1] 综观学者们的观点，特殊法条大体上可以概括为列举法条、定义法条、设限法条、例外规定以及诸如台湾地区"劳动基准法"草案第11条"非有左列情形之一者，雇主不得预告劳工终止劳动契约"之类以负命题方式表述的法条。这里只就该三类特殊法条的识别加以阐释，其中例举法条被通说认为不可进行反面推导。

[2] 所有的法律解释，不论是基于文面的解释、借助源流的解释还是加以评价的解释，以及属于综合解释的限扩解释，都是以揭示法律用语或条文的含义为己任。当然，明晰法律用语或条文的含义，也就同时确定法律规定的适用范围。明晰了先行规范的含义，不等于就识别了该规范的条件关系。正如雷磊教授所指出的："词义构成了反向推理的基础，但其本身不足以作为后者的证立理由。……除了词义之外，还需要存在其他更强的理由，……这种理由在于法律规范本身的逻辑结构。"参见雷磊：《类比法律论证——以德国学说为出发点》，中国政法大学出版社2011年版，第276—278页。

[3] 雷磊教授指出："既然相互蕴含包含着内包蕴含，那么内包蕴含关系的结果也同样适用于相互蕴含关系。……只需证明：这条规则的前提构成了法律后果的必要条件即可。"参见雷磊：《类比法律论证——以德国学说为出发点》，中国政法大学出版社2011年版，第282页。

要条件关系。因为不是累犯未必就要适用缓刑[1],非累犯适用缓刑还需符合《刑法》第72条规定的缓刑适用条件。其二,根据"有后件必有前件"来识别。有论者述称:"如果行为模式(A)是法律后果(B)的必要或充分必要条件,那么从逻辑上讲,有该种法律后果,就必然有该行为模式;反之,如果有该种法律后果,却并不必然有该行为模式,则该行为模式就肯定不是该法律后果的必要或充要条件。据此,我们就可以判断一条规范所规定的行为模式是否是其法律后果的必要或充要条件。"[2]仍以"累犯不适用缓刑"为例,按照"有后件必有前件"所推出的是:"如果不适用缓刑,那么是累犯。"这样的推导结论不符合"有后件必有前件",所以也就不属于必要或充要条件之列。

2. 直言命题与关系识别

直言命题识别法与逻辑特性识别法同样属于逻辑识别范畴,不同的是两者识别先行规范条件关系的路径。所谓直言命题识别法,实际上是以法律规范构成要件与法律效果之间的外延关系来识别条件关系。假言命题前后件的外延关系有三:(1)种属关系(外延的包含):此为充分条件的前后件外延关系。基于此,"如果M,那么P"可转换为"凡M都是P,并且有P不是M"。(2)属种关系(内涵的包含):此为必要条件的前后件外延关系。基于此,"只有M,才能P"可转换为"凡P都是M,并且有M不是P"。(3)全同关系(相互的包含):此为充要条件的前后件外延关系。基于此,"当且仅当M,才能P"可转换为"凡M都是P,并且凡P都是M"。比较三个转换式可知,必要条件与充要条件转换式的共同点为"凡P都是M"这一全称肯定命题;而充分条件转换式的独特之处是"有P不是M"这一特称否定命题。因此,一个法律规范可成立"凡P都是M"的,是必要或充要条件;若成立"有P不是M"的,则为充分条件。例如,"过失犯罪,法律有规定的才负刑事责任",该规定不成立"凡法律有规定的才负刑事责任都是过失犯罪",只能成立"有的法律有规定的才负刑事责任是过失犯罪"。因而,"过失犯罪"只是"法律有规定的才负刑事责任"的充分条件而非必要或充要条件。而"法律明文规定为犯罪行为的,依照法律定罪处刑",可成立"凡依照法律定罪处刑的都是法律明文规定为犯罪行为",不成立"有的依照法律定罪处刑的是法律明文规定为犯罪行为"。所以,可以将该规定大致归于必要或充要条件型规定。这里需要指出的是,将一个法律规范转换为直言命题表述时,应当

---

[1] 从"累犯不适用缓刑"这一规定,只能推导出"不是累犯的可以适用缓刑"这一或然性的结论。而反面推导是基于必要或充要条件假言命题的逻辑推理而进行的推导,所推导出来的结论必须是必然性的。

[2] 万应君:《反对解释的解释——对关于故意伤害的一个司法指导意见适用理解的分析》,载《中国检察官》2011年第13期。

正确识别其假言命题表述的前件与后件，或准确把握其直言命题表述的主项与谓项。

3. 法律体系与关系识别

条件关系的体系识别法，就是从法律规定的上下文乃至整个法律体系来识别构成要件与法律效果之间的条件关系。梁慧星教授指出："一个法律条文，其适用范围是不是封闭的，可否作反对解释，不能仅看该条文本身，还要考虑该条文与其他条文的关系。"[1]王利明教授述称："体系解释有助于准确理解法条的正面含义，而且有利于确定法条中构成要件与法律效果之间是否存在充分必要条件。……通过法条之间的关系来确定特定法条的含义，同时，明确特定法条的适用范围是否具有封闭性。"[2]本文认为，体系识别法的主要意义在于：判断某一法律规范的构成要件是否为法律效果的唯一条件或不可或缺的条件。所谓唯一条件，就是某一法律规范的法律效果只适用于该规范/法条所规定的特定案型，也即再无其他情形/案型可适用该法律效果。不可或缺的条件则指某一法律规范的构成要件虽然不是适用其法律效果的唯一条件，但是缺少了该构成要件则不可以适用其法律效果。或曰该构成要件是适用该法律效果必不可少的，但仅仅有该构成要件未必就可适用该法律效果，需有其他情形与其结合才能必然适用该法律效果。唯一条件是为充要条件，不可或缺的条件则为必要条件。而既非唯一条件也非不可或缺条件的，则属于充分条件。[3]换言之，三种条件关系的体系识别标准可以概括为："如果一个法律规范中的事实构成，是该规范中法律后果的唯一条件，那么该法律规范的事实构成与法律效果之间存在着充要条件；如果还有其他法律规范的事实构成也能发生同样的法律后果，那么该法律规范的事实构成与法律效果之间存在的只是充分条件；如果该法律后果的发生必须有某事实构成存在但还需其他条件，那么该事实构成只能是该法律后果的必要条件。"[4]

---

[1] 梁慧星：《裁判的方法》（第3版），法律出版社2017年版，第265页。
[2] 王利明：《法律解释学》（第2版），中国人民大学出版社2016年版，第204页。
[3] 有论者认为"未经人民法院依法判决，对任何人都不得确定有罪"，是必要条件型规定。参见孔红：《"反面推论"辩谬》，载《政法论丛》2018年第5期。按法律体系识别法，该规定应当属于充分条件型规定。一是"未经人民法院依法判决"，并非"不得确定有罪"的唯一条件。"不得确定有罪"的不仅仅只有"未经人民法院依法判决"一种情形，还有原本就不构成犯罪乃至根本就没有犯罪，以及出罪但书规定的"情节显著轻微危害不大"等情形。二是"未经人民法院依法判决"，也非"不得确定有罪"的必要条件。依直言命题识别法，该规定也应属于充分条件型规定：只能成立"有的不得被确定有罪，是未经人民法院依法判决"，而不能成立"所有不得被确定有罪，都是未经人民法院依法判决"。
[4] 余文唐：《赌网代理：接受投注与情节严重》，载微信公众号"刑事实务"2019年7月11日，https://mp.weixin.qq.com/s/b9EhLAM0HsIqc6EpIBShsQ

（二）特殊法条的关系识别

1. 设限法条之关系识别

所谓设限法条，是指以"仅对""只应"之类的法条结构词对法条适用范围加以限制的法条。例如，《日本民事诉讼法》第402条规定："上告法院仅只在基于上告理由已经声明不服的限度内进行调查。"再如，《法国民事诉讼法》第562条规定："上告只能使上诉法庭审理上诉所明确指责或含蓄地批评的判决要点或与此有关的要点。"这里使用了"仅只""只能"等词语，对上诉审的审查范围作了限制性的表述，明确把上诉审的审查对象限制在上诉请求的范围之内。也即二审法官只对当事人提出上诉的事项予以审查，这就是所谓的"二审限制审查说"。此类法条可以进行反面推导：从只有上诉事项才予以审查，反面推导出非上诉范围的不予审查之结论。与此不同的是，我国《民事诉讼法》中只是规定二审法院"应当对"上诉请求的内容进行审查，并未用"仅就"或"只对"等词来对二审法院审查的范围进行限定。所以，它只是一种命令性规范，而非禁止性规范，即规定二审法院对上诉内容必须审查的职责，强调二审审查的重点；对于非上诉内容的二审审查并无规定予以禁止。因而该规定体现的只是"二审重点审查说"，不应将其等同于"二审限制审查说"。也就是说，不可以对其进行反面推导而导出"非上诉请求的不予审查"的结论。[1] 设限法条之所以可以作为反面推导的先行规范，实际上正是因为其构成要件与法律效果之间存在的是充要条件关系。比如，《日本民事诉讼法》第402条规定运用直言命题识别法能够转换为全称肯定命题：凡上告法院的审查范围（P）都是上告理由已经声明不服的事项（M），同时成立：凡上告理由已经声明不服的事项（M）都是上告法院的审查范围（P），而不能转换为：有的上告理由已经声明不服的事项（M）不是上告法院的审查范围（P）。

2. 列举法条之关系识别

列举法条一般是指完全列举法条，也即穷尽列举项的法律规范。完全列举法条在立法中的具体形式主要有两种：一种是在法律规定的同款中列举，另一种是在法律规定的款下分项列举。有时同款列举与分项列举两种形式还共存于同一法条之中。例如《国家赔偿法》第17条中，列举刑事职务侵权的主体范围属于同款列举，而

---

[1] 在这方面，最高人民法院所持的观点主要体现为如下规定：(1)《关于适用〈中华人民共和国民事诉讼法〉若干问题的意见》（法发〔1992〕22号）第180条规定："第二审人民法院依照民事诉讼法第一百五十一条的规定，对上诉人上诉请求的有关事实和适用法律进行审查时，如果发现在上诉请求以外原判确有错误的，也应予以纠正。"(2)最高人民法院《关于适用〈中华人民共和国民事诉讼法〉的解释》第321条规定："第二审人民法院应当围绕当事人的上诉请求进行审理。当事人没有提出请求的，不予审理，但一审判决违反法律禁止性规定，或者损害国家利益、社会公共利益、他人合法权益的除外。"

之下的五项则属于分项列举。此外,还有一种带"等"字貌似例举法条的所谓"等内"法条,也应属于完全列举法条。[1]完全列举法条是公认可以进行反面推导的法条,这实际上也是因为完全列举法条的列举项整体与其法律效果之间存在充要条件关系。吕日东教授认为,在完全列举的情况下,每一个列举项分别是法律效果的充分条件,而列举项整体则是法律效果的充要条件。[2]然而依笔者之见,这只是就选择型列举法条而言的。列举法条应当区分为选择型列举法条与齐备型列举法条两类,两者作为反面推导先行规范的要求有所不同。前者列举项之间存在选择关系(选言,或者),典型的表述如"有下列情形之一的,适用××法律效果";而后者列举项之间存在的是合取关系(联言,并且),典型表述如"具备下列条件的,适用××法律效果"。例如,《民法典》第173条(委托代理终止)即为选择型列举法条,而第143条(民事法律行为有效)则为齐备型列举法条。[3]选择型列举法条的各列举项分别是法律效果的充分条件,因而只能是列举项整体与法律效果成立充要条件,才能作为反面推导的先行规范。[4]而在齐备型列举法条中,任何一个列举项均为法律效果的必要条件,而列举项整体则是法律效果的充要条件。因而该类法条不论是单个列举项还是列举项整体,都有资格与法律效果结合作为反面推导的先行规范。

3. 例举法条之关系识别

例举法条也即不完全列举法条,是在列举之后以"等""其他"之类的概括语作为兜底的法条。通说认为,例举法条不能进行反面推导。例如,梁慧星教授述称:"如果一个法律条文既未明确规定构成要件,也没有采用完全性列举,例如采不完全

---

[1] 所谓"等内"法条,即在两个以上列举项之后加上"等×项"之类以数量词加以限制的法条。孔祥俊教授指出:"'等内'的解释必须有数量词作为标志,'等外'的解释是一般用法。"参见孔祥俊:《法律解释方法与判解研究》,人民法院出版社2004年版,第483页。

[2] 参见吕日东:《反对解释:规则与适用》,载《山东审判》2006年第2期。

[3] 《民法典》第173条规定:"有下列情形之一的,委托代理终止:(一)代理期限届满或者代理事务完成;(二)被代理人取消委托或者代理人辞去委托;(三)代理人丧失民事行为能力;(四)代理人或者被代理人死亡;(五)作为代理人或者被代理人的法人、非法人组织终止。"《民法典》第143条规定:"具备下列条件的民事法律行为有效:(一)行为人具有相应的民事行为能力;(二)意思表示真实;(三)不违反法律、行政法规的强制性规定,不违背公序良俗。"

[4] 有论者以原《合同法》第192条第1款关于"受赠人有下列情形之一的,赠与人可以撤销赠与:(一)严重侵害赠与人或者赠与人的近亲属;(二)对赠与人有扶养义务而不履行;(三)不履行赠与合同约定的义务"的规定为例,认为"该款将赠与人撤销赠与的法定情形都列举了出来,在受赠人不存在这三种情形之一时,赠与人也就不能撤销赠与"。参见王文胜、周晓晨:《重构法律解释学中的反面解释》,载王利明主编:《判解研究》(2007年第6辑),人民法院出版社2008年版,第175页。笔者认为此说值得斟酌:不存在这三种情形之一但存在其他两种情形之一乃至之二,难道也不能撤销赠与吗?答案应该是否定性的。看来,本文将列举法条进一步区分为齐备型与选择型两类是很有必要的,起码可以避免诸如前述例子之类的误识。

列举,条文中用了'其他'或'等'这样的词语,就不能作反对解释。"[1]王利明教授也认为:"因为例示性列举不具有封闭性,所以,缺乏反面解释的前提。"[2]然而,已有论者对此通说提出质疑,主张应当视不同情形而论:一是在概括用语之前,不带任何的限定词对其范围进行限制的,不得运用反面解释方法。其理由为:这类法条虽然在解释规则上有着"相似规则"或"同类规则"的要求,但在解释的过程中不论其解释结果如何,所运用的都不能是反面解释方法。二是在概括用语之前带有某种限定词,例如原《合同法》第68条第1款第(四)项在概括用语"其他情形"之前附加了"有丧失或者可能丧失履行债务能力的"限定词。此类限定词为"其他情形"划定了边界,一般可以运用反面解释的方法。[3]这无疑是对通说的一种突破。本文进一步提出:不仅仅是第二种情形,即使是前一种情形也是可以进行反面推导的。这是因为,例举法条遵循同类解释(相当解释)规则,就是只有与列举项同类的系争案型才能够适用该例举法条规定的法律效果,不与列举项同类的则不能适用该例举法条规定的法律效果。这实际上也是给该法条的适用范围划定了边界,属于间接封闭型法条。[4]在这里,与列举项同类的是适用该例举法条规定的法律效果的充要条件。然而例举法条只应有选择型例举法条一类,各列举项分别与法律效果存在的是充分关系。因而判断系争案型与列举项是否同类,应当以列举项整体之共同本质为同类的判断根据。

三、先行规范之余外检讨

以上两个部分只是从条件关系的角度,来研讨反面推导先行规范的资格及其识别。而在反面推导先行规范的资格与识别上,还有两个似为定说而未必妥当的观点也值得检讨:一是反面推导的先行规范是否必须是构成要件穷尽列举或者适用范围绝对封闭?二是识别反面推导先行规范是否需要进行立法沉默和规范目的考量?笔者的看法为:其一,构成要件穷尽列举只是对充要条件型规范的要求,并不适用于必要条件型规范。而适用范围绝对封闭只是构成要件穷尽列举的结果体现。因此,不应将构成要件穷尽列举和适用范围绝对封闭,作为反面推导先行规范必须具备的

---

[1] 梁慧星:《裁判的方法》(第3版),法律出版社2017年版,第265页。
[2] 王利明:《法律解释学》(第2版),中国人民大学出版社2016年版,第208页。
[3] 参见王利明主编:《判解研究》(2007年第6辑),人民法院出版社2008年版,第178页。
[4] 例举法条中的兜底项虽然属于不确定概念也即其本身没有实在的内涵和确定的外延,然而列举项则有着比较明确的内涵与外延。这种较为明确的列举项的内涵与外延,基于"同类"的要求也就限定了兜底项的内涵与外延。

资格要件。其二,反面推导先行规范未规定与法定案型相异的系争案型,是出于立法者的有意沉默的观点应当予以肯定。然而有意的沉默实行的是沉默推定原则,不应反之从立法沉默来识别先行规范。而将规范目的延至对反面推导的导出规范进行合目的性考量或可接受性评价,应比识别先行规范的条件关系更为妥当。

(一)穷尽列举与完全封闭

1. 权威论著的观点例举

许多权威论著在持必要或充要条件说的同时,往往还会另行强调:能够作为反面推导先行规范的法律规范,必须是其构成要件被穷尽(充分)列举,或者强调其适用范围必须(完全)封闭。持构成要件穷尽列举说的有:(1)克莱默:"所有论证明确表明,产生疑问的规定的构成要件具有穷尽列举的特点,在这些情况下,反面推理一般都会发挥作用。"[1](2)王泽鉴:"所谓反面推论,……即该构成要件已被穷尽列举出可能发生的法律效果。"[2](3)杨仁寿:"从法学上言,只有法律要件被充分列举时,始能成为一个有效的逻辑法则,而得为反对解释。"[3](4)黄茂荣:"法学方法论上所称的'反面解释'只有在'构成要件'的一方被充分列举时,始能成为一个有效的逻辑规则。……在这里重要的是构成要件这一方的样态必须已被穷尽地列举。"[4](5)魏治勋:"法律条文如果对法律命题成立的充分条件进行了全部列举,或者虽未进行充分列举,但能够根据体系性标准、法的目的和利益衡量将隐含的条件予以明示列举,则在这些条件总和和法律后果之间,可以进行反对推理,成立反对解释。……如果不能在体系性、法的目的和利益衡量的基础上证明对充分条件的列举是完整的,那么就不能在条件与后果之间进行反对解释。"[5]持范围完全封闭说的则如:(1)王利明教授认为,反面推导"只能适用于穷尽性列举和'非此即彼'的事实类型规定的情形","法律规范适用范围的封闭性,是指法律规范可供适用的范围被明确界定,而且这种界定是十分周延的,不存在例外情形"[6]。(2)梁慧星:"可以作为反对解释的法律条文,其适用范围必须是封闭的。……这有两种情形:一种是法律条文采取定义形式,明确规定了构成要件。……另一种情形是法律条文采用了完全性列举的方法。"[7]

2. 权威观点的指称实质

这里需要梳理一下"穷尽列举"和"完全封闭"的具体含义,同时看看其究竟属

---

[1] [奥]恩斯特·A.克莱默:《法律方法论》,周万里译,法律出版社2019年版,第179页。
[2] 王泽鉴:《民法思维:请求权基础理论体系》,北京大学出版社2009年版,第204页。
[3] 杨仁寿:《法学方法论》(第2版),中国政法大学出版社2013年版,第156页。
[4] 黄茂荣:《法学方法与现代民法》,中国政法大学出版社2001年版,第331页。
[5] 魏治勋:《法律解释的原理与方法体系》,北京大学出版社2017年版,第222页。
[6] 王利明:《法律解释学》(第2版),中国人民大学出版社2016年版,第203、207页。
[7] 梁慧星:《裁判的方法》(第3版),法律出版社2017年版,第263—264页。

于何种"条件关系"。关于"穷尽列举",从上述引文来看应该不会是指构成要件的要素齐全,似乎是指列举型法律规范构成要件一方的列举项被一一列举出来,不能是带有"等""其他"之类概括词或兜底条款的例举型法律规范。若为此意,该法律规范则属充要条件型规范。这就排除必要条件型规范作为反面推导的先行规范,而如上所论,反面推导的先行规范既可以是充要条件型规范也可以是必要条件型规范。那么何为"完全封闭"?按照梁慧星教授的上述所言,与"穷尽列举"无异——完全列举自不待言,而定义的首要规则就是定义项与被定义项的外延关系须为全同关系。而依王利明教授对适用范围封闭性的前述定义,结论也是一样的。法律效果的"适用范围"实际上也就是法律规范的"构成要件",适用范围的"周延""不存在例外"意即反面推导先行规范的构成要件是该规范法律效果的唯一条件。而"如果一个法律规范中的事实构成,是该规范中法律效果的唯一条件,那么该法律规范的事实构成与法律效果之间存在着充要条件"〔1〕。可见,"穷尽列举"与"完全封闭"只是同义异语而已,两者均仅指充要条件而不能囊括充要条件和必要条件。也就是以其作为反面推导先行规范的资格要求并不周全,而且会产生误导而错把本来可以作为反面推导先行规范的必要条件型规范予以排除。鉴于此,不论是在理论阐述还是司法实践中,均应摒弃穷尽列举说和完全封闭说。判断一个法律规范可否作为反面推导的先行规范,只需要判断其是否为必要条件型规范或充要条件型规范即可,而不必且不应纠结于法律规范的构成要件是否"穷尽列举"或适用范围是否"完全封闭"。

3. 指称实质的适例说明

为直观说明上述所获得的结论,这里通过适例加以辨析。其一,列举法条。(1)选择型列举法条。例如《行政诉讼法》第 31 条第 2 款规定:"下列人员可以被委托为诉讼代理人:(一)律师、基层法律服务工作者;(二)当事人的近亲属或者工作人员;(三)当事人所在社区、单位以及有关社会团体推荐的公民。"(2)齐备型列举法条。例如《行政诉讼法》第 49 条规定:"提起诉讼应当符合下列条件:(一)原告是符合本法第二十五条规定的公民、法人或者其他组织;(二)有明确的被告;(三)有具体的诉讼请求和事实根据;(四)属于人民法院受案范围和受诉人民法院管辖。"两类列举法条的共同点在于:法条的构成要件部分均被充分列举,也即其法律效果的适用范围都被完全封闭——能够适用该法条法律效果的只有其所列举的事项,再无其他事项可以适用该法律效果;反之亦然。因而各列举项的整体(总和)是法律效果的充要条件。而两者的区别不应被忽视:前者的各列举项只是法律效果的充分条件,不可以单独作为反面推导的先行

---

〔1〕 余文唐:《赌网代理:接受投注与情节严重》,载微信公众号"刑事实务"2019 年 7 月 11 日,https://mp.weixin.qq.com/s/b9EhLAM0HsIqc6EpIBShsQ。

规范;后者的各列举项均为法律效果的必要条件,可以单独作为反面推导的先行规范。其二,定义法条。分为两类:(1)内涵型定义法条。例如《民法典》第57条规定:"法人是具有民事权利能力和民事行为能力,依法独立享有民事权利和承担民事义务的组织。"(2)外延型定义法条。例如《民法典》第1127条第5款规定:"本编所称兄弟姐妹,包括同父母的兄弟姐妹、同父异母或者同母异父的兄弟姐妹、养兄弟姐妹、有扶养关系的继兄弟姐妹。"该两类定义法条的定义项与被定义项的外延关系均为全同关系,也即定义项是被定义项的充要条件。所不同的只是封闭适用范围的途径:前者是通过内涵的确定来封闭,后者则是通过穷尽列举来封闭。

(二)立法沉默与规范目的

1. 立法沉默与先行规范

有意沉默说是以探究立法者对"未规定案型"是否属于有计划的沉默,来判断一个法律规范可否作为反面推导的先行规范。例如,论者王文胜、周晓晨认为,"反面解释所要解决的是'非M则非P是否成立'的问题";"反面解释所探寻的只是立法者有计划的沉默";"反面解释方法是要以立法语言为基础,去探寻'非M则非P是否成立'的问题中立法者为了追求立法语言简洁而作的有计划沉默的内容"。[1]而有意沉默在许多权威论著中被认为应当实行沉默推定原则:除非有更强的理由,否则法律对某种案型未作规定的应当推定为立法者有意沉默。例如:(1)魏德士:"如果法律对某一生活事实没有做出规定,那就可以得出立法者不愿意对此作出调整,因此有意保持沉默。"[2](2)克莱默:"在可能的文义范围内解释的规定不涵盖待评价的案件,可以得出的结论是:该法律'知道'应该沉默(所谓'实质的'或'有意义的'法律沉默),即该法律确实不调整该案件。"[3](3)孔红:"如果法律对一个事项未作规定,则该事项被认为是法律不需要规定的。这些相对的、未规定的情况形成了法律的一般默认,而一般性默认正是法律表达的一个基本特征。"[4]在笔者看来,立法沉默究竟是有意的还是疏忽的,这是个很难判断的问题[5],有时恐怕还得通过反面推导是否成功乃至案型的比较进行倒推。具体地说,从反面推导成功可以倒推出有意沉默,通常情形下也可从反面推导不成功倒推出疏忽沉默。后者之所以限于

---

[1] 参见王利明主编:《判解研究》(2007年第6辑),人民法院出版社2008年版,第161、164、171页。
[2] [德]伯恩·魏德士:《法理学》,丁晓春、吴越译,法律出版社2013年版,第370页。
[3] [奥]恩斯特·A. 克莱默:《法律方法论》,周万里译,法律出版社2019年版,第178页。
[4] 孔红:《"反面推论"辩谬》,载《政法论丛》2018年第5期。
[5] WTO上诉机构报告曾经指出:"尽管立法沉默确有其含义,但是,立法沉默在不同的语境下可能具有不同的含义,并且,就立法沉默自身而言,并非必然是决定性的。"转引自苟大凯:《WTO争端解决机构对"立法沉默"之含义推定——评中国原材料出口限制措施案专家组基于上下文对〈中国入世议定书〉第11.3段之解释》,载《国际贸易》2011年第10期。

"通常情形下",是因为反面推导与当然推导都是在立法有意沉默下进行的,因而反面推导不成功若是由于当然推导更具可接受性,则不能由此倒推出立法疏忽沉默。换言之,立法沉默类型与其通过法律解释在先行规范中探求,毋宁经由推导结果来倒推。

2. 规范目的与关系识别

许多论者认为,识别条件关系需要进行规范目的或立法目的考量。例如:(1)克卢格:"如果没有清晰地查知相关蕴含关系具有何种性质,那么目的论分析就是必要的。"[1] (2) 吕曰东:"一般情况下,对法条中行为模式与法律后果的逻辑关系,需要结合法律体系、立法目的、利益衡量等进行判断。"[2] (3) 孟祥帅:"依据文意的解释方法、体系解释、目的论解释等都可以用来论证被引述的法律规则是否具有内蕴包含结构。"[3]本文尽管不断然否认在特定或疑难情形下条件关系的识别存在一定程度上的实质性判断,但更倾向于认为条件关系识别主要是逻辑性的。而依规范目的或立法目的之类的实质性识别,在导出规范的检验上更能彰显其作用。以必要或充要条件假言命题的否定前件式所进行的反面推导,是个严格遵循该命题的逻辑特性的演绎过程,因而推导出的结论具有必然性。然而,司法裁判的过程却非纯粹的逻辑过程,还需要考虑裁判的合目的性和可接受性。[4]鉴于此,对反面推导的导出规范还需要加以目的检视乃至利益衡量。也就是说,反面推导的导出规范还不是确定的裁判规范。只有通过后反面推导的结果衡量作业,才能最终确定该导出规范可否作为裁判规范。这里有必要区分反面推导的成立与反面推导的成功这两个概念。前者属于反面推导本体所要解决的问题,后者则是后反面推导应该解决的事项。[5]按照

---

[1] [德]乌尔里希·克卢格:《法律逻辑》,雷磊译,法律出版社2016年版,第194页。

[2] 吕曰东:《反对解释:规则与适用》,载《山东审判》2006年第2期。

[3] 孟祥帅:《反向论证研究》,山东大学2013年硕士学位论文。

[4] 菲特丽丝指出,"虽然逻辑有效性是法律论证和理性的一个必要条件,但不是充分条件。为了确立法律论证的可接受性,除了逻辑有效性的标准外,还需要实质的可接受性";"逻辑旨在评估前提和结论之间的形式关系。评估法律论述的前提在内容上的可接受性时,人们应当采用可接受性的实质(法律或者道德上的)标准"。参见[荷]伊芙琳·T.菲特丽丝:《法律论证原理——司法裁决之证立理论概览》,张其山等译,商务印书馆2005年版,第25页、第196页。

[5] 在笔者看来,反面推导的方法本体与反面推导的成功操作是两个不同的概念。反面推导的方法本体,是从先行规范(大前提)结合相异案型(小前提)并通过运用必要或充要条件假言命题的否定前件式推理,获得导出规范(结论)的作业或过程。这一过程只考虑反面推导是否成立的问题,而反面推导的成功与否则涉及多种法律方法的相互配合。基于此认识,笔者主张将反面推导的成功操作区分为三个阶段:一是前反面推导阶段。本阶段为反面推导的前期性或曰基础性作业,其任务包括先行规范查寻、整理和解释。二是反面推导本体阶段。该阶段即反面推导的方法本体,其过程包括:确定作为推导大前提的先行规范(必要或充要条件型规范)——确定作为推导小前提的系争案型(与法定案型相异的案型)——推导出作为推导结论的导出规范(否定系争案型适用先行规范的法律效果)。三是后反面推导阶段。此阶段是对第二阶段推导出的导出规范所进行的后续性作业,其任务是对导出规范的合目的性或可接受性进行衡量评判,以确定该导出规范可否作为系争案型的裁判规范。

菲特丽丝的说法,前者的标准是逻辑有效性,后者的标准是实质的可接受性。[1]就推理角度而言,前者是纯粹逻辑性或曰单调推理,属必然性的演绎逻辑——必要或充要条件假言命题的否定前件式推理,必然地推导出导出规范;后者则是非单调推理,属或然性的论辩逻辑——对导出规范进行合目的性和可接受性质辩,选定系争案型的裁判规范。

3. 目的检视的举例说明

这里举个生活性的例子来说明导出规范之目的检验的必要性。例如:某公园大门口挂一块"禁止带猪、狗入内"的告示。某日,甲携笼鸟、乙抱宠物猫进公园,门卫让进。丙、丁问门卫:"为何让鸟、猫进公园?"门卫指着告示牌说:"鸟、猫非猪、狗。"之后,丙、丁分别带牛和熊欲进公园,被门卫拦住不让进。丙、丁责问门卫:"牛、熊是猪、狗吗!"门卫词穷哑口。此时,一位法官恰好路过,见状问明情况后为门卫解围:"公园保障花草不被践踏破坏,更要使游客有舒适安全感。鸟、猫对此并无妨碍,熊与狗均会使游客不安甚至伤害游客,而牛比猪对公园花草的破坏性更大。"于是丙、丁作罢。[2]在这个虚构的故事中,就涉及反向推导、当然推导、类推适用和目的性扩张。首先,让鸟、猫进公园,门卫用的是反面推导。鸟、猫非猪、狗,不属于告示中禁止进公园的范围,因而可以进公园且让其进公园符合该告示的规范目的。其次,不让牛进公园,涉及的是当然推导。牛与猪都会践踏破坏花草,而且牛比猪的破坏力更大,破坏力比牛小的猪都被禁止进公园,牛更应属于禁止之列。最后,不让熊进公园,涉及的是类推适用或目的性扩张。熊与狗形态相似且同样会威胁游客安全,或熊与狗形态相异,但同样会威胁游客安全。法官的高明之处在于揭示告示的规范目的——保障花草不被践踏破坏,更要使游客有舒适安全感。在这里,法官的分析似乎是对案型相异的目的评价,实质上更是对反面推导的导出规范进行合目的性检视。从该例可以得到的启示是:规范目的乃至利益衡量之于反面推导,其作用的彰显在于对反面推导的导出规范之合目的性考量或可接受性评价。这是反面推导的后续性作业,属于后反面推导阶段。而在反面推导本体阶段,目的检视及利益衡量则无须介入。

【责任编辑:刘卓知】

---

[1] 参见[荷]伊芙琳·T. 菲特丽丝:《法律论证原理——司法裁决之证立理论概览》,张其山等译,商务印书馆2005年版,第196页。

[2] 本虚构故事参考了王泽鉴构思的个别类推的例子。参见王泽鉴:《民法思维:请求权基础理论体系》,北京大学出版社2009年版,第201—202页。

实务探讨

关于规范管理境外来华公务机飞行商业模式的相关建议

——以国家数据安全和境外来华公务机依法合规跨境运营为视角

黄振达*

摘要：截至目前，我国并没有一份完整规范境外来华公务机飞行运营管理的规章或规范类文件。由于缺乏统一协调的管制政策和监管标准，实践中存在一定的监管冲突和争议，这对于民航运输管制秩序以及国家安全、数据合规监管等均有一定影响。境外来华公务机的飞行管理涉及国家安全战略管控、民航飞行数据安全以及乘客与机组个人信息安全等问题。将境外来华公务机一次飞行计划允许人为划分为多航段起落，属于涉嫌违反民航法和法规、规章的明确规定，一旦出现不可控事件，将相当被动，因为没有明确法律依据支持该类"行政许可行为"。境外来华公务机境内航权飞行事关我国航空主权、航空运输经营权、国内航空运输专营权、航空运输企业公平市场竞争权，出台相关法律对其进行规制也是实现国家安全、民航数据合规、消费者个人信息保护、航空运输法律风险防范的必然要求。

关键词：境外来华公务机　国家安全　民航数据合规

收稿日期：2023-06-26

* 黄振达，法学硕士，经济学博士，北京德和衡律师事务所高级合伙人。西北大学兼职教授，北京理工大学法律硕士校外导师，深圳国际仲裁院仲裁员，海南国际仲裁院仲裁员。

一、概念提出与问题导入

私人自用公务机飞行和私人商务包机飞行均属于通用航空经营许可项下的运营范畴,在民航通用航空运输管理中普遍被称为公务机飞行或公务机管理,这是相对于公共航空运输管理中定期航班运输和不定期民航大包机航班运输概念而言的。我国民航局《公务航空预先飞行计划日常管理细则(暂行)》第6条规定:本细则所称公务航空飞行是指使用民用航空器按单一用户(企业、事业单位、政府机构、社会团体或个人)确定时间、始发地和目的地,为其商业、事务、行政等活动进行的无客票飞行活动,通常使用30座(含)以下的民用航空器(初级类航空器除外)。表演、私人旅游、体验等飞行不包括在本细则所指公务航空飞行活动范围内。

笔者为便于比较鉴别和问题讨论,在此文中自行定义如下概念,即"私人自用公务机飞行"是指以自然人或公司、组织、团体等名义拥有飞机产权并自用公务机,基于自身工作生活用途而不定期使用该飞机的飞行活动。私人自用公务机飞行需要遵守的是中国民航CCAR91部运行规章,该等飞机的座位数应该在30座以下(含机组)。私人拥有公务机通常需要委托给专业公务机管理公司进行托管服务并支付托管服务费和运行保障费用,并且不以营利为目的。

"私人商务包机飞行"则是指公务机管理公司以营利为目的,将专门用于对外经营的公务机按照商业服务取酬条件,通过签订商务包机专属运输服务协议(简称包机服务协议)的方式,将特定客户运送到约定目的地的商业航空运输服务模式。商务包机飞行模式需要遵循的是中国民航CCAR135部运行规章,该等飞机的座位数应该在30座以下(含机组)。应用于商业包机飞行模式的公务机,通常是公务机管理公司自行购置或者租赁,并专门用于对外公开出租或提供包机飞行服务的。

对于30座以上的大型公务客机,无论是定期飞行还是不定期飞行,均需按照中国民航CCAR121部运行规章进行管理和规范,而且大型公务客机不能用于商业经营服务,而仅限于飞机产权人自用,飞行员驾驶执照是航线驾驶员执照。

当前私人自用公务机和私人商务包机运营实践中存在一定的交叉混同问题亟待解决。例如,个人或者特定公司、组织、团体拥有的私人公务机,由于年度自用时间多有剩余,出于节省飞机托管运营开支和适当创造收入从而抵扣飞机托管费等种种目的,飞机产权人多半将私人公务机私自委托或默许给飞机管理公司,允许其利用空余时间私自对外租赁经营,譬如搭乘顺风公务飞机、搭乘返空公务飞机,甚至直接按照私人商务包机模式进行商业经营等。由于这类经营模式不能公开网上售票、不能公布航班时刻,所以普遍采取点对点的朋友、熟人之间的推介模式。这样的操作模式就是把原本应该按照CCAR135部运行规章管理的商务包机飞行模式私自改变成按照CCAR91部运行规章运营的私人自用公务机飞行模式，从而进行航班计划申请。

将私人自用公务机和私人商务包机交叉混同使用，使得公务机飞行运行的管控规章依据发生明显变化，同时飞行涉及的飞机保险、乘客保险、第三者地面保险等也发生巨大的事实变化，导致可能发生较大的法律风险和保险理赔争议。这种张冠李戴的公务机运营方式对于航空安全运营监管、民航数据合规等存在刻意规避和挑战。具体而言，从民航监管角度看，这种行为涉嫌提供虚假的飞行计划申报审批，破坏正常的飞行计划审批秩序和通用航空运输管理秩序，给飞行安全监管和航空数据合规审查带来冲击，应当给予行业监管处分。从市场经济合法合规经营角度分析，其商业经营行为涉嫌非法经营和违规经营，也应当给予市场监管的行政处罚。

二、境外来华公务机境内飞行运营中的问题分析

本文主要基于上述基础事实和民航运行规章分类管控政策，重点讨论分析境外来华公务机的飞行监管问题。"境外来华公务机飞行"是指境外注册经营的通用航空公司，在我国民航监管部门认可其通用航空经营许可资质的前提下，使用境外注册国籍的公务机，跨境飞行进入我国境内并起降，进行商务旅行活动的商业服务行为模式。按照前述规则，境外来华公务机飞行同样区分为境外来华私人公务机飞行模式和境外来华私人商务包机飞行模式两类，其规范管理分别适用前述不同民航运行规章。

需要特别说明的是，截至目前，我国并没有一份完整的规范境外来华公务机飞行运营管理的规章或规范类文件，相关规范散见于各有关法律、法规、规章或规范性文件之中。由于缺乏统一协调的管制政策和监管标准，实践中存在一定的监管冲突和争议，这对于民航运输管制秩序以及国家安全、数据合规监管等均有一定影响。这正是本文需要重点讨论分析和提出规范建议的原因所在。

目前境外来华公务机市场主要存在的问题及成因分析如下。

（一）张冠李戴的虚假申报飞行计划

虚假申报飞行计划是指将境外注册国籍的私人自用公务机按照私人商务包机飞行模式对外经营并入境飞行，但是仍以私人自用公务机模式申请飞行计划并进行航线报批，或者以商业包机飞行模式进行飞行计划审批。不同用途的申报审批需要依据不同的运行规章，申报材料的要求也不尽相同。民航监管审批需要对真实飞机产权人、飞机托管运营人、飞机注册国籍、飞机适航证书、飞机通信联络方式、飞行计

划、飞行目的、中国地面服务代理机构、飞行目的地中国地方接待机构、飞行机组名单、乘客名单、是否以及为何在飞行经停中途更换机组或乘客等内容按照国家安全战略管控架构和民航监管要求进行必要申报与审查、核实。在具体操作执行中涉及与民航局有关职能部门、机场、海关、移民局、公安机关、国家安全机关等进行必要的数据共享或开放，因为境外来华公务机的飞行管理涉及国家安全战略管控和民航飞行数据安全、乘客与机组个人信息安全等问题。目前我国相关的法律制度体系日渐完善，主要有《国家安全法》《网络安全法》《数据安全法》《个人信息保护法》，以及国务院或其直属机构颁布实施的《网络数据安全管理条例（征求意见稿）》《关键信息基础设施安全保护条例》《数据出境安全评估办法》，交通运输部起草的《民航网络信息安全管理规定（暂行）（征求意见稿）》，民航局制定的行业标准《智慧民航数据治理规范数据安全》等。

航空无小事，不仅要保障飞行安全，还应当考虑国家安全的战略定位，及时向有关机构开放、披露或共享真实数据，防止出现危害国家安全的事故或者涉外意外事件。例如，搭乘境外来华公务机的乘客不需要买票，只需要公务机管理公司或其中国代理服务机构申请飞行计划时提交客户名单和证件信息，乘客入境报关只需要提交个人证件，境内航段飞行仍只需要提交个人证件并通过公务机专用通道或者公务机航站楼（FBO）直接出行。这就为数据信息的收集和核实，航空旅客客票销售系统与机场值机系统的兼容以及数据的开放、共享或甄别等带来差异化影响，可能存在一定的数据差异或者数据传输共享的滞后，不利于飞行安全监管和维护国家安全。

（二）允许一次飞行计划分为多航段次数争议和行业市场利害分析

境外来华公务机飞入我国境内后，一次飞行计划究竟能飞几个航段起落，在实践中存在一定争议。目前我国民航监管部门允许境外来华公务机将一次飞行任务分为多航段起落，即若干个先后衔接的航段可以视为一次飞行任务，即允许境外来华公务机在多个城市之间相继起降直至最后离境，实现并满足本次入境商旅活动。

过去管理实践中存在允许在一次飞行计划中进行8个航段内有效起落的规定，目前最新的审批政策则是允许在一次飞行计划中进行6个航段起落。一次飞行计划允许几个航段起落的法律依据、法律授权和法律解释权乃至扩张解释权是否存在？境外注册来华公务机在境内多航段起落飞行是否构成侵犯我国民用航空运输权利和涉嫌非法商业经营活动？这是一个备受争议的问题。

笔者认为，我国法律法规并没有允许一次飞行计划可以界定区分为诸多个航段，或者说法律法规并没有明确允许多个前后衔接的航段可以或者应当构成一个或一次飞行计划任务。如果在具体行政规章层面或者规范类文件层面允许一次飞行计划可以划分为若干个前后衔接的航段起落，从而人为地允许一次飞行计划可以在两个及以上城市之间进行航段起落,即境外来华公务机申报一次飞行计划,就可以实现在境内诸多城市之间飞行,直到离境,那么这样的行政许可行为在法律层面和法规层面都没有明确的法律依据,也没有法律明确授权,因而更不具有法律法规解释权。

而且,这样放宽审批飞行计划除会导致占用更多城市之间的领空使用资源和航班时刻资源之外,还会导致境内外公务机公司之间以及境外公务机公司与境内航空运输企业之间不正当竞争,并引发其他相关问题。例如,保税或免税航油供应、境外公务机保税维修（MRO）是否适用于境内城市之间每个航段起落？境内全程是否均适用燃油退税政策或公务机航材免税维修更换政策？境内两点之间飞行区间的飞行保险保障是按照国际保险政策还是国内保险政策投保和理赔？本次公务机飞行数据信息、乘客名单（含乘客在各起落航段是否存在上下机变动信息以及敏感乘客信息等）可能涉及国家安全和航空数据合规,是否依次在各起落城市向有关监管机关如实申报或实现数据开放、共享？境外公务机管理公司在我国境内两点城市之间的商业运营是否合法合规？境外公务机公司在我国境内城市间开展商业取酬飞行的航权经营行为是否有明确法律依据？这些问题如果不能有效解决,则针对境外公务机境内飞行的航权改革措施应当慎重考虑。

外国来华公务机一次飞行任务是否可以划分多航段起落,这不仅仅是涉及方便公务机乘客商旅出行的问题,还涉及国家整体安全格局、航空数据合规审查与披露共享、保税免税燃油支援供应体系、保税免税航材支援供应体系、保险投保和理赔的法律适用等体系性问题。因此,笔者建议原则上应当不允许一次飞行计划划分两个以上航段分段飞行并多点城市起落。对于因特殊情况需要分航段起落实现商旅目的的情形,应当按照特殊申报审批机制予以审核。

（三）虚假申报飞行计划和飞行航段人为划分的法律属性分析

由于我国目前没有专门的境外来华公务机飞行管理规范性文件以及规章级别及以上法律效力的文件,笔者尝试按照法律、法理和法律类推原则进行对比分析。《民用航空法》第177条规定:"外国民用航空器的经营人,不得经营中华人民共和国境内两点之间的航空运输。"第178条规定:"外国民用航空器,应当按照中华人民共和国国务院民用航空主管部门批准的班期时刻或者飞行计划飞行;变更班期时刻或者飞行计划的,其经营人应当获得中华人民共和国国务院民用航空主管部门的批准;因故变更或者取消飞行的,其经营人应当及时报告中华人民共和国国务院民用航空主管部门。"

此外,我国《民用航空法》第176条还规定:"……外国民用航空器的经营人经其本国政府批准,并获得中华人民共和国国务院民用航空主管部门批准,方可经营中华人民共和国境内一地和境外一地之间的不定期航空运输。前款规定的外国民用航空器经营人,应当依照中华人民共和国法律、行政法规的规定,制定相应的安全保卫方案,报中华人民共和国国务院民用航空主管部门备案。"第174条规定:"外国民用航空器根据其国籍登记国政府与中华人民共和国政府签订的协定、协议的规定,或者经中华人民共和国国务院民用航空主管部门批准或者接受,方可飞入、飞出中华人民共和国领空和在中华人民共和国境内飞行、降落。对不符合前款规定,擅自飞入、飞出中华人民共和国领空的外国民用航空器,中华人民共和国有关机关有权采取必要措施,令其在指定的机场降落;对虽然符合前款规定,但是有合理的根据认为需要对其进行检查的,有关机关有权令其在指定的机场降落。"根据该法第179条的规定,外国民用航空器应当在中华人民共和国国务院民用航空主管部门指定的设关机场起飞或者降落。根据该法第180条的规定,中华人民共和国国务院民用航空主管部门和其他主管机关,有权在外国民用航空器降落或者飞出时查验该法第90条规定的文件。外国民用航空器及其所载人员、行李、货物,应当接受中华人民共和国有关主管机关依法实施的入境出境、海关、检疫等检查。该法第175条规定:"外国民用航空器飞入中华人民共和国领空,其经营人应当提供有关证明书,证明其已经投保地面第三人责任险或者已经取得相应的责任担保;其经营人未提供有关证明书的,中华人民共和国国务院民用航空主管部门有权拒绝其飞入中华人民共和国领空。"

从《民用航空法》有关规定可以看出,尽管《民用航空法》主要约束规范公共航空运输中的飞行行为,但是并没有明确排除对境外来华公务机的法律适用,而且《民用航空法》第十三章"对外国民用航空器的特别规定"是对外国民用航空器在我国境内飞行的许可与限制,该章节法律规范同样适用于境外来华公务机的飞行行为。因此境外来华公务机的飞行管控应当依照或参照《民用航空法》有关条款和法律政策执行,境外来华公务机并不享有无立法依据的例外特权。

除法律层面外,还可以参照我国民航局对外公共航空运输管理的有关规章规定。例如,自2006年7月21日起施行的《外国航空运输企业不定期飞行经营许可细则》(CCAR-119TR-R1)第16条规定:"申请人应按照民航总局所许可的飞行计划经营不定期飞行,不得随意更改。"第17条规定:"除民航总局根据对外关系、经济贸易、公众需求或其他原因特别批准的外,一般情况下,申请人不得从事不定期飞行中的下列行为:(一)在中华人民共和国大陆境内两点之间进行不定期飞行;(二)在中华人民共和国大陆境内两点或多点之间进行组合飞行;(三)在中华人民共和国大陆境内与任何第三国(地区)之间进行不定期飞行;(四)在有定期航班服务的航线或航段上进行不定期飞行……"

在法规层面，《民用航空运输不定期飞行管理暂行规定》规定，从事不定期飞行，必须遵守中国民用航空局制定的运输规则，并不得影响定期航班的正常经营。外国民用航空运输企业不得经营中华人民共和国领域内任何两点之间不定期飞行的运输业务。对外国民用航空运输企业经营取酬运输业务的不定期飞行，中国方面有权收取航空业务权补偿费。从中华人民共和国始发的前往外国的运送旅客、行李、货物和邮件的不定期飞行，应当由中国民用航空运输企业优先经营。

从上述行政法规和行政规章可见，我国明确规定不允许外国航空运输企业经营国内任何两个城市之间的不定期航空运输服务。因此，将境外来华公务机一次飞行计划允许人为划分为多航段起落，涉嫌违反《民用航空法》和相关法规章的明确规定，一旦出现不可控涉外意外事件，有关监管机关将面临相当被动的局面，因为目前并没有明确的法律、法规支持该类"行政许可行为"。上述国务院法还把境内飞往境外不定期飞行的航空经营优先权明确给国内航空运输企业，尽管考虑到法规出台时间，改革开放后我国目前的境内外企业平等国民待遇和对外投资、贸易、服务的负面清单制度改革以及营商环境建设总体要求，但是境外公务机公司在境内的商业行为运营待遇不可能也不应该优先于境内航空运输企业（包括境内注册的公务机管理公司）的经营待遇，这一点也应该是毋庸置疑的。

从目前境内公务机航空市场调研来看，境外来华公务机入境后管理服务待遇明显优于境内公务机管理公司。主要表现为飞机在繁忙城市机场优先停放、起降、放行等方面。从目前公务机市场来看，我国民航管理部门和机场服务机构对于境外来华公务机的服务和飞行计划申请审批的支持力度普遍高于对境内公务机运营商，存在一定程度的不公平，飞行起降时刻资源优先占用，优先放行，同时允许一个飞行计划多航段内起降，这对境内公务机市场正常经营秩序和健康发展产生明显冲击。

公务机航空市场属于航空业的皇冠明珠，是最高等级的商务服务市场。我国公务机市场曾经有过辉煌和高速发展的黄金时期，据北京商务航空协会统计，最高峰时期我国境内注册公务机拥有量大约300架，在亚洲市场位居首位。近几年受经济社会各种因素影响，我国境内注册公务机拥有量明显下滑，目前大约在170架。由于公务机涉及私人产权，基于私人财产和个人数据信息保护，公务机数据统计很难做到十分精准。当前我国很多公务机拥有者将飞机转卖或者改为国外注册国籍，由此形成外国注册国籍的公务机更加频繁地入境飞行，执行商业活动或者长期滞留境内停放，也因此导致上述问题日渐明显，值得引起关注。

三、规范完善境外来华公务机飞行管控的建议

基于上述概念和问题分析,笔者提出如下改进建议:

(一)树立有法可依、依法行政、依法服务的原则理念,提高战略定位

对于境外来华公务机飞行管理与服务首先要明确有法可依的原则。一次入境飞行包括一次落地入境和一次起飞离境,这是一次飞行计划审批的基本法律含义和飞行技术概念,不容误解和曲解,原则上并没有中间环节的细分航段供给。对于境外来华公务机客人在境内多城市进行商务旅行活动的诉求,通常的做法应该是境外来华公务机按照飞行计划降落我国境内目的地城市机场后,该公务机的乘客应当选择乘坐我国民航运输企业的公共运输航班或者包租我国公务机公司提供的商务包机来进行其在境内剩余的商务旅行活动。如果参照有关国家的做法,对于在我国民航局按年度报备的境外通用航空公司(包括境外公务机管理公司),也可以考虑进行一个年度跨境来华计划飞行次数申报,对于年度飞行计划内的申请可以考虑给予一定适当的多航段审批,超出年度飞行计划的申请则给予严格审批、限制审批、禁止审批或者适用加大航权补偿收费机制,进行价格杠杆的市场化平衡。但是这些航权改革措施的前提条件是我国需要首先修改民航立法或者增加法律、法规层级的行政许可与授权。否则,任何航权改革都没有上位法的法律、法规授权和法律依据。

境外来华公务机境内航权飞行事关我国航空主权、航空运输经营权、国内航空运输专营权、航空运输企业公平市场竞争权,出台相关法律对其进行规则也是实现国家安全、民航数据合规、消费者个人信息保护、航空运输法律风险防范的必然要求。

(二)特殊审批例外原则

在目前法律、法规层面没有及时补充完善立法体系的情况下,由于临时航空管控措施、因天气原因影响飞行安全、飞机意外故障、乘客与机组突发疾病、国际人道主义救援等特殊原因,经临时紧急申请,境外来华公务机可以临时降落其他机场和城市,待问题解决后再飞往目的地城市并遵守民航局的指令飞行计划和相关要求。

(三)创新航权改革的试点地区,积极探索境外来华公务机跨境飞行管控模式

通常来说,境外来华公务机原则上进出境城市和机场应该是同一个。这是目前法律政策的基本要求。海南自由贸易港是我国目前为止政策最优、享有自由贸易港优先立法权的试点,这为创新境外来华公务机商务飞行管控模式创造了基础条件。如果海南自由贸易港能够率先尝试立法突破,允许境外来华公务机入境后经停海南自由贸易港,实现国内异地城市之间的私人商务包机或专机飞行,那么这样的创新

对于激发海南自由贸易港公务机市场的健康快速发展,带动自由贸易港的投资与贸易自由化无疑具有重要推动作用。

《海南自由贸易港法》明确规定,国家在海南岛全岛设立海南自由贸易港,分步骤、分阶段建立自由贸易港政策和制度体系,实现贸易、投资、跨境资金流动、人员进出、运输来往自由便利和数据安全有序流动。海南自由贸易港建设,以贸易投资自由化便利化为重点,以各类生产要素跨境自由有序安全便捷流动和现代产业体系为支撑,以特殊的税收制度安排、高效的社会治理体系和完备的法治体系为保障,持续优化法治化、国际化、便利化的营商环境和公平统一高效的市场环境。国家支持海南自由贸易港建设发展,支持海南省依照中央要求和法律规定行使改革自主权。国务院及其有关部门根据海南自由贸易港建设的实际需要,及时依法授权或者委托海南省人民政府及其有关部门行使相关管理职权。海南省人民代表大会及其常务委员会可以根据《海南自由贸易港法》,结合海南自由贸易港建设的具体情况和实际需要,遵循宪法规定和法律、行政法规的基本原则,就贸易、投资及相关管理活动制定法规(以下简称"海南自由贸易港法规"),在海南自由贸易港范围内实施。海南自由贸易港法规应当报送全国人民代表大会常务委员会和国务院备案;对法律或者行政法规的规定作变通规定的,应当说明变通的情况和理由。海南自由贸易港法规涉及依法应当由全国人民代表大会及其常务委员会制定法律或者由国务院制定行政法规事项的,应当分别报全国人民代表大会常务委员会或者国务院批准后生效。

这些立法改革措施和授权路径为海南自由贸易港在航权改革上提供了立法、造法的创新基础,笔者建议应当积极利用,有利于助推海南自由贸易港建设。

(四)正确理解营商环境核心要义

营商环境建设是党中央国务院始终高度重视的改革措施和目标。其本质要求是制度措施公开透明、市场行为合法合规、利于国家安全管控、内外商公平市场竞争。努力打造中国社会的营商环境并不断优化,始终是我国政府和全社会参与全球竞争、依法治理社会、发展经济的有力支撑体系和依托。营商环境的创造需要立法完善、司法文明、有法可依、有法必依,同时市场公平竞争、监管制度措施公开透明,社会秩序稳定,经济社会政策稳健。任何改革措施的出台均需要满足效率第一,兼顾公平的总原则。

【责任编辑:金梦洋】

在应然与实然之间：
法官与律师关系的思考

陈建华*

摘要：众所周知，平时法官接触最多的是律师，律师接触最多的是法官。处理好法官与律师的关系，意义重大。基于此考量，笔者试图从应然、实然和路径三个角度探索与思考法官与律师的关系，希冀对当前如火如荼进行中的司法改革工作有所裨益。

关键词：法官 律师 关系

"希望让律师的执业环境越来越好。"这是2014年12月9日11时45分，上海市高级人民法院副院长邹碧华在去世前一天发出的最后一条微信朋友圈的留言，也是他对当天试运行的上海法院"律师服务平台"写下的寄语。

"希望让律师的执业环境越来越好"这句肺腑之言，似乎暗示着当前的律师执业环境并不理想。众所周知，平时法官接触最多的是律师，律师接触最多的是法官。处理好法官与律师的关系，意义重大。基于此考量，笔者试图从应然、实然和路径三个角度探索与思考法官与律师的关系，希冀对当前如火如荼进行中的司法改革工作有所裨益。

收稿日期：2023-05-30

* 陈建华，法学博士，湖南师范大学硕士生导师，湖南省郴州市中级人民法院民三庭副庭长，四级高级法官，郴州市首批社科智库专家。

一、应然:法官与律师关系的理想图景

按理来言,"法官与律师是法治国家的中坚力量,属于法律职业共同体。但是,由于角色的不同,法官与律师又在法律授权的范围内各自独立依法履行职责,独立承担法律责任"[1]。二者是一种怎么样的关系呢?笔者进行了一番思考。从应然角度思考,笔者认为主要具有如下三层次的关系:

(一)相互尊重、法内协助

我国著名法学家徐显明教授指出:"一般来说,一个社会对法官、检察官的尊重程度表明法治的程度。相同的道理,法官、检察官对律师的尊重程度,则表明了这个社会的公正程度。法官如果不尊重律师,法官也不会受到社会的尊重,而法官的受尊重和律师的受尊重,都源于他们对公正的职业追求。"[2]法官和律师是维护我国社会主义法治这架马车的"两个车轮",只有彼此之间相互尊重,才能实现"让人民群众在每一个司法案件中感受到公平正义"这一共同目标。法官对律师的尊重同律师对法官的尊重一样,实际上是对法律的尊重,是对法治的尊重。

同时,为了保障法律的正确实施、维护当事人的合法权益、实现司法的公正,法官与律师又是法内配合与协助的关系。具体体现在两个方面:一方面需要法官充分保障律师发挥辩护和代理作用。在庭审过程中法官需要认真听取律师的辩护与代理意见,在裁判文书上法官需要充分回应律师提出的意见。另一方面要求律师把自己的主要精力放在熟悉案情、调查取证、向法官提出法律适用建议以及提升自身业务能力上。

(二)相互独立、互相监督

"法官要和律师保持一定距离,此乃世界惯例。"[3]法官与律师的关系是相互独立的。一方面,法官是独立的。《法官法》第7条规定:"法官依法履行职责,受法律保护,不受行政机关、社会团体和个人的干涉。"该条中的"个人的干涉"不仅包括行政机关和社会团体中个人的干涉,而且包括律师等个人的干涉。法官在行使审判权的过程中应当保持独立,不受律师的干预,不私自会见律师,不接受律师请客吃饭和馈赠财物,不向当事人指定或介绍律师,更不能在律师事务所兼职,否则会影响司法公正。另一方面,律师也是独立的。我国《律师法》规定,律师担任诉讼代理人或

---

[1] 李群星:《法官与律师关系的回归与超越》,载《人民法院报》2015年5月15日,第2版。

[2] 徐显明:《试论"法治"构成要件》,载刘海年等主编:《依法治国建设社会主义法治国家》,中国法制出版社1996年版,第233页。

[3] 孙渝:《找回大律师》,法律出版社2009年版,第17页。

者辩护人的,其辩论或者辩护的权利依法受到保障;律师在执业活动中的人身权利不受侵犯;律师在法庭上发表的代理、辩护意见不受法律追究。规定律师的这些权利,其目的是保障律师的独立性。律师在代理案件的过程中,不得与法官建立不正当关系,不得向法官行贿,不得邀请法官吃喝,不得聘请法官在自己任职的律师事务所兼职等。

同时,法官与律师又是互相监督的关系。"最有效的监督是能时刻伴随着司法的动态运作过程并对此过程具有专业性理解的法律职业者之间的相互监督。"[1]一方面,律师要积极监督法官审判权的行使,防止审判权的滥用。对于法官违反职业道德的行为,应当向纪检监察部门或者纪律检查委员会进行检举或控告。另一方面,法官也要对律师是否遵守法庭的诉讼程序和职业道德进行监督。倘若律师违反法定的诉讼程序进行虚假诉讼,或者在庭审过程中不遵守法庭纪律等,或者有违反职业道德的不规范行为,或者向法官行贿、请吃喝或要求当事人向法官行贿、请吃喝等,法官应当积极向司法局和当地律师协会进行反映或者检举。

(三)相互学习、共同进步

法官和律师同属于法律职业共同体,主要工作就是处理法律纠纷。由于纠纷本身及其处理结果涉及各种复杂的社会关系,因而处理的过程不仅如医生治病一样需要高超的法律职业技能和高尚的法律职业伦理,而且需要法官和律师具备对复杂社会的了解、对人情世故的洞察和对人生经验的积累。在处理法律纠纷的过程中,法官和律师不仅需要不断加强自身学习,而且需要相互学习。

同时,我们的时代是知识爆炸的时代,不仅要求人人学习,而且要求终身学习。法官和律师是法律人中的精英,不仅要积极学习,而且要深、更广、更博地学习。在学习过程中,必然会涉及法律共同体内部的学习。法官向律师学习,律师向法官学习,通过相互学习,共同进步。"国外法治建设的经验表明,先有法律职业的威信,然后才有法律的权威,法律家们的素养直接决定着这个国家的法律权威。"[2]法官和律师的素养包括人文素养和专业素养,无论是人文素养还是专业素养,都必须通过学习获得。因此,法官和律师之间的相互学习,有助于二者共同提高素养,共同进步。

总之,正如前文所提到的,法官和律师是维护我国社会主义法治这架马车的"两个车轮",只有这"两个车轮"相互学习,共同进步,才能更好地为法治中国建设作出贡献。

---

[1] 宋建朝、付向波:《探索中国特色的法官遴选制度》,载《人民司法》2006年第3期。
[2] 胡平仁主编:《法理学:原理·图解·案例·司考》,中国民主法制出版社2014年版,第252页。

二、实然:法官与律师关系的实际图景

实然与应然肯定有所差距,在具体的司法实践中,法官与律师的关系又如何呢?实务中存在以下现象:

(一)法庭上:法官不尊重律师

近年来,律师法庭上的辩护权屡屡遭受侵犯。2019年2月,广东省高级人民法院某法官三次打断律师发言,批评律师"水平不够,抓不住重点";2020年6月,海口市中级人民法院公开审理20人涉黑案件,该案辩护律师要求按法律规定"一证一质",未获同意,遂申请审判长回避,结果律师被责令退出法庭;2022年7月,因开庭前河南省宁陵县人民法院还有78张光盘和2本纸质案卷未让律师查阅,律师要求阅卷后再行辩护,却被法官驱逐出庭;2023年8月,两位辩护律师在法院门口接受"安检"、尚未进入法庭时,就被广西来宾市中级人民法院告知庭审已经结束了。[1]

这些事例集中反映了法庭上法官不尊重律师的现象。众所周知,法庭是法官与律师共同的"舞台"。按理来说,在法庭上法官应当对律师在法庭调查阶段所提供的各种证据材料进行认真质证、认证,并对律师在法庭辩论阶段提出的辩护或者代理意见予以参考。然而,根据笔者实际调查,发现有如下问题:法庭上,有个别法官显得非常强势,不注意听取律师的陈述和意见或者解释;有个别法官在感觉律师陈述和意见与自己内心认知相左时,随意打断律师发言;有个别法官对律师提出的证人出庭、重新鉴定等要求或请求不置可否;有个别法官当庭训斥或指责律师不懂法或不熟悉业务;等等。特别是有个别法官因律师直言而将其轰出法庭,这种现象造成不良影响,也引起了高层的注意。在2015年召开的全国高级法院院长会议上,最高人民法院原党组书记、院长周强指出,在网上经常能看到某某地方法庭把律师赶出去,"坦率讲,我百思不得其解"[2]。

(二)裁判上:法官不尊重律师的意见

有学者对2012年1月1日至2020年6月15日的二审刑事判决书中律师辩护意见被采纳的情况进行了实证考察,发现:二审案件中,律师辩护意见整体采纳率为46.71%。从法院级别看,中级法院对律师辩护意见的整体采纳率为42.72%,高级法院为48.64%;从辩护类型看,委托辩护中的辩护意见整体采纳率为47.26%,指定

---

[1] 参见韩旭:《拿什么来守护法庭上的律师辩护权》,载《上海法治报》2023年9月1日,第B7版。
[2] 《周强:规范庭审 杜绝"把律师赶出法庭"现象》,载河南律师网,https://www.hnlawyer.org/news/1942.html,2023年5月30日访问。

辩护为45.39%。未被采纳的情形过半数,占53.29%。由此可见,法官对二审律师的辩护意见有一定的认可,但这种认可极为有限。此外,采纳率不高也体现了法官对待二审律师辩护意见的随意性。[1]

上述统计反映了司法实践中的一个突出问题,即法官对律师的意见重视不够。法官理应对律师的辩护意见给予足够的重视,并在裁判文书中进行概括、分析、说理,这样才能辨法析理、胜败皆服。然而,部分法官存在"重指控、轻辩护、轻代理""重实体、轻程序"的错误思想。律师辩护、代理意见难以被采纳已经成为我国当前律师辩护和代理工作中的一大突出问题,许多刑事案件的法官对辩护律师采取一种"你辩你的、我判我的"的态度,辩归辩、判归判,对律师提供的证据和意见根本不认真进行分析、归纳,导致在判决书中对律师辩护意见回应较少或回应时遗漏要点,引起律师不满,也引起一些专家的高度关注。[2]。

(三)法庭外:过于紧张或者过于紧密

2015年,女律师崔某称自己4月2日在某法院办案时先后两次被法官和法警殴打,导致眼部和周身多处挫伤,其求援书在网络流传后引发关注。[3]

在该事例中,尽管北京法院网官方报道调查组一致认为:不存在某法院法官赖某殴打崔某和庭长杨某指使法警殴打崔某的情况,但是,这一件事例无疑反映了在法庭之外,个别法官与个别律师之间的关系要么过于紧张,要么过于紧密。从过于紧张的角度看,当前,有一些法官不情愿为律师代理行为创造条件,如刑事案件中,对于异地代理律师设置一些障碍或不愿提供相关便利,包括会见当事人、阅卷等,或者对于律师提出的更换庭期的请求不愿意满足等。从过于紧密的角度看,通过近年来频频发生的个别法官受贿案不难看到,一些法官和律师在法庭外的关系过于紧密、非正常化。

三、路径:法官与律师关系的理性构建

2023年5月17日,最高人民法院党组书记、院长张军在十四届全国人大第二期代表学习班上作专题报告时指出,律师是社会法律工作者,是推动法治建设的重要

---

〔1〕 参见杨莉:《刑事二审律师辩护意见采纳实证研究——以1592份故意杀人案刑事二审判决书为样本》,四川师范大学2021年硕士学位论文。

〔2〕 譬如2015年最高人民法院出台《关于依法切实保障律师诉讼权利的规定》;2021年湖北省高级人民法院出台《关于充分发挥律师作用 加强审判权力制约监督 确保司法公正的意见(试行)》;2023年浙江省高级人民法院出台《关于在办案中进一步重视律师意见提升司法公信力的若干规定》;等等。

〔3〕 《"法官殴打女律师"调查结果公布:法官没打人》,载中国法院网,http://www.chinacourt.org/article/detail/2015/04/id/1606204.shtml,2015年5月16日访问。

力量。[1] 如何构建法官与律师的关系呢？笔者进行了如下思考：

（一）理念上：更新思维方式

众所周知，法官与律师虽然分工不同、职责不同，但是他们拥有共同的专业背景、共同的法治追求、共同的法治使命，都是建设法治国家的重要力量，都承担着追求司法公正、化解社会矛盾、维护法律尊严、维护法律共同体声誉的共同职责。因此，对于两者的关系必须确立正确的理念。一是要摒弃以往的"如何防止律师带坏法官"的思维方式，要摒弃"死磕""物理隔离"和"过于亲密"的关系。二是要建立健康、良性、互动的关系思维。在笔者看来，法官与律师之间要努力形成相互独立、相互尊重、相互监督、相互协作、相互学习的关系。三是改变"重指控、轻辩护、轻代理"和"重实体、轻程序"的错误思想，尊重律师的代理和辩护意见。一方面，法官应当对律师执业活动和专业意见予以充分尊重，既要尊重律师执业中的正当权利，也要尊重律师的专业意见，更要尊重律师的人格尊严，要以公开、透明的裁判活动和公平、服众的裁判结果赢得律师的尊重。另一方面，律师对法官的裁判活动和裁判结果应理性地承认和接受，不能片面地从自己的角度出发，不得散布有损法官尊严的言论，不得做出有损司法权威的行为。

（二）制度上：规范与科学

"规范法官和律师的相处之道，必须在制度上下工夫。"[2]2010年，时任上海市长宁区人民法院院长的邹碧华亲自起草并主导推出了《法官尊重律师十条意见》[3]，在当时律师界乃至法律界都引起了广泛关注。2019年9月，上海市长宁区法院发布《深化法官律师良性互动十条意见》，这是《法官尊重律师十条意见》的"升级版"。在笔者看来，当前，为了规范法官和律师的关系，需要在如下方面开展制度构建：一是建立和完善法官与律师之间的相对稳定、畅通的沟通交流机制。通过该机制，消除法官与律师彼此之间的猜忌、隔阂和抵触，增强法官与律师之间的互信，以此构建良性互动关系。二是建立由法院与司法局共同组织的法官与律师联席会议制度。通过该制度，双方就共同的问题、共同的矛盾、共同的利益进行协商，及时解决互动中所涉及的重大问题，共同营造良好的司法环境。三是建立法官与律师学术交流和业务研讨制度。通过该制度，定期开展学术研讨和案例分析，共同研讨司法实践中的热点和难点问题以及对新法律法规的理解，统一司法标准。四是建立法官

---

[1] 参见《张军："希望代表们多提意见，促进公正、提升效率！"》，载澎湃新闻网，https://www.thepaper.cn/newsDetail_forward_23128822,2023年5月18日访问。

[2] 田成有：《法官的修炼》，中国法制出版社2011年版，第301页。

[3] 该意见系全国法院系统率先为保障律师权利出台的正式文件。

与律师共同文化制度。通过该制度,培育出共同的法律文化,增进彼此作为法律职业共同体的感情认同、理念认同、知识认同,共同提升职业尊荣。五是建立正常、适度、自律的业外交往机制。通过该机制,消除民众对法官与律师之间的偏见和误解,共同营造良好的司法氛围,促进健康、良性关系的形成。

(三)业内外:多措并举

在律师界,邹碧华以他的人格魅力,赢得了众多律师的高度好评。[1]如何让律师与法官实现"双赢"呢?在笔者看来,当前,一是法官需要尊重律师。在庭审过程中,法官要注重司法礼仪,尊重律师。譬如不能随意变更开庭时间,浪费律师的时间;又如在庭审中,法官之间不能随便交谈,影响律师的心情;还如在庭审中,法官不能随意接听电话,影响庭审纪律。二是法院为律师提供更多的诉讼便利。譬如为律师办案开通"绿色通道";又如为律师设立专门的阅卷室;还如为律师配置打印机、复印机、钢笔和纸张等基本设备及用品,方便律师查阅、摘抄和复制案卷材料,方便律师进行诉讼。此外,法官能够像邹碧华那样利用科学技术建立律师服务新平台,这是一个更高的要求。[2]三是竭力遏制司法腐败。英国著名思想家培根曾经说过,"法官与律师的关系不可太密,否则就难免有不公正的嫌疑"。2021年,经全国政法队伍教育整顿领导小组审议通过,最高人民法院、最高人民检察院、司法部联合印发了《关于建立健全禁止法官、检察官与律师不正当接触交往制度机制的意见》《关于进一步规范法院、检察院离任人员从事律师职业的意见》。两个意见的出台对于全面加强法官、检察官与律师队伍建设,构建法官、检察官与律师"亲""清"关系,共同维护司法廉洁和司法公正,更好地肩负起推进全面依法治国的职责使命,具有重要意义。[3]四是律师也要尊重法官。在庭审过程中,担任辩护人、诉讼代理人的律师要严守法庭纪律,不得扰乱法庭秩序,未经许可不能录音、录像、摄影或者通过邮件、博客、微博等方式传播庭审情况。庭审之外,要诚信执业,不得散布损害法官或法院声誉的言论,不能煽动当事人上访、信访,要以自身的言行影响当事人尊重司法权威。

---

[1] 邹碧华曾经说过"善待律师"的一句名言:"律师,请你坐下来,慢慢找,相信大家都会等着你,你不用着急。"

[2] 邹碧华建立了律师服务平台,专门设置了"关联案件自动推送功能",将同一当事人在上海法院系统涉及的案件制作一份清单推送给律师。还有"庭审排期避让功能",免去了同一律师同一时间几个案件在不同法院开庭的困扰。截至2015年8月,上海1325家律师事务所的近17000名律师,都已成为这个服务平台的受益者。

[3] 参见刘武俊:《让法官检察官与律师关系"亲"上加"清"》,载《人民法院报》2021年12月14日,第2版。

结　语

　　构建一个良好的法官与律师的关系,不仅是法治国家的内在要求,也是法治国家的主体条件和保障。耶鲁大学法学院前院长安索尼·克罗曼在其著作《迷失的律师:法律职业理想的衰落》一书中说道:"律师和法官共同生产的这个产品就是法治本身。"当下中国的法治建设,不仅依赖法官的努力,而且仰赖律师的努力。如果法官与律师的关系处理好了,法治实现的那一天也就为时不远了。我们期待这一天早日到来!

【责任编辑:王睿】

不当得利"无法律根据"要件的实务审查

陈慧玲*

摘要:"无法律根据"要件在不同类型不当得利案件中表现为不同的具体形态。给付型不当得利中,"无法律根据"表现为欠缺给付目的,包括给付目的自始不存在、给付目的消灭、给付目的不达。非给付型不当得利中,"无法律根据"主要表现为受益人没有保有利益的合同依据或法律依据。"无法律根据"的举证责任分配存在较大分歧,部分观点及案例认为应由被告承担,部分观点及案例认为应根据不当得利类型以及引起财产变动主体的不同进行区分。

关键词:不当得利 无法律根据 实务审查 举证责任

《民法典》第 122 条规定:"因他人没有法律根据,取得不当利益,受损失的人有权请求其返还不当利益。"该条系不当得利返还请求权的规定。不当得利的构成要件包括以下四个方面:一方取得利益;另一方受到损失;获益与受损之间存在因果关系;一方获益无法律根据。[1]对于"有无法律根据",究竟应如何判断?本文以"无法律根据"要件在不同类型不当得利中所表现出的具体形态为线索,结合实务中不当得利纠纷典型案例,分析梳理不当得利"无法律根据"要件在实务中如何审查的问题。

收稿日期:2023-05-26

* 陈慧玲,上海德禾翰通律师事务所律师。

〔1〕 参见最高人民法院民法典贯彻实施工作领导小组主编:《中华人民共和国民法典合同编理解与适用(四)》,人民法院出版社 2020 年版,第 2798 页。

一、不当得利概述

(一)不当得利的概念

不当得利,属于一种可以引起民事法律关系变动的法律事实,是指没有法律根据取得不当利益致使对方受损的事实。[1]根据《民法典》第118条第2款"债权是因合同、侵权行为、无因管理、不当得利以及法律的其他规定,权利人请求特定义务人为或者不为一定行为的权利"之规定,不当得利与合同、侵权行为、无因管理同属债的发生原因。债的发生原因包括两类,一是基于法律行为,二是基于法律规定。前者为意定之债,后者为法定之债。[2]合同是意定之债的主要发生原因,不当得利、无因管理、侵权行为均属法定之债的发生原因。

(二)不当得利的类型

由于不当得利的功能是调整整个私法秩序上无法律原因的财产变动[3],牵涉债权、物权、人格权等各个领域,因此不当得利的类型复杂多样。一般认为,不当得利分为给付型不当得利和非给付型不当得利两种基本类型。给付型不当得利系基于受损人的给付,其目的在于矫正给付当事人间欠缺给付目的(自始欠缺目的、目的不达、目的消灭)的财货变动;非给付型不当得利系基于行为(受益人、受损人、第三人的行为)、法律规定或事件,分为侵害他人权益不当得利、支出费用不当得利、求偿不当得利。[4]

区分给付型不当得利和非给付型不当得利,关键在于所受利益究竟出于给付或非给付。有意识、有目的地增益他人财产,属于给付型不当得利;非出于有意识或有一定目的地指向的,属于非给付型不当得利。[5]

比如在刘某诉耿某不当得利纠纷案[6]中,刘某从己方账户转入耿某账户80万元,刘某主张耿某系不当得利,要求其返还该笔款项。该案中,刘某对耿某的转账系刘某亲自完成,刘某作为完全民事行为能力人,对其给付行为和后果是明知的,也就是说刘某是有意识地、基于一定目的地增加了耿某的财产,刘某主张的不当得利属

---

[1] 参见最高人民法院民法典贯彻实施工作领导小组主编:《中华人民共和国民法典总则编理解与适用(下)》,人民法院出版社2020年版,第619页。
[2] 参见王泽鉴:《债法原理》(第2版),北京大学出版社2013年版,第57页。
[3] 参见王泽鉴:《不当得利》(第2版),北京大学出版社2015年版,第42页。
[4] 参见王泽鉴:《不当得利》(第2版),北京大学出版社2015年版,第38页。
[5] 参见王泽鉴:《不当得利》(第2版),北京大学出版社2015年版,第42页。
[6] 参见北京市第三中级人民法院(2017)京03民终9295号民事判决书。

于给付型不当得利。[1]

在李某诉甲某等不当得利纠纷案[重庆市荣昌县人民法院(2011)荣法民初字第474-475号]中,原告李某信用卡中的2万元存款被他人采用不法手段通过手机银行分别转入两被告的信用卡中,公安机关以涉嫌诈骗进行立案侦查。该案中,财产变动并非受损人的转账行为所致,属于非因受损人的给付行为所导致的非给付型不当得利。[2]

(三)对"无法律根据"的理解

"无法律根据"在学理上又称为"无法律上的原因""无原因""无正当原因""无合法根据"。"无法律根据"包括自始无法律根据和开始有而嗣后丧失法律根据。"是否有法律根据"应依据法律规定和当事人之间的法律行为来判断。"无法律根据"应解释为无法律规定或缺乏基础的法律关系。[3]

对于有无法律根据,究竟应如何判断?学理上存在统一说和非统一说的分歧。统一说认为,一切不当得利的基础应有其统一的概念,因而所谓无法律上的原因,亦应有其统一的意义,得对任何情形的不当得利作统一的说明;非统一说认为,各种不当得利各有其基础,不能求其统一,因而对于不当得利的成立要件亦难作统一的说明,而应就各种不当得利分别判断。[4]笔者认为,从实务角度,由于不同类型的不当得利中,"无法律根据"的具体形态存在一定差别,因此,对"无法律根据"要件进行具体化和类型化,有助于我们更好地理解"无法律根据"要件的内涵,进而在具体案件中对有无法律根据作出更客观的判断。

二、给付型不当得利中"无法律根据"要件的审查

给付型不当得利乃在于调整欠缺给付目的之财产变动,其基本思想系认为凡依当事人意思而增益他人财产者,均有一定之目的,倘其给付目的自始不存在、目的不达或目的消灭,财产变动即失去其法律上的原因,受领人应负返还义务。[5]因此,给付型不当得利中"无法律根据"的审查,具体表现为审查是否欠缺给付目的,主要包

---

[1] 参见陈亢睿:《给付型不当得利的举证责任分配》,载《人民司法》2019年第11期。
[2] 参见肖祥君、李顺前:《不当得利纠纷中证明责任的分配》,载《人民司法》2011年第12期。
[3] 参见最高人民法院民法典贯彻实施工作领导小组主编:《中华人民共和国民法典合同编理解与适用(四)》,人民法院出版社2020年版,第2800页。
[4] 参见史尚宽:《债法总论》,中国政法大学出版社2000年版,第76页;王泽鉴:《不当得利》(第2版),北京大学出版社2015年版,第30页。
[5] 参见王泽鉴:《不当得利》(第2版),北京大学出版社2015年版,第37页。

括给付目的自始不存在、给付目的消灭、给付目的不达三种情形。

（一）给付目的自始不存在

1. 非债清偿

非债清偿，是指虽无债务，而以清偿为目的为一定之给付。因清偿原因之给付，如无债务，则为无法律上之原因，以成立不当得利为原则，不成立不当得利为例外。[1] 这里的非债清偿，仅指狭义的非债清偿。例如，不知欠债业已清偿仍为履行；出售 A 物，误交 B 物；误偿他人之债。[2]

在江苏省苏州三英装饰工程有限公司山东分公司诉江苏省江都市新区庆安建材经营部不当得利纠纷案[3]中，三英公司以 2016 年 11 月 8 日向庆安建材经营部所汇 26288.08 元系因工作人员操作问题致重复支付货款为由，请求庆安建材经营部返还。该案系错给错付所致非债清偿，属于自始欠缺给付目的的给付型不当得利。[4]

上述三英案中，双方的货款往来并不复杂，三英公司重复支付货款的事实较为清晰，不当得利的认定相对简单。但有些案件中，由于双方之间的合同履行行为、款项支付情况较为复杂，可能会对不当得利的认定造成干扰。比如在中国建设银行股份有限公司上海市分行与久馥君业（上海）贸易有限公司不当得利纠纷上诉案[5]中，建行主张操作失误，重复给付久馥君业公司结算款。一审法院认为，久馥君业公司收取建行给付的款项，是依据双方所签协议约定，系争款项属于协议项下签约双方日常往来的应收账与应付账的款项，不属于不当得利。二审法院认为，一审法院未对分笔交易合同内容与履行情况予以分析，仅以久馥君业公司收取建行款项有框架协议依据，不应以不当得利起诉为由驳回诉请有误，予以改判，认定构成不当得利。[6]

如前所述，非债清偿原则上构成不当得利，但法律上有例外规定。根据《民法典》第 985 条第（三）项的规定，明知无给付义务而进行的债务清偿，即明知的非债清偿不构成不当得利。如甲出售某物给乙，在知道或者应当知道其意思表示错误，有权撤销买卖合同的情况下，仍向乙交付标的物的，即为明知无债务的清偿。受损人

---

[1] 参见史尚宽：《债法总论》，中国政法大学出版社 2000 年版，第 83 页。

[2] 参见王泽鉴：《不当得利》（第 2 版），北京大学出版社 2015 年版，第 69 页。

[3] 参见江苏省扬州市中级人民法院（2018）苏 10 民终 2047 号民事判决书。

[4] 参见刘文辉、杨帆、邱世ının：《给付型不当得利中受益人的证明协力义务》，载《人民司法》2019 年第 11 期。

[5] 参见上海市第二中级人民法院（2012）沪二中民六（商）终字第 165 号民事判决书。

[6] 参见嵇瑾、张娜娜：《涉框架合作协议不当得利纠纷的法律适用》，载《人民司法》2013 年第 14 期。

明知没有债务,不存在给付义务而向他人给付,应视为对自己权利的处分,这种情况不构成不当得利。[1]

2. 合同不成立、无效或被撤销

因合同原因之给付,如合同不成立、无效或被撤销,则给付目的自始不存在。此种情况也属于广义上的非债清偿。

《民法典》第157条针对合同无效或者被撤销的法律后果作了专门规定,该条规定:"民事法律行为无效、被撤销或者确定不发生效力后,行为人因该行为取得的财产,应当予以返还;不能返还或者没有必要返还的,应当折价补偿。有过错的一方应当赔偿对方由此所受到的损失;各方都有过错的,应当各自承担相应的责任。法律另有规定的,依照其规定。"实务中涉及此类争议,大多数当事人会基于上述条款请求对方返还财产、折价补偿、赔偿损失。此时虽无须适用《民法典》第122条不当得利请求权之规定,但关于返还财产、折价补偿、损害赔偿请求权的性质仍值得关注。财产返还请求权在性质上属于物权请求权[2],在财产不能返还或者当事人认为没有必要返还时,则转化为不当得利请求权性质的折价补偿,损害赔偿的性质是缔约过失责任而非违约责任[3]。

(二)给付目的消灭

给付目的消灭,也称给付目的嗣后不存在,如在婚姻家庭关系中,订婚时交付聘礼,后婚约解除的;子女非其亲生,而误认为亲生加以抚养的[4];又如合同解除时所为给付之返还[5]。

在黄甲等与陆某房屋买卖合同纠纷上诉案[6]中,因房屋卖方黄甲等拒绝办理

---

〔1〕参见最高人民法院民法典贯彻实施工作领导小组主编:《中华人民共和国民法典合同编理解与适用(四)》,人民法院出版社2020年版,第2804页。

〔2〕参见最高人民法院民法典贯彻实施工作领导小组主编:《中华人民共和国民法典总则编理解与适用(下)》,人民法院出版社2020年版,第785页。关于财产返还的性质,有两种观点:一种观点认为,其性质属于不当得利返还请求权,此种观点以承认物权行为独立性与无因性为前提,认为合同无效或者被撤销后,基于合同所发生的债权债务关系尽管归于消灭,但独立于债权行为的物权行为并不受影响,仍单独有效,发生物权变动的效力。在此情况下,转让人只能基于不当得利请求返还原物。另一种观点则认为,合同无效或者被撤销后,基于合同发生的物权变动也丧失了基础,自然产生物权回转的效果,转让人享有的是物权请求权性质的返还原物请求权。只有在原物不能返还或者没有必要返还的情况下,返还原物请求权才转变为不当得利请求权。我国立法并未采取物权行为理论,不认可物权行为的独立性和无因性,所以后一种观点是学界通说,笔者也采此种观点。

〔3〕参见最高人民法院民法典贯彻实施工作领导小组主编:《中华人民共和国民法典总则编理解与适用(下)》,人民法院出版社2020年版,第791页。

〔4〕参见最高人民法院民法典贯彻实施工作领导小组主编:《中华人民共和国民法典合同编理解与适用(四)》,人民法院出版社2020年版,第2800页。

〔5〕参见史尚宽:《债法总论》,中国政法大学出版社2000年版,第80页。

〔6〕参见上海市第一中级人民法院(2016)沪01民终3250号民事判决书。

房屋过户登记,买方陆某起诉。一审法院判决房屋买卖合同解除,黄甲等向陆某返还已付房款169万元及利息,黄甲等向陆某赔偿房屋增值损失54万元。二审中,黄甲等提出,合同已解除,要求判令陆某支付占有房屋期间的房屋使用费。对此,二审法院认为,陆某占有房屋本身构成其享有的利益,现系争房屋买卖合同已经解除,原有给付目的消灭,陆某占有房屋自始丧失合同依据,为无权占有。已经发生的占有期间虽然是无法回复的客观事实,但陆某占有房屋所对应的金钱使用利益却没有合法根据,符合不当得利的构成要件,黄甲等确实具有主张陆某以市场租金标准承担房屋使用费的不当得利请求权基础。但法院同时认为,从违约损失的角度,陆某也随之产生了应由黄甲等赔偿的占有型可得利益损失,在买受人未实际占有房屋的情况下,该项损失体现为使用房屋可取得的收益。该案中,该项损失则直接体现为陆某所承担的占有不当得利返还内容,黄甲等应赔偿的量化金额也是以市场租金标准计算的房屋使用费。[1]

《民法典》第566条对于合同解除的后果作了明确规定,该条第1款规定:"合同解除后,尚未履行的,终止履行;已经履行的,根据履行情况和合同性质,当事人可以请求恢复原状或者采取其他补救措施,并有权请求赔偿损失。"因此实务中当事人就合同解除后果发生争议的,往往以此为依据,无须适用不当得利相关条款。

(三)给付目的不达

给付目的不达,指的是意图实现将来某种目的而为给付,但日后并未达成其目的。例如,甲之子乙担任丙公司的会计,盗用公款,为避免丙对乙起诉,甲对丙作出损害赔偿的债务承诺,其后丙仍对乙提出诉讼,甲得对丙主张给付目的不达的不当得利,请求废除其债务承诺。[2]

在廖某甲、丁某某不当得利纠纷再审审查与审判监督民事裁定书[3]中,法院认为,丁某某为了承包案涉工程的砂石料供应项目,向廖某甲、廖某乙夫妻的账户转账198万元,廖某甲以本人名义向丁某某出具收条,现这一转账行为的目的未能实现,即丁某某未能向案涉工程供应砂石料或签订砂石料供应合同,故案涉款项属于给付目的不达的不当得利。

三、非给付型不当得利中"无法律根据"的审查

非给付型不当得利请求权,指受益非系本于受损者的给付而发生的不当得利。

---

[1] 参见李兴:《违约责任认定中损益相抵原则的适用》,载《人民司法(案例)》2016年第29期。
[2] 参见王泽鉴:《不当得利》(第2版),北京大学出版社2015年版,第72页。
[3] 参见湖北省高级人民法院(2019)鄂民申4769号民事裁定书。

其发生事由有三:①由于行为(受益人、受损人或第三人的行为);②由于法律规定;③由于自然事件。非给付型不当得利请求权,依其内容,可分为三种基本类型:①权益侵害不当得利请求权,如占用他人土地;②支出费用不当得利请求权,如误认他人之物为己有而为修缮;③求偿不当得利,如清偿他人债务。[1]

(一)权益侵害不当得利

侵害应属于他人的权益内容而受有利益,致他人受损害,欠缺保有该项利益的正当性(契约关系或法律依据),应构成无法律上的原因。[2]因此,在权益侵害不当得利案件中,审查是否有法律根据,需重点审查权益归属以及是否存在保有利益的合同依据或法律依据。

在沈阳市大东区鹏利花园 AB 区业主委员会与沈阳凯莱物业管理有限公司不当得利纠纷再审案[3][辽宁省沈阳市中级人民法院(2014)沈中审民终再字第 136 号民事判决书]中,原告业委会认为物业公司未经业主同意,擅自将广告费私自使用,起诉要求物业公司返还广告费。该案中法院在审查时,首先根据《物权法》的相关规定,认定小区公共区域经营收益归小区全体业主共有,接着再审查物业公司将公共区域广告费用于物业服务支出是否有合同依据或者法律依据,根据双方合同条款认为并无合同依据,根据《物业管理条例》以及最高人民法院《关于审理建筑物区分所有权纠纷案件具体应用法律若干问题的解释》等相关规定,认为在未经业主大会或者业委会同意的情况下,物业公司对共有区域经营性收入合法正当使用的情形只有两种,即用于补充专项维修资金和扣除该项经营的合理成本,而该案不存在这两种情形。法院最终判决物业公司返还广告费。

(二)支出费用不当得利

支出费用不当得利请求权,指非以给付的意思,于他人之物支出费用,使其受有财产利益。此为因受损人自己行为而成立的非给付型不当得利。例如,误认他人之犬为己有而饲养;无权占有他人房屋而为整修;空中喷洒农药,因未注意而扩及他人稻田;购买房屋,不知买卖契约无效,提前装潢。此等情形,受损人无给付的意思,受益人无保有所受利益的正当性(契约或法律规定),应负不当得利返还义务。[4]

在王某某与邢某等不当得利纠纷案[5]中,邢某起诉要求王某某等赔偿其修车费损失。法院认为,王某某所有的车辆系因张某驾车发生交通事故而致毁损,王某

---

[1] 参见王泽鉴:《不当得利》(第 2 版),北京大学出版社 2015 年版,第 138 页。
[2] 参见王泽鉴:《不当得利》(第 2 版),北京大学出版社 2015 年版,第 144 页。
[3] 参见李钢、韩鹏:《住宅小区公共区域经营收益的归属》,载《人民司法(案例)》2018 年第 8 期。
[4] 参见王泽鉴:《不当得利》(第 2 版),北京大学出版社 2015 年版,第 194 页。
[5] 参见安徽省合肥市中级人民法院(2017)皖 01 民终 646 号民事判决书。

某与张某之间存在侵权损害赔偿的法律关系。邢某因与郑某某签订车辆转让协议后自认取得车辆所有权,并出资对案涉车辆进行了维修。后郑某某因涉嫌诈骗,案涉车辆被公安机关追回并退还给车主王某某,邢某已丧失了对车辆的占有。而邢某出资维修案涉车辆,客观上使得已毁损的案涉车辆的价值有所恢复,故王某某作为车辆所有人因邢某的维修行为而获益。现邢某请求王某某返还所取得的利益,于法有据。

(三)求偿不当得利

求偿不当得利请求权,指清偿他人债务,使其免除债务而生的不当得利请求权。此亦属因受损人行为发生的非给付型不当得利。[1]

在韩某某与延边民俗风情园置业有限公司不当得利纠纷案[吉林省高级人民法院(2021)吉民再80号再审民事判决书][2]中,民俗风情园置业有限公司按照与韩某某签订的产权调换协议书,向其交付房屋。韩某某在办理房屋相关入住手续时,发现房屋交付前欠付供热费,为及时止损,韩某某垫付供热费后起诉民俗风情园置业有限公司,要求其支付供热费及相应利息。法院认为,民俗风情园置业有限公司对供热公司存在未支付供热费这一债务,因韩某某垫付这一行为,使其债务归于消灭,等于财产的消极增加,应认定获得利益,民俗风情园置业有限公司未举证证明其获利有法律根据,如无须向供热公司支付涉案供热费或应由韩某某负担该费用等事实,故民俗风情园置业有限公司构成不当得利。

需要说明的是,求偿型不当得利因法律优先性的特别规定而被排除,其适用范围甚狭。[3]比如《民法典》第700条规定:"保证人承担保证责任后,除当事人另有约定外,有权在其承担保证责任的范围内向债务人追偿,享有债权人对债务人的权利,但是不得损害债权人的利益。"该条实质是债权的法定转移情形[4],因此在保证人向债权人清偿债务的情况下,虽然也使债务人受益,但因优先适用该特别规定而排除了不当得利请求权的适用。又如,《民法典》第524条规定:"债务人不履行债务,第三人对履行该债务具有合法利益的,第三人有权向债权人代为履行;但是,根据债务性质、按照当事人约定或者依照法律规定只能由债务人履行的除外。债权人接受第三人履行后,其对债务人的债权转让给第三人,但是债务人和第三人另有约

---

[1] 参见王泽鉴:《不当得利》(第2版),北京大学出版社2015年版,第195页。

[2] 参见金光锡、林大海:《开发商对购房户垫付的交房前供热费构成不当得利》,载《人民司法》2022年第20期。

[3] 参见王泽鉴:《不当得利》(第2版),北京大学出版社2015年版,第196页。

[4] 参见最高人民法院民法典贯彻实施工作领导小组主编:《中华人民共和国民法典合同编理解与适用(二)》,人民法院出版社2020年版,第1391页。

定的除外。"该条系《民法典》新增的第三人单方自愿代为履行条款。根据该规定，第三人代为履行后，债权人对债务人的相应债权转让给第三人，这也是法定的债权转移情形，也排除了不当得利请求权的适用。实际上，上述韩某某案的情况也是第三人自愿代为履行的情况，只是由于纠纷发生在《民法典》施行之前，才适用了不当得利相关规定。

四、"无法律根据"要件的举证责任分配

关于"无法律根据"的举证责任分配，实务中存在较大的分歧。

（一）两种不同的观点

第一种观点认为，"无法律根据"属于消极事实，让原告举证难度较大，原则上应由被告承担"无法律根据"的举证责任。比如在最高人民法院"民法典理解与适用丛书"中，就倾向于赞同此种观点。[1]实务中也有案例采此观点。

第二种观点认为，"无法律根据"要件的举证责任分配应当区分具体的不当得利类型。给付型不当得利中应由受损人对"无法律根据"要件承担举证责任，非给付型不当得利中应根据引起财产变动的主体的不同情况确定举证责任。比如上海市第一中级人民法院、王泽鉴先生基本持此观点。

上海市第一中级人民法院认为，给付型不当得利中，受损人系使案涉财产发生变动的主体，其最初给付时具有明确的给付目的，应当对其给付目的消失的缘由有相当了解，并对得利人获得利益"无法律根据"的原因有一定的认知。"无法律根据"不是单纯的消极事实，受损人应当能够对欠缺给付目的的具体原因进行说明，故应由受损人承担举证责任。在非给付型不当得利中，"无法律根据"的举证责任通常由引起财产变动的主体承担。其一，受损人因自己的行为而导致自身利益受损，由受损人自行承担举证责任。其二，由自然事件引起的不当得利，适用"谁主张，谁举证"的一般规则，由受损人承担举证责任。其三，由得利人或第三人引起的不当得利，在此情形下，当事人之间的财产利益失衡状态并非由受损人的主动行为造成，即受损人系被动对其财产失去控制力，受损人一般无法通过财产权益的变动过程来证明对方获得利益无法律根据。考量当事人举证能力强弱、距离证据远近等因素，必要情况下由得利人对其取得利益有法律根据承担举证责任，更加符合举证责任分配

---

[1] 参见最高人民法院民法典贯彻实施工作领导小组主编：《中华人民共和国民法典总则编理解与适用（下）》，人民法院出版社2020年版，第624—625页。

的公平性和合理性。[1]

王泽鉴先生认为,主张不当得利请求权之当事人(原告),对不当得利请求权之成立要件应负举证责任。就给付型不当得利而言,原告必须证明无法律上的原因,即债务不存在,欠缺给付目的,此虽具消极事实的性质,仍应由原告负举证责任。原因在于给付型不当得利请求权人既因自己行为致原由其掌控之财产发生主体变动,则本于无法律上之原因而生财产变动消极事实举证困难之危险,当归诸原告。同时,不当得利的债务人(被告)负有真实、完全及具体陈述义务,以供主张权利者得据以反驳,法院凭以判断其所受利益是否为无法律上原因,有助于克服消极事实难以直接说明的困难,以平衡双方利益。[2]对非给付型不当得利中的权益侵害不当得利,由于受益人之受益非由于受损人之给付而来,而系因受益人之侵害事实而受有利益,因此只要受益人有侵害事实存在,该侵害行为即为"无法律上之原因",受损人自不必再就不当得利之"无法律上之原因"负举证责任。如受益人主张其受益有"法律上之原因",即应由其就此有利之事实负举证责任。[3]

(二)关于"无法律根据"要件举证责任分配的实务案例

1. 支持第一种观点的案例

在樊某某与史某某不当得利纠纷再审案[4]中,樊某某主张案涉房产为其向洛溪地产购买,但案涉房产登记在史某某名下,相关民事判决确认案涉房屋为史某某所有,故樊某某认为史某某构成不当得利,要求史某某支付购房款及利息。史某某主张其通过案外人穆某向樊某某购买了涉案房产,并且支付了购房款14万元。

海口市中级人民法院一审认为,该案为房屋买卖合同纠纷,史某某无证据证明其支付了购房款,故判决史某某支付购房款及利息。

海南省高级人民法院二审认为,该案应为不当得利纠纷,樊某某主张史某某取得案涉房产所有权没有法律上的原因,并导致自己在案涉房产购房款上受有损失,应先对史某某"无法律上的原因"取得案涉房屋的产权登记证书导致自身受损进行合理说明。法院认为樊某某所作的说明不合常理,再加上损失也无证据证明,因此以"樊某某未能提供证据证明史某某不当得利,应承担举证不能的法律后果"为由,改判驳回樊某某的诉讼请求。

最高人民法院再审认为,樊某某支付了案涉房产的购房款,但未能取得该房产

---

[1] 参见上海一中法院:《不当得利纠纷案件的审理思路和裁判要点︱类案裁判方法》,载"上海一中法院"微信公众号2023年5月15日,https://mp.weixin.qq.com/s/XW0KY5LbTEUIuXuap-cDXQ。
[2] 参见王泽鉴:《不当得利》(第2版),北京大学出版社2015年版,第74—76页。
[3] 参见王泽鉴:《不当得利》(第2版),北京大学出版社2015年版,第144页。
[4] 参见最高人民法院(2019)最高法民再34号民事判决书。

的所有权；与此相对应，史某某取得了该房产的所有权，如不能证明已经支付了对价，其因此取得的利益正是樊某某所遭受的损失，两者之间构成法律上的因果关系。由此可见，该案的关键在于，史某某能否证明其向樊某某支付了购房款，现有证据不足以证明史某某向樊某某支付了购房款，故应承担举证不能的后果。故最高人民法院撤销二审判决，维持一审判决。最高人民法院再审判决书特别指出，二审法院认为，樊某某未能提供证据证明史某某"无法律上的原因"取得案涉房屋的产权登记证书导致自身受损，应承担举证不能的不利后果，其举证责任分配不当，认定事实、适用法律均有明显错误，应予纠正。

在上述樊某某案中，由于洛溪地产是按照樊某某的要求将案涉房屋转到史某某名下，因此笔者认为该案从类型上也属于给付型不当得利。再审和二审之所以得出不同的裁判结论，关键在于对"无法律根据"的举证责任应如何分配产生了分歧。二审认为，应由原告樊某某承担举证责任，再审则认为，应由史某某举证证明其向樊某某支付了购房款，实质是认为应由被告证明"有法律根据"。

支持第一种观点的案例还有吴某某诉陈某某不当得利纠纷案〔1〕、嘉华物业代理有限公司诉北京市外商投资服务中心北京拓扑毛纺有限公司特别清算委员会等不当得利案〔2〕等，本文不再详述。

2. 支持第二种观点的案例

在蔡某与高某不当得利纠纷上诉案［浙江省杭州市中级人民法院(2009)浙杭民终字第1711号民事判决书］中，法院认为，"原告在以借贷关系起诉遭败诉后，转以不当得利法律关系起诉，并不当然发生举证责任的转移。原告是使财产发生变动的主体，其给付行为必然基于某一法律关系，应当对欠缺给付原因的具体情形负举证责任。被告关于诉争款项系还款的反驳证据虽然不充分，但该举证不能的后果仍应由原告承担。现原告对欠缺给付原因的具体情形没有提供有力证明，就不足以认定被告取得该财产没有合法根据"〔3〕。

支持第二种观点的案例还有很多，如李某某与韩某某不当得利纠纷上诉案［浙江省宁波市中级人民法院(2008)甬民一终字第780号民事判决书］〔4〕、刘某诉耿某不当得利纠纷案［北京市第三中级人民法院(2017)京03民终9295号民事判决

---

〔1〕 参见最高人民法院(2017)最高法民申1854号民事裁定书。
〔2〕 参见北京市高级人民法院(2004)高民终字第1343号民事判决书。
〔3〕 参见周全林、任子飞、茹华丽：《以不当得利为由二次起诉案件的处理》，载《人民司法》2011年第8期。
〔4〕 参见袁士增：《不当得利在给付行为中的认定》，载《人民司法》2009年第6期。

书]〔1〕、北京普兴液化气有限责任公司诉北京知味佳餐饮有限公司不当得利纠纷案[北京市第二中级人民法院(2007)二中民初字第9611号民事判决书]〔2〕、邱某某与吴某某不当得利纠纷上诉案[福建省漳州市中级人民法院(2014)漳民终字第3361号民事判决书]〔3〕、李某诉甲某等不当得利纠纷案[重庆市荣昌县人民法院(2011)荣法民初字第474-475号民事判决书]〔4〕等,本文不再详述。另外,主审法官针对上述案例所撰写的评析文章中大多对于不当得利尤其是给付型不当得利的举证责任分配问题作了详细分析,非常值得参考。

(三)举证责任分配小结

对于"无法律根据"要件的举证责任分配问题,尽管笔者也赞同第二种观点,但鉴于实务中存在较大的争议,且第一种观点也不乏权威来源及案例的支持,因此笔者认为,在具体案件中,当事人及代理人应当对于法院如何分配举证责任保持敏感,全面考虑,积极应对,加强己方的举证工作,以最大限度地降低因举证不能而产生的败诉风险。

【责任编辑　张馨予】

---

〔1〕　参见陈亢睿:《给付型不当得利的举证责任分配》,载《人民司法》2019年第11期。
〔2〕　参见周冬冬:《不当得利诉讼的证明责任分配》,载《人民司法》2010年第6期。
〔3〕　参见黄志雄:《获利与损失之间无因果关系不构成不当得利》,载《人民司法》2015年第10期。
〔4〕　参见肖祥君、李顺前:《不当得利纠纷中证明责任的分配》,载《人民司法》2011年第12期。

重婚消失后同案异判的正本清源

王礼仁*

摘要：两次司法解释关于无效婚姻阻却的规定均未排除重婚消失，最高人民法院民一庭的指导意见亦明确无效情形消失包括重婚消失。但因仍有人认为重婚消失不属于无效婚姻阻却范围，由此造成了同案异判。重婚与重婚消失后的婚姻是两种不同性质的婚姻样态。重婚消失后的婚姻乃一夫一妻制婚姻，承认其效力与现行法律相合，于维护婚姻家庭和社会稳定有利。重婚消失后再宣告婚姻无效，于维护原婚或一夫一妻制无助，于惩罚重婚者效果不明，徒使婚姻破裂，增加家庭和社会不稳定因素，并滋生不必要的财产继承纠纷，实不足取。故凡重婚消失者应执法划一，不得再以任何理由宣告无效。只有这样才符合法治精神，符合司法解释的价值取向和婚姻本质。

关键词：重婚消失　婚姻无效阻却　司法解释　价值判断与选择

最高人民法院《关于适用〈中华人民共和国婚姻法〉若干问题的解释（一）》（以下简称《婚姻法解释（一）》）第8条和最高人民法院《关于适用〈中华人民共和国民法典〉婚姻家庭编的解释（一）》（以下简称《民法典婚姻家庭编解释（一）》）第10条均规定：当事人向人民法院请求确认婚姻无效，法定的无效婚姻情形在提起诉讼时已经消失的，人民法院不予支持。这是我国关于无效婚姻阻却的制度性规定。无效婚姻阻却，是指法定无效情形消失后婚姻无效被阻断，不再宣告婚姻无效，其婚姻为

收稿日期：2023-06-10

* 王礼仁，中国法学会婚姻法学研究会理事，原系湖北省宜昌市中级人民法院三级高级法官。

有效婚姻。但从《婚姻法解释(一)》到《民法典婚姻家庭编解释(一)》出台,在理论和实践中对理解和适用上述两个解释一直存在分歧,争论焦点是重婚消失是否属于无效婚姻阻却范围。一种观点认为,重婚消失属于婚姻无效阻却范围。另一观点认为,重婚违反一夫一妻制,重婚消失不属于婚姻无效阻却范围,即使重婚情形已经消失,也应宣告无效。[1]还有学者认为重婚消失后应当根据善意与恶意区别婚姻效力。[2]在司法实践中多数法院对重婚消失后的婚姻不再宣告无效,但也有少数法院宣告无效,由此造成了同案异判现象时有发生。尤其是《民法典婚姻家庭编解释(一)》出台后,仍有江苏、广西等地方法院对重婚消失后的婚姻判决无效,近期又有重婚消失后被判无效的案例[3],为了正确适用《民法典婚姻家庭编解释(一)》,消除同案异判现象,落实好《最高人民法院统一法律适用工作实施办法》的要求,有必要对重婚消失是否属于无效婚姻阻却范围予以澄清,以统一全国司法。

目前反对重婚消失可以阻却无效的学者,均以重婚违反一夫一妻制的简单理由作为说辞,并没有给出合理解释。究其原因可能是认为禁止重婚,反对一夫多妻是人们的共识,符合社会主义核心价值观,只要站在道义制高点即可,无须阐述具体理由。

这种简单的否定态度,实际上缺乏理性思维,既脱离了司法解释的原意,也没有弄清重婚与重婚消失两种不同样态婚姻的法律属性,更没有弄清重婚消失后再宣告婚姻无效到底有何种法律效果和社会效果。

要解决重婚消失是否属于无效婚姻阻却范围,除正确理解司法解释法条内涵外,还要重点弄清如下问题:一是宣告重婚消失后的婚姻无效所追求或达到的目的是什么?是威慑惩罚重婚者,还是维护一夫一妻制?能否达到这一目的或有无这一效果?二是承认重婚消失后的婚姻效力有什么弊端?它与承认其他无效情形消失后的婚姻效力有无本质区别?三是违反一夫一妻制和公序良俗是否应当不受任何限制地追究责任或无限制地否定婚姻效力?刑法上超过追诉期不再追究重婚者刑事责任是否因为违反了一夫一妻制应当修改为不受追诉时效限制?如果刑法上的追诉时效适用于重婚罪,那民法上的无效情形消失后不再宣告无效又为何不适用于重婚?四是违反婚龄或其他无效情形消失与重婚消失后都可以结婚,为何仅否定重婚消失后的婚姻效力,不否定违反婚龄消失或其他无效情形消失的婚姻效力?五是

---

〔1〕 参见《对重婚情形消失后婚姻效力的宣告》,载法润江苏网,http://frjs.jschina.com.cn/31036/202102/t20210204_6971217.shtml,2023年1月5日访问。

〔2〕 参见王丹:《法定无效婚姻情形已经消失的适用规则》,载《人民司法》2022年第19期。

〔3〕 参见《首婚化名登记 实名再婚无效》,载平安广西网,http://www.pagx.cn/news.html?aid=255965,2023年1月5日访问。

重婚与违反婚龄或其他无效情形消失后的婚姻效力都是从违法情形(无效情形)消失后起算,都是不承认违法期间的婚姻效力,为何承认违反婚龄消失后的婚姻效力,不承认重婚消失后的婚姻效力?

如果简单地回答因为重婚违反了一夫一妻制,那违反婚龄结婚则破坏了我国的基本国策和公共政策,也可以用同样简单的理由否定违反婚龄消失后的婚姻效力。因而,仅以重婚违反一夫一妻制为由否认重婚消失后的婚姻效力,实际上是把禁止结婚的原因(理由)适用到禁止结婚原因已经消失的情形,显然苍白无力。为此,笔者拟从如何理解司法解释无效婚姻阻却的法律内涵、承认重婚无效阻却是否具有正当性、适用司法解释应当注意的问题等三个方面回答上述相关问题,阐释重婚消失后应否承认其婚姻效力。

一、从法治思维审视司法解释,重婚消失属于无效婚姻阻却范围

婚姻无效阻却制度早在2001年《婚姻法解释(一)》第8条即有规定。在当时制定该解释时已存在不同主张,但《婚姻法解释(一)》并没有将重婚消失排除在外。尤其在《婚姻法解释(一)》第8条实施过程中,重婚消失是否属于婚姻无效阻却范围仍存在分歧。为此,2017年最高人民法院民一庭发布指导性案例指出:"最高人民法院民一庭倾向性意见:当事人以重婚为由向人民法院申请宣告婚姻无效的,申请时,有效婚姻关系的当事人办理了离婚手续或配偶一方已经死亡的,人民法院不予支持。"[1]《民法典婚姻家庭编解释(一)》沿袭了《婚姻法解释(一)》的基本内容,只是在文字上作了与民法典条文相吻合的技术性修改。可以说,无效婚姻阻却所适用的法律背景和社会背景均没有发生变化。而且无效婚姻情形消失后不再宣告无效是否包括重婚消失的争议已经引起了最高人民法院关注,如果要将重婚消失排除在无效婚姻阻却范围之外,《民法典婚姻家庭编解释(一)》一定会对此予以明示,而该解释并没有将重婚消失排除在外。很显然,重婚消失属于无效婚姻阻却范围,这样理解才符合法治思维。

二、从理论角度审视司法解释,承认重婚无效阻却具有正当性法理基础

司法解释没有排除重婚消失为无效婚姻阻却范围,其规定是否正确?回答当然

---

[1] 最高人民法院民事审判第一庭编:《民事审判指导与参考》(总第69辑),人民法院出版社2017出版,第171—174页。

是肯定的。

(一)司法解释承认重婚无效阻却符合法律与法理

重婚无效阻却不仅符合我国法律,且与法理相合,亦有域外立法例证,可谓兼具法律与法理双重正当性。

1. 重婚无效阻却建立在合法性基础上

重婚无效阻却的前提条件是重婚情形已经消失。根据我国法律规定,重婚消失后当事人完全可以结婚,法律并未禁止也不能禁止。无效婚姻阻却制度是基于无效情形消失后符合结婚要件,当事人完全可以结婚这一基本事实和法理而产生的一种规制。重婚无效阻却完全符合一般无效婚姻阻却的基本要件和法理,没有理由另眼相看。也就是说,重婚消失与其他婚姻无效情形消失后的法律效果完全相同(均可以结婚),承认重婚消失后的婚姻与承认其他无效情形消失后的婚姻具有法理上的一致性,排除重婚无效阻却无疑是双重标准,缺乏正当性法理支撑。重婚消失后再宣告无效,实际上是否认已无法律障碍的婚姻,并导致婚姻解体,甚至危及未成年子女的成长环境。当然,也许有人认为当事人可以重新登记。这不仅同样是双重标准(因为其他无效婚姻情形消失后也可以重新登记,为何直接承认其婚姻效力?),而且重新登记除了徒增当事人负担,浪费行政和社会资源,亦无其他效果。因为根据现行法律关于事实婚姻补办登记后,婚姻效力从符合婚姻要件时起算的规定,重婚消失后重新登记的婚姻效力仍然从重婚消失时计算,这与直接承认重婚消失后的婚姻效力没有本质区别,承认重婚消失后的婚姻效力只是免除了不必要的登记程序。更为重要的是,宣告无效后是否重新登记完全由当事人决定,从司法实践看,宣告无效后当事人基于婚姻无效的认知或其他原因,一般都不会重新登记。司法解释直接承认无效情形消失后的婚姻效力,可以最大限度地稳固既有婚姻关系,防止宣告无效后婚姻解体,危及子女利益和社会稳定。重婚无效阻却不是承认重婚效力(即不是承认重婚期间的婚姻效力),而是承认重婚消失后的婚姻效力。重婚与重婚消失后的婚姻两者的法律性质有本质区别,不能把重婚与重婚消失后的婚姻混为一谈。重婚消失后的婚姻是一夫一妻,承认其效力实际上还是承认一夫一妻制的婚姻效力,这符合我国法律规定。

2. 重婚无效不是当然无效

有人认为根据法律规定无效婚姻自始无效,不存在重婚无效阻却问题。[1]上述对"自始无效"的理解存在误读。按照这种理解,所有无效婚姻均不存在无效阻却问题,因为法律规定无效婚姻均为自始无效。在我国,包括重婚在内的无效婚姻不

---

[1] 参见《家事纠纷案件审理指南(婚姻家庭部分)》,江苏高院民一庭2019年7月印发。

是当然无效,而是依法确认无效后才自始不受法律保护。这在《民法典婚姻家庭编解释(一)》第 20 条有明确规定。[1]第 20 条实际上兼顾了第 10 条规定,即没有依法确认无效的婚姻,不能认为当然自始无效,无效情形消失后可以成为有效婚姻。在理解无效婚姻阻却时,应当将第 20 条与第 10 条结合起来考虑,准确把握无效婚姻自始无效的内涵。

3. 在境外立法中重婚无效阻却亦很普遍

有人认为,只有挪威、俄罗斯少数境外国家规定有重婚无效阻却,以此否定重婚无效阻却。[2]这个理由也不成立。

首先,对境外立法参考借鉴不是采取票决制,即不是根据境外国家或地区立法多少决定我国内地的立法选择,而是要看其是否具有科学性,是否符合我国内地具体情况,境外立法不能成为影响我国内地立法与司法的决定性因素。否则,我国内地将夫妻感情破裂作为离婚标准,在境外立法中则罕有这样的规定,岂不是要修改或废止吗?恰恰相反,夫妻感情破裂抓住了婚姻的实质,比境外立法中的"婚姻破裂"更加科学。一是夫妻感情好坏或是否破裂必然在客观上反映于夫妻生活中,与婚姻破裂相比更具可认识和可判断性。二是婚姻是一种静态的法律关系,夫妻感情是一种动态的人际关系,夫妻感情的变化才是决定婚姻存废的核心要素,所谓婚姻破裂本质上还是夫妻感情破裂。因而,夫妻感情破裂离婚标准被誉为世界婚姻立法中的一朵奇葩。

其二,重婚无效阻却在境外立法中亦很普遍。无论是大陆法系还是英美法系,无论是民法还是刑法,都有重婚消失后阻却无效或阻却有罪的规定。在挪威、俄罗斯、格鲁吉亚、阿根廷、美国、德国、瑞士、日本等国家以及我国澳门特区的民法中均有重婚无效阻却规定。其中大多规定为绝对阻却(即重婚消失后任何人不得申请宣告无效)[3],只有瑞士、日本等少数国家和地区规定为相对阻却(即重婚消失后检

---

[1] 《民法典婚姻家庭编解释(一)》第 20 条规定:"民法典第一千零五十四条所规定的'自始没有法律约束力',是指无效婚姻或者可撤销婚姻在依法被确认无效或者被撤销时,才确定该婚姻自始不受法律保护。"

[2] 王丹:《法定无效婚姻情形已经消失的适用规则》,载《人民司法》2022 年第 19 期。

[3] 如《阿根廷民法典》第 176 条规定:"非以结婚障碍存在为基础的异议,无需其他程序即可被驳回。"其中包括重婚障碍不存在(消失后)即可驳回。(《最新阿根廷共和国民法典》,徐涤宇译注,法律出版社 2007 年版,第 49 页)。又如澳门民法第 1506 条规定:"重婚者的前一婚姻被解除(包括配偶一方死亡或双方离婚)或者被撤销的,其后一婚姻(重婚)则成为有效婚。"(中国政法大学澳门研究中心、澳门政府法律翻译办公室编:《澳门民法典》,中国政法大学出版社 1999 年版,第 378—379 页)上述规定不仅均未排除重婚无效阻却,而且任何人不得主张无效。限于篇幅并考虑其他国家和地区的重婚无效阻却大家比较熟悉,笔者在之前的相关文章中亦有引用,故不再一一列举。

察官不得依职权主张婚姻无效或撤销婚姻)〔1〕。但在日本,依判例"当事人死亡或有裁判上之离婚后,任何人不得请求撤销"〔2〕。

美国各州均有立法权,其情况很复杂,如美国犹他州已经取消了"重婚罪"。〔3〕对禁止结婚的情形(包括重婚)申请无效,各州可以有两种立法选择:一种是在一方死亡前提出;一种是在一方死亡后五年内提出。重婚无效在美国多数州同时规定为离婚原因。对于重婚无效之主张,通常以前婚已离婚或被撤销而抗辩。但因很难查证(尤其是普通法婚姻根本无记录),为使当事人方便,法律有所谓婚姻之推定,有多数婚姻存在时,最后之婚姻被推定有效。

在美国一些州,重婚消失也是无效阻却的原因之一。如《纽约州家庭法》第 6 条在规定重婚为无效婚姻的同时,又规定有下列情况之一的除外:"(1)因一方通奸以外的原因,前一婚姻已宣告无效或解除;如果前一婚姻因一方通奸而被解除,根据本章第 8 条的规定他或她可以再婚,后一婚姻有效。(2)根据本章第 7 条规定,前一婚姻已经解除。"〔4〕

此外,《加拿大刑法典》第 254 条规定,"于第一次婚姻离婚者,不以重婚论"〔5〕。《巴西刑法典》第 235 条(二)规定,因任何原因,取消第一次婚姻,或取消另一次婚姻,只要不是重婚,都不算有罪。〔6〕

我国没有重婚消失后阻却有罪的规定,但根据《刑事诉讼法》第 212 条及其相应的司法解释,重婚属于轻微刑事案件,可以自诉,也可以调解,当事人还可以自行和解或撤诉。〔7〕

(二)无效婚姻阻却的价值取向符合婚姻本质

无效婚姻阻却制度的价值取向和功能在于从婚姻本质出发,不因已消失的过往违法毁灭已合法化的现行婚姻和未成年子女的成长环境,重视已经修复的现行婚姻的稳定性,以维护家庭和社会稳定。重婚消失后不再宣告无效是基于价值判断所作出的正确选择,准确把握无效婚姻阻却制度的价值取向和功能是正确理解重婚无效

---

〔1〕 分别见《瑞士民法典》第 122 条(《瑞士民法典》,殷生根、王燕译,中国政法大学出版社 1999 年版,第 35—36 页);《日本民法典》第 744 条(《最新日本民法》,渠涛编译,法律出版社 2006 年版,第 158 页)。

〔2〕 史尚宽:《亲属法论》,中国政法大学出版社 2000 年版,第 240 页。

〔3〕 参见《美国犹他州取消"重婚罪"重婚将和交通违规一个性质?》,载新京报网,https://www.bjnews.com.cn/detail/158953911315659.html,2020 年 5 月 15 日访问。

〔4〕 薛宁兰:《婚姻无效制度论——从英美法到中国法》,载《环球法律评论》2001 年第 2 期。

〔5〕 《外国刑法研究资料》(第六辑),中国政法大学 1983 年版,第 120 页。

〔6〕 参见《外国刑法研究资料》(第六辑),中国政法大学 1983 年版,第 260 页。

〔7〕 参见最高人民法院《关于适用〈中华人民共和国刑事诉讼法〉的解释》第 316 条、第 328 条、第 329 条。

阻却的钥匙。它同民事诉讼时效和刑事追诉时效制度一样,各有其独特的价值功能。如果借用理解民事诉讼时效或刑事追诉时效功能的思维来理解无效婚姻阻却制度便会豁然开朗。在适用民事诉讼时效时,对超过诉讼时效的债务不会以不偿还不公平为由再适用公平原则判决继续偿还。对法定最高刑都是二年的虐待罪与重婚罪,如果都超过了法定追诉期,也不会因为重婚罪违反一夫一妻制而不受追诉期限制。对无效婚姻阻却也一样,不能将重婚消失与其他无效婚姻情形消失(如违反婚龄消失)区别对待。法定无效婚姻情形消失后具有相同的法律效果,再以重婚与其他无效婚姻的违法内容不同否定重婚无效阻却,显然缺乏正当性法理基础。

同时,无效情形消失后再宣告婚姻无效已无法达到立法目的或不再具有立法上的价值功能。如立法设立最低结婚年龄是为了限制早婚早育,禁止重婚是为了维护一夫一妻制。一旦当事人达到婚龄或重婚不复存在,此时再否定婚姻效力,已不具有立法价值。

(三)重婚消失后再宣告无效对维护一夫一妻制没有实质意义

重婚消失后申请宣告无效的主体大致有四类:重婚者本人;重婚者子女;重婚者前配偶;重婚者现配偶。这四类主体主张重婚消失后婚姻无效各有其原因和目的。

其一,重婚者本人主张重婚消失后的婚姻无效,一般是喜新厌旧或感情破裂,以宣告婚姻无效摆脱婚姻。如杨某与张甲1986年结婚,1990年杨某在婚姻存续期间又与张乙结婚。2016年2月杨某与张甲离婚后,又于同年8月以重婚为由起诉与张乙婚姻无效。南京市六合区人民法院以重婚消失为由判决驳回杨某诉讼请求。[1]这类案件,如果认定婚姻无效,正合重婚者心意,不仅不能惩罚重婚者,还可能为其利用。又如2003年19岁的小红被骗与王某结婚后遭受家庭暴力于2007年离家。2011年与小军结婚(重婚),2015年与前夫王某离婚,2022年6月小红与小军因感情破裂到民政部门申请离婚登记时,民政部门以重婚为由拒绝办理,当事人向检察院求助,检察院认为重婚消失应按离婚处理,在检察院监督下,民政部门为其办理了离婚登记。[2]这样的案件按离婚处理简便快捷,如果按婚姻无效处理,当事人本人不主张婚姻无效时,还需要介入国家干预力量,徒增诉累,既不能达到惩罚重婚者效果,也不具有威慑效果。因为对当事人威慑作用最大的是重婚罪的刑事责任,如果当事人不怕承担刑事责任,还怕宣告婚姻无效吗?以宣告重婚消失后的婚姻无效作为威慑手段,显然效果不明。

其二,重婚者现配偶主张重婚消失后的婚姻无效主要是感情破裂。现配偶是否

---

[1] 参见《申请宣告婚姻无效时,法定的无效婚姻情形已经消失的,人民法院不予支持》,载110法律咨询网,http://www.110.com/ziliao/article-776838.html,2022年8月8日访问。

[2] 参见《"谢谢检察官,离婚证拿到了"》,载百家号网站,https://baijiahao.baidu.com/s?id=1740590490521627725&wfr=spider&for=pc,2022年8月8日访问。

主张重婚消失后的婚姻无效,主要由两个因素决定,一是夫妻感情是否破裂;二是能否通过离婚解除婚姻关系。现配偶主张重婚消失后的婚姻无效一般是夫妻感情破裂不能离婚时,以宣告婚姻无效代替离婚。如温某与蒙某结婚(重婚)30 年,重婚消失 20 多年后,现配偶温某因感情破裂无法离婚,便申请宣告婚姻无效,法院判决重婚无效。[1]这显然是用婚姻无效代替离婚。当夫妻感情没有破裂时,现配偶不会主张婚姻无效;夫妻感情破裂后能够通过离婚解除婚姻关系者,也不会主张婚姻无效。重婚消失后现配偶主张婚姻无效,本质上只是起到离婚效果。

对于善意重婚或因家暴被迫重婚的现配偶而言,如果她/他们从未成年子女或本人及家庭利益考量希望维持婚姻时,重婚消失后宣告无效,则是二次伤害。对明知他方有配偶而与之重婚的现配偶来讲,如果不希望维持婚姻则可以选择离婚结束婚姻。因而,重婚消失后不再宣告无效,既可稳定婚姻家庭关系,又不妨碍夫妻感情破裂者解除婚姻关系,可谓二者兼顾,体现了法律制度的最大利益化。

其三,重婚者子女主张重婚消失后的婚姻无效是为了争夺财产。如宋某甲、宋某乙父亲宋某丙与母亲张某 1993 年离婚,2000 年宋某丙与晋某登记结婚,2004 年张某死亡,2010 年宋某丙去世。因财产分割宋某甲、宋某乙便以其母亲当时无行为能力等理由主张父母离婚无效,并以此认为宋某丙与晋某属于重婚,要求宣告无效。一审法院以宋某丙与张某离婚时张某不具有完全行为能力等理由认定其离婚无效,并以宋某丙与晋某属于重婚为由,判决宋某丙与晋某婚姻无效。晋某不服申请再审,再审认为宋某丙与张某离婚虽然无效,但张某已于 2004 年死亡,重婚事实状态已不存在,遂依据司法解释关于无效情形消失后不得再宣告无效的规定,判决撤销原审判决,驳回宋某甲、宋某乙要求确认宋某丙与晋某的婚姻关系无效的请求。[2]该案的宋某甲、宋某乙曾参加宋某丙与晋某的婚礼,宋某丙去世后,宋某甲曾向晋某写信协商家事处理方案,称呼晋某为"妈",自称"儿"。如果真正要维护父母婚姻或一夫一妻制,宋某甲、宋某乙早该主张宋某丙与晋某的婚姻无效。等到父母双亡、与晋某发生财产纠纷后才主张,并不能达到维护一夫一妻制的效果。

其四,重婚者前婚配偶在重婚消失后申请宣告无效主要是发泄情绪。重婚消失主要由两个因素所致,一是原婚一方死亡;二是离婚。只有离婚的原配可以诉请重婚无效,而离婚原配并非都诉请重婚无效。因而,原配申请重婚无效的并不多,而且其目的既不是也不可能是维持原婚,亦不能达到惩罚效果。首先,前婚配偶在重婚

---

〔1〕 参见《丈夫假名登记构成重婚 与现任妻子 30 年婚姻被判无效》,载微信公众号"江南法院新闻眼"2022 年 6 月 14 日,https://mp.weixin.qq.com/s/FJqdDVWXl274xYL_9gBNAg。

〔2〕 参见晋某与宋某甲、宋某乙婚姻无效纠纷案,河南省洛阳市涧西区人民法院(2015)涧民再字第 15 号民事判决书。

消失后申请宣告无效,其主观目的和客观效果均非维持原婚。因为因双方感情破裂,原婚已经解除,既没有维持原婚的客观基础,也没有维持原婚的主观愿望。其次,没有惩罚重婚者的作用。因为如果重婚双方感情没有破裂,前婚配偶申请宣告无效后并不能阻止其重新登记结婚;如果重婚双方感情破裂,前婚配偶申请宣告无效只是帮助其解除婚姻而已。

总之,重婚消失后不同主体主张婚姻无效,从主观目的到客观效果与维护一夫一妻制的关系和作用都不大。

(四)禁止重婚与承认重婚消失后的婚姻效力两者并不矛盾

有人以"重婚违反一夫一妻制"为由,反对重婚无效阻却[1],其理由也不能成立。

首先需要把重婚与重婚消失加以区别,不能将"重婚"与"重婚消失"同日而语,更不能用评价"重婚"规则评判"重婚消失"。禁止重婚与承认重婚消失后的婚姻所针对的是两种不同性质的婚姻样态,适用不同的法律规制。司法解释并非承认重婚效力,而是承认重婚"消失"后的婚姻效力,用禁止重婚的理由作为反对重婚消失后婚姻效力的说辞,有偷换概念之嫌。

当原婚存在之时,才有重婚(双重婚姻)之说。在重婚存在之时宣告重婚无效是为了消除重婚,保护合法原婚,维护一夫一妻制。当原婚(保护对象)不复存在,已无重婚可言,宣告婚姻无效对保护原婚或一夫一妻制没有实质意义,再以其作为维护一夫一妻制的理由,实际上是一个假议题,与维护一夫一妻制并无内在关系。

承认重婚消失后的婚姻效力与禁止重婚或维护一夫一妻制所适用的条件不同,两者并不矛盾。宣告重婚无效只在重婚存续期间进行,这样才能达到禁止重婚或维护一夫一妻制,不承认双重婚姻效力的目的。而惩治重婚者则应注重适用刑事追究、行政处罚和民事赔偿等手段,而不是重婚消失后再宣告无效。重婚消失后的婚姻是一夫一妻制,不宣告无效与现行法律相合,于维护婚姻家庭和社会稳定有利。重婚消失后再宣告婚姻无效,既不能维护一夫一妻制,也不能达到惩罚重婚者的效果,只能徒使后婚破裂,增加家庭和社会不稳定因素,并滋生不必要的财产继承纠纷,这种做法不足取。

三、适用司法解释关于无效婚姻阻却规定应注意的问题

(一)从我国法律体系上考察,重婚无效阻却不能区分善意与恶意

有人受重婚罪影响,提出重婚消失后应根据善意与恶意区分重婚效力。即明知

---

[1] 参见《家事纠纷案件审理指南(婚姻家庭部分)》,江苏高院民一庭2019年7月印发。

他人有配偶与之结婚为恶意重婚,重婚消失后婚姻无效;不知道他人有配偶与之结婚为善意重婚,重婚消失后婚姻有效。[1]这种观点不仅与我国现行民法体系不合,亦不具有可操作性。

第一,无效婚姻阻却与善意重婚保护是两个不同范畴,适用场景完全不同。善意重婚保护主要适用于前婚存在的情形,无效婚姻阻却则适用于前婚不存在的情形。用善意重婚保护理解无效婚姻阻却不仅有移花接木之嫌,而且在我国立法和司法解释均无善意重婚保护规定的情况下,这种观点没有法律支撑,脱离我国国情。

第二,重婚刑事责任与民事婚姻效力是两种不同性质的法律评价体系,民事不能照搬刑事。刑法中不知道他人有配偶而与之结婚,可以不构成重婚罪,但其重婚仍然无效,这是长期以来的理论共识与司法惯例。而在民法中重婚消失后可以阻却其婚姻无效,但不能阻却其重婚有罪。我国没有重婚消失后的有罪阻却,对于故意重婚构成犯罪且在追诉期间内者,仍可依法追究其重婚罪刑事责任。

第三,在现有法律体系下保护善意重婚缺乏操作性。在没有法律规范的前提下,司法中保护善意重婚存在诸多障碍。一是法律障碍。我国《民法典》没有保护善意重婚的规定,难以将善意重婚保护纳入司法保护范围。二是适用条件和判断标准障碍。即在什么范围或用什么标准判断善意重婚,缺乏法律依据。三是保护善意重婚与惩治恶意重婚存在难以执行之矛盾。因为善意与恶意双方是一个共同婚姻关系,保护善意重婚亦保护恶意重婚,否定恶意重婚必然否定善意重婚,两者不可调和,不具有可执行性。四是善意重婚的形态不限于一方不知对方有配偶,且涉及善意重婚之婚姻效果与财产效果诸多法律设计,保护善意重婚是一个极其复杂的立法问题,在缺乏法律规范的前提下,容易造成司法混乱。

(二)无效情形消失是无效婚姻阻却的唯一要件,无须考虑不同形态无效婚姻违法内容上的差异

无效婚姻阻却的法律要件是无效情形消失,由此决定了无效婚姻的无效情形消失均属无效阻却范围,不应再以无效婚姻之间的违法内容不同作区别对待。以重婚与违反婚龄结婚为例,两者违法性质相同(均为无效婚姻),违法消失后的效果一样(均可结婚),侵害法益相同(均为公益),所不同者只是违法内容不同。但有人将重婚与违反婚龄比较,以重婚行为比违反婚龄严重为由,否定重婚无效阻却。[2]这种比较方法不妥,没有意义。因为无效婚姻阻却的唯一要件是无效情形消失,不应也无须考虑消失前的违法行为。"无效情形消失"是针对无效婚姻而言,包括三个要

---

[1] 参见王丹:《法定无效婚姻情形已经消失的适用规则》,载《人民司法》2022年第19期。
[2] 参见王丹:《法定无效婚姻情形已经消失的适用规则》,载《人民司法》2022年第19期。

素:一是违法行为构成无效婚姻;二是无效情形不复存在;三是无效情形消失后已符合结婚要件或不具有婚姻障碍。重婚消失与违反婚龄消失在各方面都一样,均不应影响无效阻却。在违反婚龄结婚与重婚具有"三同"(违法性质相同,违法消失后的效果相同,侵害法益相同)的共同特征前提下,如果只承认违反婚龄消失后的婚姻效力,不承认重婚消失后的婚姻效力,显然在法理上难以自洽。

同时,一些人对重婚与违反婚龄结婚的具体比较,也存在错误认知。对此有必要澄清,以减少重婚无效婚姻阻却适用法律阻力。

1.违反婚龄结婚主要侵害公法益

有人认为违反婚龄结婚主要侵害私法益,并认为禁止未到法定婚龄结婚是因当事人行为能力存在一定欠缺。[1]这种看法不符合我国法律和实际情况。违反婚龄结婚所侵害的主要法益是公法益,并非私法益。首先,我国法律将违反婚龄结婚定性为无效婚姻,无疑是基于公益的考量。否则,法律会将其定性为可撤销婚姻,由当事人决定是否撤销。其二,结婚年龄的限制并非基于当事人行为能力的考量,而是基于公益的强制性要求。

各国关于婚龄的规定主要根据各自的人口需求、经济状况(资源承受能力)、传统习惯和生理学上的适婚年龄等诸种因素而定。尽管各国因其国情或价值取向不同而有各自立法考量的重点或不同选择,但无论出于何种考虑,法定婚龄都是国家公共政策的反映,违反法定婚龄则侵害公益。在域外立法中,一些婚龄较低的国家或地区规定未成年人结婚需要经父母同意,这是基于行为能力的考虑。如有的国家或地区规定结婚年龄低于成年人年龄,如法定成人年龄规定为18岁,但结婚年龄则规定为16岁。对未成年人结婚未经父母同意的,父母可以请求撤销婚姻,对此可以理解为侵害私益(父母的同意权)。但未到法定婚龄结婚则是侵害公益,一般都实行国家干预原则。我国法定婚龄高于完全行为能力18岁的法定年龄,婚龄与行为能力无关,完全是出于公共政策和公共利益的考量。尤其在20世纪60年代末至90年代,晚婚晚育是我国的基本国策之一。如果将来为了缓解人口下降压力,适当降低婚龄,同样是基于公共利益的考量。除此之外,婚龄还有其他社会公益的考量。如果没有婚龄限制,则可能出现十四五岁乃至更低年龄的人结婚生育,不仅有损国民身体健康,婚姻当事人亦无能力承担子女教育抚养等社会责任,影响家庭和社会稳定。可以说,违反婚龄主要侵害公法益,毋庸置疑。

重婚虽然也是以侵害公法益为主,但侵害夫妻私权的成分亦甚多。如在夫妻内部一方重婚或通奸、与他人同居都构成夫妻侵权(侵害私权)。在夫妻外部对于与配

---

[1] 参见王丹:《法定无效婚姻情形已经消失的适用规则》,载《人民司法》2022年第19期。

偶重婚或者通奸、同居的第三人来讲,其行为则侵害了合法夫妻的身份权(配偶权)。在《民法典》中对重婚侵害夫妻私权之保护甚明。如《民法典》第1079条将"重婚或者与他人同居"作为离婚条件,第1091条将"重婚""与他人同居"作为离婚损害赔偿的情形。在域外立法中,有的将通奸、重婚规定为夫妻间之犯罪,也有的规定通奸、重婚之第三人对原配承担赔偿责任。这些都是保护私权的体现。因而,如果说违反婚龄结婚有侵害私权的成分,那重婚也有侵害私权的成分。

2.重婚与违反婚龄实际危害的表现形式不同,难有绝对轻重之分

认为重婚不能阻却无效的另一个理由是,重婚的实际危害比违反婚龄结婚严重。[1] 这是一个价值判断和认识问题。重婚与违反婚龄在民法上的性质和法律效果没有本质区别,即均属于无效婚姻。其主要区别是刑法规定重婚为犯罪,违反婚龄结婚没有规定为犯罪。但重婚与违反婚龄的罪与非罪也并非绝对。

(1)法律虽然规定重婚为犯罪,但重婚并非都构成犯罪。重婚原因很多,包括因家庭暴力被迫离家重婚;错误认为前婚无效(未到婚龄结婚等)无须离婚而另行结婚造成重婚;因不懂法自行协议解除事实婚姻再婚导致重婚;因登记离婚程序瑕疵或不合法被撤销造成再婚重婚;因二审离婚判决下达前(判决未生效)结婚造成的重婚;因协助他人买房、上户口等假结婚形成的重婚;因夫妻感情破裂无法离婚由婚外情发展成重婚;等等。目前,对一夫一妻制危害严重的是事实重婚或同居。在登记重婚中,真正挑战一夫一妻制的重婚越来越少,为规避公开违法以事实婚姻(或同居)关系相处的越来越多。但目前在民事上不承认事实婚姻效力[2],宣告重婚无效主要是针对登记婚姻而言。在登记重婚中,大量都是因结婚或离婚程序瑕疵引起的单纯法律上的重婚,没有重婚事实,不存在一夫多妻或一妻多夫(仅仅属于形式上的重婚),以致很多人认为不是重婚,在重婚期间不诉请宣告无效,但在重婚消失或一方死亡后,有财产纠纷时则把重婚作为争夺财产的理由诉请宣告婚姻无效。这样的重婚一般不构成重婚罪。

如宋男与汪女于20世纪50年代结婚,因感情不和经亲友调解两人于1967年私下"解除婚姻关系"。1974年宋男与沈女公开举行结婚庆典,二人婚后生育了三个子女,2004年补办结婚登记手续。40年后的2014年,宋男去世,汪女以离婚程序不合法为由主张宋男与沈女的婚姻无效,法院判决其婚姻无效。[3] 尽管宋男与沈女

---

[1] 参见王丹:《法定无效婚姻情形已经消失的适用规则》,载《人民司法》2022年第19期。
[2] 1994年2月以后,民法上不承认事实婚姻效力,不存在宣告1994年2月以后的事实重婚无效问题。
[3] 参见《丈夫与前妻私下"离婚"女子结婚40年被判重婚》,载中国新闻网,https://www.chinanews.com.cn/fz/2014/03-25/5988118.shtml?k=dvaq9,2014年3月25日访问。

重婚无效涉及诸多值得研究的问题,但其不构成重婚罪没有争议。

还有婚姻存续期间一方与他人假结婚,配偶也明知且不认为是重婚,但当夫妻感情生变时,则以对方重婚为由诉请宣告无效,以解除婚姻关系。如李某 2017 年诉请法院判决李某与张某婚姻无效。其理由是李某与张某在宁波市登记结婚。在此之后,1996 年张某与田某在赣州办理婚姻登记,李某并不知情,张某涉及重婚。张某称其与田某系同学,因田某当时单位分房要其配合办理结婚登记。当时以为会马上解除,但因故直到 2004 年才办理"离婚",对此李某当时知情。浙江省宁波市鄞州区人民法院以重婚情形已经消失为由,依据司法解释判决驳回李某要求宣告与张某婚姻无效的诉讼请求。[1] 这类假结婚没有重婚事实,仅在法律形式上属于重婚,自然不构成重婚罪。

(2)违反婚龄结婚虽然没有规定为犯罪,但与幼女结婚或诱骗、拐骗、胁迫少女结婚亦可构成犯罪。由于违反婚龄结婚的下限无法控制,年龄越低危害越大,因为低龄人缺乏独立生活和判断能力,容易被诱骗、拐骗或胁迫。尤其是诱骗幼女或少女结婚,对其身心健康危害更大。如有的少女被诱骗或胁迫结婚导致早孕早产,但随着时间推移,少女成人并获得人身自由后考虑到子女及自身已失去年龄优势等因素并没有主张婚姻无效,选择继续维持婚姻。这样的婚姻无疑成为有效婚姻。但如果回头看结婚当时的违法行为,当事人与幼女或拐骗胁迫少女结婚,其危害不亚于重婚,有的亦属于犯罪行为。

总之,违反婚龄结婚主要侵害公益。而且目前违反婚龄消失中有很多都是 20 世纪 70 年代至 90 年代结婚者,根据当时政策,早婚早育破坏了我国的基本国策。如果追溯结婚时违法行为的危害,违反婚龄的性质和后果比单纯法律上或名义上的重婚显然要严重得多。至于侵害私权益方面的危害,违反婚龄与幼女或拐骗胁迫少女结婚,比一般重婚的危害显然更大。重婚不会直接危及当事人的人身权利和自由,当事人对他方重婚既可以控告其犯罪,也可以起诉离婚。而幼女或少女被诱骗被胁迫结婚者,则难以摆脱其困境,其身体也会因早婚早育被摧残。

【责任编辑:郐雯倩】

---

[1] 参见李某与张某婚姻无效纠纷案,浙江省宁波市鄞州区人民法院(2017)浙 0212 民初 8466 号民事判决书。

劳动者"被迫"解除劳动合同应得经济补偿

——以《劳动合同法》第 40 条第(三)项为视角

俞肃平[*]

摘要：在符合《劳动合同法》第 40 条第(三)项规定，用人单位不提出与劳动者解除劳动合同，而由劳动者提出解除劳动合同时，劳动者能否获得用人单位的经济补偿？这个问题，即使是上互联网搜索，也无现成的答案、案例和文章可寻。本文认为，根据《劳动合同法》第 40 条第(三)项规定，用人单位与劳动者解除劳动合同既是权利也是义务。用人单位不依法及时与劳动者解除劳动合同，原双方订立的合同依然具有法律效力，应当继续履行。根据《劳动合同法》第 29 条规定，用人单位应当按照劳动合同的约定，"全面履行"自己的义务。用人单位未按照劳动合同约定支付劳动报酬或者提供劳动条件的，劳动者可依据《劳动法》第 32 条第(三)项规定、最高人民法院《关于审理劳动争议案件适用法律问题的解释(一)》第 45 条第(二)项规定，提出与用人单位解除合同，用人单位应当向劳动者支付劳动报酬和经济补偿，并可支付赔偿金。

关键词：《劳动合同法》第 40 条　劳动者解除合同　经济补偿

收稿日期：2023-06-10

[*]　俞肃平，浙江国翱律师事务所二级律师，全国律师协会民事专业委员会委员，浙江省律师协会第二届、第三届劳动与社会保障专业委员会副主任。

一、缘起

2022年9月，笔者受浙江省海宁市高新区司法所、人力资源和社会保障所之约，接待了一起4名劳动者的现场法律咨询。事情的经过是这样的：A机械设备公司因发展需要，将所属公司一些设备搬迁至邻县其投资的全资子公司B机械设备公司，导致A机械设备公司原有的金工、装配两个车间关闭。为此，A机械设备公司要求这两个车间的劳动者（包括这4名劳动者在内）到A机械设备公司另一个车间工作。因A机械设备公司与劳动者双方在工资问题上无法达成一致，A机械设备公司又不愿与劳动者解除劳动合同，遂引起纠纷。

咨询中，劳动者和司法所、人力资源和社会保障所的工作人员都问了同一个问题，即在符合《劳动合同法》第40条第（三）项规定，用人单位不依法及时与劳动者解除劳动合同的情况下，而由劳动者提出解除劳动合同时，劳动者能否获得用人单位的经济补偿？

劳动者和司法所、人力资源和社会保障所工作人员提出的这个问题，即使是上网搜索，也无现成的答案、案例和文章可寻。为此，笔者撰写此文，以求"抛砖引玉"。

二、劳动法中的"客观情况"

根据1994年9月5日公布的《关于〈劳动法〉若干条文的说明》（劳办发〔1994〕289号，以下简称《劳动法条文说明》）第26条第4款的解释，《劳动法》第26条第（三）项"劳动合同订立时所依据的客观情况发生重大变化，致使原劳动合同无法履行，经当事人协商不能就变更劳动合同达成协议的"规定的"客观情况"，是指"发生不可抗力或出现致使劳动合同全部或部分条款无法履行的其他情况，如企业迁移、被兼并、企业资产转移等"。

鉴于《劳动法》第26条与《劳动合同法》第40条几乎一致，所以《劳动法条文说明》第26条第4款中有关"客观情况"的解释，同样应适用于《劳动合同法》第40条第（三）项中的"客观情况"。

《劳动法条文说明》第26条第4款中明确，《劳动法》第26条第（三）项中的"客观情况"，不包括《劳动法》第27条所列的"客观情况"，即不包括"用人单位濒临破产进行法定整顿期间或者生产经营状况发生严重困难"的情形。

鉴于《劳动法》第27条与《劳动合同法》第41条内容相近，所以《劳动法条文说明》中有关"客观情况"不包括的内容，同样应适用于《劳动合同法》第41条，即不包括下列情形：(1)依照企业破产法规定进行重整的；(2)生产经营发生严重困难的；(3)企业转产、重大技术革新或者经营方式调整，经变更劳动合同后，仍需裁减人员的；(4)其他因劳动合同订立时所依据的客观经济情况发生重大变化，致使劳动合同无法履行的。

《劳动法》第 27 条和《劳动合同法》第 41 条规定的情形，与《劳动法》第 26 条、《劳动合同法》第 40 条规定的情形是有区别的。虽说两者从本质上也是用人单位单方解除与劳动者的劳动合同，但《劳动法》第 27 条和《劳动合同法》第 41 条两者通知的对象不是劳动者，解除劳动合同的程序也不同，其法律术语也称为用人单位"裁减人员"（即裁员）。[1]

三、用人单位在符合《劳动合同法》第 40 条第(三)项时的权利与义务

为了论述的方便，我们假设本文"缘起"中提到的 A 机械设备公司，其将所属公司一些设备搬迁至邻县其投资的全资子公司 B 机械设备公司的行为，属于《劳动法》规定的"客观情况"且发生重大变化。那么，根据《劳动法》第 26 条第(三)项和《劳动合同法》第 40 条第(三)项规定，即劳动合同订立时所依据的客观情况发生重大变化，致使劳动合同无法履行，经用人单位与劳动者协商，未能就变更劳动合同内容达成协议的，用人单位可以提前 30 天以书面形式通知劳动者本人或者额外支付劳动者一个月工资后解除劳动合同，也即用人单位解除劳动合同既是权利也是义务，用人单位还应根据《劳动合同法》第 46 条第(三)项规定，有向劳动者支付经济补偿的义务和责任。

四、劳动者被迫提出解除劳动合同应得经济补偿

实践中，在符合《劳动合同法》第 40 条第(三)项时，用人单位不提出与劳动者解除劳动合同不在少数，目的是让劳动者根据《劳动合同法》第 37 条主动辞职，因而免除其向劳动者支付经济补偿的责任。因为，《劳动法》《劳动合同法》及与此相配套的法规、规章及政策等，没有明确规定在用人单位不提出解除劳动合同，而由劳动者提出解除劳动合同时，用人单位是否应向劳动者支付经济补偿。

笔者以为，当劳动合同订立时所依据的客观情况发生重大变化，致使劳动合同

---

[1] 参见俞肃平：《劳动合同期满不续签是否需要提前告知》，载《上海法治报》2022 年 10 月 31 日，第 B05 版。

无法履行,如果有证据证明"经用人单位与劳动者协商,未能就变更劳动合同内容达成协议",用人单位又不行使劳动合同解除权时,劳动者以此为由提出解除劳动合同的,用人单位应当向劳动者支付经济补偿。理由如下:

第一,因客观情况发生重大变化,导致用人单位与劳动者签订的原劳动合同无法履行,除不可抗力外,实质上是用人单位违反了《劳动合同法》第 3 条规定的"依法订立的劳动合同具有约束力,用人单位与劳动者应当履行劳动合同约定的义务",是用人单位违约在先。

第二,因客观情况发生重大变化,导致用人单位与劳动者签订的原劳动合同无法履行,如果双方又不能协商一致,就"调岗降薪"等实质性内容变更劳动合同,根据《劳动合同法》第 40 条规定,用人单位应主动依法行使与劳动者解除劳动合同的权利。用人单位不依法行使与劳动者解除劳动合同的权利,具有明显逃避支付经济补偿义务的故意。

第三,用人单位不依法行使与劳动者解除劳动合同的权利,导致出现这种劳动合同履行僵局时,劳动者为了打破僵局而提出与用人单位解除劳动合同,既是给自己"解围",也是为用人单位减少损失,合情合理。

第四,更为重要的是,当出现《劳动合同法》第 40 条第(三)项情形时,用人单位应依法、及时提出解除劳动合同,这既是权利,也是义务。如果用人单位没有依法、及时与劳动者解除劳动合同,双方订立的原劳动合同就依然具有法律效力,应当继续履行。而且,根据《劳动合同法》第 29 条规定,用人单位与劳动者应当按照劳动合同的约定,全面履行各自的义务。所谓"全面履行",包括"用人单位应当根据劳动合同的约定或法律的规定向劳动者提供相应的劳动条件和足额支付劳动报酬"[1]。因此,只要用人单位未按照与劳动者订立的原劳动合同履行义务,即用人单位未按照原劳动合同的约定,向劳动者支付包括并不限于劳动报酬的,劳动者可依据《劳动法》第 32 条第(三)项规定,即"用人单位未按照劳动合同约定支付劳动报酬或者提供劳动条件的",劳动者"可以随时通知用人单位解除劳动合同";此外,劳动者也可根据最高人民法院《关于审理劳动争议案件适用法律问题的解释(一)》(法释〔2020〕26 号,以下简称《劳动争议司法解释(一)》)第 45 条第(二)项规定,用人单位"未按照劳动合同约定支付劳动报酬或者提供劳动条件的",劳动者也可因此"被迫"提出解除劳动合同,而且,"用人单位应当支付劳动者的劳动报酬和经济补偿,并

---

[1] 最高人民法院民事审判第一庭编著:《最高人民法院劳动争议司法解释(四)理解与适用》,人民法院出版社 2013 年版,第 220 页。

可支付赔偿金"[1]。

笔者认为,《劳动法》第32条第(三)项,与《劳动争议司法解释(一)》第45条第(二)项规定,就是针对用人单位与劳动者,在包括并不限于因"客观情况发生重大变化"引起的"调岗降薪"等变更劳动合同纠纷中,在用人单位不履行相关义务时,给劳动者提供救济的权利,弥补了法律的相关漏洞。这在《劳动争议司法解释(一)》表现得尤为明显。如《劳动争议司法解释(一)》第43条,实际上就是重点针对"调岗降薪"中变更劳动合同内容规定的条款,与第45条是"遥相呼应",此其一。

其二,《劳动争议司法解释(一)》第45条,与2001年4月16日公布的最高人民法院《关于审理劳动争议案件适用法律若干问题的解释》(法释[2001]14号,以下简称2001年《劳动争议司法解释》)第15条一字不差。2001年《劳动争议司法解释》施行了20多年,《劳动合同法》也实施了十几年,《劳动争议司法解释(一)》第45条却照搬2001年《劳动争议司法解释》第15条,深藏着最高人民法院设立此条的良苦用意。

《劳动合同法》第38条已经规定用人单位有"未按照劳动合同约定提供劳动保护或者劳动条件的""未及时足额支付劳动报酬的"[2]等情形之一的,"劳动者可以解除劳动合同"。《劳动合同法》第85条第(一)项也规定了"未按照劳动合同的约定或者国家规定及时足额支付劳动者劳动报酬的",用人单位承担支付报酬、经济补偿责任,而且整个《劳动争议司法解释(一)》第45条与《劳动法》第91条、《劳动合同法》第85条等规定几乎一致,可《劳动争议司法解释(一)》第45条第(二)项却"别出心裁"地规定了与《劳动法》第32条第(三)项内容一致的"未按照劳动合同约定支付劳动报酬或者提供劳动条件",说明这与《劳动法》第91条、《劳动合同法》第38条、第85条、《劳动争议司法解释(一)》第45条中规定的"克扣或者无故拖欠劳动者工资""拒不支付劳动者延长工作时间工资报酬""低于当地最低工资标准支付劳动者工资""未按照劳动合同的约定或者国家规定及时足额支付劳动者劳动报酬

---

[1]《劳动争议司法解释(一)》第45条规定:"用人单位有下列情形之一,迫使劳动者提出解除劳动合同的,用人单位应当支付劳动者的劳动报酬和经济补偿,并可支付赔偿金:(一)以暴力、威胁或者非法限制人身自由的手段强迫劳动的;(二)未按照劳动合同约定支付劳动报酬或者提供劳动条件的;(三)克扣或者无故拖欠劳动者工资的;(四)拒不支付劳动者延长工作时间工资报酬的;(五)低于当地最低工资标准支付劳动者工资的。"

[2]《劳动合同法》第38条规定:"用人单位有下列情形之一,劳动者可以解除劳动合同:(一)未按照劳动合同约定提供劳动保护或者劳动条件的;(二)未及时足额支付劳动报酬的;(三)未依法为劳动者缴纳社会保险费的;(四)用人单位的规章制度违反法律、法规的规定,损害劳动者权益的;(五)因本法第二十六条第一款规定的情形致使劳动合同无效的;(六)法律、行政法规规定劳动者可以解除劳动合同的其他情形。用人单位以暴力、威胁或者非法限制人身自由的手段强迫劳动者劳动的,或者用人单位违章指挥、强令冒险作业危及劳动者人身安全的,劳动者可以立即解除劳动合同,不需事先告知用人单位。"

的"等条款是有所不同的,它强调的是用人单位应当"按照劳动合同约定"支付劳动报酬或提供劳动条件的重要性。否则的话,《劳动争议司法解释(一)》没有必要规定此条款。

其三,最令人耳目一新的是,《劳动争议司法解释(一)》第45条,与《劳动法》第91条、《劳动合同法》第85条规定的情形虽然几乎相同,但前者开门见山地规定"用人单位有下列情形之一,迫使劳动者提出解除劳动合同的,用人单位应当支付劳动者的劳动报酬和经济补偿,并可支付赔偿金",这与《劳动法》第91条规定的"用人单位有下列侵害劳动者合法权益情形之一的,由劳动行政部门责令支付劳动者的工资报酬、经济补偿,并可以责令支付赔偿金"以及《劳动合同法》第85条规定的"用人单位有下列情形之一的,由劳动行政部门责令限期支付劳动报酬、加班费或者经济补偿;劳动报酬低于当地最低工资标准的,应当支付其差额部分;逾期不支付的,责令用人单位按应付金额百分之五十以上百分之一百以下的标准向劳动者加付赔偿金"是不同的。前者实际上是直接规定用人单位有"未按照劳动合同约定支付劳动报酬或者提供劳动条件的"等情形之一,迫使劳动者提出解除劳动合同的,劳动者可直接向劳动争议仲裁委员会提出仲裁申请和向人民法院起诉,要求用人单位支付劳动报酬和经济补偿、赔偿金。《劳动争议司法解释(一)》给劳动者增加了一条救济渠道和法律依据。

当劳动者遇到《劳动争议司法解释(一)》第45条、《劳动法》第91条、《劳动合同法》第85条等规定的情形时,既可适用《劳动争议司法解释(一)》第45条与用人单位解除劳动合同,直接向劳动争议仲裁委员会提出仲裁申请和向人民法院起诉,要求用人单位支付劳动报酬和经济补偿、赔偿金,也可依据《劳动法》第91条、《劳动合同法》第85条,向劳动行政部门投诉,由劳动行政部门责令用人单位向劳动者支付工资报酬、经济补偿和赔偿金。

此前,2001年《劳动争议司法解释》第15条虽然也规定了用人单位有"未按照劳动合同约定支付劳动报酬或者提供劳动条件"等情形之一,劳动者被迫解除劳动合同的,用人单位应当支付劳动报酬、经济补偿、赔偿金,但2001年《劳动争议司法解释》实施时,《劳动合同法》尚未出台。因此有观点认为,《劳动合同法》实施后,2001年《劳动争议司法解释》第15条已被《劳动合同法》第85条所替代,已失去了适用的基础。据此有人认为劳动者以《劳动法》第32条第(三)项为由,提出与用人单位解除劳动合同应当支付经济补偿等,没有法律依据;也有人认为《劳动合同法》第38条规定的"未及时足额支付劳动报酬的",仅指《劳动法》第91条规定的"克扣或者无故拖欠劳动者工资的",如果用人单位只是误以为调岗或劳动条件发生变化就应"降薪",这只是用人单位认识上的错误,而不是"克扣或者无故拖欠"。因此劳动者以此提出解除劳动合同就不应当支付经济补偿。《劳动争议司法解释(一)》重新设置了与2001年《劳动争议司法解释》第15条一致的第45条,架设了从劳动者以《劳动法》第32条第(三)项用人单位"未按照劳动合同约定支付劳动报酬或者提供劳动条件"为由,提出与用人单位解除劳动合同,到用人单位因此"应当支付劳动报酬和经济补偿,并可支付赔偿金"的桥梁,无疑具有现实和指导意义。

当然,鉴于上述纠纷毕竟是在符合《劳动合同法》第40条第(三)项时,用人单位没有及时、依法行使解除劳动合同权,而由劳动者提出解除劳动合同所引起的,根据《劳动合同法》第46条相关规定,用人单位至少应向劳动者支付经济补偿。至于用人单位是否需要向劳动者支付劳动报酬及赔偿金,则可根据实际情况处理。

五、"调岗降薪"中的协商一致

当出现包括并不限于《劳动合同法》第40条第(三)项"劳动合同订立时所依据的客观情况发生重大变化",劳动者在新的工作岗位、工作地点工作了一定时间后,并且已实际收到用人单位支付降低的劳动报酬等情况下,是否就能认定用人单位与劳动者已就类似"调岗降薪"达成口头劳动合同呢?此时,判定用人单位与劳动者双方是否已"协商一致"成为关键。

在《劳动争议司法解释(一)》尚未出台前,出现劳动者在新的工作岗位、工作地点工作超过一个月,劳动者并且已实际收到用人单位支付降低的劳动报酬时,如果劳动者以不知情或者不同意为由请求用人单位补足工资差额,用人单位甚至有的仲裁员和审判员认为,"劳动者对降薪未提异议,工资标准已经通过实际履行的方式作了变更",因此不能支持劳动者的请求。其依据是2013年施行的最高人民法院《关于审理劳动争议案件适用法律若干问题的解释(四)》(现已失效,以下简称2013年《劳动争议司法解释(四)》)。该解释第11条规定,"变更劳动合同未采用书面形式,但已实际履行了口头变更的劳动合同超过一个月,且变更后的劳动合同内容不违反法律、行政法规以及公序良俗,当事人以未采用书面形式为由主张劳动合同变更无效的,人民法院不予支持"。实际上这种观点是错误的。[1]因为,在很多情况下,劳动者未表示异议,一是用人单位没有向劳动者提出降薪要求,劳动者的确是不知情;二是用人单位向劳动者提出了降薪要求,但劳动者不同意,用人单位却以强势的方式向劳动者银行账号发放降低的劳动报酬;三是用人单位向劳动者提出了降薪

---

[1] 参见郑学林等:《〈关于审理劳动争议案件适用法律问题的解释(一)〉几个重点问题的理解与适用》,载《人民司法》2021年第7期。

要求,但劳动者不同意,其收取用人单位降低的劳动报酬是为了取证,以便向用人单位提出补足工资差额,或向用人单位提出解除劳动合同。后两种是消极的沉默,而不是默认,不能作为意思表示,因为根据《民法典》第140条第2款规定,"沉默只有在有法律规定、当事人约定或者符合当事人之间的交易习惯时,才可以视为意思表示"。

为此,《劳动争议司法解释(一)》第43条,对2013年《劳动争议司法解释(四)》第11条作了修改,增加了"用人单位与劳动者协商一致变更劳动合同"的内容,在此前提下,双方"虽未采用书面形式,但已经实际履行了口头变更的劳动合同超过一个月,变更后的劳动合同内容不违反法律、行政法规且不违背公序良俗,当事人以未采用书面形式为由主张劳动合同变更无效的,人民法院不予支持",而不是"只要实际履行了口头变更的劳动合同超过一个月……",就认定用人单位与劳动者已就"调岗降薪"内容"协商一致"。如果用人单位没有证据证明其与劳动者就包括降薪问题进行了协商,即使用人单位按照降薪后的标准向劳动者发放了超过一个月的工资,也不能认为双方已就降薪问题"协商一致"。也就是说,仅是劳动者对降薪未持异议,实际上劳动者是对降薪保持消极沉默,这种沉默并不构成《民法典》第140条第1款规定的意思表示,不能视为双方就变更劳动合同已经协商一致。[1]

六、余语

根据审裁实践,在调岗降薪纠纷中,用人单位调动劳动者工作岗位或工作地点时,只要具有合理性,仲裁员和审判员一般都会支持用人单位这种内部管理权,但对用人单位的单方面降薪却持严格态度。如浙江省高级人民法院民一庭《关于审理劳动争议案件若干问题的意见》(浙法民一〔2009〕3号,以下简称《浙江省高院劳动争议意见》)第42条就认为,"用人单位调整劳动者工作岗位,一般应经劳动者同意。如没有变更劳动合同主要内容,或虽有变更但确属用人单位生产经营所必需,且对劳动者的报酬及其他劳动条件未作不利变更的,劳动者有服从安排的义务"。也就是说,只要是用人单位生产经营所必需,或者是客观情况发生重大变化等原因,用人单位是可以调整劳动者的工作岗位、工作地点的,但对劳动者的劳动报酬或劳动条件不能作"不利变更",即不能同时降低劳动者的劳动报酬,也不能把劳动者原来在"总经理"岗位工作,因免除其职务而将其调整为"清洁工"岗位工作(即对劳动者原

---

[1] 参见郑学林等:《〈关于审理劳动争议案件适用法律问题的解释(一)〉几个重点问题的理解与适用》,载《人民司法》2021年第7期。

有的劳动条件作了不利变更)。

笔者认为,《浙江省高院劳动争议意见》这一观点值得借鉴。

因为,工作岗位、工作地点和劳动报酬,是劳动者与用人单位签订劳动合同的主要目的。特别是劳动报酬,是劳动者维护自己及其整个家庭生存、教育、医疗等开支之本,是劳动者订立劳动合同或进入劳动关系时最直接的目的和追求。如果允许用人单位利用"客观情况"发生重大变化,而变更劳动者的工作岗位或工作地点,又支持用人单位因此而降低劳动者的劳动报酬,进而逼迫劳动者主动辞职或达到用人单位所要达到的其他目的,这显然与《劳动合同法》的立法宗旨不符。《劳动合同法》强调的就是用人单位与劳动者要订立书面劳动合同,劳动合同是在明确用人单位与劳动者双方当事人权利和义务前提下,重点保护劳动者的合法权益。更何况,订立劳动合同应当遵循合法、公平、平等自愿、协商一致、诚实信用的原则。因此,在符合《劳动合同法》第40条第(三)项时,如用人单位不依法、及时解除与劳动者的劳动合同,劳动者以此为由,依据《劳动法》第32条第(三)项规定、《劳动争议司法解释(一)》第45条第(二)项规定,提出与用人单位解除合同,用人单位就应当向劳动者支付劳动报酬和经济补偿,这是用人单位的应尽义务,没有额外增添用人单位的经济负担。

同样道理,用人单位根据市场形势和自身原因等其他生产经营情况所需要,调整企业经营规模、模式,进而行使用人单位内部管理权,单方面对劳动者的工作岗位、工作地点进行合理调整,劳动者有服从的义务。但用人单位不能以此为由,同时单方面降低劳动者的劳动报酬,认为这是对劳动者调动岗位后的必然的、合情合理的结果。这种观点显然是错误的。如果用人单位既能单方面合理地调整劳动者的工作岗位、工作地点,又能不与劳动者协商一致、单方面降低劳动者的劳动报酬,如此,就动摇了《劳动合同法》这个专门法的主要基石,整个《劳动合同法》就几乎形同虚设。

鉴于此,笔者以为,当劳动者遇到用人单位以其他理由实施单方面"调岗"又"降薪"的情况时,如没有明确的法律依据可向用人单位提出解除劳动合同,或可依据《劳动法》第32条第(三)项规定、《劳动争议司法解释(一)》第45条第(二)项规定,即以用人单位"未按照劳动合同约定支付劳动报酬或者提供劳动条件"为由,作为劳动者提出与用人单位解除劳动合同的"口袋条款"来使用,用人单位因此应当向劳动者支付劳动报酬和经济补偿,并可支付赔偿金。

【责任编辑:张文硕】

《北大法宝大数据分析报告》稿约

一、简介

北大法律信息网于1995年建站,经过七年积淀,2002年推出文章精选集《北大法律网苑》。2013年"法学在线"栏目创办十周年之际,为回馈忠实作者以及广大读者对"法学在线"栏目的厚爱和支持,北大法律信息网隆重推出精选集——"北大法律信息网文粹"系列图书,这也是中国第一份将法学网络文章集结成册正式出版的刊物。

2021年《北大法律信息网文粹》更名为《北大法宝文粹》。为顺应时代发展,更好地突出刊物特色,2023年《北大法宝文粹》更名为《北大法宝大数据分析报告》。

主要读者对象:法律理论研究人员及法学教学工作者、立法和司法工作者、律师、国内外法律图书馆同仁、法学专业学生、法学理论爱好者以及各界关心法治建设的人士。

《北大法宝大数据分析报告》将作为长期出版物,计划每年一部。

二、征稿栏目

设置"大数据分析"等专题栏目,欢迎广大作者以北大法宝数据库为数据源样本,围绕法律问题进行大数据分析。

北大法律信息网—法学在线栏目注册作者的优秀稿件可优先入选《北大法宝大数据分析报告》。未入选的来稿将择优发表在北大法律信息网—法学在线栏目。

三、投稿须知及相关约定

1. 稿件要求言之有物、有理、有据,来稿语种中文,原作、译作均可,译作须提供原文和授权书。

2. 提倡一稿专投、反对一稿多用，凡已在公开出版物、互联网上发表的文章，一律不予以采用。

3. 来稿由题目（中英文）、作者姓名及简介（包括姓名、性别、单位、职务或职称、学位、地址、联系电话、电子邮箱及主要研究方向）、内容摘要、关键词和正文构成。内容摘要为文章主要观点之提炼，字数一般控制在200~300字；关键词一般为3~5个（提供英文摘要及关键词更佳）。

4. 稿件字数要求在8000~20000字，不超过25000字，特别优秀稿件除外。

5. 来稿文章内容涉及法律法规、司法案例及法学期刊等统计分析，鼓励以"北大法宝"数据库作为统计源。

6. 自征稿截止后一个月内，将发出《用稿情况通知》，获得用稿通知者，可按编辑部建议进一步修改后提交电子文稿。如在收到《用稿情况通知》前，文章已在其他公开出版物或互联网上发表，请作者务必告知。

7. 采取隐名审稿方式选用来稿。稿件先由编辑部进行匿名处理，交由责任编辑进行初审，编辑委员会进行匿名复审。

8. 来稿作者应保证对其作品享有著作权且不侵犯其他个人或组织的著作权，译者应保证其译本未侵犯原作者或出版者任何可能的权利，并在可能的损害产生时自行承担损害赔偿责任。编辑委员会或其任何成员不承担由此产生的任何责任。

9. 来稿视为作者同意由北大法律信息网将其收入相关网站及相关的电子出版物中。如作者不同意，请在邮件中注明。

10. 为扩大本刊及作者知识信息交流渠道，除非作者在来稿时声明保留，否则视为同意北大法律信息网拥有以非专有方式向第三人授予已刊作品电子出版权、信息网络传播权和数字化汇编、复制权。

11. 任何来稿视为作者、译者已经阅读或知悉并同意本须知及约定。

四、注释体例

《北大法宝大数据分析报告》执行《法学引注手册》（北京大学出版社2020年版）引注标准。

（一）引用正式出版物，出版时间应精确到月；根据被引资料性质，可在作者姓名后加"主编""编译""编著""编选"等字样。

（二）文中注释均采用脚注，每篇文章注释每页重新编号，注码样式为：〔1〕〔2〕〔3〕等。

（三）非直接引用原文时，注释前加"参见"；非引用原始资料时，应注明"转引自"。

(四)引文出自同一资料相邻数页时,注释体例为:……第23页以下。

(五)引用自己的作品时,请直接标明作者姓名,不要使用"拙文"等自谦词。

(六)具体注释体例:

1. 引用书籍的基本格式

〔1〕王名扬:《王名扬全集:美国行政法》,北京大学出版社2016年版,第5页。

〔2〕张新宝:《侵权责任法》(第4版),中国人民大学出版社2016年版,第73—75页。

〔3〕高鸿钧等主编:《英美法原论》,北京大学出版社2013年版,第二章"英美判例法"。

〔4〕〔美〕富勒:《法律的道德性》,郑戈译,商务印书馆2005年版,第27页。

2. 引用已刊发文章的基本格式

〔1〕季卫东:《法律程序的意义——对中国法制建设的另一种思考》,载《中国社会科学》1993年第1期。

〔2〕王保树:《股份有限公司机关构造中的董事和董事会》,载梁慧星主编:《民商法论丛》第1卷,法律出版社1994年版,第110页。

〔3〕〔美〕欧中坦:《千方百计上京城:清朝的京控》,谢鹏程译,载高道蕴等编:《美国学者论中国法律传统》,中国政法大学出版社1994年版。

〔4〕何海波:《判决书上网》,载《法制日报》2000年5月21日,第2版。

3. 引用网络文章的基本格式

〔1〕汪波:《哈尔滨市政法机关正对"宝马案"认真调查复查》,载人民网2004年1月10日,http://www.people.com.cn/GB/shehui/1062/2289764.html。

〔2〕《被告人李宁、张磊贪污案一审开庭》,载新华网,http://www.xinhuanet.com/legal/2019—12/31/c_1125406056.htm。

〔3〕北大法宝法律法规编辑组:《重磅首发!〈民法典〉立法分析报告》,载微信公众号"北大法律信息网"2020年6月15日,https://mp.weixin.qq.com/s/rnIk85gERykPjoNOks4WTg。

〔4〕参见法国行政法院网站,http://english.conseil—10etat.fr/Judging,2016年12月18日访问。

4. 引用学位论文的基本格式

〔1〕李松锋:《游走在上帝与凯撒之间:美国宪法第一修正案中的政教关系研究》,中国政法大学2015年博士学位论文。

5. 引用法律文件的基本格式

〔1〕《民法总则》第27条第2款第3项。

〔2〕《国务院关于在全国建立农村最低生活保障制度的通知》,国发〔2007〕19号,2007年7月11日发布。

6. 引用司法案例的基本格式

〔1〕包郑照诉苍南县人民政府强制拆除房屋案,浙江省高级人民法院(1988)浙法民上字7号民事判决书。

〔2〕陆红霞诉南通市发改委政府信息公开案,《最高人民法院公报》2015年第11期。

7. 引用英文报刊文章和书籍的基本格式

〔1〕Charles A. Reich, The New Property, 73 Yale Law Journal 733, 737—38 (1964).

〔2〕Louis D. Brandeis, What Publicity Can Do, Harper's Weekly, Dec. 20, 1913, p. 10.

〔3〕William Alford, To Steal a Book is an Elegant Offense: Intellectual Property Law in Chinese Civilization, Stanford University Press, 1995, p. 98.

8. 英文以外的外文文种

依照该文种注释习惯。

五、投稿时间及方式

1. 本稿约常年有效。

2. 请提交电子稿或书面打印稿(电子稿更佳)。电子稿(存为 Word 文件)投稿邮箱:wencui@chinalawinfo.com;书面打印稿邮寄地址:北京市海淀区中关村大街27号中关村大厦9层北大法律信息网编辑部,邮编:100080。来稿恕不退还,请自留底稿。

3. 投稿截止时间:每年5月31日。

六、联系方式

联系电话:010-82668266-191 010-82668266-152

E-mail:wencui@chinalawinfo.com

传真:010-82668268

地址:北京市海淀区中关村大街27号中关村大厦9层。

北大法律信息网

2023年6月

北大法宝引证码说明

"北大法宝引证码"缘起2004年、2005年在北京大学法学院召开的两次"中国法律文献引用注释标准论证会"。2004年6月和2005年5月,在北京大学法学院召开了两次"中国法律文献引用注释标准论证会",该会由北京大学法制信息中心主办。2007年,根据会议成果所著的《法律文献引证注释规范》(建议稿)一书由北京大学出版社正式出版,该书系法律引证注释领域内的开篇之作,在业界引起广泛影响。

针对国内法律文献引用领域对法律数据库引证码研究的空白及对法律数据库和网络资源引证不规范的现状,"北大法宝"萌发了建立一套法律数据库引证码规范的想法。通过对美国通行引注标准《蓝皮书:统一注释体系》的深入研究,借鉴其模式,同时根据法律数据库的内容体系、构架及发展趋势,"北大法宝"积极探索,自主研发出一套专业化程度高、实用性强的引证编码体系。希望以此能推动业内对法律信息引证码体系的重视,建立法律数据库引证码规范,引领该领域引证码的发展方向,开创法律信息检索领域引证趋势。

"北大法宝引证码"主要用于法律文献的引证注释和查询检索服务,目前,VIP和法宝6.0的文件均有法宝引证码的专门字段,现在法宝引证码的检索地址是http://www.pkulaw.com/fbm,在检索框中输入北大法宝引证码可检索到具体文件。在地址栏中输入http://www.pkulaw.com/后加具体法宝引证码,也可查询到具体文件。例如输入:http://www.pkulaw.com/CLI.1.153700,可检索到《中华人民共和国个人所得税法(2011修正)》这份文件。

凡购买《北大法宝法律人高级助手书系》的读者,在"北大法宝"数据库网站(www.pkulaw.com)的地址栏或者引证码检索框中输入北大法宝引证码,即可免费参考使用书中所引用的资料。

"北大法宝引证码"的统一标识为CLI,即"Chinalawinfo"的简写,意即中国法律信息编码,同时涵盖"北大法宝"之意。中文部分编写体例为"CLI.文件类型代码.文件编码",英文部分编写体例为"CLI.文件类型代码.文件编码(EN)",其中文件编码具有唯一性。

下面分述各库的引证码编写规范。

(一)法律法规

1. 文件类型代码

法律:1

行政法规:2

司法解释:3

部门规章:4

团体规定:5

行业规定:6

军事法规:7

军事规章:8

军事规范性文件:9

地方性法规:10

地方政府规章:11

地方规范性文件:12

地方司法文件:13

2. 例如:《中华人民共和国保险法》(2009年2月28日修订)

北大法宝引证码为:CLI.1.113980

(二)司法案例

1. 文件类型代码:C(Cases)

2. 例如:郑筱萸受贿、玩忽职守案

北大法宝引证码为:CLI.C.99328

(三)法学期刊、律所实务、法学文献、法学年鉴

1. 文件类型代码:A(Articles)

2. 例如:陈兴良:《四要件:没有构成要件的犯罪构成》

北大法宝引证码为:CLI.A.1143788

(四)香港特别行政区法律法规

1. 文件类型代码:HK(Hong Kong)

2. 例如:第1085章教育奖学基金条例

北大法宝引证码为:CLI.HK.4211

(五)澳门特别行政区法律法规

1. 文件类型代码:MAC(Macau)

2. 例如:第10/2008号行政法规,修改《法定收藏制度》

北大法宝引证码为:CLI.MAC.7141

(六)我国台湾地区法律法规

1. 文件类型代码:TW(Taiwan)

2. 例如:粮食标示办法

北大法宝引证码为:CLI.TW.4544

(七)中外条约

1. 文件类型代码:T(Treaty)

2. 例如:中华人民共和国与美利坚合众国联合声明

北大法宝引证码为:CLI.T.6998

(八)外国法律法规

1. 文件类型代码:FL(Foreign Law)

2. 例如:日本农业机械化促进法

北大法宝引证码为:CLI.FL.772

(九)合同范本

1. 文件类型代码:CS(Contract Sample)

2. 例如:产品销售合同范本

北大法宝引证码为:CLI.CS.6292

(十)法律文书

1. 文件类型代码:LD(Legal Documents)

2. 例如:安全生产行政执法文书行政处罚告知书

北大法宝引证码为:CLI.LD.3678

(十一)案例报道

1. 文件类型代码:CR(Case Reports)

2. 例如:"售楼先生"骗女友冒领客户2万元 法院判决诈骗罪徒刑九月

北大法宝引证码为:CLI.CR.132167

(十二)仲裁裁决与案例

1. 文件类型代码:AA(Arbitration Awards)

2. 例如:仲裁条款效力争议案裁决书

北大法宝引证码为:CLI.AA.419

(十三) 立法背景资料

1. 全国人大常委会工作报告

文件类型代码：WR(Work Report of the NPC Standing Committee)

例如：中华人民共和国第十一届全国人民代表大会第四次会议全国人民代表大会常务委员会工作报告

北大法宝引证码为：CLI.WR.3563

2. 国务院政府工作报告

文件类型代码：WR(Work Report of the State Council)

例如：中华人民共和国第十一届全国人民代表大会第四次会议政府工作报告

北大法宝引证码为：CLI.WR.3553

3. 最高人民法院工作报告

文件类型代码：WR(Work Report of the Supreme People's Court)

例如：中华人民共和国第十一届全国人民代表大会第四次会议最高人民法院工作报告

北大法宝引证码为：CLI.WR.3564

4. 最高人民检察院工作报告

文件类型代码：WR(The Supreme People's Procuratorate Working Report)

例如：中华人民共和国第十一届全国人民代表大会第四次会议最高人民检察院工作报告

北大法宝引证码为：CLI.WR.3565

5. 立法草案及其说明数据

文件类型代码：DL(The Draft of Legislation)

例如：进出口许可证证书管理规定(修订征求意见稿)

北大法宝引证码为：CLI.DL.3658

6. 全国人大常委会执法检查

文件类型代码：LEI(Law Enforcement Inspection)

例如：全国人民代表大会常务委员会执法检查组关于检查《中华人民共和国节约能源法》实施情况的报告(2010)

北大法宝引证码为：CLI.LEI.3550

7. 中国政府白皮书

文件类型代码：WP(White Papers)

例如：中国的反腐败和廉政建设

北大法宝引证码为：CLI.WP.3529

8. 有关法律问题答记者问

文件类型代码:AR(Answer Questions from Reporters)

例如:国家预防腐败局办公室负责同志就《国务院办公厅转发人民银行监察部等部门关于规范商业预付卡管理意见的通知》有关问题答记者问

北大法宝引证码为:CLI.AR.3661

(十四)英文译本

1. 文件类型代码与中文部分相同,编码后加(EN)

2. 例如:Law of the Application of Law for Foreign-related Civil Relations of the People's Republic of China(《中华人民共和国涉外民事关系法律适用法》)

北大法宝引证码为:CLI.1.139684(EN)

编　者

2023 年 6 月